海外中国思想史研究前沿译丛

主　编
彭国翔

编委会（按姓氏首字母排序）

毕游赛（Sébastien Billioud, East Asian Studies Department，University Paris Diderot, Sorbonne Paris Cité）

钱德樑（Erica Brindley, Department of History, Pennsylvania State University）

陈玮芬（Institute of Chinese Literature and Philosophy, Academia Sinica）

陈熙远（Institute of History and Philology, Academia Sinica）

齐思敏（Mark A. Csikszentmihalyi, Department of East Asian Languages and Cultures, University of California, Berkeley）

傅　熊（Bernhard Fuehrer，Department of the Languages and Cultures of China and Inner Asia, University of London）

葛浩南（Romain Graziani, Department of Chinese Studies, Ecole Normale Supérieure de Lyon）

许齐雄（Khee Heong Koh, Department of Chinese Studies, National University of Singapore）

吕妙芬（Institute of Modern History, Academia Sinica）

王昌伟（Chang Woei Ong, Department of Chinese Studies, National University of Singapore）

普　鸣（Michael Peutt, Department of East Asian Languages and Civilizations, Harvard University）

施耐德（Axel Schneider, East Asian Studies Department, Georg-August-Universität Göttingen）

苏费翔（Christian Soffel, Institute of Sinology, Universität Trier）

冯　凯（Kai Volgsang, Asien-Afrika-Institut, Universität Hamburg）

杨贞德（Institute of Chinese Literature and Philosophy, Academia Sinica）

胡司德（Roel Sterckx，Department of East Asian Studies, University of Cambridge）

魏希德（Hilde De Weerdt, Leiden Institute for Area Studies, SAS China, Universiteit Leiden）

任博克（Brook A. Ziporyn, Divinity School, University of Chicago）

启真馆 出品

海外中国思想史研究前沿译丛

明代的社学与国家

〔美〕施珊珊 著　王坤利 译

Community
Schools and the State
in Ming China

浙江大学出版社
ZHEJIANG UNIVERSITY PRESS

图书在版编目（CIP）数据

明代的社学与国家 /（美）施珊珊著；王坤利译
. —杭州：浙江大学出版社，2019.3
书名原文：Community Schools and the State in
Ming China
ISBN 978-7-308-18994-1

Ⅰ.①明… Ⅱ.①施… ②王… Ⅲ.①小学教育—教
育史—中国—明代 Ⅳ.① G624.29

中国版本图书馆 CIP 数据核字（2019）第 039589 号

明代的社学与国家

［美］施珊珊 著 王坤利 译

责任编辑	王志毅
文字编辑	吴昱璇 张兴文
责任校对	夏斯斯 杨利军
装帧设计	罗 洪
出版发行	浙江大学出版社

（杭州天目山路 148 号 邮政编码 310007）

（网址：http://www.zjupress.com）

排 版		北京大有艺彩图文设计有限公司
印 刷		北京时捷印刷有限公司
开 本		635mm×965mm 1/16
印 张		22
字 数		316 千
版 印 次		2019 年 3 月第 1 版 2019 年 3 月第 1 次印刷
书 号		ISBN 978-7-308-18994-1
定 价		65.00 元

总序

"思想"与"历史"之间的"中国思想史"

彭国翔

 2012 年夏天，我应邀在位于德国哥廷根的马克斯·普朗克宗教与民族多样性研究所（Max Planck Institute for the Study of Religious and Ethnic Diversity）从事研究工作时，有一天突然收到浙江大学出版社北京启真馆公司负责人王志毅先生的邮件，表示希望由我出面组织一套"海外中国思想史研究前沿译丛"。如今，这套书就要正式出版了，出版社要我写个总序。在此，就让我谈谈对于"思想史"和"中国思想史"的一些看法，希望可以为如何在一个国际学术界的整体中研究"中国思想史"这一问题，提供一些可供进一步思考的助缘。

 "思想史"（intellectual history）、"哲学史"（history of philosophy）、"观念史"（history of ideas）等等都是现代西方学术分类下的不同专业领域，既然我们现代的学术分类已经基本接受了西方的学术分类体系，那么，讨论"思想史"的相关问题，首先就要明确在西方专业学术分类中"思想史"的所指。虽然我们在中文世界中对"思想史"这一观念的理解可以赋予中国语境中的特殊内涵，但毕竟不能与西方学术分类中"思想史"的意义毫无关涉。比如说，"中国哲学"中的"哲学"虽然并不对应西方近代以来居于主流的理性主义传统尤其分析哲学所理解的"philosophy"，但却也并非与西方哲学的任何传统毫无可比性与类似之处，像皮埃尔·阿多（Pierre Hadot）和玛莎·努斯鲍姆（Martha C. Nussbaum）所理解的作为一种"生活方式"（way of life）、

"精神践履"（spiritual exercise）以及"欲望治疗"（therapy of desire）的"philosophy"，尤其是"古希腊罗马哲学"，就和"中国哲学"包括儒、释、道三家的基本精神方向颇为一致。再比如，儒学固然不是那种基于亚伯拉罕传统（Abrahamic tradition）或者说西亚一神教（monotheism）模式的"宗教"，但各种不同宗教传统，包括西亚的基督教、犹太教和伊斯兰教，南亚的印度教、佛教以及东亚的儒学和道教，尽管组织形式不同，但都对同样一些人类的基本问题，比如生死、鬼神、修炼等，提供了自己的回答。事实上，不独历史及其各种分支，对于"哲学""宗教""伦理"等学科，这一点同样适用。

那么，在西方的学术分类体系中，"思想史"是怎样一个研究领域呢？"思想史"诚然一度是"一个人文研究中特别模糊不清的领域"，但是，就目前来说，"思想史"所要研究的对象相对还是比较清楚的。换言之，对于"思想史"所要处理的特定课题，目前虽不能说众口一词，却也并非毫无共识。正如史华慈（Benjamin I. Schwartz）所言，"思想史"所要处理的课题，是人们对于其处境（situation）的自觉回应（conscious responses）。这里，处境是指一个人身处其中的社会文化脉络（social and cultural context）。这当然是历史决定的，或者说根本就是一种历史境遇（historical situation）。而人们的"自觉回应"，就是指人们的"思想"。再进一步来说，"思想史"既不是单纯研究人们所在的外部历史境遇，也不是仅仅着眼于人们的思想本身，而是在兼顾历史境遇和主体自觉的同时，更多地着眼于两者之间的互动关系，即"思想"与"历史"的互动。并且，这里的"人们"，也不是泛指群体的大众意识，而往往是那些具备高度自觉和深度思考的思想家们。

其他一些专业领域，比如"社会史""文化史"，与"思想史"既有紧密的联系，也有相对比较明确的区分。比如，按照目前基本一致的理解，较之"思想史"通常指重要的思想家们对于社会历史的各自反思，"文化史"往往关注较为一般和普遍的社会历史现象，以及作为群体的社会大众而非社会精英在一个长程的社会变动中扮演的角色。从作为"文化史"这一学科奠基人的雅各布·布克哈特关于意大利文艺复兴的研究，以及彼得·伯克（Peter Burke）、菲利普·普瓦里耶

（Philippe Poirrier）等人对于"文化史"的直接界定，即可了解"文化史"这一领域的特点。因此，"文化史"不但常常整合"人类学"的方法和成果，就连晚近尤尔根·哈贝马斯（Jürgen Habermas）关于"公共领域"（public sphere）论述和克利福德·格尔茨（Clifford Geertz）关于"深度描述"（thick description）的观念，由于同样注重人类社会的整体与共同经验，也成为支持"文化史"的理论援军。至于"社会史"，则可以说是史学与社会科学更进一步的结合，甚至不再被视为人文学科（humanities）的一种，而是一种从社会发展的角度去看待历史现象的社会科学（social science）。像经济史、法律史以及对社会其他方面的研究，都可以包括在"社会史"这一范畴之下。最能代表"社会史"研究取径的似乎是法国年鉴学派（Frenchannales school）了，不过，在史学史的发展中，社会史可以被视为发生在史学家之中的一个范围更广的运动。无论如何，和"文化史"类似，"社会史"最大的特点也许在于其关注的对象不是精英的思想家，而是社会大众。正是在这个意义上，"社会史"通常也被称为"来自下层的历史"（history from below）或者"草根的历史"（grass-roots history）。

其实，在我看来，至少在中文世界的学术研究领域，"思想史"是介于"哲学史""观念史"与"文化史""社会史"之间的一种学术形态。以往我们的"中国哲学史"研究，基本上是相当于"观念史"的形态。"观念史"的取径重在探究文本中观念之间的逻辑关联，比如一个观念自身在思想内涵上的演变以及这一观念与其他观念之间的逻辑关系，等等。站在"哲学史"或"观念史"之外，从"思想史"的立场出发，当然可以说这种取径不免忽视了观念与其所在的社会环境之间的互动；从"文化史""社会史"的立场出发，当然可以说这种取径甚至无视其所探讨的观念之外的文化活动的丰富多彩，无视观念所在的社会的复杂与多变。但是，话又说回来，"哲学史"或"观念史"的基本着眼点或者说重点如果转向观念与其环境之间的互动，转向关注文化的多样与社会的复杂多变，那么，"哲学史"和"观念史"也就失去了自身的"身份"（identity）而不再成为"哲学史"和"观念史"了。

事实上，学术的分门别类、多途并进发展到今天，仍然为"哲学史"或"观念史""思想史""文化史"以及"社会史"保留了各自的地盘，并未在"物竞天择，适者生存"的法则下造成相互淘汰的局面，就说明这些不同的取径其实各有其存在的价值，彼此之间虽然不是泾渭分明，没有交集，但却确实各有其相对独立的疆域。站在任何一个角度试图取消另一种研究范式（paradigm）的存在，比如说，站在"中国思想史"的角度批评"中国哲学史"存在的合理性，实在恰恰是"思想"不够清楚的结果。"思想史""哲学史""文化史""社会史"等，其实是研究不同对象所不得不采取的不同方法，彼此之间本来谈不上孰高孰低、孰优孰劣。恰如解决不同问题的不同工具，各有所用，不能相互替代，更不能抽象、一般地说哪一个更好。打个比方，需要用扳手的时候当然螺丝刀没有用武之地，但若由此便质疑后者存在的合理与必要，岂不可笑？因为很简单，扳手并不能"放之四海而皆准"，需要用螺丝刀派用场的时候，扳手一样变得似乎不相干了。这个道理其实很简单，我经常讲，各个学科，包括"思想史""哲学史""文化史"和"社会史"等，分别来看都是一个个的手电筒，打开照物的时候，所"见"和所"蔽"不免一根而发。对此，设想一下手电筒光束的光亮在照明一部分空间的同时，也使得该空间之外的广大部分益发黑暗。通过这个比喻，进一步来看，对于这些不同学科之间的关系，我们也应当有比较合理的理解。显然，为了照亮更大范围的空间，我们不能用一个手电筒替换另一个手电筒。无论再大的手电筒，毕竟只有一束光柱。而我们如果能将不同的手电筒汇聚起来，"阴影"和"黑暗"的部分就会大大减少。医院的无影灯，正是这一原理的运用。事实上，不同的学科不过是观察事物的不同视角而已。而我这里这个无影灯比喻的意思很清楚，"思想史""哲学史""社会史"等，甚至人文学科和社会科学之间、文理科之间，各个不同学科应当是"相济"而不是"相非"的关系。否则的话，狭隘地仅仅从自己学术训练的背景出发，以己之所能傲人所不能，正应了《庄子》中所谓"以为天下之美尽在己"的话。另一方面，却也恰恰是以己之所仅能而掩饰己之所诸多不能的缺乏自信的反映。

　　一个学者有时可以一身兼通两种甚至多种不同的学术取径。比如说，可以兼治哲学与史学，同时在两个不同的领域都有很好的建树。不过，哲学与史学的建树集于一身，却并不意味着哲学和史学的彼此分界便会因此而不存在。打个比方，一个人可以"十八般武艺，样样皆通"，但是很显然，这个人只有在练习每一种武艺时严格遵守该武艺的练习方法，才能最后做到"样样皆通"，假如这个人以刀法去练剑法，以枪法去练棍法，最后不仅不能样样皆通，反倒会一样都不通，充其量不过每样浅尝辄止而已。这里的关键在于，一个人十八般武艺样样皆通，绝不意味着十八般武艺各自的"练法"因为被一个人所掌握而"泯然无际"，尽管这个人在融会贯通之后很可能对每一种武艺的练法有所发展或创造出第十九种、二十种武艺。落实到具体的学科来说，在没有经过"哲学史""观念史""思想史""社会史""文化史"其中任何一种学术方法的严格训练之前，就大谈什么打破学科界限，无异痴人说梦，在学术上不可能取得大的成就，这是不言而喻的。很多年前就有一个讲法叫"科际整合"，即加强不同学科之间的互动与互渗，这当然是很有意义而值得提倡的。但"科际整合"的前提恰恰是学科之间的多元分化，只有在某一学科里面真正深造有得之后，才有本钱去与别的学科进行整合。

　　本来，"思想史"并不是一个很容易从事的领域，好的思想史研究是既有"思想"也有"史"。而坏的思想史则是既无"思想"也无"史"。比如说，对于一个具体的思想史研究成果，如果治哲学的学者认为其中很有"思想"，而治历史的学者认为其中很有"史"，那么，这一成果就是一个好的思想史研究。反之，假如哲学学者看了觉得其中思想贫乏，观念不清，而历史学者看了觉得其中史料薄弱，立论无据，那么，很显然这就是一个并不成功的思想史研究。因此，"思想史"这一领域应该成为"哲学"和"历史"这两门学术甚至更多学科交集的风云际会之所，而不是沦为那些缺乏专长而又总想"不平则鸣"的"自以为无所不知者"（其实是"学术无家可归者"）假以托庇其下的收容站。

　　徐复观曾经说"对于中国文化的研究，主要应当归结到思想史的研究"。对于这句话，在明了各种不同研究取径及其彼此关系的基础上，我是很同意的。因为较之"哲学史"，"思想史"在"思想""观念"之外，同时可以容纳一个"历史"的向度，换言之，"中国思想史"可以做到既能有"思想"也能有"史"。而这一点，刚好符合传统中国思想各家各派的一个共同特点，即一般都不抽象地脱离其发生发展的历史脉络而立言。因此，我很希望越来越多的学者加入"中国思想史"的团队之中，只要充分意识到我们前面讨论的问题，不把"思想史"视为一个可以无视专业学术训练的托词，而是一个和"哲学史""观念史""文化史""社会史"等既有联系甚至"重叠共识"，同时又是具有自身明确研究对象和领域而"自成一格"的学科视角，那么，广泛吸收各种不同学科训练的长处，宗教的、伦理的、哲学的，都可以成为丰富"思想史"研究的助力和资源。

西方尤其美国关于中国思想史的研究，以狄百瑞（William T. de Bary）、史华慈、列文森（Joseph R. Levenson）等人为代表，在 20 世纪 70 年代一度达到巅峰，但随后风光不再，继之而起的便是前文提到的"文化史""社会史"以及"地方史"这一类的取径。这一趋势与动向，中文世界不少学者"闻风而起"。无论是可以直接阅读西文的，还是必须依靠翻译或者借助那些可以直接阅读西文文献的学者的著作的，都在不同程度上受到这一风气的影响。但是，如果我前文所述不错，各种取径不过是"横看成岭侧成峰，远近高低各不同"的不同视角，彼此之间非但毫无高下之别，反而正需相互配合，才能尽可能呈现历史世界与意义世界的整全，那么，"思想史"的研究就永远只会被补充，不会被替代。如果不顾研究对象的性质，一味赶潮流、趋时势，则终不免"邯郸学步"，难以做出真正富有原创性的研究成果。事实上，西方从"思想史"的角度研究中国，迄今也不断有新的成果出现。而且，如前所述，"思想史"和"哲学史""观念史""文化史""社会史"之间，也是既互有交涉，又不失其相对的独立性，越来越呈现出五光十色的局面。因此，真正了解西方中国研究（Chinese studies）的来龙去脉及其整体图像，尤其是西方学术思想传统自身的发展变化对西方中国研究所起的制约甚至支配作用，而不是一知半解地"从人脚跟转"，对于中文世界人文学术研究如何一方面避免"坐井观天"和"夜郎自大"，另一方面在充分国际化("无门户")的同时又不失中国人文研究的"主体性"("有宗主"),就是极为有益的。

中国思想史是我多年来的研究领域之一,而我在研究中所遵从的方法论原则,正是上述的这种自觉和思考。也正是出于这一自觉和思考,我当初才感到义不容辞,接受了启真馆的邀请。我的想法很简单,就是希望这套丛书的出版,能够为推动国内学界对于"中国思想史"的研究提供些许的助力或至少是刺激。这套丛书首批的几本著作,作者大都是目前活跃在西方学界的青壮年辈中的一时之选。从这些著作之中,我们大致可以了解西方中国思想史研究的一些最新动态。当然,这里所谓的"思想史",已经是取其最为广泛的涵义,而与"文化史""社会史"等不再泾渭分明了。这一点,本身就是西方"中国思想史"研究最新动态的一个反映。至于其间的种种得失利弊,以及在中文世界的相关研究中如何合理借鉴,就有赖于读者的慧眼了。

是为序。

2015 年 8 月 18 日

于武林紫金港

鸣谢

　　根据 Janet Browne 的研究，达尔文极为依靠他身边的人，我亦是如此。我首先要感谢哥伦比亚大学的老师，在我的学习生涯中，甚至是在我毕业之后，他们均提供了珍贵的帮助和建议——我的导师曾小萍（观点总是极为正确的）、韩明士、吴百益、钱曾瑗，以及狄百瑞教授。另外感谢黎安友参与了我的论文答辩。

　　那些与我一同步入研究生涯者都曾答复过我的疑问，给予我资料来源和建议，阅读了部分原稿，并从两个大洲发来鼓励，提醒我振作精神。我特别要感谢魏家伦（为了他在学术思想上所给予的无与伦比的陪伴）、裴志昂（真希望我们的看法能够永不一致！）、刘祥光、Ellen McGill、张倩雯、梅尔清、吴一立、伍美华，以及 Paul Howard。我深深地感谢康笑菲，协助我克服在翻译上遇到的困难。在解答具体的问题，以及给我发送原始和二手资料方面，我要感谢胡惠峰、罗威廉、阮思德、贾晋珠、Andrea MacElderry、欧大年、司徒琳，以及 Georgia Mickey。上海社会科学院的张忠民教授鼓励我进行全国性的调查，而在此也感谢张震与苏毅谨协助了我在上海细查地方志。

　　书中的一些主要想法是通过我与柯丽德的对话而形成的。柯丽德是一位极好的导师与朋友。历年来，我在各种场合报告了论著的相关部分，也因此十分感激同组的发表者与评论者。特别是达第斯、裴德生、何义壮（一位出色的主持人与对话者）、倪清茂、杜荣佳、以及哥伦比亚大学主办的"理学与传统中国"讲座系列的会员。在诸会员中，我想特别感谢司马黛兰、谢康伦、李弘祺、Mark Swislocki、Michael Marmé，以及康依娜，我因参与这些讲座而受益。同样，通过聆听明史研究会的同事，以及亚洲研究学会会议（特别是 1999 年）的学者所宣读的论文，我获益良多。此外我也特别感谢哥伦比亚大学、上海大学、苏州大学、普林斯顿大学、北卡罗来纳大学教堂山分校，以及南方卫理公会大学图书馆的职员。

我得以在上海进行研究着实归功于美中学术交流委员会。我十分感激委员会的帮助，也因此感谢主持单位——上海社会科学院的教授与职员的协助。若没有赞助人——费成康在生活上各个方面所提供的慷慨援助，我无法想象能否度过当年。而在近期，我也得到了南方卫理公会大学的同事，特别是 Alexis McCrossen、Melissa Barden Dowling，以及 Kathleen Wellman 的鼓励及建议。加州大学圣地亚哥分校也慷慨地支付了补助金。

至于本论文的相关章节所涉及的关于明盛期毁淫祠的讨论，我非常感激戴乐与康豹所给予的详细评述。我处理这一课题的方式仍然会令那些期待讨论宗教史本身，以及期待着对宗教与国家之间关系进行普遍讨论的读者感到失望。我也要感谢那些在成书各阶段辛勤阅读底稿的人：Bruce Tindall、J.B. Schneewind、Robert Matz（他在最后关头的仔细阅读确实超出了他的责任要求）、达第斯、范德、卜正民、周锡瑞，以及一名匿名审稿人。当然，拙著中的剩余错误不能归咎于任何人。

最后，我要感谢那些在我漂泊时，为我提供衣食住行的人：J.B. Schneewind 与 Elizabeth Schneewind，George Tindall 与 Blossom Tindall，Rachel Schneewind 与 Hannah Schneewind，Nickolas Gikas，Julia Schulman 与 Martha Schulman，Geng Deming，以及 Bruce Tindall 与 Leo Tindall。

（*我也要在中译版鸣谢我的研究助理李可馨。可馨在查找原始资料方面给予了诸多协助。——笔者）

目录

云山叠翠抱清流，一鉴天光万春秋。

千年湖湘长响在，百年文献又从头。

乾坤何处非真乐，廊庙而今属壮猷。

白鹿嵩阳未远处，喜鸣吾道继前修。

——詹莹

全楚苍梧一脉通，青山绿水趣攸同。

台臣久注东湖念，社学今存故国风。

后乐未忘诸景在，高情常付咏吟中。

独怜老我曾经地，把笔题诗思不穷。

——刘大夏

第一章

引　言

在学者们提出的关于中国古代国家与社会之间关系的观点中，有些是截然对立的。有些学者认为国家紧密地控制着社会。[1]例如，近来一项关于明太祖的研究表述道，"在中国，国家的政治行为向来是社会变迁唯一的、最重要的决定因素"。[2]中国并没有教会、议会或贵族坚称独立，以此挑战帝王的统治。治理明帝国的那庞大的官僚机构被想象成了皇权的延伸。[3]虽然有个别官员提出抗议，但是他们不能公开地组织抵抗皇权。[4]即使是在社会精英阶层中没有当过官的成员，通常也

---

[1] 白乐日把中国古代的政权视为"极权政权"。白乐日是一位在 20 世纪冷战时期，针对国家及其人事部门进行研究的先驱。他同时将中国视为"现代西方文明的倒影"。白乐日认为，通过士大夫，"国家完全控制着社会生活的所有活动，并在各个等级享有绝对优势"。详见白乐日，*Chinese Civilization and Bureaucracy: Variations on a Theme* (New Haven: Yale University Press, 1946), 17, 21。

[2] 傅正元，*Autocratic Tradition and Chinese Politics* (New York: Cambridge University Press, 1993)，概要及页 82，91，100，187—188。

[3] 详见：亚历山大·伍德赛德，"Emperors and the Chinese Political System"。刊载于李侃如等编，*Perspectives on Modern China: Four Anniversaries* (East Gate, 1991), 5—30, 9, 18；王国斌，*China Transformed: Historical Change and the Limits of European Experience* (Ithaca: Cornell University Press, 1997), 105。

[4] 例如，黄培注意到，"从各种观点来看（包括帝王对于教育的倡议），明朝正是中国历史上君王的统治强化的时期"。详见：黄培，*Autocracy at Work: A Study of the Yung-cheng Period, 1723—1735* (Bloomington: Indiana University Press, 1974), 7, 10。

是延伸而不是威胁着国家的控制权。[5]自希腊时期，再历经黑格尔到贾德·戴蒙的年代，把中国视为君主专制的"故乡"是西方关于自我和他人的观念中的重要观点。[6]

另一个极端的观点是：自古代至现代，一个稳定的底层乡村组织顽固地抵挡着国家的干预。[7]结合中国版图的庞大面积，以及随着人口的增长而逐渐下降的官民比例，这样的极端观点表明帝国晚期的国家几乎不能直接对地方社会进行组织。常驻守令，即那些构成帝国官僚制度最低权力级别的知县、知州及知府，都必须依靠地方精英人士。[8]虽然这些精英与常驻守令皆属同一社会等级，但是他们都有自己的动机和权力基础。因此，到了帝国晚期，"国家对于地方秩序维持的重要性已经极为有限"。[9]

20世纪晚期的美国学者为了探寻一个能让中国有资格随着历史发展条件过渡到民主国家的折中方法——特别是在清代（1644—1911）——他们找到了某种处于国家与社会之间的民间社会或公共领域。然而，随之得出的大量学术研究却反证了官方及私人的举措通常

[5] 吴金成主张，"自明中叶时期到清朝末期，明代的贵族协助朝廷向社会施加了几乎绝对的管控"。详见：吴金成，"The Rise of Ming Gentry and Their Social-Economic Role"，(Seoul: National University East Asian History Monograph Series, No.3, 1986)，311。关于贵族研究学史可参考：周锡瑞与冉玫铄合著，*Chinese Local Elites and Patterns of Dominance* (Berkeley: University of California Press, 1990)，引言部分；以及卜正民，*Praying for Power: Buddhism and the Formation of Gentry Society in Late-Ming China* (Cambridge: Council on East Asian Studies, Harvard University, 1993)，5—10。

[6] 详见贾德·戴蒙，*Guns, Germs and Steel: The Fates of Human Societies* (New York: W.W. Norton, 1997)，416。

[7] 详见松本善海《中国村落制度の史的研究》（东京：岩波书店，1977），480。

[8] 与其使用"地方官"，我选择使用"常驻守令"一词来指知府、知州与知县这一群组。这是为了把"地方"概念保留给贵族（包括卸职或退休官员）以及居家庶民。基于回避制度，知府、知州与知县都并非是他们管辖区的当地人。他们的操作方式也和那些被正式称为"地方人士"的人，例如担任里甲长、乡老人等类似职位的人不同。"守令"（administrator）一词绝非暗示那些知县、知州与知府盲目地执行规定的任务。

[9] 王国斌详细叙述了这一观点。见王国斌，*China Transformed*, 116—117。

是相互交织的。[10] 国家并没有完全主宰社会，也并非与社会毫不相关，更没有留下那些能够让精英为了公共利益而独立采取行动的空间。但是，并非只有现代学者才会针对社会及国家进行区分，在中国古代，那些经世致用的思想家们已经作此分辨。[11] 显然，尤其是在一个非民主社会当中，统治者在某些方面与被统治者是有所区分的。我们需要一个新的方式来思考中华帝国晚期的国家与其所统治的近代社会之间的关系。

明朝（1368—1644）通常被认为是专制统治的巅峰期。为了思考政治与社会之间关系的本质，拙著对一个由中央政府强制设立的地方机构进行了详细研究，这一机构便是社学。社学并不是一个独立的地方机构，但也并非仅仅是一种封建帝国进行统治的制度。社学不仅受到了皇帝、中央及地方官员的资助、争论和操纵，明朝各地的士绅和庶民也参与其中。随着明朝统治期的更迭，创办私学的主动权也从国家到社会之间的各个等级往下转移。学者通常将中国的学校放置到汉代以降，作为儒家化过程中的一部分进行研究，这种研究方法近来的典型体现，便是一场针对明代朝廷是否已有效篡夺了独立的儒学道德权威的辩论。[12] 但我想反问的是，各种参与者（包括那些自认为是儒者的人）是如何以及为何参与到（作为一种国有企业的）社学当中的。

在历经长时期的分化及异族统治后，明朝的创建者——洪武皇帝朱元璋（1368—1398 年在位，庙号明太祖），便开始对中国实行全面重建。明太祖与他的官员以及继位者将过去的制度和新的方式应用到一种中国最根本的治理方法——"教化"（或诠释为通过教育而使其有所变化）上。依据不同人的观点，教化能够被贬责为一种为了控制民众而向他们灌输教条的举动，又或者是褒扬成一种改善道德的方式，

---

[10] 关于这方面的论著，详见罗威廉的评论文，"The Public Sphere in Modern China"。刊载于 *Modern China* 16.3（1990 年 7 月），302—329。

[11] 关于在宋代时期将国家与社会区分开的观点，详见韩明士与谢康伦合著，*Ordering the World* (Berkeley: University of California Press, 1993)，引言部分。

[12] 关于这场辩论的评论，可参考魏家伦，"Confucians, the Shih Class, and the Ming Imperium: Uses of Canonical and Dynastic Authority in Kuan Chih-tao's (1536—1608) Proposals for Following the Men of Former Times to Safeguard Customs (Ts'ung hsien wei-su i)" (Ph.D dissertation, Columbia University, 2002)，第五章。

以及对于人文研究和修身之崇高追求的更广泛的参与。教化方式包括：各个府县中学校的建立；经典研究的推广；说善书的刊印；用于选官的科举制度；用于改善道德及使之并入国家体系的社区礼仪；政府分派的理学仪轨，等等。这些方式皆与更直接的政务，例如国防、税收与刑法密切相关。为了推行整体教化的另一部分，明太祖不仅命令全国各府、县建设高等学校，且下令在各个乡村建立一所用于教育每个男童的初级学校——"社学"，这在当时 14 世纪的语境中实属一种超凡的举措。

虽然建立教育机构通常皆属教化过程的职责之一，但中国历史上的教育机构并非一成不变，或者说于历史之外还有一个必不可缺的本质。尽管县级的儒学（confucian schools［*ruxue*］）确实提供了高等教育，但到了明中叶，儒学一般不过是让学生登记的场所。书院则各自收纳了品德高尚的儒师与其弟子，教育学生应付科举考试，或作为与国家意见产生分歧的中心而使国家发怒。同样，尝试识别社学本质的学者，往往得出了彼此矛盾的观点。例如，梁其姿认为义学和社学在根本上有所不同。前者"相对于国家的社学而言，是更加真实的社区学校，其在公益慈善方面发挥的作用是必不可少的"。[13] 罗威廉则持有相反的看法：社学才是由"人民本身"所资助，并更直接地隶属于"县辖区之下的地方社会"。[14] 事实上，社学缺乏一个本质。随着时间的推移，社学的性质会有所改变，而在不同人的掌管之下，社学的性

---

[13] 梁其姿，"Elementary Education in the Lower Yangtze Region in the Seventeenth and Eighteenth Centuries"，刊载于艾尔曼与亚历山大·伍德赛德编，*Education and Society in Late Imperial China, 1600—1900* (Berkeley: University of California Press, 1994), 362。

[14] 罗威廉，"Education and Empire in Southwest China: Ch'en Hung-mou in Yunnan, 1733—1738"，刊载于艾尔曼与亚历山大·伍德赛德编，*Education and Society*, 427ff。虽然梁其姿注意到了这一矛盾，但却将罗威廉的个案驳斥为"例外"。（见梁其姿，"Elementary Education", 362）秦博理解释道，一名于 1867 年提倡公共教育的官员，"刻意选用'社学'这一概念来形容公共义学，为的是标明官方的提倡与发展方向"。详见：秦博理，*Imperial China's Last Classical Academies: Social Change in the Lower Yangtze, 1864—1911* (Berkeley: Institute of East Asian Studies, 1994), 20—21。

质也会发生变化。[15]

在教育方面的研究上，罗友枝、池小芳与韩德玲适当关注了这两种（及更多的）基础学校，主张"社学"与"义学"之间实际上"并没有显而易见的区别"。[16] 拙著则选择采用不同的方法，仅关注社学。尽管本书将阐明教育方面的行政事务、考勤制度、教师资格及课程安排，但并不是一本关于教育史的论著。相反地，拙著以由中央授权而定名为"社学"的地方机构为切入点，把明代的统治视为国家与社会之间的一种关系。[17] 在追溯社学多变际遇的过程中，拙著探讨了帝国所制定的一个政策的命运是如何通过定名为"社学"的这类机构体现出来的。

社学通常与明太祖有关。为了判断明太祖对社会的管制权限，我开始从事统计社学数额的工作。但是，这一工作量因王兰荫在 20 世纪 30 年代所作的整理而有所减轻。我在地方志中找到了大约 9355 所

---

[15] 张建仁将社学划分成三种类别：私学；在全国学校体制外的地方官办学校；以及在府、州、县学之下的地方官办儒学。详见张建仁《明代教育管理制度研究》（台北：文津出版社，1993），页 36。

[16] 详见：罗友枝，*Education and Popular Literacy in Ch'ing China* (Ann Arbor: Center for Chinese Studies, 1979), 35；韩德玲，*Action in Late Ming Thought* (Berkeley: University of California Press, 1983), 25, 注 55。罗友枝在另一文中将社学描述为"那些由地方发起并得到国家支持的兴建于市镇及乡村的慈善小学"。除了一些明代的学校执行收费制（遂并非"慈善"性质），且多数学校是在常驻守令而不是当地人的倡议下创办的情况之外，罗友枝的描述是合理的。另见：罗友枝，"Economic and Social Foundations of Late Imperial Culture"，刊载于姜士彬等合编，*Popular Culture in Late Imperial China* (Berkeley: University of California Press, 1985), 11。

[17] 关于教育制度的历史，详见：艾尔曼，*A Cultural History of Civil Examinations in Late Imperial China* (Berkeley: University of California Press, 2000)；罗友枝，*Education and Popular Literacy*；李弘祺，*Education in Traditional China: A History* (Leiden: E. J. Brill, 2000)；池小芳《中国古代小学教育研究》（上海：上海教育出版社，1998）[此论著主要是根据府志而作出的关于学校的调查]；刘祥光，"Education and Society: The Development of Public and Private Institutions in Hui-chou, 960—1800"，(Columbia University Ph.D. dissertation, 1996)；穆四基，*Academies in Ming China: An Historical Essay* (Tucson: University of Arizona Press, 1965)。另见以上论著的参考书目。

明朝时期的社学，这些社学的创立地点和时间的数据构成了我论证的一部分。然而，在阅读洪武时期以后关于社学的丰富资料时，我也开始看到了在帝国政策方面，在谁提倡学校且为何会提倡的问题上，以及在如何书写学校这一问题上的变化模式：一种反映王朝与官僚制度之间关系，以及更广泛的国家与社会之间关系的模式。在明朝初期（1368—1430），社学主要以帝国企业的身份出现，旨在把明太祖希望用来避免社会变动的法律教授给男童们（详见第二章）。在明中叶（1430—1470），社学则明显是由那些为了得到保障与达到招募目的的高官所资助，而且对于社学的讨论也多数出现在奏章、序及记中（详见第三章）。到了明盛期（1470—1530），社学主要是由常驻守令创办。对于社学的记载通常出现在记文及地方志当中，有时也与对宗教机构的抨击紧密相关（详见第四章）。在明盛期的后期，这些学校也受到高知名度官员的关注，其中就包括王阳明。这些官员留下了他们所发布的规则和课程的相关记载（详见第五章）。到了晚明（1530—1644），地方社会本身拥有对社学的主动权，除了存有早前的模式，主动权也进一步下移（详见第七章）。当然，在各个时期，学生、教师以及社区里的其他人皆影响和塑造着学校（详见第六章）。虽然仍可提出其他论点，但其他论点仅占极少数。由于社学是由诸多不同的团体基于各自的原因所提倡的，所以社学的成功并不能简单地归因于明太祖的力量。

从社学这一角度切入也能够让人看到之前六个世纪，甚至是更远的历史书写惯例。与制度相关的文档以及制度本身是国家与社会得以产生互动的媒介。孔飞力曾提到，国家留下的文字记录反映出的，其一是日常事务，再者是对相关人员的调遣、评价及人员之间的关系，所以读者"必须把每份文档都理解成对外在现实的描述以及作者政治需求的反映"。[18] 为了追逐各自的利益，明朝的子民、官员以及皇帝，都在创造制度，并在与国家密切相关的文体中书写着这些制度，从中也展现出不同的界限和有利的环境。那些彼此一致的文档给史学家们留下了线索，而史学家们又使这些文档有效地为今所用。从明朝时期

---

[18] 孔飞力，*Soulstealers* (Cambridge: Harvard University Press, 1990), 219—220。

至 20 世纪末，明朝廷，特别是社学，在国家与社会、社会与个人、教育、民族主义、专制主义等争论中均扮演着一定的角色。在为这些争论搜集资料时，"传统"学术研究与"现代"学术研究之间实际上并没有明确的划分。不同时期，不同民族与信念的亚洲与西方学者，都依靠同样一套原始资料，甚至重复同样的结论来作为不同问题的答案。

历史现象和当时报道这类现象的文本之间究竟有何关系？一个极端是，实证主义者把这些文本视为对于该现象的记录。另一极端是，一些理论家声称，作为一种话语，文本只能按它们自己的表达方式来分析，即"真相"并不能被复原，甚至并不存在。较为折中的史学家则把文本视为对实际情形的一种不完全反映，或者把该现象视为一种塑造着文本的语境。我则提议把文本和现象两者一并视为同样或至少是同步的历史进程的产物。对文本进行批评审视时，必须同时考虑到它所记载的现象。两者必须同步理解，缺一不可。为了考察对某个特定现象进行的历史书写，这样的协力理解方式十分关键。这是因为后来的写作者对于他们当下的实际情况以及先前的文本都作了回应。因此我把涉及社学的历史资料的书写目的，以及史学家的立场两者并入对社学的论述中。

总之，拙著以明代的社学作为个案，阐明历史的两个方面。其一，作为由中央授权的地方机构，社学反映了明代的国家建设并阐明了国家与社会之间的关系。其二，对于社学（作为一种讨论话语对象）作用的追溯，使我们得以深入了解一些常用明史资料的性质（一种可被视为纪实制度的性质）。将两方面结合便能得出一个适用于探讨明代国家的理论：国家的力量在于国家能充当一个促成社会合作与竞争的场域。但是，这通常与中央意愿相悖，且这一场域十分宽泛，并非唯一，也谈不上公平。强调国家的参与并不意味否认国家的剥削。例如，虽然一些日本学者把传统中国农村视为一个半自主及合作性的单位，但仍提出了其阶级的不平等性。[19] 明人在国家的统治下受了苦，但也为国

---

[19] 何义壮，"The Socio-Economic Development of Ming Rural China (1368—1644)" (Ph. D dissertation, Princeton University, 1994), 132。

家效力；明人赞颂了国家，但也在某些方面给予批评。[20] 亚历山大·伍德赛德写道："政体中的成员，上至君王下至县学主事，或许都会在心中持有一份理想政体的特殊假想图谱。"[21] 国家统治人员与在他们管制下的人，不仅为国家服务和思考，也利用国家来满足自己的目的。明代的国家通过自下与由上两方面建构，当人民为了达到自己的目的而占据政府机构和文档时，他们遂在这一过程中延展了国家的影响范围。

---

[20] 关于明人对于国家能够任由他们批评的意识，详见达第斯，*Blood and History in China: the Donglin Faction and its Repression, 1620—1627* (Honolulu: University of Hawaii Press, 2002)，以及戴福士，*Cultural Centrality and Political Change in Chinese History: Northeast Henan in the Fall of the Ming* (Stanford: Stanford University Press, 2003)。

[21] 亚历山大·伍德赛德，"The Divorce between the Political Center and Educational Creativity in Late Imperial China"，刊载于艾尔曼与亚历山大·伍德赛德合编，*Education and Society*, 459—460。

第二章

明初：动摇的根基

[对我们这些反表象论者而言]对待真理是考虑到其效用，而不是与世界的内在特点达成一致。[特里·伊格尔顿却提出反对，认为这是指]事物的状态正是依据人们的建构方式而定……（难道另有他人应当负起建构这些事物的责任？或许此人就是皇帝？）

——理查德·罗蒂，"We Anti-representationalists"

朱元璋——明朝的创建者，是一位了不起的人物。他从贫困中崛起，创设了一套体制，而这套体制让中央政府在未经皇帝允许的情况下无法采取行动。多疑甚至偏执的朱元璋决意自行管理所有的事务。他把全体居民迁移到偏远的省份，并设立了用来统计国民和向国民征税的新体制。他罢黜及谋害了多位早期的支持者与谋士，也以贪污和密谋罪屠杀了数万臣民。如此一来，朱元璋首次为中国政体带来了持久性的惊恐元素。他以不适宜的散文体向帝国里的每个住户颁布了告诫，且不许后代子孙更改其体制。他重新制定礼仪，把自己定位成天地之间的中介，并敕令在各城乡设置新的崇祀对象和祭坛。由革新与权力所带来的惊惧，往往在他自己的文章中得到了平息。这些文章往往表达出他因无法控制臣民而愤怒感渐增，显露出他为了处理某一失败的政策，在制定其他政策时胡乱波动的现象，其间充斥着人们公然不服从于他的例子。虽然如此，朱元璋在历史书写中似乎通常是一位权力非常大、十分有效率的统治者。他成功地创造出一个平和的、有秩序的社会，所制定的制度明确地塑造了明代甚至是清代国家的形态。

本章将以洪武时期（1368—1398）的社学作为研究个案，首先质疑明太祖对于地方社会机构的管控权力，并说明人们为何对其权力有所信任。

明太祖的传说

人们通常把朱元璋描述成一位不仅控制着国家，甚至也控制着社会形态的皇帝，因此，明初便形成了帝国晚期历史的基线。尽管现今仅有少数人会极端地称呼朱元璋为"极权统治者"，但给予传统体制的批评也往往集中在朱元璋身上。[1]1896 年，晚清文化评论与改革家梁启超把应考的八股文形式——一种耗尽人们的精力但却无助于培养才能的传统教育体制的象征，归咎于朱元璋。[2]史学家居蜜把朱元璋描述成明清专制政治的开创者。这种专制显现在一个用于判定地方行政及地方社会形态的"庞大的乡村管制机器"中。[3]鹤见尚弘认为，在朱元璋统治时期，地方制度使地主阶级成为集于皇帝一人的、统一管制结构的基础。[4]范德则主张虽然朱元璋并没有成功地完全制止历史变迁，但清朝统治者也别无选择，只能在做出微不足道的改动后，采纳明代对于学习、社会生活及统治的标准：构建一种在没有完全抑制住的情况下，也能控制着社会和经济变迁的社会。范德说明，专制政体预先阻止了类似于文艺复兴与宗教改革运动的变革。[5]

[1] 门策（Frank Münzel），"Some Remarks on Ming T'ai-tsu"，刊载于 *Archiv Orientalni* 37 (1969), 397。

[2] 梁启超认为，秦始皇焚书及朱元璋创八股文两者有同样的意图和效应，即使百姓变得愚蠢。详见梁启超《学校总论》，《饮冰室文集》（台北：中华书局，1966），卷 1，页 15。关于八股文创设的年份，可参考艾尔曼的论著（页 380）。

[3] 居蜜，"Changes in Fiscal and Rural Control Systems in the Fourteenth and Fifteenth Centuries"，刊载于 *Ming Studies* 3 (1976), 53。

[4] 鹤见尚弘，"Rural Control in the Ming Dynasty"，刊载于顾琳与唐立合编，*State and Society in China: Japanese Perspectives on Ming-Qing Social and Economic History* (Tokyo: Tokyo University Press, 1984), 265—266。

[5] 范德，*Zhu Yuanzhang and Early Ming Legislation: The Reordering of Chinese Society Following the Era of Mongol Rule* (Leiden: E. J. Brill, 1995), 100, 110—113。

从明清两代的官员，到秘密社团成员，以至 20 世纪的美国学者，这些来自完全不同背景的写作者不仅认为朱元璋的统治是有效的，甚至称得上是优秀的。一封于 1436 年呈上的奏章哀叹了当时人才稀少，文人的习俗也开始变差，这是相较于洪武时期——老师被精精挑细选出来并致力于教学之时。[6]17 世纪晚期，政论家唐甄批评了一般意义上的大政府，特别是干预正常经济程序并偏袒富人的清朝政府。他以所处的时代——统治者与官员们都因穿着锦绣裘衣及用金樽畅饮而受到他人羡慕的时期——与明初作了对比。

> 昔者明太祖衷襦之衣皆以梭布（即朴素的手织物）……吾闻明之兴也，吴（指苏州）之民不食粱肉，闾阎无文采，女及笄而不饰，市不居异货，宴宾者不兼味，室无高垣，茅舍邻比。吴俗尚奢，何朴若是？盖布衣（指明太祖所穿）之风也。[7]

1854 年，在广东起义的天地会宣称：

8

> 惟我大明太祖洪武在位时，万国通商，尊卑有序，干戈不起，于邻邦均无欺诈。[8]

与晚明精英不了解地方百姓的需要这一普遍现象所不同的是，明初，正是基于朱元璋推行的政策，地主们往往颇为照顾受尊重的佃户。[9]

著名的作家与史学家们，持着朱元璋是一位有效的国家与社会

---

[6] 见范济呈上给刚登基的宣德帝的奏章，《明史》第十五册，卷 164，页 4443—4447。

[7] 引自邓海伦，*Conflicting Counsels to Confuse the Age: A Documentary Study of Political Economy in Qing China, 1644—1840* (Ann Arbor: Center for Chinese Studies, University of Michigan, 1966), 106—108, 126—127, 括号内的解释为我所加。

[8] 魏斐德，*Strangers at the Gate: Social Disorder in South China, 1839—1861* (Berkeley: University of California Press, 1966), 121, 143。

[9] 其中一个例子可参考邓尔麟，*The Chia-ting Loyalists: Confucian Leadership and Social Change in Seventeenth Century China* (New Haven: Yale University Press, 1981), 96。

缔造者的部分观念，通常把利用社学传播基础教育一事归功于朱元璋。例如，一位 20 世纪晚期的学者曾把一位韩国旅行者观察到的现象，即 15 世纪晚期的明朝百姓所具有的广泛的读写能力与常识，归功于一道规定每个乡区都需要建有一座社学的旨令。[10] 这样的主张可谓效仿了陈建，一位自命为当时杰出史学家的明代学者的做法。16 世纪，陈建认为，明太祖命令各县的乡里都得创办学校。于是，每个穷困乡区及落后地方都有了学校，陈建评论道，这证明了自古以来没有一位统治者能很好地执行养民与教民的双重任务。[11] 我们接下来将会看到，即使是在明太祖统治时期，这一美好的景象也值得质疑。朱元璋并没有创造社学，也不是明朝第一位提倡社学的人。他给予了社学短暂的支持，且相对而言，只有很少的县是因为遵从他的旨令才创办学校。

社学的个案使人们对一个更大层面的观念产生了怀疑，即明太祖决定性地塑造了帝国晚期的国家与社会。然而，这一个案也让我们看到了关于朱元璋满足自己政治需求这一传说的初期形态，并说明了以帝王为中心的叙述所具有的影响力。即使皇帝颁发的旨令无法促成学校的建立，甚至官员所上的奏折无法改变任何制度性政策时，这些关于社学的文件皆作出了权力所属的声明、制定了书写形式，也影响了帝王与官僚之间的关系以及这些文件作者的命运。通过颁布创办社学的命令，朱元璋并不仅仅为了实现具体的目标，同时也是在作出关于自我及其政权的声明，特别是主张皇帝拥有在中国乡村建立相关机构

9

---

[10] 宋汉理，*Change and Continuity in Chinese Local History: the Development of Hui-chou Prefecture 800—1800* (Leiden: E. J. Brill, 1989), 116。宋汉理引用并简化了韩德玲的观点（韩德玲，*Action in Late Ming Thought*, 25）。虽然后文将提到更多例子，但我在此先举两例：一本在清代编写的关于万物起源的书，将社学的创办归功于朱元璋。详见汪汲《事物原会》（1796 年影印版。扬州：江苏广陵古籍刻印社，1989），卷 8，页 3。作者提到这条记载完全引自《大明会典》。一个更近期的著名例子则将明代以后，从中央到地方上各种类型的学校的创建归功于朱元璋的提倡与领导。详见：孙琰《明太祖洪武皇帝秘史》，李治亭、林乾合编《明代皇帝秘史》（太原：山西人民出版社，1998），页 107。

[11] 陈建（1497—1567）《皇明通纪》，"序"及卷 6，页 25b。

的主动权。明初的文档成为使之后的社学政策得以正当化的先例。后来的写作者也认为这些文档精确描绘了帝国的举措如何有效地塑造了明初地方机构。对于明朝初期在强有力的统治者的有效治理下达到黄金盛世的虚夸，以及明朝皇帝拥有的实际权力两者，使朱元璋具有处事效率的观念享有甚多权重，以至于挑战这一观念的文件即使没被忽略，也会被诠释为对这一观念的支持。即使一些文章指出社学的创建并不应归功于朱元璋，还有一些文章叙述了朱元璋诸多失败之处，但它们都假设了朱元璋的政策原先颇有成效。虽然明代初期撰写的关于社学的记述在几个世纪以来不断回响，但明朝后期那些更加丰富的资料却往往被排除在外。

一项发明？

在击败了元军并收复了多数历史上属于中国的领土之后，朱元璋接下来便有了远大的计划。在一群相信帝王能够且应该在道德上改造社会的博学、有抱负的政治学者建议下，朱元璋计划执行集权制并使百姓各得安理。[12] 虽然朱元璋有些时候倾向于一种君臣之间直接的联系，但他却追随经典与历史上的先例，宣称他对于制度的力量充满信心。1369 年，当朱元璋命令府学和县学重建时，他（或为朱元璋拟稿的人）说道："朕恒谓治国之要，教化为先。教化之道，学校为本。"[13] 然而，朱元璋对于特定制度以及相关执事人员的信心却时常受到动摇。这导致——如我在其他文章所论及——对于乡村制度的规划历经了七次相当不同的阶段。[14] 社学即是其中的一种制度。

---

[12] 达第斯，*Confucianism and Autocracy: Professional Elites in the Founding of the Ming Dynasty* (Berkeley: University of California Press, 1983)。范德，*Zhu Yuanzhang and Early Ming Legislation*, 15—16。

[13]《明太祖实录》，第三册，卷 46，页 0923。

[14] 施珊珊，"Visions and Revisions: Village Policies of the Ming Founder in Seven Phases"，刊载于 *T'ong Pao* 87 (2002)，1—43。

社学成立于 1375 年，根据该统治期内前两个阶段的设计，社学成了一个稳固、和平、等级分明的社会之运作核心。在一套把司法法律贯彻到县级的帝国官僚体制的统治下，纳税家庭被永久登记于其职业和住家之下。同时，在各府县，神明也被收集、剔除、命名以及指派给庶民与官员供奉。法律的颁布有赖于那些为新建立的朝代赢得支持而设计的制度。由百户人家组成的集会则被命令执行乡饮酒礼和其他祭祀，为维持邻里团结而祈祷。为使乡村并入整体新建立的明朝秩序，作为最后的步骤，社学的创办需把良好的品德及习惯灌输给年轻的农民、士兵与持有技艺之人。对明初的社学进行描述是一件困难的事。现存史料并没有如此全面的描述，甚至下令创办这些书院的敕旨和诏令也是从各种资料来源中重构得出。本节之所以呈现这些经重构的敕旨和诏令，一方面是为了探讨社学具体应有何种本质，另一方面则是探讨这些关于社学的文档在修辞上达到了何种成果。

朱元璋何时下诏创建社学？《明史》——一部由相继的清朝出版的关于明朝的官修史，在非常简约地叙述个别皇帝在位时期所发生事件的"本纪"中，精简地记述了洪武八年正月丁亥（1375 年，2 月 27 日），朱元璋"诏天下立社学"。[15] "本纪"也提供了其他朱元璋致力于教育的证据，但却不包括"之后废除社学"这类让人怀疑朱元璋是否真正致力于教育的记录。[16] 进行这样的筛选是为了刻意塑造统治者所具有的良好形象。

"本纪"的主要资料来源是实录。实录是在各皇帝的任期结束后，按其起居注编成。基于政治原因，明朝第一位皇帝任期的实录被重写了数次，而各种细节或许在重写过程中被遗失。实录只记载了 1375 年那道旨令的第一段，而除了些微文字差异，这一段也存录在 1586 年编成的《续文献通考》中。旨令的第一段还被许多地方志逐字引用。虽然后来的方志编纂者或许查阅过《续文献通考》（其中一位确实在这个

---

[15] 张廷玉等编《明史》（1736 年编，重印版。北京：中华书局，1976）第一册，卷 2，页 30。

[16] 谈迁的《国榷》也记载了社学的创办，但并没有提到社学的废止。谈迁《国榷》（北京：古籍出版社，1958），页 516。

讨论语境下提到了该书），但早前的编纂者大概只能参考那份被颁布的旨令。1375 年旨令的第二段则只在地方志中被片段式地存录下来，我遂依此将其进行重构。

1375 年 2 月，朱元璋下令中书省：

> 昔成周之世，家有塾、党有庠，故民无不知学，是以教化行而风俗美。今京师及郡县皆有学，而乡社之民未睹教化，宜令有司更置社学，延师儒以教民间子弟，庶可导民善俗也。[17]
>
> 圣旨谕：凭台省大官人用心提调，教各州县在城并乡村，但有三五十家便请个秀才，开学教军民之家子弟，入学读书不妨他本业，务要成效。[18]

史学家王兰荫发现，在原本的旨令之后，紧接着颁布了一道由礼部和都察院颁给各府、州、县的法令。我按重叠的方志片段重构了该法令：

11

---

[17] 有许多地方志逐字引用了这道法令。这些地方志包括 1547 年版湖广《蕲水县志》（卷 2，页 2），以及 1573 年版山东《兖州府志》（卷 29，页 7）。另可详见：《明太祖实录》第四册，卷 96，页 1655；《续文献通考》卷 50，页 3244。《十通分类总纂》（卷 47，页 8；在影印版为卷 9，页 93），此外尹选波也引用了《续文献通考》，详见尹选波《中国明代教育史》（北京：人民出版社，1994），页 17。最后一句话并没有出现于《明太祖实录》。这段话时常被引用。例如，王云使用了"习于学"而不是"知学"一词。王云引用的是《明实录》，故而我不知为何会出现这一变异。详见：王云《民间社学与明代基层教育》（聊城师范学院学报，1993），页 2。另外，关于地方志的注解，我将为那些年份明确的地方志标上年份，而其他不明确的则仅标上出版时期的年号。继年份之后，我也会注明其所属的省份。至于县志，我或许会标上所属府治。详见参考书目。"乡社"也能意味着"乡镇与社群"。

[18] 详见：1524 年版江西《东乡县志》，卷 1，页 55；1574 年版广东《东里志》，页 107；1609 年版广东《新会县志》，卷 3，页 10a。另一部地方志或许也指向了这道旨令，提到了每个乡村皆建有社学，但每 25 户人家就应当创办一所社学（见 1503 年版江西《抚州府志》，卷 14，页 25）。根据艾伯华的研究，许多乡村也许仅有大约 50 户人家。详见艾伯华，*Social Mobility in Traditional China* (Leiden: E. J. Brill, 1962), 266。

洪武八年二月十三日（1375 年 3 月 15 日）：奉礼部符文及御史台劄符，仰钦依于本府所属州县，每五十家立社学一所，延有学行秀才训迪军民子弟。[19] 屡行取勘师生姓名，守令以时程督之。[20]

我之所以会将此法令与前述（1375 年 2 月下达给中书省的）旨令中的两段一并对待，是因为朱元璋必定审查过这道法令。

为了呈现一个以皇帝为中心的观点，这些文本完成了许多任务。第一，这些文本坚定地把创建社学一事归功于朱元璋。在旨令传下之前，朝廷可能已经讨论过社学，而且在后来的另一讨论语境中，朱元璋注意到"数（位官员曾）言社学可兴"。[21] 然而，没有任何关于这个课题的奏折被存录下来，甚至书面记录也可能被刻意地毁坏。第二，虽然有些旨令透露出明朝管制的不完整性（例如乡饮酒礼原先仅被命令在南京一带进行），但与这些旨令不同的是，上述文本皆描述了所有府服从于朝廷指示而行动。这些文本断言国家拥有渗入乡村的力量，不但能够处理以 50 或 35 家为单位的群体，甚至还能应付单个老师与学生。亚当·肖尔（Adam Schorr）已经表明在明初和明中叶时期，特别是在国家政治中心，存有一种对于文字的信心，即文字能够达到目标并具有传输道德的能力。这道旨令便是一个例子。[22]

第三，与其参考更近期的先例，该旨令与诏书实际上参考了一个上古的模式。旨令的开头部分结合了《礼记》——一部礼仪经典的

---

[19] 有些时候使用"教训"一词，但通常使用"训诱"一词。

[20] 关于此文的年份，可参考王兰荫《明代之社学》，第一节，页49—50。王兰荫引用了 1523 年版南直隶《惟扬志》，卷 7。另详见：1548 年版河南《尉氏县志》，卷 2，页 43—44；洪武版南直隶《苏州府志》，卷 12，页 11；1874 年版江西《湖口县志》，卷 4，页 16。另外，关于最后一项条例，见 1545 年版河南《兰阳县志》，卷 4，页 19—20；1751 年版广西《太平府志》，"学校志"，页 2—3；以及徐学聚《国朝典汇》（1624，1634 年影印版，台北：学生书局，1965），卷 29，页 2。

[21] 《御制大诰》1.44，刊载于《明朝开国文献》，页 48—49。见下文。

[22] Adam Wilder Schorr, "The Trap of Words: Political Power, Cultural Authority, and Language Debates in Ming Dynasty China"(Ph.D, dissertation, UCLA, 1994)。

其中一段（"昔家有塾、党有庠，国有学"）[23] 以及朱熹为《大学》作序时的措辞，即继周朝衰亡之后盛世便终结，使教化与风俗有所颓败。[24] 这段文字作为那道创办社学旨令的中心，使朱元璋成为上古中国的继承人。同时，也把朱元璋和一个不朽、有力且著名的传说联系起来：古时候的学校体制让所有人都有机会受教育。[25] 即使是没有阅读过《礼记》之人，普遍都能认出第一句话引自《礼记》。这是因为这句也被朱熹引用到他所编的被广泛使用的《小学》一书中。[26] 作为启蒙读物的其中一篇，《大学·序》的措辞对于任何识字的人而言也应是耳熟能详的。

　　如范德所表明，朱元璋与他的谋士确实把经典运用在恢复中华文化形态的问题上。[27] 然而，求助于上古的策略使朱元璋等人灵巧地回避了社学（和其他明初的制度一样）继承自元朝的事实。[28]1270年，为了促进生产，元朝已经把乡村地区组织为以 50 户为一个单位的"社"。领导着社的长辈最初负责促进食物和纺织品的生产，后来则负

12

---

[23] 或更确切地，"古之教者，家有塾，党有庠，术有序，国有学"。详见：高厚德，*A History of Chinese Educational Institutions*, Vol.1 (London: Arthur Probsthain, 1951), 163。

[24]《礼记》，"学记"，卷 36，页 3a（《十三经注疏》）。著名的晚清改革家梁启超甚至也引用了这段话。详见梁启超《学校总论》，页 14。

[25] 关于这一"无所不包的上古学校体制的传说"所带来的影响，这一传说在黄宗羲的思想建构中的地位，以及在晚清改革时期所具备的政治效用，可参考亚历山大·伍德赛德，"The Divorce Between the Political Center and Educational Creativity"，458—492。

[26] 陈选《小学集注》，卷 1，页 5a（《四库全书》版为页 528—699）。

[27] 范德，*Zhu Yuanzhang and Early Ming Legislation*, 37。

[28] 艾伯华、戴乐、爱德华·德雷尔，以及多位其他 20 世纪时期的学者指出了明初所执行的制度实际上仰仗了元朝。达第斯评论道："然而，明代的官方并没有迫切地承认他们受到了元朝的恩惠。那些必定伴随着的对于元代制度重建的讨论，大致上没有被收录到官方资料文档中。而且，明太祖本人后来也重申，他早期制定的制度性组织借鉴了汉朝、唐朝及宋朝的模式。明太祖并没有提到元朝。"（详见：达第斯，*Confucianism and Autocracy*, 195）王国斌写道："明朝努力掩盖元统治对于他们自己习俗的影响。这份努力是许多现代的历史学家在很大程度上所支持的。"（详见：王国斌，*China Transformed*, 80）

责税收。1286 年，忽必烈命令每个社必须成立一所学校，并挑选一位对经典彻底熟悉者在每个冬季于校里授课。元朝也设立了其他类型的小学，但社学是特定地坐落于乡村，并且是为乡童而设。[29] 作为乡村重建的一部分，元代的社学意在培育具有道德的国民，或许是为了使乡童具有在商业经济环境中派得上用场的基本读写能力。让个别社负责挑选自己老师的做法，和元朝处理人口的常用方法一致。这一方法便是，与其尝试与每个子民有所接触，京师指定出了不同类别的群体并和这些群体的领导者直接对话。换言之，社学已经明显嵌入元朝的建设规划中，并且也有证据显示一些社学确实是在元代建立并有乡童就读。[30]

朱元璋必定知道元朝已经设立了社学。因为在众多事项中，"社"是元代乡村社会的划分，而这种划分并没有在明代被使用。然而，"社学"这一术语却保留了下来，且诏令也要求每 50 户（即元朝时期一个"社"的规模，但在明初却不存在的单位）必须建有一所学校。即便如此，朱元璋的旨令却隐藏起元朝留下的这一遗产。这是因为新建立的明朝廷的正统性，部分依靠着一种说法：明朝替代了一个原先公正但之后却贪污的元朝皇族。例如，当朱元璋命令在全国创办县学和府学时，他间接指责元朝人忽略了学校，痛恨古代的

---

[29] 柯劭忞《新元史》（台北，1920），卷 69，页 9—13。1849 年江西《新建县志》。刘祥光，"Education and Society"，279—281。

[30] 1349 年，天长县知县复兴了 36 所"鞠为蔬圃具文相治"的社学。该名知县提供了学楼和教师，也挑选出那些可教育的男童作为社学学生。之后，诵读之声皆可闻。（张以宁"天长县兴修儒学记"，《全明文》，卷 2，页 136—137）一篇写于1350 年，为纪念一所当地庙学重建的铭文，让我们得以瞥见当时社学学生的情况：一名地方官每个月两次"率僚属并各保社学师生，五百余员（也许一半是社学学生），躬诣文庙行香，会集讲堂讲明道义、问难义理、改正课业"。（1552 年版河南《鲁山县志》，卷 9，页 30）根据地方志所列举出的属官人数，以及这一仪式必定包括了生员的事实（见刘祥光，"Education and Society"，264），或许在五百名参与者当中，有大约两百或三百名是社学学生。关于元代社学的其他证据资料，可参考王兰荫《明代之社学》，第一节，页 44；刘祥光，"Education and Society"，280—281；1991 年版《苏州教育志》，卷 1，页码 3；以及 1540 年版北直隶《河间府志》，卷 17，页 12。

衣冠和礼仪方式混入了元人的习俗，并声称学校会逐渐改变百姓，"复先王之旧以革污染之习"。[31] 与其承认他的道德改造计划依赖于他所建立的朝代之前那堕落的统治者所制定的制度（包括社学），朱元璋选择追溯上古。

朱元璋的策略成功了。许多写作者把社学的创办夸耀为明朝的成就。一位明代的写作者夸张地写道，明朝与汉朝和宋朝的不同之处在于，后两个朝代在以武力征服了整个帝国后迟迟未创办学校，过了几代方开始创办。明太祖则在登基后的三年内创办了国学，两年内创办了府学、州学和县学，八年内创办了社学。这位写作者直接省略掉了元朝。[32] 一位方志编纂者在写到一座社学时，评论元朝几乎把注意力全投注在军事上，甚至在颁赐最高的科举考试功名时也以军事为先。社学只有到了明代方始成立。[33] 另一位方志编纂者则写道，除了供应所有县学所需，"又有社学之设，以训童蒙教养之法，非前代之所能及也"。[34] 一部清代的方志描述道：

> 案乡城社学即古小学遗制。宋熙宁四年（1071）始令诸州、军置小学。崇宁元年令州置小学，十岁以上皆入学。元制有蒙古小学。明洪武八年诏有司立社学……[35]

虽然这位作者完全愿意把洪武帝的诏令放置到历史长河中，但他

13

[31]《明太祖实录》，第三册，卷46，页0923。关于这一旨令的英文翻译，可参考范德，*Zhu Yuanzhang and Early Ming Legislation*, 35。

[32] 张朝瑞《皇明贡举考》，卷1，页95b-96a有引。

[33] 嘉靖版河南《固始县志》（虽然县志的年份标为1542年，但这是错误的）。尽管这些地方志在记载关于社学的资料时也包括了相关法律（这一做法已成为地方志中各小节编写的规范），但多数地方志并没有关于元代针对社学而制定法律的（转下页）（接上页）记载。其中一个例外是1849年版江西《新建县志》。这部地方志记载了元代法律，但却没有给出关于明代法律的详细资料。艾尔曼近来讨论了明初如何在谈到宋朝的时候却抄袭了元朝的科举制度。这一相关的掩饰举动到了清中叶时期受到了挑战。详见：艾尔曼，*A Cultural History*, 40。

[34] 1488年南直隶《吴江县志》，卷3，页5b（重印版为页134）。

[35] 1835年广东《南海县志》，卷11，页5b。

却不知道元代已有社学，故而只提及了元制小学。虽然现在的学者通常会简略提到这些学校源自元朝，[36] 但朱元璋在旨令中所作出的声明的影响力却持续到了 20 世纪。[37]

一部总体上十分熟悉社学法令的清初地方志，在引用了 1375 年那一引自《礼记》的旨令首句之后，却提及一部不同的礼仪经典并记述道："明太祖源本《周官》。诏天下每五十家设社学一所。"[38] 基于政治原因，1375 年的旨令把朱元璋放置到一套经学传统中，而这道旨令也成为该传统的一部分。自始至终，在明代的方志中，这道旨令的用语不仅被引用或改述于纪念社学创办的碑刻中，甚至连纪念府学、县学和书院创办时亦是如此。[39] 这道旨令成为讨论朱元璋统治时期的方式之一。这类讨论假定了朱元璋是一位有效率的统治者，而他所定下的法律和制度也创造了一个和平的社会。

虽然后世写作者们均描述了一套假定存在的课程，以及关于明初社学方针的其他方面，但实际上相关旨令和诏令对于学校本身只作了甚少的说明。即如在周代，一个被视为典范的朝代，当时的学校做到了给每个人求学的机会，而学校也因此变好。当时，每个乡、村，或

---

[36] 例如，葛林在一篇（刊载于一本有影响力的作品的）论文中阐述：社学"首先在明朝创建者在位时期被创办"。详见：葛林，"Academies and Urban Systems in Kwangtung"。刊载于施坚雅主编，*The City in Late Imperial China* (Stanford: Stanford University Press, 1977), 480。

[37] 有些时候，学者提及这点时不仅是简略的，而且是勉强的。李弘祺把对于朱熹有关基础水平教育制度的观念付诸实践之举，归功于元代的统治者。这是因为，这些统治者具有了"恩及普罗大众的广阔视野"。但是，李弘祺在注脚中却认为中国的文人或许真的落后于发展的步伐，而且还进一步提到"人们很难想象元人成功地将这一理想付诸广泛的实践"。详见：李弘祺，*Education in Traditional China*, 91。

[38] 1684 年版福建《宁化县志》，卷 6，页 15a。

[39] 相关例子可参考 1517 年版湖广《襄阳府志》中一篇关于学校的铭文，以及《白鹿洞书院志》，卷 8，页 9。后者重刊于赵所生主编《中国历代书院志》（南京：江苏教育出版社，1995），第一册，页 627。

35 ～ 50 户为一组的单位都得建有一所学校。[40] 州官和常驻守令都应
负责学校的事务。州官需要传达诏令，而县令与知府则需要聘请老师、
视察学校及向村落取勘学生的姓名。这和元代的社学体制，即由社自
身挑选老师的情况不同。虽然诏令也提到了京城、府和县的学校，意
味着社学也是该体制的一部分，但社学学生却被明确规定结业后必须
返回从事他们户籍所登记的职业。故而社学的学生不能晋级参与科举
考试。相反，军户和民户的男童则要学习识字，也必须确保行为正直。
1375 年的旨令在第一部分要求聘请儒师，但第二部分及礼部的法令则
指定了秀才。秀才即指那些为了得到参与科举考试的权力而登记在县
学者，以及最有可能愿意担任此职务之人。[41]1382 年，当朱元璋批准
了一份聘请秀才及给秀才排名的提议后，这一可能性即被核实：

[40] 除了王兰荫于《明代之社学》(第一节，页 50)所引用的地方志以外，有许多地
方志也记载到朝廷下令每 50 户人家必须建有一所学校。详见：1548 年版河南《尉
氏县志》；1572 年版广东《潮阳县志》；1540 年版北直隶《河间府志》；1679 年
版江西《安福县志》；洪武版南直隶《苏州府志》；1540 年版浙江《太平县志》；
1524 年版南直隶《上海县志》；1552 年版山东《临朐县志》；1642 年版南直隶《吴
县志》；1529 年版南直隶《江阴县志》，等等。一些清代的地方志将这一条文视为
定规，即每个乡村或任何对于家庭进行的组织就应当建有一所学校。例如：1687
年版福建《德化县志》，卷 4，页 6 提到了"天下里社"；1820 年版广东《澄迈县
志》提到"凡个乡区"；1751 年版广西《太平府志》提到"穷乡僻壤"；1872 年
版江西《都昌县志》，卷 6，页 26 提到了"每里"；1870 年版江西《武宁县志》，
卷 16，页 29a 提到"每乡里"。然而，明代所使用的术语也并非一致。宋濂、朱元
璋的谋士，在一篇铭文中提到那道旨令时，说了该旨令要求每个乡村("闾里")
都建有一所学校。在晚明时期，尽管里甲制的制定比社学迟，但叶春及仍将两者
联系上。在他看来，每个包括 110 户人家的里都应建有一所学校。详见：叶春及
《惠安政书》(重印版。福州：福建人民出版社，1987)，卷 11，页 1(重印版为页
354)。海瑞也做了相同的事(详见第七章)。

[41] 秀才、诸生或生员。关于我重构这一形容教师的词语的其他各类措辞，可参考：
1503 年版江西《抚州府志》；1524 年版江西《东乡县志》；1548 年版河南《尉
氏县志》；1512 年版南直隶《松江府志》；1572 年版广东《潮阳县志》；1540 年
版北直隶《河间府志》；1857 年版广东《琼山县志》；1872 年版江西《都昌县
志》，卷 6，页 26；以及 1735 年版山西《朔州志》。另外，宋怡明在一篇书评中针
对我所谓的"晋级参与科举考试"以及"本业"的概念提出了异议。详见 *Etudes
Chinoises*, vol XXV (2016), pp. 391—393。

> 其［指秀才］不堪任遣还乡里者，可令为社师。明经老疾者，授以教官［指在府、州、县学的老师］。[42]

利用社学来聘请这些既受过教育也可能对朝廷不满之人是一种有益的手段。

因此，关于谁应在社学中执教，谁又应在社学中学习之事，我们实际上所知甚少。然而，旨令和诏书并没有注明：这些学校应当安置于什么建筑物当中，学校确切应教授什么内容；学校应当何时开办；谁应当以多少钱支付给教师作为薪资；是否向学生征收费用、提供廪给及住宿。更没注明强制上学的究竟仅是一部分还是全部乡民。根据朱元璋后来针对学校作出的评语判断，起初对于那些家中不一定需要儿子劳力的家庭，学校的出席率是强制性的。而且，学校也在一年中的大部分时间进行授课。由此看来，详细的规章或许在当时存在，只是没被留存下来。这是因为朱元璋对于国家和社会的想象已经开始出了问题，而学校也在地方政府的戏剧性修订下成为牺牲品。

废除社学？

> 社学：洪武八年奉部符闻设，每五十家为一所，寻革去。正统、天顺间复。
>
> ——1588 年南直隶《上海县志》卷 5，页 28a

15   1376 年，在以社学作为一整套新制定的地方行政组织之后，朱元

---

[42]《明太祖实录》，第六册，卷 147，页 2323。这一用来解决如何处置生员问题的方案，预示着后来社学的两个问题：寻找有资格的教师，以及利用社学来谋取闲职（详见第六章）。这个提议由尚书开济等人提呈，主要针对御史赵仁所呈上的奏章。开济之后因其他同僚的举报下狱而死。另一方面，赵仁则成为都御史，而后进爵兵部尚书。赵仁最后也入祀家乡宁海州当地的乡贤祠（详见：1864 年版山东《宁海州志》，卷 17，页 7）。

璋针对一个在官场上例行的惯例（预盖空白财政报表）作出了反应。他认为这是一项舞弊欺诈的惯例，于是处斩了数百名常驻守令。接着，在对一次星象凶兆作出回应时（很可能是回应百姓的反对），朱元璋征求人们对他行为的批评。平遥训导叶伯巨遂上了一道以"万言书"闻名的奏折。"万言书"就如同其他劝谏了先前统治者的奏折。叶伯巨从三方面批评了政府：分封太奢，用刑太重，以及由于守令忽略教化而导致了无效率的治理。按叶伯巨的说法，朝廷切切于社学，履行取勘师生姓名、所习课业等职责。然而，守令只在书面上遵从旨令，社镇城郭只不过置立门牌，远村僻处则又徒存其名。"小民"遂完全不知美德。[43]

叶伯臣的奏章体现出（如同星象一般的）圣旨如何成为一份公物。成为公物的圣旨或许能使统治者的权力合法化，但也可能带来直接的反效果。皇帝在这场文字游戏中并没有完全掌控牌局。朱元璋强调了教化的重要性，以及学校在实行教化的过程中所扮演的角色。叶伯臣则主张教化（特别是创办学校）应当是常驻守令的首要职责，而不是他们由于致力于其他事务（例如税收）遂能够忽略的事。虽然学校应当遵循的规章已经颁布，但是叶伯臣认为除非朱元璋强力执行，否则这一切将沦为空谈。当常驻守令无法履行职责而官员们因此有资格责怪皇帝时，皇帝自己所拥有的权威也同样反映在官员们的这一资格中。[44]虽然朱元璋赞同叶伯臣提出的关于教育体制的观点，但却基于他针对诸王提出的评论而把他打入监牢。叶伯臣最终死在牢中。[45]叶伯臣的奏章或许是终结明初创办社学命令的原因之一。因为在某种程度上，叶伯臣对于朱元璋的抉择、行为和实际管制所提出的批评，间接地激起了朱元璋对于学士和官员的失望，但也可能更直接的原因是他上报说学校并没有发挥作用。另

[43]《明史》，第十三册，卷139，页3994。

[44] 费约翰证明了孙中山"拥护约法"的口号如何与他本身密切相关，以至于能够背叛他。详见：费约翰，*Awakening China: Politics, Culture, and Class in the Nationalist Revolution* (Stanford: Stanford University Press, 1996), 201。

[45] 富路特、房兆楹合编，*Dictionary of Ming Biography* (New York: Columbia University Press, 1976), 1573—1575. 后文将使用"DMB"的简称。

一方面，既然叶伯臣的奏章已经印刷出版，这也许鼓励了之后的一些官员建立社学。

针对其严厉作风的批评并没有削弱朱元璋。1380 年，中书省左丞相（或宰相）胡惟庸因为任用自己的支持者而威胁到朱元璋的权威。同时，朱元璋也相信胡惟庸已进行了密谋并且要篡位。对此，朱元璋非但处斩了胡惟庸，也处死了约 15000 人（根据他自己的计算数据）。为了避免任何一位官员再次获得此等权力，朱元璋废除了中书省的所有行政职位，只留下了一个没有首席代言人的官僚集团。与此同时，协调各个政府部门和机构的任务回归到了皇帝手中。[46] 在地方行政方面，朱元璋在县级以下创设了行政机构，以便限制知府和县令的权力。里甲制将 110 户组织起来，并让他们绕过知府，直接联合把税收交到京城。朝廷也告知乡民，让他们把纠纷交由新委任的里老人处理，由此避开知府衙门。同时，在某些任务上朝廷也吩咐常驻守令与里老人、里长以及甲首合作，并授权里长和甲首监视民众的行为举止并保持地方的和睦。[47]

然而，暂时性地拆除社学却成为这一阶段地方制度法规的首举。史学家王兰荫坚决认为，基础教育自 1380 年已不在官员的掌控中。虽然法令原文并没有存录下来，但通过王兰荫的重构，社学在法律上已由冬学替代。冬学仅在农闲时开课，其运作是由地方人士，而不是官

---

[46] 关于胡惟庸案受害者的姓名，可参考吴晗《朱元璋传》（北京：人民出版社，1994 年重印，1965 年初版，页 253）。丞相一职的除去被认为是在两个半世纪后，使明朝灭亡的原因。贺凯在回顾这一观点的时候认为："无论用什么标准评价，在那些最坏的皇帝当中，朱元璋是'第一位坏皇帝'。而且，他给明代接下来的历史发展所罩着的阴影，也许是明代政治最凶恶的一面。"详见：贺凯，"Ming Government"，刊载于崔瑞德、牟复礼合编，*The Cambridge History of China*, vol.8, *The Ming Dynasty, 1368—1644, Part Two* (New York: Cambridge University Press, 1998), 104。

[47] 详情请参考：施珊珊，"Visions and Revisions"。

员来负责。[48] 由国家经营的广泛基础教育仅维持了五年，正如一部方志所述，社学"寻革去"。[49] 1383 年 10 月，"社学"这一概念虽又恢复了，但却明确禁止官员在社学中扮演任何角色。社学因此成为一个完全自发性、地方性的机构。

> 诏郡县复设社学。先是命天下有司设社学，以教民间子弟，而有司以是扰民，遂命停罢。至是复诏民间自立社学、延师儒，以教子弟。有司不得干预。（其经断有过之人、不许为师。）[50]

许多方志都记述了一条额外的条文。这一条文可能源于后来的一些公告：对于那些拥有安逸或庞大家庭之人，允许其常年读书或教书，只要他们愿意并负担得起费用。除此之外，道德高尚者能够根据地方

---

[48] 王兰荫重构了其年份及地方志中的一些条文。详见：王兰荫《明代之社学》，第一节，页 50。同时参考：16 世纪版广东《东里志》。多数地方志仅记载了"社学之后被禁"，但没有给予更多资料，又或者通过后来恢复社学一事来暗示禁止社学的旨令。这类处理方式的诸多例子包括：1679 年版江西《安福县志》，卷 1，页 22；1540 年版北直隶《河间府志》，卷 5，页 6；以及 1857 年版广东《琼山县志》，卷 4，页 44。一些地方志则忽视了禁止社学一事，例如 1609 年版广东《新会县志》，卷 3，页 10a。同时参考：李来福，*Subbureaucratic Government in Ming Times: A Study of Shandong Province in the Sixteenth Century* (Oslo: Universitetsforlaget, 1981), 171。"冬学"一词至少可追溯到宋代。详见：吴霓《中国古代私学发展诸问题研究》（北京：中国社会科学出版社，1996），页 112。松本善海指出，人们或许仅在农休季节才在同样的地方继续开课。详见：松本善海《中国村落制度の史の研究》，页 479。

[49] 1588 年版南直隶《上海县志》，卷 5，页 28a。

[50]《明太祖实录》，第六册，卷 157，页 2436；《明会典》（万历版，1988 年重印），卷 78，页 455。虽然《明太祖实录》并没有提到最后一句，但是此句却重复出现在地方志及《明会典》中。《明会典》开篇写道："诏民间……"，详见：1535 年版《广东通志初稿》，卷 16，页 25b，以及 1548 年版河南《尉氏县志》，卷 2，页 43—44。一些资料则将倒数第二句写成"有司与里甲［长］不得干预"。但是，我接下来将进一步讨论到，句末的添加实际上来自这一诏令在《教民榜文》中的重复（以及一些修改）。当这一诏令正式颁布的时候，里甲制才实行了两年，而朱元璋也尚未对其感到大失所望。第二部出现了此变异的地方志或许仅是抄袭了第一部：1512 年版南直隶《松江府志》和 1524 年版南直隶《上海县志》。同时参考 1573 年版山东《兖州府志》，卷 29，页 7。

上的情况，于十月初至十二月中开办学校。[51] 至此，叶伯巨所提及的那些详细规章，可能被视为毫无相关而被遗弃。到了 1387 年，另一位上奏者抱怨道当时"无党庠乡学之规"。[52]

上述现象体现出，社学成了帝国策略的一部分。这一策略通过赋予乡村执政组织权力，削弱或绕开常驻守令的权限。然而，朱元璋之后认为这一策略也失败了。自 1385 年起，朱元璋立志扫除贪污，并通过以一位户部侍郎为中心的肃清行动作为开始。这一案件导致了至少 7000 名官员和庶民被处斩。[53] 与此同时，为了对付京城以外的贪污案，朱元璋通过以四篇为一套完整系列，并定名曰《御制大诰》的短文，直接把旨意传达给所有的官员。这些短文严厉地指责贪污官吏，修订和颁布了之前的法令，并同时制定新的法令，还报道了特定的贪污案与相对应的、令人毛骨悚然的惩罚。《御制大诰》赋予了庶民权力，让他们监督、投诉，甚至拘捕常驻守令与其衙门里的职员。朱元璋命令每个人都必须把《大诰》背熟。《大诰》成为上述者进京的通关证，甚至起到了护身符的作用——罪犯若身上持有《大诰》，那其刑罚则会被减轻一层。

《御制大诰》重申了社学政策的改变。这貌似是因为当时有些官员力劝朱元璋把社学恢复为国有的基础教育计划。《大诰》也详述了在 1383 年的那道旨谕中，对于 1380 年废除社学的举措所给出的简短解释：

> "好事难成"。且如社学之设，本以导民为善，乐天之乐。奈何府州县官不才，酷吏害民无厌。社学一设，官吏以为营生，有

[51] 我们并不清楚这些额外的规定是否源自那道已遗失的颁布于 1380 年的旨令，或者那道颁布于 1383 年的旨令的遗失部分或伴随着的条规，又或者是《教民榜文》对于该旨令的重复。详见：1874 年版江西《湖口县志》，卷 4，页 16a；1524 年版南直隶《上海县志》；1872 年版江西《都昌县志》，卷 6，页 26。

[52] 解缙《文毅集》卷 1（台北：台湾商务印书馆，1973。《四库全书》珍本重印。1457 年初版，后来亦有其他版本），页 7b。

[53] 关于郭桓贪污案，详见：吴晗《朱元璋传》，页 256。

愿读书者，无钱不许入学。有三丁四丁不愿读书者，受才卖放，纵其愚顽，不令读书。有父子二人，或农或商，本无读书之暇，却乃逼令入学。有钱者，又纵之；无钱者虽不暇读书，亦不肯放。将此凑生员之数，欺诳朝廷，呜呼艰哉！……

朕恐逼坏良民不暇读书之家，一时住罢。复有不知民艰，茫然无知官吏害民者，数言社学可兴吁！古云"为君难"，诚如是……

呜呼！惟天可鉴。凶顽之徒，何父母所生，造恶以陷人，终化不醒，神明监焉。祸有日矣，迟疾焉。[54][强调部分由我所加]

按此记述，于1375年成立的社学使官吏有机会向富人和穷人逼取金钱。据此看来，长男以外的孩子和富家子弟的出席率是强制性的。达第斯推测有些常驻守令"热情地强迫大家上社学……而［其他人］则要求缴纳入学费，要不然便接受了那些想要离开社学的人的贿赂"。[55] 在这点上，把帝国视为一个统一体便显得尤为困难：这些让朱元璋作出回应的贪污消息，可能仅限于几个地方上那些完全退出这项计划的学校。除了助于解释社学被滥用的现象，《御制大诰》本身也被设定为所有学校的阅读文本之一。或许某些地方的学校确实在阅读

18

---

[54] 朱元璋《御制大诰》(全套三部，出版于1385—1387年；重刊于《明朝开国文献》卷1)，首部，第四十四条（页48—49）。整部《御制大诰》(标点版) 也重刊在杨一凡《明大诰研究》(南京：江苏人民出版社，1988)。在其他论著中，《御制大诰》被译成 "Grand Pronouncement" 或其他形式。关于"为君难"，可参考《论语》13.15。

[55] 达第斯，*Confucianism and Autocracy*, 215—216。

《御制大诰》。[56] 实际上，社学教育已经被简化成一个 75 日的教条灌输期。[57] 在考虑到这些修订之后，朱元璋几乎已不能被视为公共教育的伟大支持者。但是，他却成功地把计划失败的罪责，导向常驻守令身上。[58]

虽然如原初的圣旨和法令一样，上述有关社学的《御制大诰》文献并没有频繁出现，但这份文献在后来关于社学的论述中得以重现。一部方志如此记述学校的废除：

> 洪武八年，诏有司立社学。有司奉职无状。帝为发"艰哉"之叹，而止。[59]

---

[56] 根据《明史》的记载，在 1386 年，当《御制大诰》的第二及第三部分陆续颁布之后，这些文本的内容便通过县学传给文人。而且，乡里也延聘了教师并创办学校（"塾"）来传播这些文本。详见：《明史》，卷 93，页 2284。张哲郎将这些学校视为社学。这是因为宋濂在一篇记文中把"社学"称作"塾"，且 1375 年的那道旨令在引用《礼记》时也使用了这一术语。详见：张哲郎，"Local Control in the Early Ming (1368—1398)" (Ph.D. dissertation, University of Minnesota, 1979), 151n15。在其中一座县，三名生员创办了三所"大诰学"（详见：隆庆版湖广《岳州府志》，乾隆版湖广岳州《平江县志》）。1387 年，民间子弟，即那些"七八岁者，或十二三岁者"（榜文第二十六条），被命令学习当朝法律条规，以及《御制大诰》。而且，他们的教师也被命令将那些已经背熟《御制大诰》大部分内容的学生带入京城。到了京城，礼部会考核及奖赏他们（详见：《明会典》（万历版，1988 年重印），卷 78，页 455，以及卷 20，页 135；1573 年版山东《兖州府志》，卷 29，页 7；《明史》卷 93，页 2284）。关于这类游学，见 DMB，页 1321。

[57]《九通分类总纂》引用了《文献通考》，将那道下令创办社学的旨令收录在兴建府、州、县学的旨令当中。但是，作者紧接着便将社学课程定义为《御制大诰》和明代法律，并提到了在 1387 年，礼部奖励了那些能够背诵这些文本的学生。详见：汪钟霖《九通分类总纂》，卷 47，页 8。重刊版，见杨家骆主编《十通分类总纂》（台北：鼎文书局，1975），卷 9，页 93。

[58] 范德陈述了朱元璋所面对的"不能解决的难题"："对于官僚的控制却反过来暴露出统治者本身的缺点。朱元璋遂找来了替罪羔羊，将基本责任推到官员身上。这些官员本应是他的替代及代理人。"虽然在逻辑上这是一个难题，但在历史书写上，却使朱元璋获益。详见：范德，*Zhu Yuanzhang and Early Ming Legislation*, 16。

[59] 1588 年版广东《肇庆府志》，卷 13，页 1。

　　皇帝的感叹清晰地指向了上文所引《御制大诰》中的强调部分。同样地，1513年江西督学李梦阳在一篇创办社学的旨令中描述了富者通过贿赂来摆脱强制出席率的问题，以及穷人被迫顶替这一空缺的问题。李梦阳记述了明太祖尝试创办社学，但到最后却发出"艰哉"的慨叹，而后废除社学。[60]通过这些引用《大诰》的例子，我们能对20世纪史学家吴晗的观点提出质疑（吴晗认为百姓从未看过《御制大诰》，更何况是背诵）。然而，尽管百姓确实阅读了皇帝说过的话，也并不代表他们会遵行。[61]朱元璋的话语刊行后成为公共资产，写作者能够像对待经典一样，时而利用这些话语提倡一些直接反对朱元璋命令的计划。例如，李梦阳正是在创办由官方经营的新社学时，引用了朱元璋那象征了计划终止的慨叹。

　　朱元璋发现，通过《御制大诰》传达旨意，命令庶民监督官员，以及祈求神灵来监视和严责他们并不能制造和谐及培育美德。他的猜忌心越来越大，时而责备里老人、里甲长，甚至是他声称维护着的庶民。因朝中的贪污案或叛逆案而引起的大屠杀仍继续着：1390年，至少30000名庶民与低品级官员被判死刑，而到了1393年则增加了15000名。[62]朱元璋终于开始认为他所实行的法外检举制和大规模屠杀案起到了反作用。在筹备自己的身后事时，他告诫了后嗣，让他们避免过度动用刑罚，并正式颁布了史无前例的《皇明祖训》。这部祖训在 19

---

[60] 附录中的第十三篇记文。

[61] 吴晗《明初的学校》，《清华学报》1948年第十五期，卷1，页33—61。此文后重刊于吴晗《读史札记》。虽然吴晗的判断可能与他自己对那些由中央所作出的无效声明的经验有所关联，但也可能是受到了一部明代史料的启发：陆容《菽园杂记》（北京：中华书局，1985，1494年原版影印），卷10，页122—123。关于《御制大诰》及其他文本的印刷史，详见：李晋华《明代敕撰书考附引得》（哈佛燕京学社，1932）。继一段明显的遗失之后，《御制大诰》和《教民榜文》（见下文）在嘉靖时期又被重刊（详见：李晋华《明代敕撰书考附引得》，页86）。

[62] 爱德华·德雷尔，*Early Ming China: A Political History, 1355—1435* (Stanford: Stanford University Press, 1982), 104, 145—147。陈纶绪，*The Glory and Fall of the Ming Dynasty* (Norman: University of Oklahoma Press, 1982), 16。

某些为政的惯例上限制了朱元璋的后代，例如对丞相的废除。[63] 针对乡村，朱元璋把过去三十年来复杂、矛盾的政策编制成一部文献:《教民榜文》。这部榜文于 1394 年颁发，于 1398 年正式修订。榜文的内容包括 41 篇各式各样的短文。这些短文重复、修改和评论早期的法律，为各种仪式设定祭文，鼓励家庭的和谐及乡村里的互助，谴责和威胁贪污的官吏与村落的行政管理员，以及通过"里老人"制度成立了一套有限的乡村自治新体制。[64]

《教民榜文》也重申了 1380 年和 1383 年颁布的把社学交由百姓管理的旨谕，并概括了《御制大诰》所给予的解释:

> 元朝天下，乡村人家子弟读书者多。洪武初年，命各处乡村设立社学教训子弟，使为良，善其不才。有司里甲人等，倚此作弊，将有丁子弟本有暇读书，却受财卖放，不令儒学。无丁子弟无暇读书，却逼令入学，致以民人受害，所以革去社学。今后民间子弟许令有德之人，不拘所在，亦不拘子弟名数。每年十月初开学，至腊月终罢。如丁多有暇之家，常读常教者，听其有司官吏里甲人等，敢有干与搅扰者，治以重罪。[65]

1375 年，朱元璋将社学起源于元代的这一事实隐藏起来，而以《礼记》作为社学起源的基础。另外，那些规定设立府、州、县学的旨令则提及了元代的礼俗所造成的破坏。[66] 在完全征服了元朝之后，可能是更深刻地感受到了前人所面对的困难，朱元璋如今（14 世纪 80年代）默认了"社学"这一概念并非源自礼仪典籍，而是从元代的法

---

[63] 范德, *Zhu Yuanzhang and Early Ming Legislation*, 60。蓝德彰, "The Hung-wu Reign"，刊载于崔瑞德、牟复礼合编, *The Cambridge History of China*, vol.7, *The Ming Dynasty, 1368—1644, Part One* (New York: Cambridge University Press, 1988), 175ff。

[64] 张哲郎, "The Village Elder System of the Early Ming Dynasty", *Ming Studies* 7 (1978):53—62。

[65]《教民榜文》第二十六条。英译引自张哲郎, "Village Elder System"。我修订了译文中的时态和语法。此文也收录在 1524 年版江西《东乡县志》, 卷 1, 页 56。

[66]《明太祖实录》, 第三册, 卷 46, 页 0923。

令中所得。

改变政策是一种承认失败的体现。由于朱元璋无法控制官员、地方权威或地方子民，他不得已改变了原先对于一种稳定的、分层的社会的想象。他所想象的社会本由一套与天界的等级制度相互协调的官僚体制加以控制，并依靠在社学中受教育的固定群体所支撑。朱元璋此后被迫以地方上的民管义学来替代强制性的官办小学。即便如此，因为受到了以帝王为中心的支配性叙述的影响，所以尽管政策失败了，"朱元璋功绩卓越"的观点却反而更具说服力。例如，范德便把朱元璋形容为一位"在三十年间不断提议、审查、修改和重新颁布法典的精明和具远见的立法者，以及宪法的创立者"。[67] 范德把社学的废除描述为一种国家自愿撤出地方政府势力范围的表象，而这一举动的真实目的在于抑制政府人员的放肆行为。[68] 然而，朱元璋之所以仓促地废除社学，恰恰是因为他无法控制这些反对社学政策的政府人员或与政府人员勾结之人。我们很难把社学的废除视为一种具有远见的规划和经过慎重修改的范例。

20

遵守法律？

> 洪武八年，诏有司立社学，延师儒以教民间子弟。见于正史本纪及《文献通考》者，斌斌足据。
>
> ——1835年版广东《南海县志》

> [令不得干预社学之事后，]政府虽未废止社学，但形同虚设，名存实亡。
>
> ——喻本伐《中国教育发展史》，1991，页396

---

[67] 范德，*Zhu Yuanzhang and Early Ming Legislation*, 10。

[68] 范德，"Social Order in Early Ming China: Some Norma Codified in the Hung-wu Period"，刊载于马伯良编，*Law and State in Traditional East Asia: Six Studies on the Sources of East Asian Law* (Honolulu: University of Hawaii Press, 1987), 22。

　　洪武年间那数篇文本自相矛盾的现象，意味着写作者如若依靠国家的原始资料重构实景，那在关于社学是否存在这一问题上，写作者们往往能够得出截然相反的结论。王兰荫为了查明此事，便在北京图书馆阅读了地方志，并把方志中记载的各府、州、县的社学以表格形式列出。地方志并不独立于其他形式的历史修纂之外，也并没有客观地记述事实。如一位后来的方志撰写者记述道："［直到清代］普邑未有社学，旧志无可考。"[69] 但是，由于地方志的多样性，若学者要找出有多少社学实际存在着，那地方志则提供了最大的希望。因此，我随着王兰荫的步伐，通过地方志的记载来计算社学，以此作为一种方式来评估朝廷下达的建立社学旨令的有效性。虽然我对大约 600 部地方志的调查，再加上王兰荫的研究成果，表面上涵盖了大明帝国的大部分版图，但实际上遗漏了 1500 个府、州、县中的 100 个。[70] 根据这些资料，有 2112 所社学在洪武年间成立，而这些社学均分布在 12 个省的 50 个县内（见表 2.1）。

表 2.1：洪武年间创办社学总数

省份	学校数	县数
北直隶	3	3
南直隶	1578	17
浙江	81	3
江西	26	3
福建	0	0
湖广	42	5
山东	343	8
山西	23	4

[69] 1745 年版广东《普宁县志》，卷 4，页 62。

[70] 关于涵盖范围，详见本书的参考书目及王兰荫的论文。本书将王兰荫所列入的"额数"数据排除在外。此表将那些由贵州宣慰司管辖的长官司归入"县"的类别。

省份	学校数	县数
河南	3	2
陕西	4	1
广东	5	1
云南	1	1
贵州	3	2
总数	2112	50

虽然这些数据未必准确，但却是我们所能掌握的最好指示。一方面，真正的总数或许比这个高。首先，王兰荫与我没有涉及的那百余个州县可能都有社学；其次，后来的地方志撰写者可能遗失或遗漏了关于洪武时期学校的资料；最后，方志记述的资料通常都不准确。在以上50个县中，有4个县仅记载了每个乡村里都有一所学校，但并没有给出一个总计。此外，虽然有600个州县记述了5000所学校，但这些学校的创建年代却不可考。可想而知，这些学校皆可能是洪武年间成立的学校，而如此一来则会在很大程度上改变现有的观点。[71] 另一方面，真正的学校总额也许更低。虽然地方志中没有明确记载，但我在涉及43所学校的7个案例中为这些学校推断出了一个于洪武年间成立的年份。虽然苏州和徽州方面记载了很多学校的创办，但也可能是仅依据人口来判断的定额。因为根据洪武年间编写的一部苏州地方志，每个县的学校比例正好对应该县人口的比例。而且，扬州的地方志更

[71] 其他的县却声称每个乡村里建有一所社学，也给出已建介于12—140所学校的数据。因此，我并没有尝试估计这4县（或在后来的类似例子）所建有的学校，而是计算成每县建一所学校（山西临汾县、山东临朐县，以及河南兰阳县）。既然史料声称方克勤在荆州创办了数百所学校，我遂假定当地的4县各建有50所学校。

是明确记述了定额而不是学校数量。[72] 由此看来，其他地方志可能也列举了定额，或认为一些后来成立的学校是在洪武年间创办，又或者伪造了数据。故而在资料不足的情况下，这些都是现有的最佳数据。[73]

虽然不占多数，但若以此计算，至少这 50 个县在洪武年间皆建有社学。然而，当中究竟有多少学校是遵从朱元璋的旨令而成立的呢？成立社学的诏令于 1375—1380 年间下达给百官。因此，在 1375 年之前已成立社学的那 10 个县，以及 1380 年废除社学的旨令传出后声称由官方成立的 5 所社学，皆不应被视为遵从旨令。除此之外，有 15 个县于 1375—1380 年间（即必须遵从诏令而成立社学的时期）成立了社学，而另外 20 个县则没有明确记载它们在洪武年间的成立年份。因此，从原先的 50 个县中，现在仅得到 15—35 个遵从旨令成立社学的县。换言之，有可能在明代的诸县中，仅有一成县的常驻守令遵从了朱元璋成立社学的诏令，而其他守令则在朱元璋下令废止建立社学之后，仍继续成立社学。官员与地方百姓为了满足地方教育所需，成立

[72] 王兰荫陈述了他为扬州当地的学校所列出的数据仅是额数。关于我之所以认为苏州与徽州的数据也仅是额数的具体细节，请参考我的学位论文，页 145—150。虽然 1379 年版《苏州府志》记录了 1375 年那道法令，并记下了 737 所学校，但却没有给予更多资料。另一部苏州地方志记载的年份不可考的学校数量，表明了 "737" 这一数据也许是额数。这就如同王兰荫所陈述的扬州当地的学校情况一样。1558 年版南直隶苏州《吴江县志》提到了 128 所年份不可考的学校。若根据 1379 年版《苏州府志》记载的洪武年间的统计，那么这一数据则与吴江的人口百分比相配。一部关于苏州教育史的论著重复了这一数目，但却没有给予进一步的评论，详见：《苏州教育志》（苏州，1991），第一章，页 3。1566 年版南直隶《徽州府志》（卷 9，页 19a）在评论一座县时提到，虽然在 1375 年，每个乡区与市镇都建有学校，但乡区的资料却无考。尽管如此，在行政区内，县学旁就建有一所社学。

[73] 关于后来的地方志中，数据如何消失或被扭曲的问题，有一个县为我们提供了很好的例子。一部江西彭泽县的地方志记载了洪武时期，当地建有 17 所社学，且之后有 2 所在持续运作。然而，1527 年版的府志及 1582 年版的县志却记载了洪武时期该县仅创办了 5 所学校。虽然 1683 年版的县志记载了 5 所学校，但却提到这些学校首创于成化年间，之后在嘉靖时期重建。在这个县，5 所学校的创办意味着每个乡区都建一所学校，外加城里的一所。因此，这或许仅是一个理想的数目。那 17 所学校的确可能是根据更小的单位来计算的理想数目。基于这类问题，我在后文的论述中（除非特别注明）并没有计算一个时期内的学校数量，而是计算那些声称建有学校的县或州的数量。

了各种形式的小学。归根结底，社学的成立并不依赖于朝廷的诏令，而是依靠地方百姓及常驻守令那多不受管制的行为。虽然地方志通过记载保存了旨令，并围绕着这些旨令来陈述地方活动，以此加强了朝廷主动性的形象，但也无法除却以上陈述中地方不受管控的印象。

　　除了地方志记录的数目之外，洪武年间成立的社学鲜少留下痕迹。虽然后来苏州和徽州大量的府志、县志和镇志对于洪武时期的其他课题给予了很多讨论，但却没有提供任何洪武时期成立社学的证据。一部地方志中的一篇记文反而记载到社学仅是一种有名无实的制度。这一记述或许是指向了写作者当时的情况，又或者是引用了叶伯巨的奏章。[74] 在明代关于苏州地区的大量著作中，我仅找到了一处提到洪武年间成立社学的记载，而下文将对此作进一步论述。近来一篇较全面的关于徽州教育的论著也没有发现洪武时期成立的社学。[75] 南直隶江阴县的 360 所社学可能是在 1375 年之前由吴良所成立（见下文），抑或仅是一个定额。在山东沂州县，除了方志声称的 139 所学校之外，并没有其他任何关于学校的证据（如创办社学者的姓名，学校名称和地点等）。其余 29 个县则声称各自拥有高达 42 所学校，而每个县平均有 7 所。这些似乎都是较为合理的数目。且几部方志竟然给出了一些关于学校的其他资料，以此鼓励人们相信社学事实上存在着。[76] 即便有些地方志给出了很多洪武时期其他制度的资料，但很少有地方志记载了明初的社学。有很多地方志则引用了那些相继颁布的关于社学的

---

[74] 莫祯《古塘义塾记》，撰写于 1482 年。1488 年版《吴江县志》，卷 15，页 23。

[75] 刘祥光，"Education and Society"，283，以及私下交谈。虽然有三县给出了县治内外所建学校的数量，但这些可能仅是额数。1566 年版的府志记载了休宁县四所学校的位置。关于绩溪县，1502 年版的府志提到了当局没有掌握到可靠的资料。详见：1566 年版南直隶《徽州府志》、1502 年版《徽州府志》。

[76] 北直隶安州的学校由知州王思祖创办。北直隶平乡县知县李建也创办了一所社学以及一座养济院。他入仕的第一年正遇上令创办社学的旨令颁布。在考虑到该县的文化落后性之后（明代以来仅培育出了七名进士），对他来说关注小学教育而不是重建县学也许才是合理的。当地的县学到了 1404 年方重建。详见：1868/1886 年版北直隶《平乡县志》。在这些地方志中，另一份关于社学的资料便是：河南兰阳县有两名教师（可能是指一所学校里有两名教师）。1535 年版（转下页）

法令，但这貌似是为了把空缺的资料填上。[77]另外，也有一些地方志明确说明该县在 15 世纪晚期或 16 世纪初期并未有过社学。[78]

与社学相关的证据仅能在明朝初期泰和县的艺文资料中找到少许。其中，我们看到了大学士杨士奇与其他泰和人为五位社学教师写的墓志铭。杨士奇在一篇为孝子曾元友改葬而写的墓志铭中，记述道 1375 年新县令在县治内外建立了社学来教育本地俊秀。曾元友乃是该县十位教师中居首者，且其门下诸生后多成名。[79]同样地，梁潜为宋伯循写的墓表也记载道：

> （朝廷）命立社学，以遍教凡民子弟。于是，县令丞以先生为社学师，同时为之师者十余人，皆乡之耆老宿儒。衣冠于于然布列里，闻见者敬惮，而子弟皆有以培其初志，成其幼学，消化其慢历之习者。[80]

另一则来自泰和的史料记述道，为了复古，明初便成立了社学，而这些社学则效仿了盛周时代所建的乡学。虽然有司遵从了旨令，但逐渐地社学被忽略而最终荒废。之后，世家大族便介入成立了自己的学校，且这些学校都有自己的赡田。[81]泰和县人所做出的对于成立社学旨令的看似异常的回应，可能促成了如达第斯所注意到的，泰和人

（接上页）《浙江府志》列出了几位在洪武时期（包括在 1375 年那道旨令颁布前后）创办学校的知县的名字。在河南固始县，社学的创办归功于知县唐绍宗。由于他在 1378 年入仕，所以他或许是在弥补没有遵守那道旨令的前一任知县的过失。另外，有一首写于洪武时期的诗歌提到了"社学圃"，详见：董纪《西郊笑端集》（《四库全书》电子版），卷 1，页 37。

[77] 例如，1438 年版南直隶《彭城县志》。

[78] 1524 年版南直隶《上海县志》，卷 8，页 25b；1518 年版南直隶《盱眙县志》；1812 年版四川《什邡县志》。

[79] 杨士奇《孝子曾先生改葬志铭》，《东里集》（约 1445 年出版；《四库全书》电子影印版），卷 20，页 2b、3a。

[80] 梁潜《宋伯循墓表》，《泊庵集》（永乐年间刊行；《四库全书》电子影印版），卷 10，页 3。

[81] 王直《胡氏塾田记》，《抑庵文集》（《四库全书》电子版），卷 5，页 59—60。

在明中叶时期所具有的优势；但也可能是基于其他类似的缘由。因此，明初社学发展的概况是：起初突然出现了很多实际行动和书面记述，但紧接着便迅速被忽略。现有的史料表明，即便是在 1375—1380 年间，身处明帝国绝大部分版图的多数男童并没有真正就读于一所社学。

有些时候，地方志的编修者评论到整体明帝国的学校，并记录了他们自己的地方学校。尽管他们自己地方上所反映出的迹象令人质疑，但有些编修者仍坚信社学政策的有效性。尽管一部清代的地方志记述了当地自 1571 年起方有社学，但叙述中仍评论道，基于 1375 年的那道旨令，每个穷困和落后的地区皆有了学校。另外，收录在一部方志里的一所于 16 世纪中期成立的社学的记文，则反映出了一种困惑，因为其他地方皆已于洪武年间建有社学，而唯独当地并没有成立社学。[82]为何这些地方志编修者无法在当地找到洪武年间成立社学的证据，却能够相信洪武年间成立的社学确实存在呢？我相信一部分原因是基于明代史中，一段受到最广泛阅读的文章的影响。

1555 年，陈建出版了一部私修历史著作，记载了直到大约 1521 年的明代编年史。这部史书随后再版了至少 13 次，当中添加了各种不同的评语，也删去了一些条目。尽管到了隆庆年间被禁，继而于清代再次被禁毁，但艾尔曼的研究表明，这部史书成了考生钻研的基础明史读物。在 1375 年的条目中，该书有着如下记载：

> 时上以为天下既已安辑，而化民善俗之道，犹有未备，乃下诏郡县，凡闾里皆起塾立师，守令以时程督之，命立社学。<u>于是，虽穷乡僻壤，莫不有学。</u>

读者应当对强调的部分并不陌生。这段提及成立社学旨令的引文，在陈建那受到广泛阅读的著作的数个版本中都被保留了下来。除

---

[82] 1751 年版广西《太平县志》，学校志，页 2—3；关于无极县可参考：1549 年版北直隶《真定府志》，卷 15，页 73。同样地，1684 年版福建《宁化县志》（卷 6，页 15b）貌似也记载了坐落于其他县的学校把当地习俗修缮为古代鲁国的习俗。然而，宁化县却到了大约 1532 年方得以如此。

此以外，这段记述也在地方志中被重提和引用，作为明初确实建有社学的佐证。[83] 有些资料重复了最后一句话，但在措辞方面却把这句话和 1375 年的旨令合并起来。例如，《续文献通考》在引了那道旨令后，便如此评论道："于是，乡社皆置学。"[84]

陈建的这段记述源自宋濂当时广为流传的作品。宋濂是朱元璋重要的政治顾问。因此，他着实应该知道社学是否真正成立的内情。宋濂所做出的关于大明帝国最穷困和最落后的地方皆有社学的声称，或许是社学存在的一个有力证据。然而，实际上宋濂的话可能表明了正好相反的情况。这段话出自他所作的一篇关于苏州府常州县城一所义学成立的记文。这所义学乃是常州一对兄弟因苦于该村没有社学，方于 1378 年创立。[85] 因此，如果苏州据称有 737 所社学，但处于其中心的一个村落却缺少了一所社学，那大明帝国所有穷乡僻壤皆有社学的说法则不太可能成立。即便如此，加上原先的旨令，对这段话的引用和重引便成为加强人们对于明初社学成立之信念的第二条思想脉络。

作为一个案例，社学严重威胁到"朱元璋拥有对社会的强大操控权"这一观念。朱元璋并不是第一位号召全帝国成立社学的人。这一政策并没得到一致实行，且实际上也没在大部分的县里实行。直到五

---

[83] 例如，以上所引的 1751 年版广西《太平县志》。

[84] 《续文献通考》卷 50，页 3244。《十通分类总纂》（卷 46，页 8；影印版为卷 9，页 93）从中引用了相关的资料。这句话也出现在《明纪编年》（卷 1，页 29）中，记述着那道颁布于 1375 年下令创办社学的旨令的相关部分。这部书被认为是钟惺所编（1660 年版，十二卷）。

[85] 宋濂《长洲练氏义塾记》，转引自高时良《明代教育论著选》，页 10—11。两兄弟遵照着先父的遗愿，创办了一所备有一个三间式的主厅堂及四间房舍的学校。他们聘请了两名教师并捐献了三十亩田地来供应他们的所需。这所学校不单单旨在教育族人，而且包括当地的乡童。如本章首页所引，陈建对于朱元璋在滋养及教育方面能力的赞扬，也引自宋濂的记文。他提到，上古时期统治者的两个基本策略便是滋养及教育。如果国家没有滋养百姓，他们就会变得穷苦，而如若没有教育百姓，百姓则变得粗暴。贫困及粗暴两者将导致抢劫案及异教的传播（两者皆是动乱的根源）。在上古时期，学校之设避免了动乱的局面。如若当今统治者关注学校事宜，那所有的村民都会被改造、习礼及守法，是时便能恢复盛周之治。关于滋养与教育的进一步讨论，详见第七章。宋濂，同时身为明初历史的贡献者及有影响力的记述者，其重要性仍值得进一步研究。

年后，当朱元璋面对着地方人士的抵抗时，他才改变了社学的政策。学校的成立并不一定基于中央政策。这是因为在政策实行之前便已有社学成立，而有些社学则是在政策实行之后才成立。虽然朱元璋处斩了成千上万的人，把全体居民迁移到了偏远的地方，创建并摧毁了贵族政治，但是对于社学，他并没有很大操控权。因此，那些关于朱元璋对地方社会制度或国家和社会的其他方面具有强大影响力的说法，皆可能被过分简单化。在社学的个案中，诏令被理解成已经达成的事实，而句子也被断章取义，这些都为社学的发展情况描绘出一个持久但却错误的图景。

法令的保存？

考察朱元璋那不断更易的政策轨迹并非易事。我们并不能简单地依据一两则来自中央政府的资料来完成此事。1375 年颁布的成立社学的旨谕和诏令并没有在中央政府编制的史料（如《明实录》、《明史》和《大明会典》）中被完整地保存下来。例如，《明史》虽提到了1375 年的旨谕，但之后却加入了"延师儒以教民间子弟"，以及令民间子弟兼读当朝律令和《御制大诰》的内容，遂消解了社学政策的变更。[86] 既然《御制大诰》是于1380 年所作，那么《明史》并没如实记载 1375 年的那道旨令。但是，因为相关旨谕和诏令是颁布给较低层的行政单位，而这些单位也有自己的档案馆，人们遂能从地方志中重构出相关的旨谕和诏令。相较于来自中央的资料，有些地方志实际上更完整地引用了那道旨令。1380 年废除社学的旨令更是让人难以捉摸。王兰荫需要从几部地方志中重构出其日期和条文。在处理 1383 年版的旨令时，我也采取了同样的方式。废除社学的旨令能够重复在《御制大诰》和《教民榜文》中保存下来，或许是因为这些政治宣传在当时广为流传。据说有些县在两百年后仍存有一份《教民榜文》，且一些地

25

---

[86]《明史》，第五册，页 1690。

方志编修者也明显查阅过这份资料。[87]

为何要查出朱元璋针对社学制度究竟说了些什么是一件难事？第一，和后来的写作者所声称的不同，朱元璋与其亲近的幕僚也许根本没把基础教育视为一件重要的事。朱元璋毕竟很快就把社学弃之于不顾，且宋濂于 1376 年所作的《洪武圣政记》并没有提到社学。[88] 明初的社学之所以受到如此重视，也许得归功于后来的官员对于社学的关注。例如，汤斌——一位编写了《明史》"本纪"的清代学者，便亲自成立了社学。[89] 第二，在洪武时期至 1431 年间，当社学尚未成为中央政策的一部分时，涉及社学的档案也许已经被丢弃。第三，当朝廷重新恢复了对学校的关注后，第一道旨谕和法令也许被刻意隐瞒起来。这是因为后来的旨谕虽把第一道旨谕和法令称为先例，但在内容上却偏离了它们（详见第三章）。

最终，书面记录被任意地操控以加强朝廷的威望，隐藏令人不适的事实，并声称对某方面权力的拥有。具体的操控不仅包含了个别的旨令，也涵盖了后来汇编的旨令和律令。当学者们要了解任何制度时，这些汇编成集的资料成为他们优先参考的资料。学者们所作出的假设和所持有的党派偏见，也塑造了人们对于明朝廷的认识。例如，受到广泛使用的《大明会典》便是在一个由皇帝提倡的范式下编成（特别是以朱元璋为中心）。弘治皇帝的御制序文提到，虽然汉、唐、宋时期贤明的君主已经成功创造出了"小康"社会，但他们的典制却未尽天理。唯有朱元璋"以至圣之德，驱胡元而有天下"。且凡有一政之举或

---

[87] 1524 年版江西《东乡县志》以及 1543 年版江西《瑞金县志》皆有引用。1517 年版江西《建昌府志》记载到当地存有一部。关于《教民榜文》存放在县学图书室的相关讨论（尽管没有提到藏有《教民榜文》的图书室的数量），可参考卜正民，"Edifying Knowledge: The Building of School Libraries in Ming China"，刊载于 Late Imperial China 17.1 (1996), 108。

[88] 继颁布了创办府、州、县学的旨令之后，人们或许会以为紧接着就应当轮到社学，但是在洪武八年三月，朝廷却颁布了一道派遣 366 名受教育之人到北方协助教育事宜的旨令。宋濂《洪武圣政记》(1376 年初版；《中国野史集成》影印重刊。成都：巴蜀书社，1993)，页 14（重刊版为卷 22，页 613）。

[89] 吴建华《汤斌毁"淫祠"事件》，《清史研究》1996 年第 1 期，页 93—98。

一令之行，他必集合群儒而议之。朱元璋遵古法、酌时宜，把当时积累的陋习一洗而尽。他的后继者圣圣相承，先后一心。虽因时间而损益，但率由是道，亦会以此后继相延。[90] 正德皇帝的御制序文则提到朱元璋稽古创制，分任六卿，且提挈纲领、布列条贯，诚可为亿万年之大法。后来的续定者虽随时与事，因革损益，但皆不失朱元璋之意。

《大明会典》的编撰者呈现了一套关于明代社学法律史的不完整记载。这种做法和以帝王为中心的途径相互一致。[91] 第一，由于《大明会典》省略掉了仅针对特定地方的某些旨令，所以当人们提及这一"古"制时，便会因此加强对于统治权一致性的意识。[92] 第二，由于《大明会典》省略掉了 1380 年废社学的旨令，仅记述了 1383 年由民间负责重新成立社学之事，这便缩减了朱元璋那些冗长而无意义的话。第三，由于《大明会典》并没收录完整的旨令而只记载其摘要，所以意味着重要的条文已被遗漏。例如，原先于 1375 年敕命"子守父职"的条文便被省略掉，由此隐瞒了后来的旨令在多大程度上偏离了朱元

---

[90] "御制大明会典序"（弘治十五年），《大明会典》（万历版重刊。北京：中华书局，1988），页 1。白乐日针对《大明会典》评论道："[《大明会典》] 编织出了一幅关于那累赘的、巨大的国家政府机构的鲜明图景。当中虽也提到了官僚习气，以及一些小障碍等，但却也勾勒出其有效率的运作。我们并不能从中看到在这一巨大的高压机构统治下的受害者们所留下的痕迹。我们能够获悉的仅是这一经过改良的精密机构所发出的模糊声响、最终产品，以及那些支配着甚至是书写了中国历史的士大夫的完美表述。"详见白东日，*Chinese Civilization and Bureaucracy*，149。

[91] 万历版《大明会典》中的"社学"一节里列出了：1375 年创办社学的那道旨令；1383 年社学的主导权落到了百姓手中一事；1387 年下令男童阅读《御制大诰》和法律，以及命令教师率领门徒到京城诵读《御制大诰》之事；1436 年那道下令各处提学御史与常驻守令严督社学，以及允许俊秀向学者成为生员的旨意；1465 年那则使到社学上课成为自愿性的声明；以及 1504 年那道下令各府、州、县建立社学，延聘良好的教师，并且让民间幼童年十五以下者送入读书，讲习冠、婚、丧、祭之礼的旨令。另外，在"提学御史"一节中也包括 1462 年颁布的那道令他们严督社学的旨令。详见《大明会典》，卷 78，页 454—455。

[92]《大明会典》并没有收录一些针对明确地方的旨令。但是，倪清茂却证明了尽管在委派提学御史方面，个别县所面对的不同问题都受到了重视，但这一过程却没有在《大明会典》中被提及。详见倪清茂，"The Placement of Local Magistrates in Ming China"，*Late Imperial China* 20.2 (1999): 35—60。

璋的意图。而这种偏离与上述两篇序所提到的"后继者圣圣相承"的内容截然相反。第四，在结构方面，《大明会典》通常不收录那些促成相关旨令颁布的奏折，由此把焦点投掷在皇帝的主动性上。

同样的偏见也能从《明会要》中看出。于1887年出版的《明会要》是由龙文彬（1821—1893）私撰。《明会要》中不仅记录了关于社会制度的律令，也提供了执行情况的例子。为了加强其可信度，龙文彬为每项记录加注了资料来源。对于晚清的改革家以至于20世纪晚期的史学家而言，当他们在寻找中国文明社会的迹象时，《明会要》的便捷性及提供的关于各种地方制度的大量信息，也引起了他们的关注。针对社学，《明会要》仅提供了一些很简略的律令摘要，以及从《明史》的列传中零散地摘录了那些成立社学之人的相关资料。虽然十二项记录在各方面相互矛盾，也因此暗示了政策和时运的变动，但它们却是按照时间顺序及依据个别皇帝的统治期进行排列。其中，在洪武时期，那三项带有日期的记录依次排列，其间还有两项没有注明日期的记录相隔。[93] 读者因此被引导出了一种假设，即那两项没有注明日期的事件发生于那三项有注明日期的事件之间。但是，这种假设并不正确。

《明会要》里，关于社学的第一项记录便是1375年的那道旨令："洪武八年正月，诏天下立社学。"第二项记录则记述道："方克勤知济宁府，立社学数百区。"事实上，基于对方克勤的任官和被处斩的时间点的考量，这件事可能发生在1375年之前。《明会要》接着记载了废社学事件："十六年，诏民间立社学，有司不得干预。"然而，第一道废除旨令是在1380年颁布，但到了龙文彬所处的时代，这一事实已经从中央的记载中被除掉。接着，下一条记录则为："吴良守江阴，暇则延儒生讲论经史。新学宫，立社学。"吴良是朱元璋征服元朝时的一位杰出将领。在帮助朱元璋守住江阴时，吴良不仅保持警惕（"夜宿城楼"），也成为行政官吏的楷模（"良仁恕俭约"）。吴良与朱元璋一

---

[93] 龙文彬《明会要》（1956年重刊），卷1，页411—412。关于"会要"体作为一种受道德动机影响相对较少的文体的相关论述，详见崔瑞德，*The Writing of Official History Under the Tang* (Cambridge: Cambridge University Press, 1992), 109ff.

样，闲暇时延聘儒生讲论经史，也共同拥有对于明初制度的信念。因
此，他恢复了屯田制，让士兵也同时耕田，且和乡约的形式一样，实
施了条约。吴良的传记中所谓"新学宫，立社学"的说辞源自一块刻
于 1367 年，用来赞扬其人的碑碣。[94] 因此，吴良成立社学一事实际上
早于那道 1375 年旨令的颁布，甚至早在明朝建国之前。可见他对社
学的创立并不是遵从朱元璋的命令，而是凭借元代已有的制度。在碑
碣的原话中，对吴良成立社学的表述则更能清楚地说明这点："鼎新儒
学，劝立社学"（这句话随后却变为"新学宫，立社学"）。虽然前半部
分从四个字缩减为三个字后没有改变原意，但后半部分的省略却改变
了其原意。吴良仅依循着元代的法律，即社区需负责为社学延聘教师，
来劝进人们成立社学。因循后来的写作惯例，此记述的缩减版使吴良
更直接地成为负责立社学之人。

朱元璋号召全帝国成立社学之举也许是直接依循着元代的先例，
又或者如一位学者所认为，是受到了于 1375 年之前成立社学的吴良
与方克勤的激发。[95] 然而，《明会要》却把 1375 年的旨令放置到最先，
遂造成了一种假象——这两位受尊敬之人是遵从了皇帝的圣命方立社
学。为何《明会要》要如此做呢？《明会要》的作者龙文彬是一位不加
掩饰的君主主义者。但是，在龙文彬所处的时代，君主主义却受到了
严重的挑战。根据徐世昌（一位清代的官员，后来虽不情愿地为民国
政府效力，但最终却担任了民国的总统）为龙文彬撰写的传记，当清
朝于 1911 年灭亡之后，龙文彬告诉他的孩子：

> 数十年读书养气，乃得此心。洒洒落落，荣辱毁誉，无动于

---

[94] 这段日期为吴元年（"吴"是朱元璋的第一个，且仅持续了一年的年号）十一月的
碑文被抄录到了地方志中。当中有一部乃一名后来的社学创办人黄傅所编。"江
阴卫指挥使吴公勋德碑"（1367 年作），1520 年版南直隶《江阴县志》，卷 9，页
28a。吴良在《明史》《明书》、1547 年版南直隶《江阴县志》、1534 年版南直隶《南
畿志》中的传记，以及《明会要》（卷 1，页 411）中关于吴良与社学的数句简述，
皆引自这一碑铭。

[95] 王云《民间社学与明代基层教育》（聊城：聊城师范学院学报，1993），页 2。

心。而今而后，吾知免。[96]

龙文彬对《明会要》的整体编排，以及在"社学"一项中由相关条目的排列所造成的假象，皆能够反映出他的君主主义。他在序中提到了天下之治，统于一尊，故而资料汇编之首列应为帝系。继帝系之后，便是礼乐和舆服，而后方为学校。学校之所以重要，是因为学校能够通过"崇教化"来"辨名分"。《明会要》的汇编甚至包括了明帝国各个方域的资料，仅因为"政令之敷讫乎遐迩"。[97] 龙文彬实际上意识到时间顺序的问题，且直接讨论了这一问题。例如，他说明了为那些在洪武之前发生的事件确定日期时所遇到的困难。但是，龙文彬对于君主主义的信念导致他把皇帝放在第一位。

《明会要》对于社学的呈现形式也影响了20世纪的历史书写。例如，1962年由香港出版的《明史》中，便有一节谈论社学，而该节的内容则完全以《明会要》的资料为依据。在列出了《明会要》中关于社学的律令后，作者黎杰记述道，"由此看来，明廷对于社学之建立，亦推行甚力"。他进一步评论：

> 当日之社学类似古代家塾党庠之制，其教学内容，除识字教育及授以冠婚丧祭得礼仪之外，且兼读明太祖《御制大诰》与律令。又据《明史》吴良传、王翱传、杨继宗传、张弼传、徐阶传、马经纶传所记，谓他们曾出任地方官，对于辖地之社学，皆兴办不遗余力。[98]

黎杰深知《明会要》并没有完全涵盖所有关于社学的资料。他在罗列那些成立社学的官员名单时，以马经纶（列传载于《明史》）来替

---

[96] 龙文彬，1865年进士（即在科举考试中考获会试者），授吏部主事，参与修撰同治帝的实录。关于龙文彬的传记，详见徐世昌编《清儒学案小传》，收录于徐世昌、周俊富编《清代传记丛刊》。

[97] 龙文彬《明会要》，页4—5。

[98] 黎杰《明史》（香港：海侨出版社，1962），页312。

代林培（即龙文彬原先的记载）。但是，黎杰并没有质问《明会要》的整体呈现形式。"明代社学正如同古代学校"这类声称，实际上也呼应了朱元璋掩饰社学起源于元代的举动。除此之外，黎杰也把过去的辉煌时代联系到了现代，并总结道："颇有近代国家强迫教育的意味。"[99] 可见黎杰是按龙文彬的意旨来理解《明会要》的相关记载的，也因此误解了明代的历史。事实上，多数人均犯了同样的错误。

社学的历史书写中所反映出的明初情况

明初社学文献记载的受操控性、自相矛盾性和不完整性，促成了三种基本的关于社学历史书写的处理方式。这三种方式分别被称为：乐观的看法、失势的叙述和悲观的看法。每种方式都依据事实，再夹杂一些幻想，并带着一丝现代主义。换言之，每种方式都是一种传说。明代后期的资料更是如此。这是因为没有一种处理方式如实反映出了那复杂的历史记载，甚至连明初的情况也无法如实地反映出。这类历史记载呈现了：地方上遵循着元代律令的实践之后，表面上体现出的帝国主动性；对于一种政策的实施、撤销和修改；即使是在其他地方已经实施社学的废止令之后，在某些常驻守令的命令下，仍依循着1375年的那道旨令而创办社学的现象；一套只能确定其曾被更改过的课程；一套通过家庭规模和财富来区别，并因为贪污和受到阻力而使之更为复杂的出席率政策。

乐观的看法是由龙文彬通过《明会要》中的建构呈现出的。黎杰后来也支持了这一观点。他们选择强调社学最初成立于明代，也把该旨令呈现为一道有效地提倡社学在全明帝国成立的敕命。就如我所表明，社学政策（至少在明初）成功的观点通常依靠宋濂的一篇关于某所义学的记文得以支撑。宋濂的说法随后也由其他人重提，当中就包括颇有影响力的陈建。全祖望（1705—1755）是一位清代史学家，其

[99] 黎杰《明史》，页312。

著作成为关于明初社学另一讨论主线的"证据"来源。全祖望是康熙年间的私人修史家，其家世带有明忠烈的色彩。再加上受到了原先那道旨令的影响，全祖望记述道：

> 而乡里则凡三十五家皆置一学，愿读书者，尽得预焉，又谓之社学，盖即党庠术序之遗也……[100]

全祖望所谓的"三十五家"来自1375年那道要求"乡里则凡三十五家皆置一学"的旨令，他实际上也假设那道旨令是有效的。

全祖望的记述已经被后代史学家们视为了权威。在1996年，北京师范大学的学者吴霓出版了一部关于中国古代"私"学的研究著作。虽然吴霓以元代敕命成立社学一事为起点而展开了对社学的叙述，但是如同诸多写作者一样，吴霓把朱元璋形容为一位"很重视"乡里教育的皇帝。吴霓把1375年那道旨令所具有的效果视为理所当然，认为该旨令导致了社学在明代的普及，而且清朝也沿袭了明朝的制度。吴霓除了接受全祖望所谓"凡三十五家皆置一学"的说法，他甚至还给予补充，计算了存在的学校数量：

> 明洪武二十六年（1393），全国共有户数为16,052,860户，人口60,545,812人。以35家置一学计，则上述户数应置458,653所社学……从上述分析来看，社学在明代也相当普及。[101]

虽然吴霓没有提及1380年废止社学一事，还强调了皇帝提议并支持创办社学的角色，但是他也把社学定义为独立于政府的管理、控制和资助之外的"私学"的一种。吴霓所呈现出的明代社学是他引以为豪的整体论点中的一部分，这一论点声称中国的"私人教育"影响了

---

[100] 全祖望（1705—1755）《明初学校贡举事宜记》，《鲒埼亭集外编》（1805年初版重印。台北：台湾商务印书馆，年份不详），卷22，页1（重印版为页949—951）。

[101] 吴霓《中国古代私学发展诸问题研究》（北京：中国社会科学出版社，1996），页113—114。

海外国家的教育。表面上，吴霓试图传达的这一论点能从该专著所使用的英文目录得以呈现。[102] 更重要的是，面对其所处的时代，吴霓希望能够以此影响中国国内的教育改革。这本论著是一套丛书系列之一，而该系列的出版旨在明确地处理当代改革问题。吴霓本人也撰写了其他关于教育改革的论著，并合写了一部比较古代和当代私人教育的论著。他在这部合著作品中，重复了他对明代社学所持的观点。[103] 由此可见，那些关于朱元璋敕命成立社学的文本，仍通过对过去政治宣传的呼应，来满足 20 世纪晚期当下语境的需要。

　　实际上，全祖望的评论更适合被放置在一套失势的叙述中。这一叙述的故事情节以明代社学的良好发展为起始，但却以深陷困境为终点。一部完成于 1964 年但在作者逝世后方于 1981 年出版的中国教育史论著，在引用了全祖望的这篇文章之后评论道："此项社学制度，都系小学性质，但行之不久，即废止。"这部论著的作者是在一所师范学院任职的顾树森教授。顾树森按照马克思的历史进程观观照中国的各个朝代，而他对于社学的判断也和他对于整体明清史（即封建制衰落与终结后）的观点相互配合："自明至清代中叶以后，学校制度大部分虽仍沿袭唐、宋旧制，但科举制度开始以八股取士，学校形同虚设，

---

[102] 同样地，一部著名的关于中国教育史的著作，在高度赞扬了中国文明 "数千年" 的辉煌之后，便提到元明时期农村里的社学。参见郭齐家《中国古代学校》（台北：台湾商务出版社，1994），页 118。

[103] 吴霓《中国古代私学发展诸问题研究》，页 1—2，112，264 及之后各页。吴霓（1965 年生）也是《近代中国教育改革》的作者。而收录这部书的丛书的出版，旨在通过少年学者的史学研究来明确地回应当代的问题（详见 "序"，页 1）。1997 年，吴霓在另一与其他作者合编的论著《中国古代私学与近代私学教育研究》（济南：山东教育出版社，1997）中引用了这本书的资料。在元代部分，虽然吴霓甚至列出了当时社学数量的精准数目，但我在他所引的《元史》中却找不到相关数据。吴霓也编写了《好妈妈十万个为什么》，或许可作为对于私人教育的贡献。学者可将《好妈妈十万个为什么》与晚明著名的《幼学易知杂字大全》进行对比。详见：酒井忠夫，"Confucianism and Popular Educational Works"，刊载于狄百瑞编，*Self and Society in Ming Thought* (New York: Columbia University Press, 1970), 333。

仅成为有名无实的装饰品而已。"[104] 社学确实是在明初被废止的。然而，自 1430 年之后，尽管朱元璋曾下令禁止，全国各地的官员仍建立起了社学。对于社学的讨论若只停留在社学的废止方面，那便和省略掉社学的讨论有着同样的局部性。

鲍雪侣，一位西方的学者，也提出了一套失势的叙述。鲍雪侣认为晚清具有相当良好的基础来建立现代教育。但是，现代教育的建立却被当时的政治、社会和经济状况给阻扰了。鲍雪侣的论著也简略地评论了盛清时期，帝王如何通过社学和义学来资助免费的基本教育。其中一个注脚则谈道：

31

> 社学在明初受到大规模的提倡。1375 年，朝廷下令让每五十户皆得成立一所社学，此后又于 1383 年颁布了同样的旨令。洪武皇帝撰写的《御制大诰》是主要的教学文本。从其尝试将政策在全国范围内贯彻，以及使用教育进行政治宣传两方面来看，明朝对于社学的规划使人想起了现代教育在欧洲和日本的发展情况。然而，社学的规划并没有在其成立的朝代被完全地实现，且到了 19 世纪，几所仍在运作中的社学也许仅仅是"用以训诫百姓，使其遵守规矩的中途站"（葛林，"Academies and Urban Systems"，页 480 ）。[105]

作者对于社学的这一叙述，和他针对清代所作出的论点是相似的。前者虽然表明了在明代初期提倡社学的政策非常有效，但却忽略了1375 年和 1383 年之间社学政策的关键性转变（即从官方的、法定的

[104] 顾树森《中国历代教育制度》（南京：江苏人民出版社，1981），页 5、183。

[105] 鲍雪侣，*Education and Social Change in China: the Beginnings of the Modern Era* (Stanford: Hoover Institution Press, 1983), 10, n30, 157。引号的部分（最后一句）引自葛林的论著，但鲍雪侣的措辞却误解了葛林的原意。尽管仍显简略，但葛林那内容较充实的关于清代社学的讨论，关注的其实是那些充当书院的直属学校，而不是道德性的高谈阔论的平台。详见：葛林，"Academies and Urban Systems", 480。我的本意并不是为了一个注脚而苛责鲍雪侣，而是证明这类叙述的普遍性。

学校，到地方的义学），也简化了课程方面的复杂问题。换言之，虽然
"传统"的中国已经为"现代"的教育奠定了基础，但在晚清局势中，
这一想法却不能够被"完全地实现"。"明初至19世纪之间普及化教育
的情况一直在稳健地恶化"这类说法，并没有在葛林的评论中被证明。
葛林认为社学的成立是"昙花一现，因为那些被列举在方志中的社学，
通常带有'久废'的简短评语"。虽然葛林明确把这一现象形容为一个
由成而败的重复性模式，但所谓的稳健恶化现象更切合鲍雪侣所描绘
出的概貌，即原先有效的国家制度正逐渐地恶化。

　　对于许多20世纪晚期的写作者而言，专治明史的历史学家吴晗
于1948年所撰写的论著成为他们的一部史料。这一史料实则最接近
对于社学的历史书写的第三种处理方式，即明初的社学计划或整体明
代的社学皆为彻底的失败。吴晗选择强调《御制大诰》中关于社学废
止的记载。虽然吴晗并没有引证或逐字引用叶伯巨那常被再版的原
文（即指责社学实际上有名无实的文字），但他也许在内心里也想到
了这点。虽然吴晗在一篇提到了军队和官僚作为专制政治两股主要
动力的文章中，记录了1375年那道敕命成立社学的旨令，但他之后
却特别指出学校"只存形式"：学生不在学，师儒不讲论，社学已成
为官吏迫害、剥削人民的手段。朱元璋亦曾大发脾气，无奈之下只好
停办社学，不再"导民为善"。吴晗省略掉朱元璋把社学交由地方
管理之举，且忽视了事实上有一些社学成立的证据。他总结道："明
太祖有方法统制学校，有方法杀掉学生和人民，可是他没办法办社
学……"[106]

　　一部于1998年为师范学院编写的关于中国教育史的教材也接受
了吴晗的说法，评论了明初"导民善俗"的社学教育是一种强制制度，
遂不为人们所欢迎。但是，这部论著的作者们也参考了有关叶伯巨的
原始史料：

　　　　据《明史·叶伯巨传》记载，"乃令社镇城廓或但置立门牌，

---

[106] 吴晗《明初的学校》，页61。

远村僻处，则又徒存其名……上下视为虚文"。这是当时办社学的实际情况。

虽然这些作者引用了《明史》，《明史》也收录了许多后世创办社学之人的传记，但身为强烈反对传统教育的研究者，他们遂把对社学的论述局限在明代初期那失败的情况。[107]

在明代，社学及对于社学的书写有着一段复杂的历史。但是，以上所涉及的论著都没有给予完整的论述。在这一复杂的历史中，朱元璋给后世所遗留下的一切不再享有中心的、决定性的地位，仅剩下一阵微弱且被重新诠释以达成新目的的回响，甚至被后世完全推翻。后世那些丰富而复杂的资料却因为以下因素而湮没无闻：对社学起源的寻找过程；对于朱元璋权力的信念；延续着明代初期以皇帝为中心，以制度史的方式呈现的中央资料；以及对适应当下用途的社学比喻的沿用。

---

[107] 王越等编《中国古代教育史》（长春：吉林教育出版社，1988），页259。同样是继吴晗之后，1995年，一部中国教育史提到了在下令不得干预社学之事后，"政府虽未废止社学，但形同虚设，名存实亡"。这本书的作者们重复了吴晗对于社学的特性描述，即"一种学生不读书、教师不教书的地方"，并总结道社学仅徒有其名，甚至可能在被"停罢"之前便是如此。虽然他们没有在此脚注提到吴晗，但在前两页却引用了吴晗的论著。详见：喻本伐、熊贤君《中国教育发展史》，页396。

第三章

明中叶时期的边疆与官僚

我朝列圣修德，皇天眷佑。凡遇国家有一大事，必生一人以靖之。如英宗北狩，则生一于肃愍（于谦）。刘瑾谋逆，则生一杨文襄（杨一清）。宸濠之变，则生一王阳明。武宗南巡，则生一乔白岩（乔宇）。武宗大渐时，江彬阴蓄异谋，则生一杨文忠（杨廷和）、王晋溪（王琼）。皆对病之药，手到病除。真若天之有意而生之者，此则祖宗在上于昭于天。而国家千万年灵长之祚，亦可以预卜之矣。

——何良俊，1569 年[1]

围绕在皇帝这一核心人物身边的人主要是上层官僚。明中叶时期（约从 1430 年至 1470 年），官员们从明初那些凶残皇帝的严峻打击中逐渐恢复，并于 1433 年通过终结由皇帝发起的重大远航计划，来展示他们的实力。虽然官僚们也重新管理起了社学，但是在文本和实质方面，管理方式却偏离了明初的模式。那些于洪武年间颁布的关于社学的旨令，把皇帝展现为一位创始者，也把明朝描述成一个统一的帝国。然而，后来的旨令却公然回应官员所上的奏折，由此制造了这样一种印象：皇帝只不过是接受或拒绝官员的提议，行动主要还是由官员发起。成立社学的提议及皇帝的批准通常作为解决地方问题的方案，而不是一种复古的核心计划中的一部分。特别是针对边疆地区，社学

---

[1] 何良俊《四友斋丛说》（1569 年初版重印。北京：中华书局，1983），卷 8，页 1（重印版为页 66）。我将何良俊所使用的个别人物的谥号进行了统一。

的成立成为"教化使命"的一部分。对于学校管理方式的改革从四个
相关方面彻底改变了明初的政策：官方管制，出席人数，课程，以及
与科考体制之间的关系。末者是因为官僚体制已经拥有了考生步入仕
途的全部阶段的控制权，也有助于明朝从一个因为皇帝的不负责任而
导致的彻底惨败中恢复过来。明中叶的高层官员除了创办社学，也在
奏折、诗歌、序文和记文中书写了社学。他们通过这些涉及社学的文
本来表达对朝廷的支持。这些文本使用了乐观的语调来讨论以下方面：
更广泛地让乡童受教育的可能性，国家的未来，朝廷本身，以及朝廷
的教化使命。

奏　章

在国家运作方面，学士把他们自己视为皇帝的正式合作伙伴。若
朱元璋在制定明初社学政策时，确实采纳了官员们的建议，那么相关
的文档记录应当都被掩饰了。但是，明朝后期所颁布的关于社学的旨
令，是在明确地针对奏章做出回应。有些奏章具体针对社学，而有些
则在回应其他的问题时，正好提到了以社学作为解决方案的一部分。
第二章提到，虽然《大明会典》和《明会要》系统地将兴建社学之举
描述为皇帝的倡议，但相关奏章却也受到重视并被收录其中。例如，
《皇明经世文编》是在晚明时期（1638 年）由陈子龙与其他复社相关
之人所汇编的一部关于治国之道的巨作。这套文编的数篇序文把国家
的统治描述成一种皇帝和官员之间的合作关系。在怨诉时人缺乏实学
的同时，他们也为之前政治家的成就而感到骄傲。[2]

其他明代资料编汇则通过奏章和旨令的结合来呈现这一合作关系。
对私人编修者而言，在没有奏章记录的情况下，这些旨令貌似难以理

---

[2] 陈子龙等编《皇明经世文编》（1638 年初版重印。北京：中华书局，1962），此版
收录了吴晗的序。陈子龙是一名明忠烈，他在《皇明经世文编》序文中的最后一句
也提到了教忠之事。

解，或者这些奏章本身的作用已经使其成为重要的国家档案。事实确实如此。这是因为那些不及格的科举考试试卷，甚至是被拒绝的奏章，都能给写作者带来声誉。[3] 例如前章所提及，叶伯巨的"万言书"虽导致了他本人的死亡，其事迹却在陈建对于明代历史的论述以及《明史》中被记录了下来。[4] 叶伯巨的奏书也因此在《皇明经世文编》中流传下来。另一方面，皇帝有时则埋怨上奏者仅仅是为了提高自己的名望而已。[5]

　　奏章在表面上是和皇帝对话，并旨在改变政策。但是，它们却得到了文人的注意，而文人将奏章视为治国任务与传统的一部分。除此之外，文人能够了解这些奏章及其写作者，并根据奏章本身的好坏与之进行辩论。作为一种由国家所引出的沟通方式，奏章形成了一种社会性的努力和竞争的场域，由此给国家与社会带来了影响。编修者之间并没有选择同样一套旨令和奏章来进行论述。例如，《皇明咏化类编》便引用了陈献章于1485年为一所社学所写的一篇记文，来补充关于1375年那道社学旨令的内容（详见第四章）。卜世昌于1605年对于陈建的历史著作的修改，便省略了与社学相关的最初旨令。这道旨令在该部历史著作中引起了陈建的良好评价，但卜世昌却选择加入一道倪玑所写的提及社学的奏章（见下文）。[6] 依此类推，尽管某位史学家称赞当朝，又或者把论述的中心放在皇帝的行为上，但他也会按自己的方式选择相关的旨令和奏章，并同时结合时人和前人的评语（甚至

35

---

[3] 关于科考文章的写作者，详见艾尔曼，*A Cultural History*, 118。

[4] 陈建《皇明纪要》，卷2，页67—69。这封奏章重刊在：陈子龙《皇明经世文编》，卷52，页8；汪宗伊《皇明奏疏类抄》，卷1，页23；孙旬《皇明疏抄》，卷1，页12（重印版为页115）；以及黄宗羲《明文海》，卷47，页9。

[5] 达第斯，*A Ming Society*, 205, 225。关于嘉靖帝所做出的假设（即上奏者仅是"沽名钓誉"之徒），可参考费克光，"Center and Periphery: Shih-Tsung's Southern Journey, 1539", *Ming Studies* 18（1984）: 19。

[6] 详见第二章，以及卜世昌《皇明通纪述遗》（1605年初版重印。台北：台湾学生书局，1986），卷2、页27，卷3、页24。

还包括对于皇帝行为的评价）。[7]

在各种资料汇编所收录的各式各样的奏章和旨令中，其重叠的成分足以让我们相信大部分，甚至是所有被存录的旨令内容。这些汇编所收录的奏章及旨令也和那不完整且远非"真实"的《明实录》资料有所重叠。我们并不清楚编修者能通过编造那些涉及社学的旨令获得什么利益。况且，如果那些被记录的法令和时人所知晓的完全不一致，作者便会失去时人对他的信任。若编修者不仅仅是粗心，他们便通过筛选、删除和重组的方法来摆布法令和相关奏章。对于历史学者而言，删节资料比编造资料更成问题。那些为了填写在惯例中必备的"社学"一节而被记录到地方志中的旨令和奏章，则有助于填补这两者之间的空白处。本章通过对不同资料中所记录的旨令和奏章的编织，构成了一个关于社学如何回归到国家的政治议题及如何在明中叶运作的叙述。

---

[7] 尽管于 1624 年，由徐学聚与其儿子们编成的《国朝典汇》声称具有全面性（"有是书在，余不必观。"），但书中仅收录了三道关于社学的旨令：1375 年下令创办社学的旨令，以及两道成化年间颁布的旨令。后者针对的是他们的祖籍地——浙江的一所特定学校，另一道则是关于边关地区（特别是云南）的学校。详见：《国朝典汇·凡例》，以及卷 29，页 2、10。《续文献通考》则收录：最初的那道旨令；1387 年下令背诵《御制大诰》的旨令；1436 年允许那些俊秀向学者成为生员的命令；1504 年强制规定出席率及礼仪学习的旨令；以及 1633 年那道悲叹对于社学及其他学校的忽略的旨令。虽然陈仁锡于 1628 年编的《皇明世法录》涉及了许多关于统治的实际问题（礼仪、粮仓、盐、历法等），但完全省略掉了社学的部分。当读者预料将在该处找到 1375 年的那道旨令时，陈仁锡却列出了朝廷派遣教师到北方之事。这就如同宋濂在《洪武圣政记》中的处理方式。除了内容，这类汇编的组织结构也是乖僻的。《皇明世法录》以五为基数进行排列。在章节排列与标示方面，《皇明咏化类编》按照陈朝（约 600 年）最后一位皇帝的诗文排序，因此起初显得有些不吉利。然而，如吴百益所指出，尽管这位编者更喜好嬉闹而非理事，但他至少是识字的，也作过一首主要用吉利的字写成的短诗（2002 年 2 月 27 日，私人交谈）。况且，这首诗也许是对朱元璋的恭维。这是因为陈叔宝是一位来自南方但却被北方势力挫败的皇帝，而朱元璋则是来自南方但却打败了北方的皇帝。朱元璋自己时常提到的渡河战胜北方的事迹，也再现于这部汇编的序文中。

教化的使命

"社学"自洪武时期之后，便从中央档案中消失了长达三十年的时间。然而，这并不代表这期间没有关于地方教育的讨论，而是这些讨论并不包括社学。例如在 1426 年，一位上奏者虽建议让正直、有才和勤奋的男童直接进入县学，但无论是他或者是皇帝和大臣们，在各自的回应中都没有提到社学。这类删节表明了洪武时期禁止官员"干涉"社学之事的旨令已经被视为一种已制定的政策。[8] 尽管如此，在后来的地方志中，却有 48 所分布在 9 个县（涉及 7 个省份）的学校皆被标明为永乐时期成立的"社学"。这些学校经由不同人创建，即包括常驻守令、当地人及高官，且在当时具有各种名称。例如，福建永安县的一名举人建了一所"义斋"来教育县西乡村地区的乡童。但是，当"社学"的管理权已经回归到官员手中，并成为地方志中普遍的一项记录时，该地方志遂将此"义斋"标准化，描述为一所"社学"。[9]

当社学事宜又在朝廷中被重提之时，已经和边疆的问题有关。利用学校以使住在边疆地区之人适应新文化的方法，实际上与朱元璋所表达的观点完全一致。在 1389 年，广西的一名教师上奏道：

> 忻城山洞猺蛮，衣冠不具，言语不通……今虽建学立师，而

---

[8] 洪武帝拒绝了范济的提议，但却给了他一个微职（《明史》，第十五册，卷 164，页 4443—4447）。在 1428 年，范济也呈上了一封关于国防的奏章。详见：江忆恩，*Cultural Realism: Strategic Culture and Grand Strategy in Chinese History*（Princeton: Princeton University Press, 1995），193—194。虽然有一部地方志主张，在永乐元年社学被重建用以教授《御制大诰》，但我却没有找到任何证明（1477 年和 1521 年，以及 1579 年版浙江《新昌县志》）。虽然建文帝与其命运坎坷的谋士们在政治上做出了许多大型的修订，但永乐帝却恢复了明太祖的体制，以使他的统治期能够被合理地视为属于同一时期的一部分。体制恢复包括使《御制大诰》得以在全明帝国受到广泛的阅读。详见：范德，*Early Ming Government*, 101。范德引用了《明实录》以及谈迁的《国榷》。

[9] 1525 年版福建《延平府志》卷 12，页 12。1734 年版《永安县志》省略掉了这所学校。一位名曰李凤的御史也同样命令在广东创办社学（1820 年版广东《澄迈县志》卷 4，页 33a）。

生员方事启蒙……

　　只有少数学生能够进入太学，更何况是入仕。朱元璋回应道："边夷设学姑以导其向善耳。"[10] 照此来看，边疆一带的学校并不是为了招募人才以备国家之用，而是为了改变当地普通百姓。同样地，尽管受到了反对，但对于居住在离文明中心较远地区的汉人，朱元璋也支持在辽东边关一带建立县学，为的是保存当地驻军子嗣的文化身份认同。由于日常生活中他们很少有机会学习和接触礼仪，所以他们比内地的人们更需要阅读《诗经》和《书经》及进行礼仪方面的实践。使这些学生在后来能被国家录用仅是教育的次要利益。[11] 在边疆地区建立社学的想法并没有违反朱元璋的原则。

　　现存的第一封提出在边疆地区建立社学的奏章于1431年呈上。在被派往四川镇压动乱的任上，王翱提出了当下所需的军事和组织管理方面的应对措施。这些措施包括了委任总兵官都督领兵镇守，以及更有效地供给军士和矿夫。此外，对于叛乱和猖獗的争讼案的处理显现出，王翱为当时的社会骚乱提供了长期的解决方案。当地的好讼之风彰示了恶劣的地方行政运作。这是因为自洪武时期起，吏典已久未检查，且在里老人的隐匿之下吏员多起灭词讼。然而，重整或除去地方吏典仅是整体解决方案的一半。这是因为好讼之风意味着人们之间由于缺乏教育，而不知教化。王翱认为：

　　　　四川诸府县社学久废，民不知教，所以争讼多而礼让少。若依洪武中事例，不问土官衙门，俱设社学，使民夷子弟皆知读书，

---

[10] 关于洪武二十二年十月事，详见《明太祖实录》，第七册，卷197，页2963。

[11] 范德，*Zhu Yuanzhang and Early Ming Legislation*，52；《明太祖实录》，第六册，卷168，页2567。更多朱元璋教育边关地区之人的相关论述，详见：陈梧桐《洪武皇帝大传》（郑州：河南人民出版社，1993），页567及之后各页。

则礼义兴行，民俗归厚。[12]

　　这个观点和朱元璋的想象是一致的。社学能够教化住在边疆地区 37
的四川人，因此他们便不会造反，也不会再以争讼来扰乱地方上的和
平。王翱的奏章根本忽视了禁止社学之事，而且虽仅过了三十年，却
把洪武时期呈现成为一种不复存在的理想时期。王翱的提议，包括兴
建社学一条，大部分都获得了批准。作为用语简明的典范，这封奏章
除了被陈子龙重刊于《皇明经世文编》，也由其他作者重刊在其他的书
籍中。因此，虽然我们并没有证据说明四川地区是因这封奏章的促成
而建有社学，但是这封奏章却有一定的作用。王翱的声誉再加上这封
特殊的奏章，方将社学之事重新纳回政治议题中，也使社学成为上奏
者和行政官吏的工具之一。

　　一旦和国家安全及帝国权威的扩展联系上，社学即成为帝国"教
化计划"的一部分。但是这一方式的大致轮廓到了明代已经并不新颖。
与其简单地通过征服个别区域而在物质方面占有统治权，用郝瑞的话
说，"文明中心的思想理论基础是相信统治的过程能够帮助那些被统
治者达到，或至少接近文明中心本身所具有的上等文化、宗教和道德
品质"。[13]虽然在教化计划中对于学校的部署看似很自然，但是在明代
（或许是元代）却是件崭新的事。按照万志英的说法，宋代的官员相信
农业、私人产业、赋税和政府，用世俗的典范来替代地方信仰，实际

---

[12] 王翱的奏章《便宜五事疏》收录于《皇明经世文编》卷22，页171—172，并分
别概括于王翱的传记（《明史》，第八册，卷177，页4699）和《明实录类纂：四
川史料卷》（武汉：武汉出版社，1993，页97—98）。后来王翱与社学有过的最密
切接触是他在吏部尚书任上时，推荐了一位名曰杨继宗的官员。杨继宗任嘉兴知
府时，创办了许多所社学，也强制规定社学的出席率。详见：《明史》，第十四册，
卷159，页4350；以及一篇收录在1596年版浙江《秀水县志》（卷9，页66）中
关于一座约五十年后为杨继宗建立的祠堂的记文。

[13] 郝瑞，*Cultural Encounters on China's Ethnic Frontiers*（Seattle: University of
Washington Press, 1995），4。

上足以改造地方子民而使其忠实可靠。[14] 在宋代对于四川的驯化过程中，虽然小学貌似没有扮演任何角色，但整体而言，如王翱的奏章所言，又如其他军事和行政上用来平靖边疆的措施所涉及，小学在明代常常扮演了一定的角色。

牟复礼把明代国家对于骚动的管理，描述成从使用"严厉的军事镇压"或"十足的力量"到"进行各种政治及文化方面的教导形式"的范围内的任何方式。[15] 在这一范围内的举措中，社学也扮演了一定的角色。我们能从晚明时期管理海南岛黎人的三个不同的提议中看出。1539 年，前南京礼部尚书王宏诲提议通过严密讥察，提倡贸易，建立乡约以"兴教化"，以及建立社学以教育黎人等措施来延伸明朝廷的管制力量。[16] 1549 年，继更多的动乱之后，武进士俞大猷获得皇帝的允许，在任上更倾向于以"十足的力量"来应对之。根据俞大猷的记述，他的军队捣毁了贼匪之巢，杀其村民并分散了残余势力。俞大猷把汉人子民与军人迁往居住，以便引入汉人的语言和习俗。他还在"图说"中提议增设驻军守卫、组织里甲，使黎人受制于各州县印官；严禁如前涅面纹身，男人务着衣衫，不得如前赤身露腿，其首各要加帽，不得如前簪髻倒颠。每年各州县官"变化"各"熟"黎几人，以及村招抚过"生"黎为"熟"者几人等皆得呈报。然而，即使采取如此强烈之举，俞大猷也认为各村都得设立一所社学以"熟"黎童，即教之使

---

[14] 万志英，*The Country of Streams and Grottoes*（Cambridge: Council of East Asian Studies, 1987），15, 137—138, 212。同样是在引用郝瑞的论点，"几乎所有地方的布道所皆创办了学校，而中国也不例外。这是因为唯有通过教育幼小的心灵（即那些尚未完全被边缘地区那较不文明的方式濡化之人），文明计划才能够最有效地进行"。详见：郝瑞，*Cultural Encounters*, 14。

[15] 牟复礼，"The Cheng-hua and Hung-chi Reigns"，刊载于崔瑞德、牟复礼主编，*Cambridge History of China*, vol.7, 377, 380。

[16] 1892 年版广东《临高县志》，卷 9，页 25。这封奏折并没有收录在《明实录》或《明史》。或许在海南兴建市场的建议并不是代表了新的发展，而是海南被"边缘化"的逆转。详见：马立博，*Tiger, Rice, Silk and Silt: Environment and Economy in Later Imperial South China*（Cambridge: Cambridge University Press, 1998），第三章，特别是页 124。果果真如此，那海南当地人或许也希望能够重建一种他们曾经经历过的活跃贸易。

其能言（汉语）与识字，且每年进行查考。[17] 身为一个因平动乱而有所成就的军人，俞大猷也成为 16 世纪中期最杰出的军官之一。俞大猷虽倾向于暴力、监视及迅速且强制的同化，但社学却是他长期治安计划中的一部分。

次年，一位渴望受到关注的新举人——海瑞，也同样呈上了一封关于如何平定黎人的奏章。连同修筑道路和其他的措施，海瑞也提议使里甲和社学得以制度化。[18] 虽然这封奏章被拒绝，但后来在海瑞显赫的政治生涯中，他在修改了俞大猷的"图说"后也同样书写了"平黎图说"。虽然海瑞低调地把自己修改的版本仅称为一次更新，但他的语气和俞大猷的颇为不同。海瑞指出了虽然于 1501 年、1541 年及1549 年平定动乱时已经花费了大笔的钱财，但实际上却并没有见到效益。之后，他认为应当以暂缓与和平的方式处理。与其强迫当地人改变自己的习俗，明政府应当允许他们逐渐地受到那些自愿选择在当地居住的士兵与汉人的影响。改良好的道路能够促进沟通，而赋役则能够通过里甲及名曰保甲的相互监视和保安群组征调。黎人应当受到礼遇，而那些贤者能人且受到乡人尊敬的服从者，则应当被授予一部分的地方统治权。此外，地方上也应设立学校，儒师应受聘于各营堡中。个别的汉人和黎人村落都应当设立社学。在接受了几年的教育、影响及有礼的待遇之后，黎人则会成为良民，政府因此无须花费大笔费用在战争上。[19] 在牟复礼所提出的范围中，文武官员选择了不同定点，并提出了类似的制度来促进汉黎之间的和谐相处。因此，虽然社学成为"教化计划"的一部分，但仍与更残酷的压制手段，以及国家治安与财政预算方面的考量保持着紧密的关系。

---

[17] 关于俞大猷的传记，详见：《明史》，第十八册，卷 212，页 5601—5602；DMB，1616—1618。关于这一提议，详见：1936 年版《儋县志》，卷 3，页 27b。同时参考 1706 年版《琼州志》。

[18] 海瑞"平黎疏"（1550 年作），《海忠介公全集》（台北：海忠介公全集辑印委员会，1973），卷 1，页 4。

[19] 1936 年版广东《儋县志》，卷 8，页 24。在朝廷看来，经营学校貌似是便宜的。但是，给予学校资助本身却是一个复杂的地方问题。对此，我将在第六章进一步讨论。

社学在其他方面也能够使我们对此教化计划的观点复杂化。实际情况的确如此。例如，罗威廉提到，变化或教化通常是精英人士对于他们的属下所做的事。[20] 虽然相较于汉人，黎人可能勉强地听从清初关于新发型的命令，但教育却是一种更不明确的手段。黄明光，20 世纪广西师范大学的学者，虽在一方面谴责明代的教育体制为一种严苛的管控政策，但在另一方面却因为这一体制孕育出了人才，提倡良好社会风气，以及为某些获得教育和入仕者提供了升迁的机会，而给予了赞扬。[21] 虽然王宏海和海瑞皆是汉人，但两人却来自海南。[22] 在平靖海南岛方面，他们所提供的较不强硬的提议聚焦于制度的建立及经济的发展，因此看似成了一种发自地方的提议。这类提议或许不仅仅是为了替代战争，也是因为一些地方人士希望求到明朝廷提供的良机。黄明光也注意到，一位湖南土官命令所有官员都必须送孩子到学校学习。[23] 同样地，在 1439 年，广西的一位土官——莫祯提议让社学作为一套保护良顺子民的措施之一，避免他们受到掠匪的伤害及减少使其成为匪徒的诱惑。莫祯作了以下的提议：继续让类似他自身的流官头目总理府事；三五十里设一堡，使土兵守备；割田给予无田者；为所有家户编伍造册；以及各村寨皆置社学，使渐风化。莫祯的提议最后获得了批准。一位总兵官由于看到这类发自地方的提议和中央朝廷对于群众进行管控的渴望走向趋同，便认定若莫祯的计划果真能够减省边费，那就值得推行。[24]

---

[20] 罗威廉，*Saving the World: Chen Hongmou and Elite Consciousness in Eighteenth-Century China*（Stanford: Stanford University Press, 2001），406。

[21] 黄明光《明代南方五省少数民族地区教育状况述论》，《学术论坛》2000 年第 5 期，页 94—97。黄明光《明代湘桂川滇黔诸省少数民族地区科举状况探议》，《民族研究》1994 年第 5 期，页 94—100。

[22] DMB, 474。1692 年（或 1892 年）版广东《临高县志》，卷 19，页 25。冯颙的情况亦是如此。他在早前也上了一封关于平定海南的奏折。冯颙在奏折中提议通过利用海南土官来进行统治。详见：牟复礼，"Cheng-hua and Hung-chih"，382。

[23] 黄明光《明代湘桂川滇黔诸省少数民族地区科举状况探议》，页 95。

[24]《明史》，第二十七册，卷 317，页 8209。盛朗西于《明清之社学》（《江苏教育》1936 年第 5 期，页 50）一文中引用这一史料。同见《明英宗实录》第二十四册，卷 57，页 1101，"正统四年七月癸丑"一条。

通过观察社学我们也能够看出教化计划的第三个方面，即影响力并不是单向地自中央走向周边。黄明光认为贵州地方人士在成功入仕之后，改变了明朝廷统治阶层内部组成，也改善了对待少数民族的政策。[25] 至于反向影响的有趣例子，则见于明代最著名的哲学家——王阳明。按一部地方志的记载，在 1508 年，王阳明被贬谪到贵州当一名小官之后便写下了以下摘录：

村村兴社学，处处有书声。[26]

王阳明和贵州村落中社学的际遇发生在一个关键时刻。当时王阳明正好已悟道，也开始发表知行合一之说。杜维明认为王阳明在少数民族族群中的经历，即学习如何适应他们的习俗及获得他们的协助与敬仰，正好强化了他对于修身和教育的致力。如王阳明所述："及谪贵州三年，百难备尝，然后能有所见。"[27] 虽然兴建社学旨在教化边疆地区的人，也能以此把他们纳入帝国版图，但在这一过程中也造成了反向的影响。虽然这些帝国子民在生活上及主持仪式方面截然不同，但内心里却有自己的道德导向。与这些人的互动对王阳明发展人性方面的思想产生了重要的影响。

教化计划的第四个复杂难题，便是明代的写作者们有时分别把少数民族子民和汉族官员视为善人与恶人。无论是由当地官员们本身或基于他人提议，将社学作为平靖南方与西南地区的政策，正体现出了一种对于人们与生俱来的可教育性及人性向善的信念。在 1481 年 2 月，云南右副都御史吴诚上奏乞令土官衙门各边应袭子，于附近府分儒学

[25] 黄明光《明代湘桂川滇黔诸省少数民族地区科举状况探议》，页 98。

[26] 1555 年版《贵州通志》，卷 3，页 4b，"风俗"一节。

[27] 杜维明，*Neo-Confucian Thought in Action: Wang Yang-ming's Youth*（1472—1509）（Berkeley: University of California Press, 1976），129ff。关于王阳明的评论，详见：秦家懿译，*The Philosophical Letters of Wang Yang-ming*（Canberra: Australian National University Press, 1972），18。关于王阳明适应贵州习俗的例子，可参考王阳明为重修象（即圣王舜那邪恶的弟弟）的祠宇而撰写的记文。详见：杜维明，*Neo-Confucian Thought*, 129—131。

读书，并禁止学校师生索其束脩。此外，礼部也应当下令为地远年幼者开一社学，并延邻境有学者为之师。此奏章之后皆或允。[28]1538 年，钦州知州林希元于该州治内重新成立了一所社学，并且在其他不同的区域建立了另外 18 所社学。林希元为此写了一篇记叙文，之后也编写了一部地方志，把这篇记叙文收录其中。这部地方志解释了一些少数民族民众想要改变其习俗。那篇记叙文则阐述道，正如先王治天下为之农桑衣食以养其民，这些民众也设庠序学校以教之君臣、父子、夫妇、长幼、朋友之伦。林希元的记文接着提到了在道德层面，教育使古人顺习而趋于王道，且秀而颖出者又被选任为最好的官员。因此，良好的习俗和优质的官员两者促成了一个和谐的社会。[29]

当定居在边疆地区之人自身通过欢迎，甚至主动要求并自愿被社学"变化"，由此成为教化问题解决方案的一部分时，由中央派来的官员有时却成为问题所在。就如王翱的奏章所明确提出，官员和地方居民一样都造成了边疆的问题。1489 年，秦纮于总督两广军务任上奏报总镇两广者率纵私人扰商贾、高居私家，且擅理公事、贼杀不辜，交通土官为奸利。然而，秦纮并非提议以修改监控官员的方式作为一种解决方案，而是"当设社学，编保甲，以绝盗源"。[30] 这一不合逻辑的方案证明，一旦社学成为官员的工具，兴建社学之事便被用以解决不同的问题。

关于教化计划的第五点，王翱的奏章和林希元的观点均表明教化

---

[28] 徐学聚《国朝典汇》，卷 29，页 10。

[29] 1539 年版广东《钦州志》。在清代，该府属于广西。

[30] 这道奏折获得了批准。详见：《明史》，第十六册，卷 178，页 4743—4744。根据地方志的记载，早在永乐、景泰、天顺及成化时期，四个相关的府治中的三个便已建有社学。这些学校或许已废。我们并没有证据证明这些学校是响应了秦纮命令而建（尽管一些没有记载年份的学校或许是在这样的情况下创建）。同样，在1533 年，黄绾（王阳明的门徒）继平定北方边境大同的兵变之后，便"令有司树木栅，设保甲四隅，创社学，教军民子弟，城中大安"。详见：《明史》，第十七册，卷 197，页 5221。大同属下四个州的 22 所社学的创办日期能够追溯到洪武时期，或约于 1564 年之后，或约于 1564 及 1601 年前，或 1608 年等等。因此，我们不可能知道黄绾的命令是否有被执行。

的使命应当是用来针对边疆治理和管控那些无知的人。[31] 由于相关的
奏章提到社学以回应贪污和贼匪的问题，社学也因此和控制内地及边
疆地区的问题相互关联。尤其是到了明盛期，社学已经成为管制内地
地方社会的标准工具。虽然大约于 1518 年，王阳明因利用社学和其他
地方制度使赣南得以安宁而有所闻名，但实际上更早之前已有类似例
子。例如，荆襄地区早已是一处绝迹之地，也被宣布划为禁区。但是
在 1454 年，一位资历丰富的高官——孙原贞仍奏报百姓为了提供军需
而受尽艰难。更何况在当时粮仓已尽，饥荒之危已近在眼前。孙原贞
在提到他在河南任上的经验之后，便提议宜及丰收之时，遣近臣循行，
督有司籍为编户，给田业，课农桑，并立社学、乡约、义仓，使乡民
敦本务业而不为盗。在军事方面，孙原贞选择了最基础的处理方式，
即当百姓生计已定，能为边疆提供赋役之时，减少内地所需的军事措
施。[32] 本文接下来将论述到，在明朝的鼎盛时期，社学不仅日益被用
来教化居住在边疆地区的人或叛乱的游民，甚至也教化了在文化中心
区域内长期居住的汉族农民。

因此，虽然我们能把社学视为明代对于旧中华文明教化计划的新
贡献，但社学也在各方面使人们对于这一计划的理解更为复杂。第一，
残酷的统治伴随着文明的传播。同样一份文档也许能在要求消灭整个
村落的同时命令成立社学。江忆恩注意到，"人们总是能够在奏章开头
找到对于儒家仁爱思想的引用，但之后却仅提出关于武力和暴力的应
用"。[33] 第二，明代的少数民族和居住在边疆地区的人并不单是受害者。
这些人有时参与了整体教化的过程，上学，甚至是主动地要求上学，

[31] 同见罗威廉，*Saving the World*, 417。关于一个来自明盛期，对于暴徒的比喻的
　　评论，可参考鲁大维，*Bandits, Eunuchs and the Son of Heaven: Rebellion and the
　　Economy of Violence in Mid-Ming China*（Honolulu: University of Hawaii Press,
　　2001），84。

[32] 根据《明史》的评论，孙原贞的提议并没有被接受，而他所作出的可怕预测后来
　　却成真了。在 1465—1476 年间，由刘千斤所领导的荆襄之乱果爆发。然而，
　　"所至有劳绩"的孙原贞却十分成功，最终在辞官之后卒于家。详见：《明史》，第
　　十五册，卷 172，页 4586；牟复礼，"Cheng-hua and Hung-chi"，384—387。

[33] 江忆恩，*Cultural Realism*, 213。

成为一种追求上进的方式。第三，文化影响是双向的。对于边缘地区
42 之人的了解，也影响了明人对于自我和普遍人类的认知。第四，有时
少数民族比那些负责改变他们的官员表现得更好。第五，负责推动文
明教化之人在把目光反投回都市后，也在都市里看见了和边疆一带一
样的缺陷。[34]

中兴的精神

在明代，对于教化计划的见解还得面对最后一种来自中央的复杂
难题：国家的核心人物本身也许就是最大的绊脚石，特别是当他不愿
安分地留在与世隔绝的京城时。1449 年，有勇无谋的正统皇帝——
朱祁镇为了抵抗蒙古军队入侵北京便御驾亲征，但最终却于土木堡被
俘获。这起事件使京城上下惊慌失措。皇帝是否会被勒索？赎金将是
多少？能否通过武力把皇帝救出？方迁入数十年的北京城是否得因此
完全放弃给强敌？最终，阁臣于谦的提议被接受。朝廷并没有迁离北
京，反而是拥立了景泰帝朱祁钰（朱祁镇异母弟）继位。这一异常之
举使被俘获的英宗皇帝顿时失去了勒索的价值。在被遣送回朝后，朱
祁镇忍气吞声数年后方重新夺回了帝位，更改年号为"天顺"。朱祁镇
继位之后便清算了他的弟弟及其支持者们。这些支持者中也包括了于
谦。景泰时期，于谦活跃在多个方面，为明朝带来一个新的开始。于
谦创造了一个"恢复稳定，由干练的大臣们卓有成效地治理并进行合

---

[34] 这一情况也同时发生在其他文明的使命中。Susan Throne 在讨论 18 与 19 世纪英
帝国福音派教会所执行的国内及国外布道使命的交织关系时，便主张关于种族的
论述在根本上塑造了关于阶级的论述，而不是相反，后者决定前者。参见："The
Conversion of Englishmen and the Conversion of the World Inseparable: Missionary
Imperialism and the Language of Class in Early Industrial Britain"，刊载于 Frederic
Cooper 与 Ann Stoler 编，*Tensions of Empire: Colonial Cultures in a Bourgeois World*
（Berkerley: University of California Press, 1997）同时参考：General William Booth,
In Darkest England and the Way Out（1890），相关内容摘录在 Antoinette Burton 编，
Politics and Empire in Victorian Britain（New York: Palgrave, 2001），238—242。

理的改革，并为北京和北方边关制定正确防御政策的时期"。[35] 在其他的改革方案中，于谦也监督了社学的创办，甚至可能命令所有的边关地区皆创办社学。[36] 这份危机感（特别是当危机源自于那些外部势力时）牵涉到了朝代的复兴，团结起了一些在朝廷幕后的文人，使他们重新意识到中华传统的丰富性，以及把这一传统教授给更多人的价值所在。

　　叶盛便是其中的一位文人。叶盛当时刚考中进士（即在最高级别、举办于大都市的科举考试中及第之人），官拜兵科给事中，乃是于谦的属下。叶盛坚持认为山西北部的防御措施至关重要，因此与于谦志趣相投。在 15 世纪 50 年代初期，于谦派任叶盛督宣府镇（位于京城西北部），协赞都督金事孙安执行边关的修复事项。叶盛与孙安一同重新安定八座被遗弃的城堡，兴农耕，改善交通，疗疾扶伤。[37] 叶盛对于社学的相关记述皆带着积极的语调，强调了对朝廷的效忠，以及通过社学培育人才来报效朝廷。在这一时期，那些致力于使朝廷能够继续运作的高官们需要格外关注朝廷的招聘事宜。这是因为很多人拒绝为一个培育出像正统皇帝这样愚蠢之人的皇室效劳。

　　叶盛写过一组诗词来纪念那些他所创建的社学，并名之曰"八城社学诗"。[38] 这些诗歌表现得颇为乐观，同时称赞了这几座城堡（即使不久之前在防御事宜上刚刚受挫），为这些城堡覆盖上一层孤独且

43

---

[35] 崔瑞德，"The Cheng-t'ung, Ching-t'ai, and T'ien-shun reigns, 1436—1464"，刊载于崔瑞德、牟复礼主编，*Cambridge History of China*, vol.7, 331—332。

[36] 虽然池小芳声称当时确实颁布了这道旨令，但却没有提供资料原文出处。详见：池小芳，《明代社学兴衰原因初探》，《中国文化研究学报》1998 年第二期，页 28。池小芳在与我私下交谈时，说明她记得曾阅读过这段原文，但后来却无法找到出处。于谦在 1457 年被处斩，之后也获得了平反，并以北京城隍的身份受到了奉祀。在清代，于谦的祠宇被用作杭州考生的住所。详见：韩书瑞，*Peking: Temples and City Life, 1400—1900* (Berkeley: University of California Press, 2000)，446, 618。

[37]《明史》，第十五册，卷 177，页 4722—4723；DMB, 1580；贺非烈，*The Care-Taker Emperor: Aspects of the Imperial Institution in Fifteenth-Century China as Reflected in the Political History of the Reign of Chu Ch'i-yu* (Leiden: E.J. Brill, 1986)，162。

[38] 叶盛 "八城社学诗"，收录于叶盛《菉竹堂稿》(1471 年初版)，卷 1。

宏伟的气氛：

> 雕鹗山深山复山……
> 云洲自昔号名邦。

叶盛也称赞了定居于城堡之人，特别是在社学念书的学生。在长安岭，读书声自关楼底升上了楼头；在龙门卫，俊良的学生认真务学，写作方面表现良好；在赤城，学生们已经在阅读《诗经》及《尚书》。叶盛甚至提道"边州文学过中州"（第七首）。这些诗歌也十分重视刚登基的景泰帝："今皇有道同文化"（第六首）。此外，这些诗歌也强调了中兴的主题思想，以及明朝廷战胜了北方的敌人。例如：

> 独石巍巍镇畿台，
> 边头学馆喜重开。
> 中兴天子重文德，
> 行见三苗入觐来。

为了提倡中华文化和军事力量，军队、皇帝及百姓三方的合作将使边关各部族臣服，为明朝代开创了一个兼具和平与力量的新时代。地方学校象征了由力量换取的和平，是这一交换不可缺少的一部分。住在边关地区之人能够将军备搁置一旁（见第四首），并将兵书替换成孔子及其门人的学说著作（见第六首）。

叶盛在诗歌中提倡的是一种能够简易地结合道德伦理的发展、博大学问的追求，甚至是军事训练的教育方式。和对学习的要求一样，学生的道德品行也应当和圣王一样优良（见第五首）。事实上，正如叶盛在另一首诗中所主张，学问与品性两者并不能分割开。这首诗是为一所社学（没有指定位于的城镇）恳请资费时所作。尽管是在一处军区，但道德纲常并不能通过武力保证，而是得依靠仪式，以及对于经典和"乡才"（即历代学者）的作品的阅读：

《置社学书籍次洪文纲韵》

武卫兴文教，捐金为置书。

古诗陈法戒，大易论盈虚。

要使纲常重，宁容礼法踈。

乡才如美玉，待价一藏诸。[39]

44

文化教育、道德品行及国家治安方面所要达到的目标，不仅体现在国家政策中，还覆盖到了学生个体身上：

他日朝廷得贤士，才兼文武定无双。[40]

很显然，虽然土木之变后的中兴事务急需军事力量，但边关地区的良好习俗，以及从大明帝国各地招聘人才也是同样重要的事。

叶盛与其他参与建设中兴的高官们皆提倡合作及信任他们正在拯救的朝廷。亚当·肖尔把这一乐观的态度明确归功于软弱的正统皇帝的丢失，以及正统帝的太监同伴王振的死亡。因为王振正象征着那道德败坏的政治中心。[41]明中叶时期的官员也持续地推动社学的官僚化。这原先是在官位名额尚未超额时，为了招聘人才方实行的举措。和在边关地区创办社学之举不同的是，官僚对社学的管控以及把社学中的学生推往科考制度的行为，皆是与明太祖意图完全对立的政策。

修正明太祖的愿景

那些执迷不悟地违反明太祖的解决方案之人……或许是他自

---

[39] 叶盛《菉竹堂稿》。

[40] 叶盛 "八城社学诗"，其三。

[41] Adam Wilder Schorr, "The Trap of Words", 80—81。

己的后人。

——周绍明 [42]

1375 年，朱元璋吩咐常驻守令按照礼部所颁布的（已被遗失的）规章来设立社学。这些守令甚至需要存录下教师及学生人数的名单。然而，自 1380 年之后，朱元璋一再禁止官员，甚至是里甲长干涉社学事务。相反，社学应当由地方上合适的志愿者来经营。但是，到了明中叶，官员又重获对于社学的管制权。在 1436 年，朝廷为各省份的御史下达了新的任务，即检查府、州、县的社学，证实和监督学生入学，以及统理科考和所有教育事宜。这些任务原先属于一系列官员所管（包括布政使和常驻守令），而他们有时因此抱怨自己的权力被强夺，憎恨司法权界限的模糊。[43] 就如同后来一位作者解释道：

> 社学所以养蒙也［即教育孩童］……社学之修，亦守土者之不可以已也。恭惟我朝太祖高皇帝登极之初，首先学校，命天下郡县皆建……尤虑有司之不加意于此，特出玺书，分遣宪臣提督其事，而勅谕所载"古者乡闾莫不有学"云云。[44]

那道下令增设提学御史官职的最初旨令并没有提到社学。这是因为在当时除了四川边关地区之外，并没有法律规定需要兴建社学。但后来在同一年，当朱元璋回应一封奏章时，却命令"各处提学官，及司府、州、县官严督社学，不许废弛"。这封奏章是由河南布政使李

---

[42] 周 绍 明，"Emperor, Elites and Commoners: The Community Pact Ritual of the Late Ming"，刊载于周绍明，*State and Court Ritual in China*（Cambridge: Cambridge University Press, 1999），312。周绍明是在论述上朝的礼仪。

[43] 葛林，"Ming Education Intendants"，刊载于贺凯主编，*Chinese Government in Ming Times: Seven Studies*（New York: Columbia University Press, 1969），129—147。葛林的基本论点是明代的官僚体制比一般所想象的来得更专业。同时参考艾尔曼，*A Cultural History*, 148。

[44] 章蔼《重修太平府义正社学记》（1559 年作），收录在 1733 年版《广西通志》（重刊于《四库全书》），页 568—176。这篇记文纪念了章知府的个人活动。

昌祺呈上。李昌祺提议令府、州、县正官量所辖人户多寡而创修社学，并延师训之；如果遇到儒学生员名缺，即于"社学无过犯高等子弟"内选补（李昌祺曾在广西短期任官，可能是考虑到了当地的情况方提议广泛地兴建社学）。[45]三年后，社学体制又在全明帝国得到恢复。1439 年，礼部在回应一封奏章时，命令个别县里的乡村兴建社学，以敦促无过庶民家庭中的男童到社学中受教育。[46]继土木之变后，景泰帝在位时期，提学御史一职虽被废除，但是，当朱祁镇在 1462 年又重新夺回皇位并改元天顺之后，提学御史一职却又被重新认命。[47]那道下令恢复这一体制的旨令也同样重申了兴建社学的需要：

> 古者乡闾里巷莫不有学，即今社学是也。凡提督去处，即令有
> 司每乡每里俱设社学，择立师范，明设教条以教人之子弟……[48]

---

[45]《大明会典》，卷 78，页 455；池小芳《明代社学兴衰原因初探》；《明英宗实录》，第二十三册，卷 21，页 407；王兰荫《明代之社学》，第一节，页 50。

[46] 以下这些史料提供了稍微不同的资料：1506 ／ 1521 年版江西《新城县志》，卷 6，页 10b；1530 年版福建《惠安县志》；1684 年版福建《宁化县志》；以及 1503 年版福建《兴化府志》。例如，《兴化府志》提到了该旨令要求每个里建有两所学校。由于一个里包括了 110 户家庭，这就等于每 50 户建一所学校，又或者是洪武帝在旨令中所提到的规定。这道旨令并没有收录入《明实录》中。

[47] 根据沈德符的记载，朝廷之所以废除提学御史一职，是因为当时朝廷正在关注军事。葛林则提到，虽然"朝廷正因自我批判而感到苦恼"，但是废除提学御史一职究竟如何助于解决这方面的问题却是不明确的。详见：沈德符《万历野获编》，卷 13，页 338—339；葛林，"Ming Education Intendants"，132。那道下令恢复提学御史一职的旨令也重申了兴建社学一事。这导致一些地方志的编修者作出了社学制度是随着提学御史一职一同在景泰时期被废除的假设。然而，实际情况并非如此。例如，1524 和 1588 年版南直隶《上海县志》提到了兴建社学的旨令是在正统及天顺年间被恢复，即当提学御史一职被设立之时。1683 年版的江西《兴安县志》记载到"里学"最初在正统年间被创办。1566 年版南直隶《徽州府志》则提到继社学在 1380 年被废除后，到了 1463 年方有官员提议恢复社学。之后，该部地方志才描述了提学御史一职的内容。

[48]《大明会典》，卷 78，页 5—6。张朝瑞或许也从《大明会典》引用了这段原文（因为该书中的其他原文也引自《大明会典》）。详见：张朝瑞《皇明贡举考》，卷 1，页 95b。

这条法令代表了社学的极度官僚化：社学现已受制于常驻守令和省级主管官员的微观管理。此外，教师现已由知县而不再由地方志愿者招聘。这一改变是和整体科考制度的官僚化相适应的。[49] 或许是为了掩盖对于朱元璋愿景的修正，与其提到王翱对于明初规章所作的修正，1462 年的那道旨令却指向了古代的模式。

多数提学御史并没有好好利用他们在这一新领域中所负起的责任。有些提学御史资助了社学（详见第四章），或正式颁布了教学的规章。葛林注意到，这些行为仅仅扩大了朝廷的命令或道德劝诫，"因为我们不能指望提学御史能够超越那些由中央政府所确立的正规模式"。[50] 例如在 1474 年，广东提学御史涂棐便命令所辖州县各择地兴建社学。[51] 之后，约于 1562 年间，南直隶提学御史耿定向则表现得更为热忱，他针对社学的运作书写了一些指示。这些指示被重印并分发给每所社学，其内容主要是系统地规划对于社学的监督以避免常驻守令马虎对待社学，同时要求每年考察社学中的学生。[52] 多数提学御史更倾向于利用自己的职位招揽门徒，而这些门徒主要来自无法在科举仕途上升迁之人。例如，江西提学御史李梦阳在 1514 年曾被诬告企图完全控制江西的生员。在这件案子中，他与邵宝，一位在大约十年前也担任同样职位的官员，皆是极其著名的人物。[53]

然而，与其把社学视为一种干扰，不如将其视为一种召集个人追随者的工具。邵宝与李梦阳规定仅能够从社学学生中挑选出府、州、

---

[49] 艾尔曼，*A Cultural History*，148。

[50] 葛林，"Ming Education Intendants"，140。

[51] 1535 年版《广东通志初稿》，卷 16，页 25b。

[52] 耿定向所发布的公告，抄录在 1566 年版南直隶《徽州府志》，卷 9，页 19a。同时参考：1721 年版南直隶安徽《安庆府志》，卷 7，页 20。在另一个案例中，福建提学御史潘潢颁布了关于教学的著作来约束教师，并为学生立下条规。虽然这些条规被提及过，但并没有留下详细记载。详见：1684 年版福建《宁化县志》，卷 6，页 15b。

[53] 李梦阳的放肆激怒了许多御史，以至于在经过正当的法律程序处理之后，李梦阳就被罢官。详见：葛林，"Ming Education Intendants"，142；达第斯，*A Ming Society*，153 及注解。

县的生员。[54] 在不止一个案例中，生员与提学御史之间所建立起的私人关系强化了后者的影响力。1520 年，朱裳，一位新晋进士提议命令提学御史再度处理社学事宜。朱裳曾因为受到提学御史顾潜的关照而从中受益。(本书将在第六章讨论到，顾潜也同样协助了社学中的学生，让他们升迁) 礼部接受了朱裳的建议，并下令执行[55]。通过一名提学御史的个人追随者的提议，这道旨令酝酿了广东及河南提学御史——魏校的激进主义。本书将针对这点在之后的章节作进一步讨论。到了1520 年，虽然这道旨令正式颁布之后与朱元璋的旨意相反，但是官方对社学的管制已经成为成形的准则。

此外，社学的出席也不再是自愿性的。由于执行强制性的出席率后出现了滥用的现象，朱元璋在 1380 年禁止了官方创办的社学。1465年，成化帝允许穷困的庶民自行选择是否要上学。这与那些承受不起家中男孩劳动力的损失，而被迫把男孩送往社学的家庭的关注是一致的。然而，1504 年，弘治帝再次命令创办社学。但这次却针对不满十五岁的乡童执行强制性的出席率，且规定学生必须学习礼仪。[56]

同样地，朱元璋指明了社学学生需要重返父业，而不能继续到县学读书。1391 年，当湖广的一名低品级官员——倪基提议以正式课程及允许学生离开家业继续升学来恢复社学体制，并以此解决招聘官员的问题时，朱元璋便重申了这一立场。

> 陛下即位之初，诏郡县兴举学校，作养贤材，与图治道，故乡社有校，郡县有学。今郡县之学兴举，而乡社之校颇废，非所以广教化也。伏愿陛下诏乡社举明经之士，或年老致仕之人，百家置一师，以经史教授民间子弟。日就月将，则渐染成材，自然

---

[54] 详见"附录"第十三篇记文。李梦阳或许是在追随着邵宝的先例。邵宝相关事宜，详见 1872 年版江西南康《都昌县志》，卷 6，页 26。

[55]《明武宗实录》，第六十九册，卷 189，页 3588—3590;《明史》，第十八册，卷203，页 5371。

[56]《明史》，第六册，卷 69，页 1690。

向化，而官使有人矣。[57]

朱元璋拒绝了倪基的提议。但是，尽管他重申了反对社学学生进入科举考试体制，这一准则后来却被推翻。那道于 1436 年颁布的任用提学御史的旨令表明，社学学生有资格参加科举考试："其有俊秀向学者，许补儒学生员。"[58]1439 年，监察御史杨春（大理边关地区的当地人）不仅让清白庶民人家的男童到社学受教育，更考虑让他们进入县学。[59]1462 年，那道重新恢复提学御史一职的旨令指明了社学中的学生"年一考较，择取勤效"。[60]到了嘉靖时期，这一趋势的发展程度甚至达到了如知县何廷仁（也许是不公正地）所言，社学课程已完全重视背诵、书写文章，且学生也希望有朝一日能够受到朝廷的任用。[61]

在社会与经济条件改变后，朱元璋对社学学生继续升学一事的看法不仅仅被推翻，更是被完全地遮蔽。许多保存在县志中关于社学的记录皆提到了社学的目的在于为学生做好升读大学的准备，例如一位编修方志者记载了朱元璋"首建社学……则冀养正蒙初，为天下储真才于他日也"。[62]1633 年，崇祯帝对社学的荒废给予谴责。在提及《大明会典》中的"旧制"之后，他把社学和其他国家创办的学校归并在一起，下令礼部和吏部合作改善对学校的监督。他也命令所有孩童必

[57]《明太祖实录》，第七册，卷 213，页 3153—3154。尽管叶伯巨支持朱元璋提出的针对学校的条规，但他最终还是入狱。虽然倪基提出了一项巨大的改革，且后来也被拒绝，但他却升了官。

[58]《大明会典》，卷 78，页 455。

[59]1684 年版福建《宁化县志》，卷 6，页 15。杨春是永乐时期云南省仅有的四名进士中的一位。在他的心中或许存有对家乡教育所需的关注。

[60]《大明会典》，卷 78，页 455。尽管在这一案例中皇帝做出了抵抗，但在 1450—1451 年间的进一步对话表明了官员正努力争取让学校更为官僚化。礼部仪制司郎中章纶要求让社学学生每个季节考试一次，以确保其学习进度。英宗却回复说无须更改一年考试一次的定例。详见：《明英宗实录》，第三十二册，卷 206，页 4434—4435。

[61]何廷仁"社学训规"（约作于 16 世纪 20 年代），收录于 1609 年版广东《新会县志》，卷 3，页 12。同见本文第六章。

[62]评论由王兰荫在《明代之社学》（第一节，页 53）所引；原文直接引自万历版河南《原武县志》。

须上小学，并探讨了学校改善士绅习俗和为国家提供人才的使命。[63]
清代史学家全祖望提到明初曾有两个等级的生员，即分别在府、州、
县级学舍和乡里学舍（也称社学）读书的学生。不得志的低级别生员
获许返回从事家业，但那些有才却能进展到另一层次，即"自乡里
者可至卿相"。全祖望也认为，虽然怠惰的守令与恶劣的生员使整个体
制崩裂，但是人们仍能够宣读明太祖对于社学问题所颁行之事。[64]全
祖望的这篇短文于1776年刊印，而著名的清士大夫——阮元阅读之
后，则赞扬了全祖望扎实的史学研究。朱元璋理想中的稳定不变的社
会，以及身处其中的乡童在求学时无宏图大志的观点，到了晚明和清
代不仅不复存在，甚至几乎难以想象。这种现象体现于修正了朱元璋
法令却只字不提修改行为本身的明后期的旨令；体现于《大明会典》
中的御制序文坚称后世法令仍贯彻着朱元璋的意旨；也体现于那包罗
万象的科举体制所处的社会与思想语境。

　　虽然社学不仅由官员经营，学生不仅受到考核且允许参加科举考
试，出席率不仅在名义上被强制性执行，但社学的课程也随着社学目
的的变动而改变。朱元璋原先指派社学教授《御制大诰》和道德品行。
但是，如今的课程却像是学生在为府、州、县学课程做准备。[65]整体
而言，提学御史与明中叶其他提倡社学的高官更倾向于一种拥有广泛
和自由课程的学校，而不是洪武后期那以法令为基础的顺从国家的学
校，又或者是后来积极分子所提倡的以礼仪为基础的顺从国家的学校。
在为社学选择阅读文本时，这些官员不受到狭隘的正统观念限制。叶

[63] 崇祯六年（1633）二月辛卯所颁布的旨令。参见王圻《续文献通考》，第十四册，
　　卷50，页3247；汪钟霖《九通分类总纂》，卷46，页10；《崇祯实录》（"中研院"
　　版），卷6，页3（0168—9）。
[64] 全祖望《鲒埼亭集外编》，卷22，页949—950。
[65] 1439年，杨春提议社学教授"四书"、"五经"、朝代史、《孝顺事实》（永乐年间
　　刊行），以及《御制大诰》。虽然这一课程显然旨在为学生做好科举考试的准备，
　　也赞同了朱元璋的用意，但是却意味着学生可能阅读到关于朝廷曾废止了他们正
　　在就读的学校的事迹。详见：1684年版福建《宁化县志》，卷6，页15。《明实录》
　　及其他来自中央朝廷的史料并没有收录杨春的奏章，而地方志也没有明确说明他
　　针对社学课程所提出的建议是否被采纳。

盛与另一位创办者提议以元代一名来自江西进贤县的藏书家——熊大年所汇编的书籍来取代朱熹的《小学》。熊大年的《养蒙大训》包括了新编写的三言至七言的诗歌，八篇现有的启蒙读物，以及朱熹改编的《孝经》。《养蒙大训》在明代由吕声，一名前后成立了六所社学的进贤县（熊大年的家乡）知县重刊。[66]《养蒙大训》存录了叶盛的两篇序和后记，以及李龄的后记。这几篇文章探讨了一些明中叶特有的社学课程及教育目的，抒发对于当朝的一些观点。

第一，叶盛与李龄毫不保留地批评以朱熹的《小学》作为一部启蒙读物的做法。他们提议以《养蒙大训》作为较难理解的文本的基础，甚至是作为这些文本的替代。[67]李龄认为：

---

[66] 包括熊大年的八篇启蒙读物在内的文献，详见"附录"。叶盛将熊大年与较为著名的豫章熊梦相的身份相混杂。吕知县或许将这份作品抄送给身为一名社学创办人及藏书家的叶盛。叶盛将一份抄本送给江西提学御史李龄。也许是为了在江西重刊并流传，李龄遂为此作品写了一篇跋。广东提学御史邹允隆也重刊了这部作品，里面包括了叶盛的序和跋。叶盛也为他自己监督的重刊版写了一篇代序。这些序都没有标上日期，也都名之为"重刊养蒙大训序"。第一篇序及一篇题为"书养蒙大训后"的跋皆收录在叶盛于1471年自编的作品集《菉竹堂稿》（分别在：卷5，页6—7；卷8，页22），现藏于上海图书馆。第二篇序，即在标题之后加上一个"代"字者，则收录在叶盛的另一部文集，《叶文庄公全集》（卷5，页35—36）。此文集的一部分也收藏于上海图书馆。

[67] 基于其难度，《小学》常常受到批评。例如：收录在1687年版的广东《长乐县志》（卷2，页26）的"社学论"，以及其他由梁其姿在"Elementary Education"（页395）所引的清初时期的批评。实际上，当Ho Jing在1911年提到指望八岁幼童精通《孝经》是一件荒谬的事时，他根本没有提出创新的观点。《小学》最终在1910年被排除在科举考试的读物之外（艾尔曼，*A Cultural History*，611—612）。Theresa Kelleher提供了一些关于孩童及成人如何利用《小学》的例子。详见：Theresa Kelleher, "Back to Basics: Chu His's Elementary Learning（Hsiao-hsüeh）", 刊载于狄百瑞、贾志扬主编，*Neo-Confucian Education: The Formative Stage*，223。狄百瑞相信朱熹是希望用《小学》来作为教师的教育哲学、教学手册，以及关于原则和案例的资料读物，而不是让学生自己阅读的启蒙读物（2001年11月16日，我与狄百瑞私下交谈）。这些来自明代的批评表明了这一区分实际上已不复存在。或许这是因为教育及学习方式从对于口授的重视，渐渐转移到了对于文本的重视所造成的结果。（关于这方面的更详细讨论，可参考贾晋珠，"Remembering Impressions: the Impact of Print on Memory and Memorization among the Song Literati", 论文发表于*Journal of the History of Ideas* Conference in Nanjing, 2001。）

> 紫阳夫子《小学》一书因得乎古者教童蒙之法与"五经"、"四书"相为悠久。然其间字语艰深，短长不一，虽老师夙儒往往读之不能以句，况童习乎？[68]

叶盛也认为，熊大年在把握问题的重点及作出简明的表达方面做得比朱熹更好。此外，熊大年的资料汇编内容十分丰富，能够用在家庭教育、社学以及其他的小学中。叶盛也提出了这一质问：既然古代圣人与宋代大师们皆有自己的文本和方法，那么为何朱熹的文本需要被奉为典范？以就事论事的方法对待朱熹的学说体现出明中叶教育家的思想开放性。

第二，在文本研读和道德品行两者间，叶盛更强调前者。在讨论古代圣人的教义时，即便至今这些书本已经遗失，但叶盛仍假设他们都使用了书本。叶盛认为古代圣人教育所得出的结果是人们都擅于读书也便于统治，而并不意味人们的道德行为皆有所改善。当叶盛赞扬洪武时期的社学所缔造出的成绩时，他认为已有一股"文教"之风涌起，但却没使用"教化"这一针对道德转型时经常用到的术语。[69]后来的课程包括大量礼仪训练和实践，简单的道德教育，而在习俗变化和文艺成就两者间则更趋向对前者的强调（详见第五章和第六章）。

第三，这些序也通过对朝廷和当朝皇帝的赞扬，体现出"中兴精神"。叶盛在第一篇序中对朱元璋创办社学之举、永乐帝颁布一套标准版本的经典读物之举，以及当朝皇帝利用提学御史来复兴与传播社学并鼓励师者之举给予了赞扬。这篇序被收入叶盛用于"尊朝廷"的文集中。[70]这些活动均贯彻了古代圣王的意向。叶盛接受了社学制度在

50

---

[68] 李龄 "题《养蒙大训》后"，收录于李龄《李宫詹文集》，卷1，页1—3。李龄也指出，既然《孝经》已经收入《养蒙大训》，学生们就能够利用该文本来逐渐提升难度，直至《小学》，之后才作深入的学习。

[69] 叶盛 "重刊《养蒙大训》序·代"，《叶文庄公全集》（卷5，页35b）；叶盛 "重刊《养蒙大训》序"，《菉竹堂稿》（卷5，页6a）。

[70] 这一点根据《四库全书》的编修者们所述。纪昀等编《钦定四库全书总目》（1782年版，中华书局重印两卷版。出版地、年份不详），页744。

洪武时期被禁之说。然而，他虽把因社学而起的教育活动的突然涌现归功于朱元璋，但却把禁止社学之事归罪于无能的官员。虽然叶盛在后来的一篇序文中减少了一些阿谀奉承的话语，但仍然认为"方今明德中兴，教化旁洽"。整体而言，此后涉及社学的文章在赞扬朝廷方面，并没有显得过度虚伪。

对一种拥有广泛基础（甚至涵纳了社学乡童）的自由教育的远见，成了一代身处官僚体制上层而又自信满满的社学资助者的典型特征，而这一特征与朱元璋及后世社学创办者的行事方式截然不同。这些资助者的写作处在 15 世纪 70 年代和 80 年代普遍强制执行"八股文"（一种被指责以形式替代实学的文体）之前，所以并不认为学习作为一种升迁的途径和个人发展之间存在矛盾。道德品行甚至也不是他们主要的关注所在。达第斯认为，大学士一职在 1402 年至 1457 年间的延续，意味着明中叶，那些曾为篡夺皇位的永乐皇帝效力过的高官"根本不可能占据道德制高点"，反之则尽可能追求君主们的宠爱。[71] 亚当·肖尔在考察了时人对待语言及其功效的态度之后，也同样认为明中叶时期，人们对传述正道的关注被对文艺追求的兴趣所遮掩。而这一现象是由大学士复兴和领导的。他们对于文学的倡议反映出他们拥有文化，试图彰显圣人的智慧以及当前帝国的雄伟庄严（这也正是他们有所意识并坚决认为，当下可以与过去的辉煌朝代相提并论之处）。[72] 这些大学士及后代的追随者们都能利用社学来发表他大不相同的展望。

亚历山大·伍德赛德指出，由于皇位及一个统一的帝国代表了缔造"伟大的政治与文化成就"的机会，所以文人都拥护着皇帝。[73] 资助社学的高官在拯救中国，使其不再坠入元朝统治手中的时候，也把

---

[71] 达第斯，*A Ming Society*, 178, 185。

[72] Adam Schorr, "The Trap of Words", 73—75。

[73] 亚历山大·伍德赛德，"Emperors", 8。同时参考斯定文，*Literati Identity and its Fictional Representations in Late Imperial China*（Stanford: Stanford University Press, 1998），128。针对晚明小说《儒林外史》，斯定文评论道："朝廷的渎职基本上丝毫没有直接影响文人对政权的奉献与效忠。但这并不能防止那些通过援引朝廷的错事甚至是非法性，来拒绝参与政治之人，以此为他们的态度作辩解。"

他们自己的统治者赞扬为道德与文化的杰出典范，并以此坚持主张明朝廷及整体中华文明的优越性。在这样的情况下，即使在那些对朝廷几乎不抱乐观态度的后来者眼中，这些高官也为自己塑造出了伟大的形象。在何良俊后来记载的一系列危机与救援事件中（即本章的题词所引），确实少有明朝皇帝的理想化形象。每一场危机并不因外在事件造成，而是由于某位皇家成员的愚蠢行为造成，除了一例由当朝皇帝自身所造成的例外。实际上，那些效忠于该朝的显赫官员和他们拯救的皇帝一样，也是"国家"的一部分。国家成为这些官员达成目的的手段，以及他们展现才华的领域。

测试旨令的影响力

> 明太祖洪武……八年（1375）正月诏天下立社学……于是乡　51
> 社皆置学……英宗正统元年（1436）诏有俊秀向学者，许补儒学
> 生员。孝宗弘治十七年（1504）令各府、州、县访保明师。民间
> 幼童年十五以下者，送社读书，讲习冠、婚、丧、祭之礼。法寖
> 废不行。
>
> ——《续文献通考》卷50，页3244。强调部分由我所加。

自15世纪30年代起，社学再次见诸书册，官员也需要在所有乡村中创办社学。那么皇帝的旨令和学校的兴建之间又有何种关系呢？与普遍观念一致，《续文献通考》也提到正德时期是一个王朝走向终点　52
的起始。这实际上也是一种失势的叙述，因为自弘治时期以降，社学便逐渐衰微。相反，20世纪晚期的学者池小芳却认为明代存有一种全帝国的、由上而下或由下而上的模式，这一模式由皇帝的关注程度决定。这一现象的巅峰期处于洪武、正统、天顺、嘉靖和万历五朝。[74] 若要测试

---

[74] 在这些时期中，嘉靖朝是边关地区的巅峰期，而其他时期则是属于内地的。详见：
池小芳《明代社学兴衰原因初探》，《中国文化研究学报》1993年第二期，页22。

皇帝颁布的旨令和实际建校之举间的相关性，我们可以一份相关旨令的清单（表 3.1）和多少个县在什么时候兴建社学的资料作一比较。

表 3.1：涉及社学的明代旨令

年份	内容
1375	洪武帝（明太祖）下令在每个乡村兴建社学。
1380	洪武帝禁止社学，并以"冬学"替代社学。
1383	洪武帝下令由乡民自愿创办社学。[75]
1402	永乐帝重新创办社学，以供研读《御制大诰》。[76]
1431	宣德帝（批准了王翱奏章中的提议）命令在四川创办学校。[77]
1436	正统帝（明英宗）任命新设置的提学御史监督学校。[78]
1439	正统帝下令在每个乡村兴建社学。[79]
1439	正统帝下令在广西少数民族乡村区兴建社学。[80]
1451	景泰帝拒绝修改社学法令。[81]
1454	景泰帝拒绝下达在湖广荆襄地区创办社学的法令。[82]

[75] 与洪武帝的旨令相关的史料，详见第二章。

[76] 1477/1521 及 1579 年版浙江《新昌县志》。王兰荫也提到了这道命令。根据地方志中该列表的组成方式，这道命令可能是地方法令的而不是朝廷旨令。虽然陈琏在徐州创办学校之举或许是对此命令的回应，但我没有在其他史料中看到这道命令（1404 年版河南《颍川郡志》）。而且，那些年份不详的"大诰学"可能是为了回应这道命令而得以创办（详见：隆庆版湖广《岳州府志》，1680 年版湖广《平江县志》，以及乾隆版湖广《平江县志》）。"大诰学"的创办人乃是三名学生（"诸生"）：梅玉章，胡尚礼，田堆升。

[77]《明史》，卷 177，页 1b;《明宣宗实录》，第二十册，卷 79，页 1830—1832。

[78]《大明会典》，卷 78，页 455;《明英宗实录》，第二十三册，卷 21，页 407。

[79] 详见注 47。

[80]《明史》，第二十七册，卷 317，页 8209。盛朗西在《明清之社学》（页 50）一文中有引。《明英宗实录》，第二十四册，卷 57，页 1101，"七月，癸丑"一条。

[81]《明英宗实录》，第三十二册，卷 206，页 4434—4435。

[82]《明史》，第十五册，卷 172，页 4586。

续表

年份	内容
1462	天顺帝（明英宗）下令创办社学，并免除教师的劳役及批准社学里的学童成为生员。[83]
1465	成化帝准许贫困庶民自行选择是否上社学。[84]
1479	成化帝准许以往在浙江成立的社学成为书院。
1481	成化帝下令在偏远地区创办社学。[85]
1489	弘治帝下令在广东和广西创办学校。[86]
1504	弘治帝下令创办学校、强制出席率以及研习礼仪。[87]
1520	正德帝命令提学御史关注学校事宜。[88]
1527 或 1531	嘉靖帝下令兴建小学，并批准了桂萼的奏章。[89]
1531	嘉靖帝下令兴建社学。[90]
1539 以及 1549	嘉靖帝下令在海南创办学校。[91]
1575	万历帝下令对所有教师与学生进行考核，来证明免除他们劳役的正当性。[92]

---

[83]《大明会典》，卷 78，页 454，"提学御史"一条。根据王兰荫在《明代之社学》（第一节，页 51）中的记载，乃是"六年正月，庚戌"，详见《明英宗实录》。

[84]《大明会典》，卷 78，页 455。

[85] 这两道颁布于成化年间的旨令仅被记录于徐学聚的《国朝典汇》。

[86]《明史》，第十六册，卷 178，页 4743—4744。

[87]《大明会典》，卷 78，页 455。

[88]《明武宗实录》，第六十九册，卷 189，页 3588—90。

[89] 池小芳在《明代小学教学方式新探》（《上海教育学院学报》1995 年第 4 期，页 89 注 10）一文中并没注明年份。1874 年版江西《湖口县志》记载道："嘉靖六年，允礼部尚书桂萼奏建小学。"1679 年版江西《安福县志》，卷 1，页 22 进一步提到这封奏折在全帝国流传（详见第五章）。

[90] 1679 年版江西《安福县志》，卷 1，页 22。

[91] 1936 年版《儋县志》，卷 8，页 27b；《明史》，第十八册，卷 212，页 5601—5602；DMB, 1616—1618。

[92]《大明会典》，卷 78，页 455，"提学御史"一条。《万历起居注》（北京：北京大学出版社，1988），页 316—317。

年份	内容
1588	万历帝下令在广西兴建学校。[93]
1633	崇祯帝下令在全帝国创办学校，并执行强制性的出席率。[94]

表 3.2：已建有社学的府、州、县（按照年号排列）

年号	上报已创办了学校的县（数量）	已建有学校的县（大概百分比）
洪武	50	9
建文	0	-
永乐	11	2
洪熙	0	-
宣德	1	0
正统	6	1
景泰	3	1
天顺	28	5
成化	91	17
弘治	65	12
正德	47	9
嘉靖	183	33
隆庆	10	2
万历	48	9

[93] 关于"万历十六年，十一月，庚申"一条，详见《明神宗实录》，第一百五册，卷205，页3824—3826。黄明光《明代湘桂川滇黔诸省少数民族地区科举状况探议》，页95。

[94] 崇祯六年（1633），二月辛卯所颁布的旨令。王圻《续文献通考》，第十四册，卷50，页3247；汪钟霖《九通分类总纂》，卷46，页10；《崇祯实录》（"中研院"版），卷6，页3（0168—0169）。

年号	上报已创办了学校的县（数量）	已建有学校的县（大概百分比）
泰昌	0	-
天启	1	0
崇祯	7	1
总数	551	-

　　在那些已建有社学，且能够得知或适当推测是哪位皇帝在位时期所创办（表3.2）的资料中，嘉靖、成化和弘治时期占据的比例最高。接着则为洪武、正德、万历，或许也包括天顺时期。虽然池小芳把正统时期视为一个巅峰期，但在我的数据资料中，正统时期仅仅占据了一成比例。[95] 池小芳的论点实际上存在其他问题。首先，她认为旨令是中央政府"关注"学校的唯一证据。但实际情况是，尽管存在困难，我们仍能追溯出其他因素（例如给予社学创办者的升迁或表扬）。此外，在她看来并非"巅峰时期"的成化、弘治和崇祯三朝，实际上也颁布了涉及社学的旨令。在明代16位皇帝的17个统治时期中，（即便景泰帝的命令仅是为了确认现状）有11位皇帝"注意到了"社学。因此，要如何使"注意力"和"巅峰期"两者间相互关联，实际上并不明确。[96]

　　第二，池小芳认为皇帝的关注是决定兴建社学数额的关键因

---

[95] 在池小芳整理出的这一时期的学校统计中，有一半资料来自一部地方志，而这些学校也可能是在一位官员的命令下创办。与其选择个别地方创办学校的例子，池小芳选择计算那些被提到的学校的总数。如此一来，这便限制了她所提供的数据用来考查变化的效用。详见池小芳《中国古代小学教育研究》，页63。虽然王国斌引用了五十岚正一《中国近世教育史研究》（页296）中的内容说明有许多社学在正统时期被创办，但我却没有在该书中找到这一说法，而他更没有引用许多地方志。详见：王国斌，*China Transformed*, 114；五十岚正一《中国近世教育史研究》（东京：国书刊行会，1979）。

[96] 在一部较近的论著中，池小芳也为此差异而感到困惑。详见：池小芳《中国古代小学教育研究》，页62。

53 素，而在假设情况确实如此之后，她便以一个常见的、易于理解的方式——按照年号来整理她的数据资料。此外，由于皇帝们在位时间或长或短，对每个统治时期中社学数量进行比较则不甚妥当，除非假设时人能立即对旨令作出反应。然而，情况确实如此吗？例如，我们可先观察成化及弘治时期兴建社学的时间点，并与上述所引诏令作一对比（当然，第二章所提到的关于这些数据的所有附加说明也适用于此）。在成化时期，若旨令是兴建社学的主要推动力，那么恢复和创办社学的数量应当在1465年或稍迟一些（即当旨令颁布之后）达到最高点。实际上，达到巅峰期的年份分别是1472年（即13个县一共修复或成立了46所社学时）及1481年（即7个县一共修复或成立了102所社学之时）。在弘治时期，若社学的建设直接依靠旨令的颁布，那么全帝国的社学建设活动则需要在1504年或紧接着达到最高点。但是，弘治朝的最后两年（弘治末年是1505年）反映出最低的社学建设率：相较于1495年和1500年的5个县，1497年的6个县，以及1502年的7个县，1504年和1505年仅有1或2个县各创办了社学。相反，倘若我们以每十年来记载，而不是按照年号，那么最高点则有所不同（见表3.3。由于很多案例中，地方志仅以年号记载了社学的创办年份，所以较少社学能以一个十年期来记载创建年份）。14世纪70年代，即紧继第一道创办社学的诏令颁布之后，以及16世纪20与30年代，即没有颁布任何关于社学的诏令之时，却正是创办社学次数最高的十年期。因此，要使大数量社学的创办和"皇帝的关注"两者之间有所关联，实际上非常牵强。

除了颁布应用到全帝国的诏令之外，也有一些诏令针对特定的地区。后者有何种成效？1431年，四川边关地区强制执行了社学建设工作。由于四川当地14个县的社学创建年份，仅能模糊推算到16世纪，即记载这些社学存在的地方志出版之前，因此，这些社学可能是应1431年的诏令而被创办的。在1439年，朝廷命令于广西兴建社学。虽然广西地区仅有几部地方志，但却记载了1531年之前的某一未指明的年份建有了两所社学。1489年，朝廷命令广东和广西的4个府兴建社学。虽然其中的3个府已在早前创办了社学，但一些未指明年份的社学可能是应 1489 年的诏令而被创办的。在 1535 年，朝廷命令海南岛上的一座县创办社学。虽然当地的地方志承认并无其他关于这些社学的资料，但那 11 所未指明年份的社学可能是应 1535 年的诏令而被创办的。因此，按照现存的证据，我们很难肯定地说这些针对特定地区的诏令确实起到了显著的作用。

表 3.3：已建有社学的府、州、县（按照十年期排列）

起始年代	上报已建有学校的县（数量）	大概百分比
1360	1	<1
1370	45	10
1380	2	<1
1390	2	<1
1400	6	1
1410	0	0
1420	0	0
1430	4	1
1440	2	<1
1450	5	1
1460	35	8
1470	24	5
1480	29	6
1490	28	6
1500	26	5
1510	26	5
1520	59	13
1530	47	10
1540	37	8

起始年代	上报已建有学校的县（数量）	大概百分比
1550	23	5
1560	21	5
1570	11	2
1580	9	2
1590	10	2
1600	6	1
1610	1	<1
1620	1	<1
1630	3	1
1640	1	<1
总数	464	-

54　　　基于特定原因，近来其他关于社学的文章也把皇帝所给予的关注当作社学成功的关键因素。[97] 在一篇题为"明代的学校制度及其警示"的文章中，两位作者称赞了朱元璋对于教育的重视，也声称朱元璋提倡了射、御、书、数诸科，即体能教育和实用技能的培养。之后的明朝皇帝在学校管理方面实行了一套严厉、封建式的做法，强调以教化来管制人民。这些皇帝也把文人捆缚在理学正统思想中，以维护政府

55 的统治；通过忠孝等社会纲常来束缚庶民，遂制造出一种奴隶的心态。作者们"客观地讲道"，"不论何时何（朝）代"，学校虽总有教化的功能，但本应次于文化与科技知识的传授。正如黄宗羲与顾炎武所述，明代的教育体制无法培育人才，因此使中国错过了一次科技发展的良机。在 16 世纪晚期及 17 世纪，虽然传教士到来并提供了知识，但由

[97] 例如："明政府对乡村社学也十分重视……在这种思想指导下，从中央到地方都建立了各级官学……有乡村办的社学。"详见：林吉玲《明代的府州县学与乡村社学》，《河南师范大学学报》2001 年第 5 期，页 120—121。

于明代的思想家皆受到束缚，以致无法好好利用当下的学习机会。这意味着中国不仅没能用三百年的时间来比较、学习、追赶和超越西方，反而由此陷入了半殖民地状态，承受了无数羞辱。最后，两位作者总结道"历史的教训再次警示我们"，必须强调全民的科技文化教育，改善教师的社会地位和经济待遇以加强教育质量（不像是缺乏资金的明代社学），以及"加强教育管理，必须整治社会风气"。这一从明代的学校体制得出的"警示"，在表面上貌似是说若要让中国进步，那大家都需要得到有良好经济待遇的教师所传授的科技文化。然而，若仔细探讨第三个总结点，则能看出更进一步的批判：

> 加强教育管理，必须整治社会风气。社会不正之风势必要渗透到教育部门，教育部门风气不正，则将扩散到社会各个方面，影响民族的根本和未来。

最后一句话却提出了与原先主张相反的论点：并不是不正之风危害到教育，而是教育上的不正之风伤害了中国。[98]

实际上，多数论述社学及明代其他诸多课题的作者都持有这一典型的观点：社学有赖于皇帝的关注。但是，若以具体成果来衡量皇帝强制执行社学的命令，却显示出两者之间并没有多少明显的关联性。在明代的任何时间点上，皇帝所颁布的涉及社学的命令，并没有和大量社学的出现产生密切关联。但这并不是说社学从未被创办或那些旨令毫无影响力。事实上，以上列表体现出，在明代有很多学校被创办，地方志中也涉及有关社学法令的汇报。这表明时人都已知晓并有所援用皇帝颁布的关于社学的公告，尽管中央和私人的史料对这条法令的记载并不完整。学校本身及关于学校的法令两者，皆通过各种方式被改写和操纵。这不仅有助于朝廷及高官，也有助于守令，甚至是地方子民达成目的。在其中一个案例中，一位著名的社学创办人——魏校

[98] 田晓红、高春平《明代的学校制度及其警示》，《史志学刊》2000 年第 5 期，页27—31。

把他的举动解释为对皇命（大概是指 1520 年的那道诏令）的遵从：

> 当职钦奉敕谕："古者乡间里巷莫不有学，即今社学是也。尔凡提督去处，令有司每乡里具设社学，择立师范，明设教条，以教人之子弟。年一考较责取勤效。仍免为师之人差役。钦此钦遵。"当职所至，询问社学……[99]

但是，仅有几位官员如此积极地回应了敕谕。因此，对于魏校的顺从态度，更符合逻辑的解释是，他在带着私人目的想要完成某事时，趁机得到了皇帝新近的支持。基于对皇帝崇高地位的考量，其敕谕所具有的分量仅是决定事件发展的因素之一。若要了解社学之后在明代的兴盛与衰落，我们需要把注意力从皇位，以及那些在明中叶时期提倡社学的上奏者和高官的身上转移开。

实际上，我们很难直截了当地诠释旨令那复杂的成败情况。学校或许是响应诏令方被创办，但详细情况却没有被妥善地记录或保存下来。这也许是考量到遵照皇命执行任务并不如自发的举动那样，能够带来更多光荣（详见第四章）。或许统一地强制实行兴建社学之举并不是朝廷的意愿；又或者重复地下令创办社学是一种拥有权力的声明，而不是一种进行管制的尝试（尽管这一观点本身使对于明代的大部分历史书写进行改动成为必要），且其结果是官员必须依靠朝廷给予指示。[100]然而，我认为相关记载并没有表明帝王对权力的拥有作出声明，反而展现出一个首先努力解救帝王，再为自己（基于自身价值观与利

---

[99] 魏校"河南学政"，《庄渠遗书》（《影印文渊阁四库全书》重刊版，卷 1267。台北：台湾商务印书馆，1983），卷 10，页 7。

[100] 狄百瑞与我于 2000 年 3 月间的对话。上海社会科学院的张忠民教授也主张中央政府并没有指望一致地执行这一计划（于 1994 年夏与我的对话）。然而，在欧大年看来，明代的史料（特别是《大明会典》）"十分清楚地表明国家希望由上至下地控制着全体臣民的每项有意义的活动"。详见：欧大年，"Attitudes toward Popular Religion in Ritual Texts of the Chinese State: The Collected Statutes of the Great Ming"，*Cahiers d'Extreme-Asie 5*（1989—1990），219。我十分感激欧大年教授捎来这篇论文。

益考量）采取的行动赢得认可的官僚体制。[101] 在这一过程中，明太祖的后代们默许了他对原先社学意图的彻底修改。

　　社学绝不是孤立的案例。在嘉靖时期的"大礼议"事件（即一起因皇帝为自己的父亲定位而引起的争执）中，大学士杨廷和与其他官员们要求嘉靖帝朱厚熜认弘治帝（即朱厚熜的从父，正德帝的父亲）为父。如此一来，他们便将朱元璋给予其继承人的命令抛诸脑后：朱元璋允许父系继承（因此朱厚熜根本无须认弘治帝为父），也明确禁止了嫔妃的儿子即位。[102] 既然朱元璋的命令在一些事件上已被如此明确地推翻，那么其他事件也几乎不能用这些命令来作解释。例如，朱元璋在两个半世纪前废除了宰相一职，但人们不能在此基础上把明朝的灭亡归咎于他。勇敢的官员为了某些目标不惜冒着生命危险，而皇帝与主要的官僚们则改变或忽视了某些政策。在明代史上，朱元璋定下的法律或命令并不能简单地作为一种解释。

57

---

[101] 贺非烈在分析正统帝朱祁镇在土木之变被虏获之后时人的反应时，证明了相较于皇帝所享有的最高政治权威（即在批准及合法化政策议决方面）的身份，皇帝所扮演的宗教与道德领导者、皇族宗长，以及战士角色则没有那么重要。详见：贺非烈，*Caretaker Emperor*，第十一章。

[102] 费克光，*The Chosen One*（Sydney: Allen & Unwin, 1990），142。

第四章

明盛期的英杰

58

莆中故蛮地淫祠特多，虽豪杰时出未之能革。

——彭韶《与郡守岳公书》，1464[1]

亚当·肖尔指出了明盛期的一个关键特征：虽然在政治上被边缘化的文人已经开始质疑那些来自中央朝廷，旨在对社会进行道德改革的话语，但是"在15世纪末，很多官员却普遍上存在一个理想化的信念，即朝廷对贪污之风的积极打压是有效力的"。[2] 这一信念比达第斯所谓的王阳明与其门人的"有远见的儒学"来得更早。王阳明与其门人的目的并不是利用帝国为手段，由上而下对国家进行改革，"而是激励人们为他们自身创造出一套道德旨归"。[3] 这份对于朝廷能有效打压贪污的信念，或许能从数百位明代官员身上看到例证。这些官员大多数是仕途上并无多大希望升迁的常驻守令。这些官员利用他们所担任的职位，通过为他们所统治的人民创造出一套"道德旨归"，完成了理学的使命。他们严重依赖地方上的国家制度，但也对地方上的宗教制度进行攻击，甚至对待一些合法的、得到国家提倡的宗教制度也是如此。王阳明与其他16世纪时期的积极分子，正依循与适应着一个更宽容的宗教立场。这便是自15世纪晚期以来得到扩展的理学激进主义传统。

---

[1] 彭韶《彭惠安公文集》（1610年版），卷8，页3b。

[2] Adam Schorr, "The Trap of Words", 120。

[3] 达第斯，*A Ming Society*, 178。

谁应负责？

当社学在明中叶时期得到恢复时，已在多方面与朱元璋的计划存有分歧。重复地对涉及社学的法令进行修改，也使得谁应为社学诸事负责这一焦点变得模糊。在元代的法令中，社学理应由社长来创办。14 世纪 70 年代初期，一些明代知府与知县便开始在地方上领头。到 1375 年，朱元璋正式命令让所有地区的常驻守令全权负责。宋濂在为一所义学撰写一篇记文时强调，无论肩负起这一责任之后多么令人钦佩，兴建义学来教育乡童之事也并不是兄弟（或指在当地兴建社学的练氏兄弟）的责任。提供小学教育之事应当由政府负责。[4] 然而，自 1380 年之后，朱元璋反复地命令官员与社学保持距离，并将社学事宜全权交由当地人自发的组织负责。在 15 世纪 30—50 年代，社学应当由常驻守令、乡长和特派官员分别在四川、广西和北方地区创办。在 1439 年，朝廷命令常驻守令在每个乡村创办社学。1436 年和 1462 年，在没有废止常驻守令职责的情况下，社学事宜则交由提学御史负责。

提学御史和常驻守令管辖范围的交叠，使得各自的责任范围变得模糊。而且，反复对法令进行修改也使得谁应当为社学负起责任的问题变得混乱。在第一篇写于 1448 年的社学记当中，一名知府问地方文人："图所以立之［指小学］，其责独不在于为郡守者哉？"[5] 这一提问表明了当地士绅应当已有所行动。相反，一名同知却提醒了一群正希望创办一所社学的士绅，成立社学之事乃是他的责任。[6] 另一篇写于 1472 年的记文则谈论道，虽然规章明确要求官员负起开创府、州、县学的责任，但有些家族却通常在"乡社之学"自行教授学生。而且，多数守令并没有把社学事宜视为他们分内之事。[7] 一则写于 15 世纪 80

[4] 宋濂《长洲练氏义塾记》，转引自高时良编《明代教育论著选》，页 10—11。

[5] 池小芳《明代社学兴衰原因初探》，页 20；葛林，"Ming Education Intendants"，113。另见"附录"第一篇记文。

[6] 虽然他允许士绅们进行创建，但他仍将其视为一所义塾。另外，他也时常安排捐献必需品来帮助那些贫困的男童。详见"附录"第三篇记文。

[7] 详见"附录"第五篇记文。

年代中期的史料记载道：

> 国朝开设学校，自胄监至于府、州、县备矣。惟乡之社学不
> 列于官，待有司而后兴。[8]

无论这是否是为了避开不想负担起的任务，又或者是侵犯到他人
权限的问题，15世纪中期法律上的混乱现象留下了许多辩论的（以及
个人的逃避和积极行动的）空间。实际上，15世纪70年代伊始就有
数量庞大的常驻守令各自主动地肩负起创办社学的任务。本章即旨在
解释这一现象背后的原因。

我们能从史料记载看到，在谁是最主要的社学创办者这一问题点
上出现了一个明显的变迁。在1400年至1470年间，45%的社学建设
都见证了提学御史及其他高官的参与。在1450年至1462年间，即没
有提学御史一职时，其他的高官则填补了这一空缺。叶盛便是一个例
子。除此之外，在福建任上的巡按御史许士达，也同样命令了府和县
设立社学。[9] 当提学御史一职在天顺年间被恢复之后，两名提学御史
特别提倡社学：本书第三章中提到的李龄，以及陈选。李龄对于社学
的关心可能是基于他的背景。李龄来自广东省潮阳县，一个非典型地
扬言当地有建于洪武时期社学的县。[10] 在1462年至1464年间，李龄

---

[8] 详见"附录"第七篇记文。此文由陈献章著。

[9] 至少有一位知县遵守了这道命令。例如，在1451年担任惠安知县的莫尚简就创办
了社学。其中一所社学设置在一座小庙里。详见：1530年版福建《惠安县志》，卷
9，页8—9。关于许士达的命令，详见：1684年版福建《宁化县志》，卷6，页15，
以及1629年版福建《闽书》，卷32，页42。虽然《明史》记载到许士达受到了景
泰帝的敬重，也获得了福建百姓的爱戴，但却没有记录下他与社学相关的活动。详
见：《明史》，第十五册，卷164，页4454；卷177，页4720。

[10] 1572年版广东《潮阳县志》记载了创办于洪武年间的学校。这或许是一个因素，
又或者是一种预测，因为福建莆田县也同时建有洪武年间的社学，并造就了一些
社学创办人。但是，这一问题仍有待进一步的研究。由于李龄曾担任过广西宾州
（一处边关地区）的州学教谕，这或许使他对创办社学感兴趣。据载，李龄在宾
州培育了他学生的道德本性及对上古的喜爱。详见：过庭训《本朝分省人物考》
（1622年版影印。台北：成文出版社，1971），卷112，页27a。李龄的清廉（转下页）

在江西的 11 个县创办了社学。在个别案例中，李龄与许士达的做法一样，即传达了创办社学的命令给某一常驻守令，而该名守令则会新建一所或几所社学。与其说是知府们兴建社学的举动受到了强调，不如说注意力反而在于李龄所下达的命令。这或许是因为这些官员（除了一位以外）都是在朝中地位不高，且在仕途上没有良好升迁前景的举人。相反，李龄在当时已经是一位相当显著的人物，也任了 35 年的官。[11]

　　陈选比李龄入仕迟，而他创办社学的方式则与李龄相反。在 1467 年至 1469 年间，即陈选入仕初期，身为南直隶提学御史的他在 8 个县创办或修复了 75 所学校。1471 年，他首先担任河南的提学副使，接着升任提学御史，最终担任了按察使。15 世纪 80 年代初期，他则担任了广东的布政使。[12] 相较于南直隶地区，河南和广东当地的相关资料并没有太多关于陈选本身及对于他提倡社学的记述。[13] 这反映了在社学这一领域中，当县令、知州和知府接替了任务之后，人们对提学御史的关注也由此减少。成化初期之后，按照地方志中那些年份可考

（接上页）及古风形象，使他赢得了尚书胡濙、祭酒李时勉的尊重，两人也支持了他提学御史一职的任免。在景泰时期（1451 年或 1454 年），李龄负责监督会试。虽然他在正统时期担任了京城地区的提学御史，但却没有资料证明他是在任上时创办了社学。关于其他细节，可参考我的学位论文。

[11] 唯有出身于昆山县一家军户的夏玑在 1454 年考获了进士。

[12] 陈选常夜巡两庑，视察诸生诵读，并在一些庶民与学生的支持下，勇于对抗宦官的专横跋扈。1991 年版河南《兰阳县志》却错误地将其列为天顺年间的人物。其他的地方志皆将其归入成化时期，而葛林则描述陈选约活动于 15 世纪 70 年代。详见：《明史》，第十四册，卷 161，页 4388—4389；葛林，"Ming Education Intendants"，142；以及 DMB，160—161。

[13] 详见：1624 年版南直隶《吴县志》；1524 与 1588 年版南直隶《上海县志》；1494 年版南直隶《徐州志》；1566 年版《徽州府志》。《徽州府志》仅提到陈选活跃于成化时期，并在府学里建一座纪念他的祠堂。虽然 1545 年版的河南《兰阳县志》（卷 4，页 19）记载，他在 15 世纪 70 年代初期，曾下令在所有的府、州、县创办社学，但却没有记录到任何因响应这道命令而创建的社学。1688 年版广东《新安县志》（卷 5，页 7）虽记载道陈选于 1483 年大力提倡社学，但却没有给予细节。

的社学记录，提学御史仅仅参与了10%的社学创办活动。[14]另一方面，独自创办社学的县令占据了一半的百分比，而那些有时与其他人合作创办的县令、知州和知府则占据了85%（见表4.1）。

表 4.1：在明盛期及晚明时期创办社学之人（1465 年以降）[15]

据认为创办了社学之人的身份	百分比
知县一人	51
知县与知府、其他官员、当地人（1.2%）或其他身份不明之人	7
知县与提学御使或提学副使	3
小计（知县）	61
知州一人	15
知州与其他官员（非知县）或当地人	1
小计（知州）	16
知府一人	7
知府与提学御使或其他官员（非知县或知州）	2
小计（知府）	9
小计（常驻守令：知县、知州、知府）	86
提学御使与提学副使个人	5
提学御使与提学副使，连同当地人或身份不明之人	1

[14] 1399 至 1470 年间，共有 47 个创办学校的案例，而负责创办学校之人的身份也十分明确。每个案例只牵涉到了某个府、州或县，但大多数都涉及多所学校。另有21 个案例（即45%）提到了提学御史或副使的参与。虽然有些时候仅有提学御史或副使一人获得了肯定，但在多数的个案中提学御史或副使皆与知县或知府合作。从 1470 到 1644 年间，共有 322 起案例明确提到创办人的身份。当中，有 31 个案例（即 10%）涉及提学御史或副使。虽然他们偶尔独自行动，但他们通常是与下属官员或地方百姓合作。

[15] 这些数据是根据 339 起在成化年间或成化年以后创办学校的案例得出。另有 112 起在这一时期的案例并没有提到创办人的身份。虽然一个案例能涉及多过一所学校，但却仅局限在一座府、州或县内。详见参考书目中所引用的地方志。

续表

据认为创办了社学之人的身份	百分比
其他官员自身（即除了提学御使及常驻守令以外的官员）	7
当地人自身	2

　　在明朝的鼎盛时期，常驻守令主动地创办社学并书写与社学相关的事宜。这些事之前是由高官负责（当然也包括提学御史）。知县、知州和知府通常仅在一个地方任官三年（在一些案例中则为九年）。在一般情况下，他们能够依靠一笔存款，并在没有引起严重麻烦的情况下存活下去。他们也全权管理考试事宜、和解诉讼案、征收赋税，以及遏制骚乱与罪行，避免它们传播太快。在地方志中，他们仅有自己的名字被记录在职官列表中，或以一两句话来记录其略传。而且，他们家乡的地方志或许也是如此记录。然而，必定也有少数例外的常驻守令，且自大约 1470 年之后，他们便更加活跃，尝试通过对于该县或府进行改革并以此成名。常驻守令中的积极分子使赋税的负担更均等，尝试强迫富户和豪族服从于他们，兴建或重建城墙、官署、水利、县学与医学、养济院、药局、惩恶扬善亭、孔庙与祠宇、乡贤与名宦祠、坛庙等等，恢复社区祭酒仪式，以及组织乡约和保甲制。他们也尝试改正地方宗教活动。[16] 虽然（通常在明代初期）他们所执行的大部分制度都是基于朝廷命令，但每个常驻守令也采纳了那些他们认为能够在该县实行的制度，并加以改变来满足自己所需。社学正是明朝鼎盛时期这些积极分子所青睐的制度之一，而记文和地方志也同样是他们所青睐的文档。

---

[16] 柯丽德，"Shrines, Governing-Class Identity, and the Cult of Widow Fidelity in Mid-Ming Jiangnan"，*Journal of Asian Studies* 56.3 (1997)。

记文的修辞方法

那些记录社学事宜的记文是一种独特的文体，又或者是与记述其他制度的记文相似的次文体。它们都被共同命名为社学记，也共有一种表面上的公共用途：记录该学校的地点、资助情况及捐款资料，以避免该学校被改建、掠夺或荒废。[17] 虽然以这些原型为草稿的记文最终可能被刊印在该作者的文集或其他文献概要中，但它们最先是以碑刻的形式立于学校外面，因此能够被当地人、师生、官吏和旅客们看到。据此，这些记文也被频繁地抄录到地方志当中。该部地方志的编纂过程可能由那名书写社学记文的官员监督（有时甚至是自己编纂），或者是由该职位的继承人来监督。那篇记叙文也许会被重抄到后来编写的地方志中，又或者文中所提供的创办人的传记也可能被后来的地方志节录。除了地方志，其传记也可能被节录在其墓志铭、人物传记集成或列传中，而后者更是会把他成立社学功劳的长篇描述，归结为"办社学"的扼要评语。虽然社学记包括了许多论题，但是所表达出的最精确的观点，却通常随着时间的推移而有所变化。为了追溯这些记文的共性与变化，我分析了书写于 1448 年至 1635 年间，10 个省份的31 所社学的社学记（见附录）。这些记文按照 26 个重要论题进行分析，而这些论题则同时构成了多数社学记的核心（见表 4.2）。[18]

表 4.2：31 篇社学记所涉及的论题

论题	案例数
哀叹世界、教育或官员与君子的整体衰落	8
关于地方上社学的既往史	15
当朝与社学的关系	22

[17] 例如，1572 年版南直隶《海州志》的编者评论，他之所以记录下学校，是为了让人们知晓学校的所在处，并避免人们侵占这些学校。

[18] 我在"附录"中列举了 31 篇经过详细分析的记文及其作者，并提供了三篇范文的翻译。在本书的讨论中，我利用了一些额外的、未经详尽分析的记文来补充那些由分析而得出的资料。

论题	案例数
对于社学创办人的初步鉴定	29
对于地方习俗的轻蔑	4
正统／异端说	7
由于其他官员无法创办社学而抱怨	11
关于实际事务的信息	30
提到范仲淹	1
学校创办的年代	9
社学与其他形式的小学的关系	2
创办人或其他官员给予教师或学生的指示	6
民间对于社学的反应	10
学校的佳绩	13
创办人所进行的其他活动	5
在没有劳民伤财的情况下支付学校的兴建	9
其他参与了学校创办的人	19
写作者撰写记文的缘起	22
引用经典中的典故	23
社学改善了习俗	14
社学培育及招收了贤能	10
学校对于世界的重要性	9
社学与府学及县学的关系	14
给予创办人的赞誉	13
社学创办人的生平资料	6
希望后世维持学校的运作或仿效创办人	11

　　若要使某所学校的创办具有一定的意义，那该篇记文必须在总体上把社学看待为一个极其重要的制度。这正是此文体最明显的特征。陈献章在一篇写于 1485 年的具有影响力的记文中评论道： 63

> 天下风俗美恶存乎人，人之贤否存乎教。观今之风俗，则今
> 之人才可知矣。予尝终夜思之，其不及古者，有司非与庠序之设。

在以上列表的记文中，有九篇直接评论小学对于明帝国具有根本
的重要性，而其他诸篇也间接地提到这一点。这种情况使得文体的选
择变得至关重要。在奏折中，当社学仅作为解决更大问题的方案中的
一部分时，便会被降格到帝国刑罚程序的改革方案或用来剿匪的军事
行动之后，又或者会把存有因果关系的善政与教化的次序颠倒。例如，
在一封涉及招募事宜的奏章中，虽然上奏者提到社学，但其开篇却说
道："臣闻治天下以得贤为本，宣教化以治民为先。"[19] 奏章的作者首先
需要把他所讨论的招募事宜，与教化这一重要的任务联系上。写作者
也必须主张招募人才不仅有利于朝廷，而且是执行教化任务的首选方
案。在众多关于学校、改善习俗的明代作品中，大部分并没有提到小
学教育。但是，在一篇社学记当中，社学显然是重要的，要不然作者
就没有必要书写该篇记文。[20]

几乎所有的社学记都必定把社学呈现为国家学校体制的一部分，
也因此使这类文体得以被用来赞扬或批评明朝廷。大约一半的社学记
讨论了如何将社学及县学联系起来，但相反地，仅有两篇讨论了社学
与其他当时的小学教育形式，如义学、族学、私塾、家塾等的关系。[21]
第三种最常见的论题，即经典的引用，普遍把想象中的古代教育体制
与明代的学校体制之间作类比。[22]

---

[19] 赵仁于 1382 年所上的奏章。详见：《明太祖实录》第六册，卷 147，页 2321—
2322；以及本书第二章。

[20] 在给予赞美的同时，一些写作者也确实质疑了那个被纪念的工程。详见邓海伦，
Conflicting Counsels（页 64—66, 82—85）中一篇关于地方公益渡口的记文。

[21] 有一篇记文（第三篇）肯定了该社学是一所义学，这是因为官方提供了供给，以
确保即使是贫困家的男童也能够上学。另一篇（第十八篇）则针对教师的问题发
表看法，这是因为社学的教师受到了蔑视，而反之塾师却被视为上级与宾客。

[22] 然而，将学校与上古时期作联系实际上互有利弊。根据一部地方志的记载，"虽历
朝申明兴举而有司悉视为故事"，遂没有采取任何行动。参见：1546 年浙江衢州
《宣平县志》，卷 2，页 5a。

古者人生八岁入小学，十五入大学。小学教以洒扫进退、应对之节，礼、乐、射、御、书、数之文；大学教以穷理正心、修己治人之道。教以小学所以立大学之根本；教以大学所以收小学之成功。此其人才之盛，治道之隆有由然已。我国家崇儒右文，学校之设遍于天下。乡社之学即小学也，郡、州、县学即大学也（第五篇）。

另一个论题也表明了社学和国家的密切关系。倘若学校在根本上被视为义务性的社会机构，那么范仲淹，身为一名著名的、为本族兴建学校以作为义庄一部分的宋儒，则应被视为榜样。然而，范仲淹仅在一处被提及，即写于 1448 年的在其他方面也显得异常的那篇记文，它把社学创办人比作范仲淹。[23] 既然范仲淹的举动是为了使本族受益，那么对那些创办国家学校的官员而言，他实际上是无关紧要的。

社学教育在名义上的目的也使其与国家密切相关。学校的目的在于分别为那些将步入仕途，以及仅会成为子民、儿子、丈夫、父亲或邻居的男童做好准备。对这两种学生而言，在道德和礼仪方面的教育与阅读和书写方面的教育是同步进行的。因此，社学在改善了地方习俗的同时也为政府提供了人才。三分之一（10 篇）的记文还包括社学该如何培养和招聘有才能者的论题，而将近一半（14 篇）的记文则包括了社学该如何改善风俗的论题。第五篇记文接着写道：

---

[23] 我发现只有在另一篇与社学有关的文章中也提到了范仲淹。一名于 1489 年在泰州创办学校的官员提到了范仲淹的事迹。然而，这是因为范仲淹曾在当地任职，而不是因为范仲淹创办义学之举和该创办人对学校的关注两者间有所关联。那些创办私人公益机构的明人确实曾提到范仲淹。大约在 1530 年间，一名义学创办人也同时兴建了一所以范仲淹命名的书院。详见：1537 年版南直隶吴县《浒野关志》，卷 5，页 6。另有多地建有祭祀范仲淹的祠宇，例如分别记录在 1537 年版南直隶吴县《浒野关志》，以及 1591 年版南直隶《兴华县志》中两座被标明在地图上的祠宇。吴宽在为李氏两兄弟所创办的一所书院和义学而撰写的一篇记文中，提到李氏兄弟实际上帮助了全街坊，但范仲淹仅是帮助了一个家族，从而轻视了范仲淹。详见：1866 年版湖广《嘉鱼县志》，卷 9，页 61。关于一位明人将范仲淹视为模范的案例，可同时参考 1798 年版广东《东莞县志》，卷 29，页 14。

> 延致儒士周南、唐鉴分领教事，慎择民间子弟之秀，俾从游其中，朝夕讲求古人立教之意与夫嘉言善行……养其德性。庶几将来小子有造进，可以备大学之选，退亦不失为子弟之良。

和其他的国家学校体制一样，社学教育的目的在于在教化方面产生渗透式的影响。就如提学御史李龄在一篇写于明中叶的社学记中提到，所有的学校"其任淬厉真才，为国家用"。但是也需要培育每个人的优秀品质，以至纯朴的县人都举止得体。[24]

社学教育和官员素质之间的关系也会被负面地反映出来。1506年，一位作者抱怨，由于在进入县学之前，乡童未在社学受到适当的教育，且他们又受到贪念和自尊的干扰，因此为官时便给百姓带来了祸患。

> 所以然者岂但泮庠之误人耶？实由乡校之误于其始也……夫基本不立则涵养不深、趋向不正、器识不大，德业所施亦难远（第十二篇）。

另一篇记文也抱怨社学中缺乏适当的教育方式，并描述了这一情况对高等教育的负面影响。

> 古者人生八岁皆入小学而教之。今独不然，非不教也。教之以事占毕，而于洒扫、应对、进退之节则未。教之以攻文义，而于人伦日用之常则未。教之以慕富贵，而于孝悌忠信、礼义廉耻之行则未。虽云教之，实非蒙以养正之道也。

作者悲叹道，由于受到不良的初期教育，生员与官员皆无道德，

---

[24] 李龄《武宁县社学记》。收录于1789年版江西《南昌府志》，卷17，页40—41。

素质也不令人满意。[25] 可见人们能够利用社学记公开地发表对于官僚的批评，从而间接批评了朝廷。

虽然社学创办人将自己的行为视为在建立国家机构，但他们并不总是给予朝廷或政府认可。15 世纪中期的社学记带有乐观的语调，但继此之后却开始转向悲观。16 世纪初期之后，记文的论题也开始对当下的教育、当时君子的道德品行及志向，又或者整体世事的堕落情况而表示哀叹。[26] 虽然有三分之二的社学记涉及的论题是朝廷在促成学校建设中所扮演的角色，但对这一论题的讨论却不断反映出无望的观

---

[25] 详见一篇由朱诰撰写的记文。该文收录在万历版北直隶《邢台县志》，卷 4，页 6b-7b，"社学"一节。读者无法从行文中得知是否家长、教师，或老一辈的人均受到了批评。另一部地方志的编修者评论道，虽然一些聪明的男童能够直接升读县学，但他们仍需先在社学中巩固好基础。在该县，社学也是让那些无法获得生员身份的男童读书的地方。1549 年，省级教育官员针对该县 30 名男童进行考核，并将其中的 15 位送入县学，而其余的则必须在该校以外的地方读书。然而，既然该县（于 1475 年建置）从未有过社学，那也就是说直到当地知县在 1550 年创办了一所社学之前，那道旨令实际上是无效的。详见：1551 年版河南《商城县志》（重印版），页 1065 及之后各页。

[26] 大约四分之一被列入表格中的记文都包括了这一传统主题。其中，仅有一篇能追溯到明中叶时期，即那篇不合常规的撰写于 1448 年的记文（第一篇）。该文赞美了苏州知府朱胜，而非归功于朝廷，这种行文方式引领了明盛期的记文风格。1448 年那篇记文所用的语调未被立即接受，理由之一或许是，对战争或元统治卷土重来的畏惧使得鼓舞人心的语调更贴合时人所需。鉴于朱胜是被任官的举人之一，而这一官职的设立仅仅是因为皇帝担心知府在保全京城的官位后，并未尽责地工作，因而该记文所带来的声誉或许已超出了朱胜的预想（《明史》，第十四册，卷 161，页 4379）。朱胜以其低调的统治方式闻名。这一方式减少了官吏贪污的机会，而他最终也死于江南左布政使任上（《明史》，第十四册，卷 161，页 4381）。另一种理由可能与该记文反映出的作者立场有关。这篇记文由徐有贞撰写于其担任高职之前，也可能是正值仕途濒危之际。1449 年，当正统皇帝被虏获后，徐有贞是那些提议南迁的官员之一。他所持有的观点（即南迁）后来也妨碍了他升迁的机会。徐有贞唯有改名并密谋重新拥立朱祁镇（天顺帝），方能在朝中得到一个具有影响力的官职。然而，在 1457 年，他却被贬为庶人。徐有贞随后回到苏州，成为当地文化生活圈的重要人物。但他的人品却从未受到他人赞赏，直到《四库全书》出版前，他的文集也从未获得重刊。详见：DMB, 612-615。因此，他为朱胜撰写的记文也许并未作为后来社学记的模范。第二篇涉及这一传统主题的记文（第五篇）撰写于 1472 年，它哀叹道在这所被纪念的学校创建之前，腐败的现象早已普遍存在。该学校的创办则代表局势的改善。这类哀叹直到 1506 年后越来越常见（见第十二篇）。

点。一个常见的行文模式是：先讨论古代的学校制度，然后指出明朝通过在京城建立太学，以及在府、州、县兴办学校和社学的方式，来模仿古代的学校体制。[27] 在明中叶时期，社学记赞扬了朝廷在这方面的建设成就。例如提学御史李龄于 15 世纪 60 年代中期撰写的《社学记》，便赞扬了朝廷在京城内外建设社学之举。李龄进一步吹捧说，基于明朝列位皇帝的努力，各方面的改革已经达成。如今，当朝圣上采取进一步的防范措施，创办社学以延伸进阶教育的基础，并自百姓孩提时期便给予教育，以便滋养他们天生的善性。[28] 一篇写于 1469 年的记文（第九篇）开头便赞扬了朝廷在给孩童提供适当教育方面给予的关注，之后则总结官员得以在上海兴建社学乃是"仰裨国家盛治"。另外，一所建于 1478 年的社学（第六篇）被称赞为"规模制度三倍于昔，其所以体朝廷法古养贤之意至矣"。然而，至少是针对该县（指第六篇社学记提到的光山县）而言，自 15 世纪 80 年代初期起，社学记的论题在结尾处都会提到朝廷的计划已经失败。有时则会笼统地提及这种失败（例如第七、八、十一、十二、十三、十八、二十、二十二及二十四篇）。到了 16 世纪初期，这已经成为一种普遍现象。

这些社学记也关注到不同的皇帝。在 15 世纪中叶，涉及朝廷论题的社学记主要关注当时在位的皇帝，而并没有像地方志的记载一样，提到朱元璋是社学的创办人。或许作者们意识到，利用社学来为乡童做好高等教育准备的举措，身为官员的他们在学校中所扮演的角色，以及他们所遵守的教程三者皆已经背离了朱元璋的宗旨。而且既然明中叶时期每位皇帝都通过立法给予社学少许关注，写作者便能够赞扬任何在位的皇帝。大学士商辂在一篇写于 1472 年的记文（第五篇）中提到，自朱熹时代以来几个世纪小学教育的紊乱状态之后，当今则有

---

[27] 府、州、县三个层次的划分也能硬性地被归入小学或大学这一双向类别。如此一来，便能够符合朱熹在《大学·序》中按此二类对上古时期学校的划分。依据写作者所欲主张之事，社学或被标示为"小（学）"，即相对于县学这类"大（学）"，又或者是社学与县学一同被标示为"小"，即相对于国子监这类"大（学）"。

[28] 李龄《社学记》，收录于 1525 年版《江西通志》，卷 12，页 29—31。

"圣天子在上，躬行仁义以敦化本"。[29] 由于该文并未单独提起朱元璋的社学计划，那么显然这一计划也被归于这段长时间的紊乱状态之中。作者们都在重复着一种朱元璋所使用的修辞方式。为了掩盖社学起源于元代的事实，朱元璋原先的旨令便提及了古代的模式。或许明中叶时期的官员们为掩盖他们修改了朱元璋对学校的愿景，便把社学的起源归因于朱熹或古代，而不是明初。

　　在后来那些态度较为悲观的记文中，虽然朱元璋被重新描述为兴办学校背后的主要推动力，但相关的记述却是含糊的。第二十二篇社学记一开始便提到了理想化的古代乡村生活和教育。在这一描述中，乡间有门侧之堂，春则东作，则里胥、邻长坐左右，塾以知昏，听惰勤之节，读书力田。到了秦代，这些厅堂被改建成卫兵室，而教育之事遂始大坏。在朱元璋尚未创办太学及府、州、县学与社学之前，小学并未恢复。然而，这篇记文却进一步提到在知县李资坤尚未被派往嘉定任上，故在该县创办社学之前，朱元璋的法令实际上没有起到任何作用。在明初的旨令中，虽然引用古代作为比喻，省略掉了元朝并提升了朱元璋的地位，但最终得到荣耀的却是李资坤。

　　正如多个论题所显示，对社学创办人的颂扬的确是这类记文的主旨。一篇典型的社学记的整体结构目的正在于提高个人声望。除了两篇记文以外，其他的记文清晰地呈现出一个关键的论题：社学创办人的身份（通常包括职衔、姓名、功名背景及故乡）。[30] 批准创办社学的高品级官员，执行命令的低品级官员，又或者是那些捐地、请示了知县或监督建设工程的当地人皆可能被提到（他们都出现在过半的记文

[29] 商辂也为许多在京城中由宦官资助重修的寺院撰写了碑文。详见韩书瑞，*Peking*，184。

[30] 澄迈县是其中一个例外。虽然士绅连同官员的活动都获得了纪念，且一名士绅中的领导也能被确认，但却没有被孤立出来给予赞扬（见第三篇）。另一个例外则是一篇约撰写于1635年，关于高州县的记文。这篇记文是一篇概要，主要提供了4所学校的细节（见第三十篇）。

中）。即便如此，真正获得纪念的对象却非常明确。[31] 与此相关的论题中也包括了对创办人品行的赞扬，提到了他在地方上的其他成就，还收录了他的略传。记文也能够通过其他方式赞扬该名创办人。将近三分之一的记文提到了民间或士绅对社学的反应，而这些反应通常都是给予赞同的。地方士绅貌似是社学创办人至理名言的忠实听众，对他的行动予以赞扬，被他的高谈阔论所说服（例如在一起个案中，需先驱逐一名杀人犯，学校方能恢复）。[32] 尽管记文通常紧承着学校的创办而书写，但几乎一半的记文已经记录下该学校所达到的、明显的好成绩：习俗的改善，处处可闻的朗读声，又或者是到县学升读的学生。例如：

> 不旬月间弦诵之声四达士类欢然，以为成周之化复见于今日（第八篇）。

在六分之一的记文中，学校的创办人还有一个给读者留下印象的机会：一篇对于他给予教师或学生指示的记录。这类记录有时会列出教师的名字，而对于学生（通常是称心满意及可受教的学生）则以全体的形式指称，虽然其中也包括了学生们的家族，但并没有给予任何特写或记录其姓名。创办者的指示通常包括对学生的告诫，让他们专注于道德与个人发展，而不要为了追求仕途而专注于书写花哨的文章。对官僚体制（即这些花俏的文章获利之所在）的批评，赋予学校创办人道德的制高点，而事实上也有助于他的仕途升迁。几乎所有记文所提供的关于土地添置、建筑、学校格局、教师、学生、课程或资金方

---

[31] 关于一些要求得到批准的例子，可详见：1543 年嘉靖版河南《固始县志》，卷 3，页 5。文中记载了一名知县得到都御史与御史批准之后，便委派县丞监督建筑事宜。另外，1546 年版山东《淄川县志》则记载了一名知县要求巡游，并获得批准。此外，1549 年版北直隶《真定府志》记载，在提学御史与其他高官的批准下，田地和建筑物都被清除。

[32] 关于该凶手的事迹，详见 1820 年版广东《增城县志》。同样，1524 年版河南《固始县志》记载了知县个人成就、学校及祠宇等，皆让神明高兴，也感动了士绅。

面的概要性资料，都向创办人的规划技能致以一定的敬意。大约三分之一的记文记述了学校建筑工程所需的时间（通常仅需几个月），而大约相同数量的记文声称学校的兴建并没耗费人民分毫，或是记述了创办人从自己口袋中所付的金额。

除此以外，超过三分之二（22篇）的记文提到了作者自身为何会写该篇记文，而原因通常是受到某位更直接地参与该校建设事宜之人所托。如此一来，创办人便被置于一个文人网络中，而这些文人正在谈论和书写创办人的成就。三分之一的记文表达出对后代仍会效仿创办人的榜样并继续经营学校的希望。然而，另一常见论题，即指责之前或当时官员未提倡学校的主题，却表明这一希望无法达成。那些受到社学记这一文体中诸多论题颂扬的，少数的、骄傲的学校创办人，实际上并不像一种典范。他们反而更像一种罕见的儒家英杰。

正如对学校创办人资料的数据统计所表明，在明盛期，多数获得纪念的创办人（例如嘉定知县李资坤），都是常驻守令。多数早前的记文都关于高级官员，也主要由高级官员书写。因此，当知县或知府在文中被提到时，他们仅扮演次要的角色。[33] 在明盛期，当常驻守令领导创办社学并记录下创办社学之事时，多数社学记明确地聚焦于他们的身上。[34] 在是否认可知县这一问题上态度的转变，解释了其中一篇记文和收录该篇记文的地方志之间所出现的差异。写于1472年的《新建溧阳社学记》（第五篇）被重刊在一部清代地方志中，而该地方志却把创办社学的功劳归于知县。与之相反的是，由于该记文本身写于明中叶时期，遂如往常一样，把一位高官——白昂，视为创办社学的

[33] 提学御史李龄在15世纪60年代撰写此文时，仅提到了那些他委派创办学校的驻地守令的姓名。李龄专注于提学御史和社学之间的密切关系，并对朝廷大加赞美。那些收录了李龄记文的地方志并没有提供更多关于驻地守令的资料细节。详见：李龄"社学记"，收录于1525年版《江西通志》，卷12，页29—31；以及李龄"武宁县社学记"，收录于1789年版江西《南昌府志》，卷17，页40b。

[34] 魏璋《创建社学记》，收录于1535年版河南《鄢陵县志》，卷8，页47—49。

英杰。知县在原先的记文中仅扮演了次要角色。[35]魏璋于1496年所写的《创建社学记》也显示出这一修辞上的转变。《创建社学记》以流行于明中叶的书写模式开篇，解释朝廷在效仿古代的学校体制之后便带来了佳绩。然而，魏璋——一位在朝中没什么地位的明盛期地方人士，接着便对这一记述作出了转变。该篇记文以曾因登上一座楼而燃起兴建社学想法的王知县的话语和活动，以及建造那座楼的当地人为中心。因此，正是王知县的功劳，以及该名有孝行的当地人的模范作用，被用来激励和引导学生与县人在家尽孝、在外顺忠，并且仰慕明朝廷那欣欣向荣的统治。

使用社学记来赞扬学校创办人这一模式所具有的力量，也能够通过一个例外显示出来。一篇收录于1559年编修的山西《蒲州志》中的社学记，记载了该地作为圣王尧帝统治时代的首都这一辉煌历史，并提到当时的习俗也延续至今，对该县的这一赞扬被安插在一般记文中用来介绍学校创办人之处。虽然对于该地的颂扬（而不是赞美学校创办人）更合乎记文文体的逻辑性，但却鲜少被如此运用。[36]

事实上，记文不但没有对地方或当地人作多少描述，反而随着时间的推移而更加贬低他们。在乐观的明中叶时期，作者们倾向于赞美他们所任职的地方。如我们所见，虽然已面临明显的失败迹象，但叶盛的诗歌仍满腔热情地继续赞扬当地。在1468年，李赢被派往一个平

---

[35] 此记文重刊于1743年版南直隶《重修溧阳县志》。尽管由当时显赫的商辂撰写记文，但是在白昂的诸多成就中，创建学校之举貌似并不显著。虽然在白昂的传记中讨论到一所他为本族男童所创建的义学，但却并没有提到创建社学之事。详见：朱大韶编《皇明名臣墓铭》，页549—550。另一部晚清时期的地方志反映出记文与地方志中其他文章的不连贯性。或许是为了体现出清朝廷对于知县更严厉的管制，该部地方志记载到知县李资坤请求提学御史批准创办社学。然而，明代的记文却记载提学御史是事后方得以闻知。详见：第二十二篇记文，以及1888年版南直隶嘉定《月浦志》（1962年重印版），页42。

[36] 当记文附上一首诗歌这一罕见情况出现时，往往能够中和文中带有攻击性的言辞。收录于1550年版北直隶《广平府志》（卷5，页19等）中的一篇关于学校的文章，抱怨今之所以"闾阎慓恶"是因为有关当局并没有为社学及书院承担责任。但是，文末的赞词却赞扬了当地，视其为一处充满智慧及容易受到皇帝良好影响的地方，并且也建有了用来教育幼童的社学。

定不久且没有社学的边关地区担任知州。

> 李蕙曰："地虽边，小人性皆善……乌可不广学以复其性乎？"
> 乃度隙地建学九所……儒学增、广缺员，授其尤者以补之。由是
> 民风丕变，俗尚弦歌焉。[37]

这一阐述方式，允许了李蕙展示他在移风易俗方面卓有成效，使 69
人们得以摆脱他到来前的恶劣环境。然而，后世的作者通常在那些被
收录到地方志的记文中给予当地庶民鄙视和批评，有时更是毫不隐讳
地表达这些情绪（例如第二十三、二十四、二十七和二十九篇）。最极
端的例子大多发生在晚明时期，即当某一社学的创办人——陈所学把
自己的举动记录成文之时（第二十九篇）：

> 盖社学之设所以端蒙养、防邪僻而善风俗也。天启丙寅夏，
> 余承乏兹邑，每见闾左小民往往悖伦逆理邪僻自甘，或父子相戕，
> 或兄弟相贼，或夫妇相弃，或家温食厚而不识一丁，或作奸犯科
> 而罔知三尺。

针对当地人作出的隐式批评则属于另一种论题，即对于正统性和
非正统性的关注。这一论题首先在一篇（第八篇）于1491年用于纪念
杨子器的记文中被提出。杨子器是宗教制度的一位早期破坏者。之后，
除了一篇记文之外，这一论题也在所有明初和嘉靖中期的记文里被提
及（例如第十四、十五、十七、十九和二十五篇）。此外，列明的教育
目的也呈现出变迁趋势。虽然招聘事宜和改善习俗两者密切相关，但
在嘉靖初年之前，关于改善习俗的论题是在记文的结尾处出现的。
然而，自1522年起，记文的开篇已经把改善习俗认定为创办社学的

---

[37] 详见1548年版北直隶《隆庆县志》（卷5，页6），"社学"一节（原文引自旧版的
县志）。1548年版的地方志进一步评论道："隆庆虽僻壤，然山川孕灵，敢谓草野
之中无秀民乎？"河南提学御史张泰曾为李知州写了一篇记文，肯定他在隆庆当
地九年来所付出的功劳。隆庆元年，隆庆州易名为延庆。

目的。

如此一来，就整体而言，记文会随时间的推进呈现出共性和重要性上的变化。由于社学记认为社学至关重要，并和国家朝廷密切相关，它便提供了一个批评教育、仪式及行政的机会。尽管相较于旨令和奏章，对社学而言，其创办者和记录者往往处于一个更地方性的场域中，但他们同时也身处一个全国的文化和政治框架下。这些记文及保存着它们的地方志，正是学校创办人（在 1465 年之前几乎都是朝廷官员，而 1465 年之后则几乎都是常驻守令）在这一舞台中得以成名的方式之一。

在明中叶时期，人们往往运用记文文体，来提倡关于朝廷本身或当朝皇帝所持有的纯粹正面的想象。社学创办人与那些为他们撰写记
70 文之人皆有一个共同目的，即保护大明帝国并使其有所进步。这也使得一种鼓舞人心的乐观态度盛行下去。撰写记文之人通常是认同朝廷且对于本地百姓有所体会的高官。但是，在明盛期，常驻守令夺取了创办社学的主动权，也在社学记文体的多数例子中占据了支配性的地位。社学记因此较少关注地方本身，而是更多地关注创办社学之人。学校本身甚至受到了更少的关注。况且，社学记也展现出一种更悲观的心态，似乎对朝廷已失去信心，而对地方百姓、宗教和习俗则予以轻视。将自身从朝廷和地方社会两者中剥离，甚至与其他许多同僚区分开后，这些常驻守令把他们自己展现为儒家的英杰。他们与国家的贪污相抗衡，并利用基于古代模式而建成的制度，为古代价值观的复兴而拼搏。然而，正如后文将进一步论述到，这些守令不仅恢复和建立了地方制度，他们同时也拆毁了它们。全明帝国的地方志记载了这一建立与拆毁的情况。

沃頖，著于 1481 年的一部
记载洪武朝制度变更的地方志

除了自己书写或委托他人书写纪念碑，激进主义派的知县和知府

通常也编写地方志来记录和宣扬他们所做之事，同时也针对当时的问题表明立场。虽然由知县沃頖于 1485 年编成的河南《内乡县志》包括了历史资料及关于前任知县的活动汇报，[38] 但在很大程度上是沃頖自身活动的编年史。该部地方志详尽记载了沃頖的工作：安顿移民，为他们登籍造册，并依其喜好提供乡村地区的房屋或乡镇中的店铺作为安身之处；夺回地方豪强所占据的土地，恢复为公用的牧地；每年向地方豪强多征收一斗粮食，为饥荒做好防备。

和明盛期的许多常驻守令一样，沃頖创新地应用了明初政策，而又觉得无须严格遵守它们。一个典型的例子便是他命令里老人领导乡祭酒活动，并在各个村落的社学中进行。这些社学也是首次由沃頖在该县兴建。虽然乡祭酒活动的参与人员和地点很合乎逻辑，但是在整体安排上却是独特的。[39] 沃頖对于里甲制——一种由每 110 户家庭中挑选出的地方人士来进行管制的制度——特别感兴趣。天顺年间的一名知县造了一座建筑物，用于安置来到城镇的里甲长与里老人。沃頖到任时，便修复并扩展了这一制度，还设置了一块牌匾以避免地方豪强的侵占。虽然沃頖对于里甲政策的这一补充显得十分明智，但似乎也反映出他希望如何以此闻名：他在该节的结尾处提道"一切鼎建增置，其规模宽广壮丽，大胜于前矣"。

为了强调沃頖所吹嘘的新颖性，我们可以以他编写的地方志和另一部在明初编写的地方志作一比较。陈琏（1370—1454），广东东莞

71

---

[38] 从一块荷叶匾可知沃頖认领了此功劳。这就如同商务印刷的形式一样，在匾上提了出版商的名称。而且，在地方志列举出的知县名单中，并未包括沃頖的传记。由此可知，地方志刊印时，沃頖仍在任上。

[39] 尽管县级的祭酒仪式延续着，但我却鲜少看到由朱元璋规定的乡级祭酒仪式仍在举办的证据。周绍明引用了 1558 年版福建漳州《龙岩县志》（页 29a）中的内容，来证明乡祭酒仪式在朱元璋驾崩后不久就停办。因此，通常仅有县级的祭酒仪式仍在进行。"事实上，这一传统仪式到乡级时，就几乎从未执行过。普遍的文盲情况、冷漠的态度，以及对一些礼仪细节的陌生，再加上政府的忽视，使人们在执行这些仪式时更加困惑。"除此之外，朱元璋的驾崩"使乡级的祭酒仪式失去了在朝中的最主要支持"。详见周绍明，"Emperor, elites, and commoners"，305，以及《大明会典》卷 79，页 456—457。

人，于 1401 年至 1404 年间任河南许州知州。虽然他所编写的地方志记录了 21 所社学，但都没有记载创办人的姓名、创办日期，也没有提到这些社学已停办。通过其他资料的佐证，我们能够肯定陈琏认为社学的创办十分重要。他在一篇社学记中提到了每一个"民社"皆应有一所学校，且他也为一所由他家乡地方人士兴建的社学写了一篇记文。[40] 如果陈琏知悉办学者的姓名，必定会记录下来。依照陈琏对社学的关注，再结合地方志中关于他自身和这些社学的相关资料异常缺乏这一状况，我们能够推断在许州创办社学的人是陈琏自己。在后来的地方志中（例如沃頖编修的版本），我们无须揣摩字里行间的言外之意。创办人清清楚楚地宣述了他们的成就。

倘若沃頖在地方志中记录自己成就的目的在于确保他建立的制度的长久性，那么他便取得了相当不错的成果。一部于 1693 年出版的地方志记录，在 1610 年之前，所有的学校都已荒废，而该土地也由庶民所占据；然而，一位新任知县却能按照地方志的描述，在旧地重建这些学校。如果沃頖的目的是得到名誉，那他已经成功。因为他的名字和成就（无论多短暂）均大量分布于后世刊印的地方志中。此外，沃頖也利用地方志作为一个平台，抒发他对宗教争议事件的观点。这些争议事件由此和社学密切相关。他在地方志中加入了"杂祭"一节，即等同于《文献通考》中所谓的"淫祀"。何为淫祀？沃頖引用了《礼记》的记载，毫无帮助地解释为"非其所祭而祭之"。之后，沃頖引了宋代学者陈北溪（他编写的启蒙读物受到叶盛推荐）所谓"淫祠无福，由脉络不相关之故"之语。因此，由于祭祀者与所祭祀的神明毫无关联，他们所呈上的祭祀将得不到任何结果。

---

[40] 陈琏《修学记》，收录于 1673 年版广东《香山县志》卷 8，页 27。在第二篇记文中，陈琏起初称该学校为"养正书院"，之后却改成"养正社学"。后者是一个十分普遍的社学名称。另见 1464 年版及 1798 年版广东《东莞县志》。既然当时并无旨令呼吁创建社学，那么最初以"书院"命名或许是随意之举。然而，当后来的地方志进行编修时，却有一道于 1723 年颁布的旨令规定将书院及生祠改建为义学。在清代，书院与社学两者能相互并用。详见［清］席裕福、沈师徐合编《皇朝政典类纂》，卷 1311，页 4474。较早的那部地方志并没有注明学校是为男童而不是较年长的学生而建。

沃頖接着举了三个"脉络不相关"的祭祀例子，并声称他提出这件事主要是为了改革不正当的祭祀行为。第一，道士进行仪式是为了让庶民祭天，但庶民本不应这样做。第二，佛乃是外来的神明，又与华夏子民有何关系？第三，既然泰山在鲁地（山东），那么应当只有鲁人能祭之，但是直至今日全国各县都有祭祀泰山的祠宇。这三种行为，加上对怪伪之鬼魂的祭祀，对佛道寺庙及东岳庙的祀奉等，皆属不正当。虽然在民间的宗教活动中，这些行为和空间受到了敬重，但它们并没有被收录在仪轨里。沃頖杂乱无章的解释仍能体现出两个关于不正当行为的总体定义：祭祀者与神明毫无关联的祠祀，以及没有被记录在祀典中的祠祀。这两者当然不同，而明朝从未宣布所有的佛教和道教祭祀不合法。然而，这未没阻止沃頖为两者贴上"淫"的标签。[41]

虽然如此，沃頖自己并未在其管辖区内对这些淫祠采取行动。为了证明把寺庙收录到地方志里是正当之举（有些地方志编修者明确说明他们将淫祀排除在外[42]），沃頖在该节的引言中总结道：

> 欲导民以正者，必先攘除之而后可纵。不能除之，忍助之乎？然其兴废之迹不可不志也。作"杂祀略"。

沃頖明确表示他并不认可紧接着这段引文所列举出的那 37 所淫祠。但是，列举出的 8 座"神祠"、21 所佛寺以及 7 所道观并没有被官员（包括沃頖自身）拆毁的痕迹。相反，这些记录显示出一种和尚与官员、地方人士及退休官员之间的合作关系。内乡的五岳庙，即沃頖所谓的淫祠之一，是由正统时期的退休官员兴建，且在沃頖到任的那年由另一名退休官员重建。洪武时期兴建的真武庙已经腐朽，但却在 1462 年由知县郑时重建，而郑时重整里甲制的努力，也受到了沃頖的效仿和拓展。该庙后来在 1485 年，即县志出版的年份，又被地方乡

---

[41] 1485 年版河南《内乡县志》卷 4，页 69b 等。

[42] 例如，1602 年版河南《任丘县志》卷 1，页 15。

老重建。沃頖为了让自己及其继承人有一所固定的为祭祀做准备的场所，在 1481 年修缮了一所佛教寺院。我们能够将此举直接比照温州知府——文林于 1498 年在社坛祭祀之前，需要到一所临近寺院净身的苦恼。[43] 在另一个案例中，沃頖想用建在大路旁的寺庙作为在外官员和商贾的宿舍，因此需要替换该寺庙。他不仅换了，还购买了一百多亩田地来资助当地的和尚。除此以外，在 1482 年，地方上要兴建一座用来供奉观音的庙宇时，即使观音是改革派人士攻击的祭祀对象，沃頖表面上也并没阻止这项建设工程。沃頖在他为内乡县编修的地方志中，对当时打击地方宗教制度的运动仅仅敷衍了事（下一节将会作介绍）。

以沃頖为代表的这类常驻守令处于中央政府和地方两者之间，但他们没有完全认同于任何一方。此外，这类常驻守令彼此的步调也并不一致。他们利用地方志来提升他们的声誉，提倡自己的观点，也通常在地方志中记述他们成立国家制度（即包括社学）的成就。地方志和社学两者更彻底地把地方合并到整体帝国中，也颂扬了促成这一合并的常驻守令。然而，这并不代表常驻守令全都遵从了政府的指示，包括应当成立哪一种制度、如何成立，以及应在地方志中收录什么资料。常驻守令们创造性地汲取了明代的法律和其他传统，构建起和朝廷之间的模糊关系。在明代法律中，他们创办社学之举是被允许的，但是法律的存在并不能解释为什么他们要担负起这项任务。

张弼，于 1478 年：将神像付诸水火

诗来道我毁淫祠

敢效梁公万一为 [44]

---

[43] 文林见到凶兆之后便为该寺院建了另外一座净身居。他一共支付了两千两银子给工作了四个月的劳工们。因此，与其说使劳工穷困，不如说文林让他们发了财。详见 1503 版浙江《温州府志》。

[44] 据称唐代的狄仁杰拆毁了数百座"淫祠"。详见麦大维，"The Real Judge Dee: Ti Jen-chieh and the T'ang Restoration of 705", *Asia Major*, 3rd series, 6.1 (1993)：8—11。

土木偶入归水火

庙垣诸物付公私

渐消自昔氏迷俗

且省于今饱暖资

却愧德微才不副

未能兴学聘明医

——张弼《复广东提学赵佥宪书》

"淫祠"一词，即我所谓"不正当的祠宇"，在中文写作中有一段漫长的历史，并被大量翻译为英文。[45] 这是一个带有贬义的概念，被皇帝和官员们用来保护国家特权及批准祠祀，被接受儒学教育的批评家用来批评民间信仰，以及被那些和地方祠祀竞争的道士们所使用。在明盛期，一部分理学激进主义派人士也曾涉入对于"淫祠"的再次攻击。这类攻击通常和社学的兴建有关联。用于形容这类活动的简写短语为"毁淫祠、立社学"。这一短语在 15 世纪末和 16 世纪皆得以不断使用。但据我所知，最早应用这一短语的明朝官员是张弼。[46] 张弼是《大明会要》列举的七位社学创办人之一。他在许多方面象征了社学创办人在明中叶和明盛期之间的过渡。

第一，张弼并没有贬低对高尚文化的追求。虽然这一观念与叶盛以及其他在明中叶时期和社学有关联之人的主张一致，但却不符合明盛期许多积极分子把个人的正直性和社会福利活动的价值规定在纯文学之上的做法。事实上，张弼正是以书法、诗歌和文章闻名。第二，张弼和社学的第一次关联涉及边关治安问题，而这层关系在明中叶时

74

[45] 另外参考：康豹，*Demon Hordes and Burning Boats* (Albany: SUNY Press, 1995), 29; 韩森，*Changing Gods in Medieval China, 1127—1276* (Princeton: Princeton University Press, 1990), 37, 84—85, 104, 163; 鲍菊隐，"Not by the Seal of Office Alone: New Weapons in Battles with the Supernatural"，刊载于伊佩霞、彼得·格雷戈里主编，*Religion and Society in T'ang and Sung China* (Honolulu: University of Hawaii Press, 1993), 224; 以及祁泰履，"Licentious Cults and Bloody Victuals: Sacrifice, Reciprocity and Violence in Traditional China"，*Asia Major* 8.1 (1994): 184—211。

[46] 据称在 1329 年一位元代的官员已如此运用。详见 1540 年版北直隶《河间府志》。

期亦是典型。张弼于 15 世纪 60 年代末在兵部任上时，便为了纪念在
永平府创办的社学而写过记文。永平府位于长城及山海关海岸一带，
护卫着京城及明朝北方边关地区。如张弼所记述，当地多数知府由于
军事开销的负担，遂忽略了学校、礼仪和文化。但是，现任知府仍修
复了府学和县学、寺院和祠宇，并兴建一所社学，使官方管控下的小
学教育能够增补私塾所缺。如此一来，不仅学校对于习俗的改善有助
于简化统治，同时举人也会成为良好的军人。张弼最后总结道："守则
固、战则勇，无往不由。是而出社学果虚文乎哉。"[47] 与之相反，许多
明盛期的社学创办人更加担心的是思想层面的问题，而不是治安课题。
第三，虽然张弼撰写了这篇社学记，但他并没有编写或资助地方志的
出版，县志也没有广泛记述他的事迹。[48] 张弼的事迹反而能够通过他
与朋友、同僚之间的书信往来得知。这些资料被保存在他的文集以及
于 1536 年编修的《南安府志》中，而不是被收录在明盛期积极分子们
所倾向的公共和已出版文献中。第四，虽然张弼初入仕时是一名中央
官员，但他在常驻守令任上时对于提倡兴建学校一事最积极。他的仕
途终止于 1478 年至 1484 年，即江西省南安府知府任上。在这一职位
上，张弼通过建立和拆毁地方制度，歼灭山贼，以及修桥铺路来刺激

---

[47] 张弼 "永平府新建社学"，收录于 1501 年版北直隶《永平府志》卷 10，页 4。关
于张弼的职衔，详见《明史稿》卷 262，页 7b。从叶盛的诗歌中可见，读书和为
战事做准备两者能够同步进行是明中叶时期特有的观点（详见第三章）。徐有贞，
即我找到的第一个为社学撰写记文的作者，也撰写过一篇关于文武并行重要性的
文章。在徐有贞看来，文事与武事两者并不能被视为分隔开的事物，两者都是儒
者应当正式习得之事。详见徐有贞 "文武论"，收录于《武功集》卷 1，页 4b。

[48] 南安府志所辖四县的地方志鲜少记载张弼的功劳，也没有相关的记文。当中仅有
一部记载了张弼于 1479 年 "改建" 社学（1919 年版江西《大余县志》。1748 年版
江西《大庾县志》（卷 11，页 8）虽收录了张弼的传记，提到他铲除了淫祠，但却
没有提到关于社学之事。虽然张弼的一些书法作品被重印在这些地方志中，但这
仅基于他身为一名书法家所拥有的声望。张弼家乡的地方志则提到张弼 "毁淫祠、
为社学"。详见正德版南直隶《松江府志》（重印版为页 685），以及 1512 年版南
直隶《华亭县志》卷 15，页 11a。

贸易和就业率，使他能够在众常驻守令中成为激进主义潮流的典范。[49]
如此前的历代学者一样，张弼也主要关心民间宗教的开销。[50] 此后，
尽管仍怀有财务方面的私心，但明盛期的积极分子貌似更关心异端邪
说本身。

张弼在一封写给广东提学赵金宪的书信中说：

> 蒙问南安鬼俗。淫祠大盛，近乃毁之，凡六百余所。[51] 土木
> 偶人付诸水火。祠屋之小者，付诸无居之民，间为巡警铺舍。稍
> 宽洁者，为社学。宏富者，拆除之材瓦官用……[52]

张弼仅保存下最大间的祠宇，并将其改造，用来祭祀一些儒家先
贤。中小型的祠宇则被改造成社学、住宅或官署，或者在被夷为平地
之后作为旧建材重新使用。张弼并没有简单地关闭相关祠宇，而是进
一步拆毁它们或让它们有新用途，并毁坏了祠宇中的神像以防止这些
祭祀活动的复兴。张弼还用那些更能被接受的祭祀体制来替代现有的
祠祀，这一做法也使他得以入祀。张弼后来与其他的知府和知县一同
被奉祀在大余县学中的名宦祠和大余县的一所书院中，并被单独奉祀
在为他而建的祠宇中。[53]

---

[49] 1512 年版南直隶《华亭县志》卷 15，页 11a；DMB，98。另一方面，关于正德时
　　期所重申的有关盗匪问题的怨言，详见 1536 年版江西《南安府志》卷 18，页 12
　　及之后各页。

[50] 一篇明初的文献评论道，若不举行斋醮、佛教仪式或兴建庙宇供奉妖淫鬼神，百
　　姓就不会妄自消费，遂有足够的资源留给后代子嗣。详见王原采《静学文集》卷
　　3，页 17（约 1402 年刊，《影印文渊阁四库全书》重印，第 1235 册。台北：台湾
　　商务印书馆，1982）。

[51] *Dictionary of Ming Biography* 所引用的桑悦为张弼的祠宇所撰写的铭文，重复了
　　"六百余"一数。另有其他史料提供了不同的数据，有些仅仅提到 150 所。DMB（页
　　98—99）将淫祠解释为汉代之前的本土信仰。

[52] 张弼《复广东提学赵金宪书》，收录于 1536 年版江西《南安府志》卷 25，页 10—11。

[53] 1748 年版江西《大庾县志》卷 6，页 4—5。1536 年版江西《南安府志》（卷 21，
　　页 7）收录了一篇汝讷为张弼祠撰写的记文。在 1919 年版江西《大庾县志》（卷 9，
　　页 34—37）当中，该篇记文是紧随着桑悦的铭文出现的。

虽然后来张弼通过这些方式受到纪念，且他的努力也在表面上为地方社会带来利益，但他却遇到了一些反抗。张弼也许已预料到了这点，因为他认为这类冲突合乎常情。[54] 他写给赵金宪的书信接着提道：

> 迁之军民初甚不然，久之渐以为便，乃计岁省牛四百余，猪千二百余，狗百余，小牲杂费弗论。酗斗之讼亦减。凡计之岁，省银岂止千两而已。[55]

也许张弼将此视为一封私人书信，所以并没谈到太多关于异端与正统的问题。他主要关注的是在根除掉奢侈的祭祀和无序的聚会后所带来的实际利益。张弼的友人罗璟（时任提学副使），也同样提到了张弼曾在南安府写信给他，说到禁止淫祠之后如何成功地为百姓省下钱粮之事。[56] 相对于第三章所提到的叶盛诗词对教育的颂扬，在罗璟与张弼看来，显然，根除淫祠所能避免的危害至少与社学所带来的好处一样重要。况且，虽然张弼有信心他已经根除了相关祠宇，但对于社学能否幸存下去，他就不那么有信心。在写给赵金宪的书信中，张弼重复说"今之所惜者，特未能兴学置医"，以取代非儒家实践者。张弼也讨论了实现巨大改变的困难度，并将部分责任推到其他官员或地方士绅的身上：

> 噫！淫祠固地方习俗，为民上者不加摧抑，而反崇尚之，则愚民将何以自立也。宜其撤衣食、鬻子女而不顾也……[57]

---

[54] 张弼"原讼"，《万里志》。

[55] 张弼《复广东提学赵金宪书》。

[56] 罗璟另以一首诗歌做了回应。详见张弼《东海集》的附录。罗璟也嘱咐张弼的儿孙莫要听信异端之说或滥用特权来谋利。张弼的孩子请罗璟为先父撰写题词，罗璟便写道："东海之正气凛凛，辞翰间如此世徒以草书称之，岂足为知东海者？贤子孙尚世守其正。"这篇题词写于1493年，孟冬既望。罗璟在提学副使任上也创办了至少一所社学。详见《明史》第二十五册，卷298，页7628。

[57] 张弼《复广东提学赵金宪书》。

先将"毁淫祠、立社学"作为一个论题来看，显然社学大多可被视为一种专门用来取代昂贵、喧闹的民间祭祀的占位符。正面的道德改革往往仅是次要的关注点，可遇而不可求。继张弼之后，淫祠时常受到官方的攻击。虽然这些攻击有时基于财务上的考量，但以社学来替代淫祠更多时候是一种道德上的考量。然而，与张弼一样，后来的毁淫祠者不仅听从他们自身坚定信念的主导，也利用了国家任免来执行身为理学英杰所应执行的个人使命。这一社会运动并不是由明代的帝王或是中央官僚所主导。

76

打击淫祠

其中一种用以探讨毁淫祠和中央管制之间关系的方法，是分析毁淫祠者对他们自己行为的叙述。[58] 若我们接受资料中对相关言论的缩减以及风格化的呈现方式，那我们就能从记录官员"毁淫祠"的两个个案（分别发生于 1400 年和 1488 年）中得到一些讯息。在 1371 年，朱元璋下旨把对三皇的祭祀归入帝王的专利祭祀中，并把之前在每个县强制性地对三皇的祭祀称之为"渎"。[59] 三十年后，知府王琏所"毁（的）淫祠"中便包括了三皇祠。然而，当他在毁三皇祠时，有些人便表示了怀疑。王琏回答道：

> 不当祠而祠曰"淫"，不得祠而祠曰"渎"。惟天子得祭三皇，

---

[58] 一场关于民间宗教的社群与政治功能的学术论战正在形成（例如，详见康豹，*Demon Hordes*；韩书瑞，*Peking*）。我对于明代"毁淫祠"运动的分析并不是在呼应这方面的辩论，也不是为了补充那正在剧增的华人宗教史，以及华人宗教与国家关系研究的学术成果。因为我仅从外部观察这些信仰，只观察当这些信仰在明盛期的理学激进主义下受到攻击之时的状态。

[59] 关于此信仰，详见：沙畹，*Le T'ai Chan: essai de monographie d'u culte chinois* (Paris: Ernest Laroux, 1910), 94.《明史》第五册，卷 50，页 1294。

于士庶人无预，毁之何疑。[60]

　　王琏这一多余的叙述和朱元璋的旨令一样，皆使用了同样的形容词——"渎"，也强调了等级制度。尽管如此，朱元璋的旨令并不能为王琏的行为提供合理的解释。在应对那些怀疑他举动的人时，王琏并没费神去提醒他们该祠是非法的，只是指出该祠不适宜。而且，既然该祠已经持续了三十年的违法性，王琏此举也许是最实际的。既然如此，若将王琏之举形容为遵守御旨，又有什么助益？时间上的间隔，王琏放弃援用法律的行为，再加上他的举动罕见地被记录下来的事实，皆表明了王琏是以个人的观点来执行任务，而他的观点又刚好和法律一致。

　　同样地，仅有一所社学的碑记提到那道颁布于 1488 年，要求对宗教制度进行纠正的旨令。该碑记记载了弘治帝登基时，接受某些大臣的提议，颁布了拆毁全国淫祠及创办社学的旨令。在昆山县，县令杨子器向地方百姓宣布了朝廷的意图之后，便拆毁或改建了 110 所超出了（洪武年间限定的）定额的佛教与道教寺观，并把僧道遣送回家（第八篇）。[61]杨子器貌似是在率直地遵守新的御旨并执行洪武时期的法律。然而，另一条史料则记载道，当杨子器接到下令拆毁私建佛教建筑物的圣旨时，却喜悦地说道："吾志可成矣！"[62]换言之，该旨令仅为杨子

---

[60]《明史》第十三册，卷 143，页 4061。同见：《明史》第一册，卷 4，页 65；成化版浙江《宁波府志》。

[61]杨子器为了确保该学校能够继续营运，于是要求书写这篇铭文。作者王鉴之表达出了对杨子器所获得的成就的敬佩。尤其是在当时佛教盛行的情况下。

[62]吴宽"叶文庄公祠记"，收录于吴宽《家藏集》（《四库全书》版，页 1255—1300）。关于杨子器所言"吾志可成矣"的评语，以及他本人的事迹，详见：柯丽德，"Shrines, Governing-class Identity"，626、624 等。现存有许多篇杨子器的传记。虽然杨子器的传记被收录在《明史稿》，但却没有被抄录到《明史》中。杨子器在仕途上十分有成就，也是少数在多过一个地方创办社学的官员。他分别在昆山、高平及常熟知县任上创办社学。然而，除了这一记载以外，并没有其他证据证明杨子器在昆山县创办了多所社学。1504 和 1538 年版的县志仅记载到他在 1491 年重建了一所于 1468 年由提学御史陈选创办的社学。尽管如此，或许在郊区有更多所由淫祠改建而成的社学。

器本来要做之事赋予了更多的影响力。[63] 法律并不是无关紧要的，但也不是决定性的。

"毁淫祠"事例的时间点既没有体现出对法令的坚定遵守，又没能反映出接到旨令后所采取的社会运动式的回应。整个明代均能看到"毁淫祠"的案例。在明初，朱元璋管制了佛教和道教制度与僧道人士，重组了官方祭祀体系以并入民间信仰的一些方面，以及通过两种方式来定义"淫祠"。[64] 我仅仅找到了 3 起发生在明初时期，官员"毁淫祠"的案例。[65] 除此之外，地方志在记述佛教和道教机构为了符合各县额数而进行合并的现象时，并没有把那些超额的机构视为"淫祠"。在一个整体趋向融合的时代，新制定的明代法律本身并不足以创

---

[63] 盖博坚也写道："学者们向来困惑于知识分子在乾隆年间实行文字狱时所怀的貌似沉寂的态度。事实上，知识分子在文字狱运动中扮演了活跃角色。尽管如此，文人并没有为了满足皇帝的意愿而卑躬屈节，也没有与皇帝抵抗。他们仅是在追求自己的利益。"详见盖博坚，*The Emperor's Four Treasures: Scholars and The State in the Late Ch'ien-lung Era* (Cambridge, MA: Council on East Asian Studies, Harvard University, 1987)，182。

[64] 关于朱元璋与明代的官方宗教祭祀，详见：戴乐，"Official and Popular Religion and the Political Organization of Chinese Society in the Ming"，收录于刘广京主编，*Orthodoxy in Late Imperial China* (Berkeley: University of California Press, 1990)；戴乐，"Official Altars, Temples and Shrines Mandated for All Counties in Ming and Qing"，*T'oung Pao* 83 (1997)，93—125；戴乐，"Official Religion in the Ming"，收录于崔瑞德、牟复礼主编，*Cambridge History of China*, vol.8, *The Ming Dynasty (1368—1644)*, Part II, 840—892；欧大年，"Attitudes toward Popular Religion"；范德，"Social Regulations of the First Ming Emperor: Orthodoxy and the Transmission of Orthodox Values"，收录于刘广京主编，*Orthodoxy in Late Imperial China*, 123—125；施姗姗，"Visions and Revisions: Village Policies of the Ming Founder in Seven Phases"，*T'oung Pao* 87 (2002): 1—43；以及宋怡明，*Practicing Kinship: Lineage and Descent in Late Imperial China* (Stanford: Stanford University Press, 2002)，特别是在该书中的第六章。关于明初朝廷对于民间宗教的容忍立场，详见：惠特莫尔，"Chiao-chih and Neo-Confucianism: The Ming Attempt to Transform Vietnam"，*Ming Studies* 4 (1997): 67。根据惠特莫尔的论点，虽然越南人"笃信鬼神，也举行了大量不合适的典礼"，但负责将越南编入大明帝国版图的官员却认为"这并非完全出奇"，并下令让常驻守令令尊敬地对待地方神灵并执行相关仪式。

[65] 除了以上讨论之外，也有郭敦（《明史》第十四册，卷 157，页 4290），以及姜辉（1512 年版南直隶《松江府志》）。

造出一个不容异己的氛围，更无法去颂扬那些热诚的县令。

在明中叶，对于道教管控更加有限。洪武时期在限制佛教僧侣数量上的努力如今已被放弃。大量的度牒，如同辨认学生身份的证件一般，被卖出用来为国防集资。[66] 有些已合并的宗教机构重获独立，而新兴的机构也开始涌现。当"淫祠"受到关注时，它们就如同社学一样，被功利性地联系到治安议题上，而不去关联法律或正统观念。[67]例如，在景泰初期被任命为合浦训导的林锦便保卫了该县不受攻击。叶盛在听闻其名之后，便派他到灵山县任上，而林锦在灵山县也成功地保卫了该县。林锦不仅实施了诸如建造防御栅栏等实际措施，也在战事中通过禁止淫祠和创办学校照顾到教化事宜。[68]

然而，除了 8 篇记录以外，多数关于"毁淫祠"的记录都发生在明盛期。在地方志和《明史》中，有至少 115 位明代官员（多数为常驻守令）与几位地方人士皆曾"毁淫祠"。在这些案例当中，有 78 起能够确立年份或年号（见表 4.3）。大约四分之三能够确定年份的案例（57 起）发生在 1470 年至 1530 年间，即激进主义派常驻守令活跃的全盛时期。在 1470 年和 1487 年间有 5 起拆毁案例，而继一道颁布于1488 年的旨令后，弘治年间便有 13 起案例。但是，最活跃的年代则为正德晚期和嘉靖初期，1520 年至 1530 年间一共发生了 31 起拆毁案例。嘉靖朝之后则仅有 2 起案例。[69]

78

[66] 于君方，"Ming Buddhism"，收录于崔瑞德、牟复礼主编，*Cambridge History of China*, vol.8, 895。

[67] 大约在 1450 年，知府何盛严厉地禁止了淫祠和巫觋（1890 年版广东《高州志》）。何盛也指导百姓有效抵御匪寇。详见:《明人传记资料索引》（台北:"中图馆"，1965），页 274。

[68]《明史》第十五册，卷 165，页 4474。

[69] 也许有更多个案待发现。和创办社学一样，这一数据指在固定的时间段拆毁过淫祠的县或府的数量。此外，这一数据也不论拆毁机构的具体数目，因为这些数目通常不能被确定。关于我所参考的地方志，可详见参考书目。

表 4.3：特定时期毁淫祠活动之频率

年份		案例数	百分比
1465年前		7	9
1465—1469		1	1
1470—1487		5	6
1488—1505		13	17
1506—1519		9	12
1520—1521		6	8
1522—1530		25	32
1531—1540		6	8
1541—1566		4	5
1567—1620		2	2
	0 2 4 6 8 10 12 14 16 18 20 22 24		
	频率		

　　显然，拆毁淫祠并不是基于对明初法律的遵从。但是，我们又该如何解释弘治帝于 1488 年颁布该旨令之后出现的淫祠猛增的情况？实际上，在旨令颁布之时，对淫祠的攻击已经有所上升。例如，张弼早在旨令颁布的十年前便已活跃于南安府当地。虽然这道旨令幕后的新皇帝及礼部大臣们没有扮演领导者的角色，但他们皆是一场社会运动的一部分。我们在首先分析了该旨令原文，接着探讨那些"毁淫祠"官员的实际行为之后，这一点将变得更清晰。

　　1488 年，礼部奏请弘治帝下令彻查祀典。礼部抱怨道，虽然正祀典是朝廷的一大责任，但大量的释道神祇受到了国家的祭祀，遂提议"一切左道惑人之事通为禁止"。弘治帝听从了礼部所奏，要求"考详何神立于何代、何神有功于国、何神泽及生民、今何神应祀与否明白具奏"。在复奏中，礼部要求对京城及各地方的十二种祠祀进行修改。礼部通过各种各样的理由来谴责和批评下列祠祀行为：冗余的祭祀；对于人类或非人类的不正当归类；对无效力的神祇的祭祀；由不适当的人在不适当的场地进行祭祀；对于天象的非超自然式理解；传统惯例；奢侈的开销；以及贪污等。[70]

79

洪武帝所制定的法令成了一种用以判断正确与否的标准。例如，在对于真武（或玄武）的祭祀个案中，礼部奏章便希望弘治帝能够恢复洪武时期的条规，从而回避了永乐帝与成化帝关于扩大该信仰的主张。[71] 关于那被夸大了的泰山祠祀，该奏章批评道：

> 泰山为五岳之首，庙在山东泰安州山之下。唐、宋、元皆加号曰"王"或曰"帝"，若祀人鬼然哉。我太祖正祀典，止称东岳泰山之神……盖以山川灵气有发生之功故也。

尽管大臣仅在赞同这些法令的情况下方加以援引，但洪武时期的仪典并不是唯一用以判断正确与否的标准。即使是明太祖自身也犯下了错误。该奏章接着载道：

> 今朝阳门外有前元东岳旧庙。国朝因而不废……夫既专祭于封内，又合祭于郊坛，则此庙之祭实为烦渎，亦乞罢免。

---

[70] 这道奏折或许是由倪岳草拟。详见：倪岳《青溪漫稿》，页11。戴乐指出，有另一版本被收录在俞汝楫编《礼部志稿》（1602年版）卷84，页18b-28a。关于这道奏折，详见：戴乐，"Official and Popular Religion"，151—152。根据奏折的内容，有多位神明在合祀场合及自己的庙宇中受到多余的奉祀。北斗和泰山一样，虽称帝，却并非真实人物，所以这一称谓并不能用。另一方面，老子和释迦牟尼则是真实人物，也在确切的地方及时间诞生。大小青龙之神则因数年不应求雨之祈请，遂"无足崇奉"。另一位神明的诞辰只应由其后裔在家中庆祝。文昌神因在四川显圣迹，所以只应在当地得到奉祀，而非京城。九天应元雷声普化天尊之祀则属怪诞，因为其主张阴气凝聚，困阳气于内使不得出，则奋击而为雷霆。而且，托以六月二十四日为天尊现示之日则更为难信，因为自二月发声之后无非雷霆振奋之日。此外，雷神之祀也没有在经典中被提及，又或者是有何先例："至于像设、名称、礼亦无据。"另外，福建当地金阙上帝与玉阙上帝神像所着衣物的费用，也使地方百姓破产。最后，武当山的真武信仰也耗资巨大，并导致了贪污行为。

[71] 关于这一信仰以及该奏折和旨令对此信仰的讨论，详见：戴乐，"Official and Popular Religion"，154—156；劳格文，"The Pilgrimage to Wu-tang Shan"，收录于韩书瑞、于君方主编，*Pilgrims and Sacred Sites in China* (Berkeley: University of California Press, 1992)；以及韩书瑞，*Peking*，146—147。

在责怪了前朝那些不甚明智的帝王让佛教和道教得以传播，并赞扬了著名的儒者明智地揭穿了一些关于释迦牟尼与老子的说辞之后，大臣们建立起了明代皇帝及写作者自身明显平行的关系。他们含蓄地宣称自己独立于朝廷准则之外，并声称自己站立在道德和思想的制高点。

虽然奏章的焦点在于指明皇帝应当或不应当支持京城中的哪些事宜，但也涉及了一些在帝国别处的具体祠祀。在最广泛的层面上，大臣们针对那些国家提倡的祠祀建议道：

> 凡有斋、醮、祷、祀之类，通行罢免，不惟绝异端之奸，亦可省无益之费。仍敕中外，凡宫、观、祠、庙，非有功德于民、不合祀典者，俱令革去。[72]

该奏章所给出的建议似乎是去竭尽全力地攻击未经许可的民间、佛教和道教机构：这类攻击已由某些常驻守令实行过。在批准了少许次要提议并拒绝了其他提议之后（例如弘治帝拒绝终结宫中的佛教和道教建筑与仪式），弘治帝在旨令最终的评语中加上了一句，由此立即

80

---

[72]《明孝宗实录》第五十一册，卷13，页0305。奏章所提供的策略是多管齐下的，当中包括了或严峻或适中的补救办法。在整体上，作者们并不情愿将任何信仰标定为完全错误的祭祀。例如，奏章当中虽然表明了在汉代善以符治病的五斗米道那不大光彩的一面，但最终却建议其教的主要庆典，即天师诞，可在没有任何官员参与的情况下，于家中庆祝。奏章中受到完全批判的当为徐氏兄弟（即金阙上帝、玉阙上帝）的父母。徐氏兄弟的父亲专权弑主、殊无功德，遂须终止其祀。官方最终于1642年成功捣毁了此信仰。详见：韩书瑞，*Peking*，147。此奏折所提供的多数建议均只涉及缩减祭祀，而非完全终止。例如，金阙上帝、玉阙上帝神像每年穿上的服装无须更换，封号应减少，也不应享有道教祭祀礼仪；京都城隍之神"本非人鬼，安得诞辰？"，所以不应有神诞庆典。除此之外，奏折中也建议拆毁两所祠庙。原先在四川受到奉祀的文昌神，因渐获权力与认可，以至于元朝的皇帝敕封其为"帝君"，并下令在全国的学校内加以奉祀。该奏章虽认可了文昌神在四川的管辖权，但却如以上所述，反对在京城里建庙奉祀，"乞并与大小青龙神之祭俱敕罢免，其梓潼祠在天下学校者俱令拆毁，庶足以解人心之惑"。

批准了拆毁超额祠宇的举措:"余如所议行之。"

毋庸置疑,国家的批准肯定给明盛期那已在进行中的拆毁淫祠运动增加了更多推动力。然而,获得批准的那道奏章在发出了号召之后,却马上减少了其意图拆毁的范围:

> 间有〔指宫、观、祠、庙,非有功德于民、不合祀典者〕累朝崇建,难于辄废者,亦宜厘正名号,减杀礼仪。庶尽以礼事神之心,谨按世俗。[73]

礼部大臣们或许想进行有力的、全帝国范围内的打击,但是他们也意识到来自民间的反抗将会使这一计划变得不切实际,且弘治帝的旨令本身也反映出了这一局限。[74] 按照时间顺序分析,发生在九个县

---

[73]《明孝宗实录》第五十一册,卷13,页0305。这一关键引文体现出,即使是享有帝王支持的革新者,也需与社会道德观念达成妥协。这段引文被收录在《明实录》以及王鸿绪于1723年编的《明史稿》,但在《明史》(1736年编)中却被完全删除。《明史稿》的叙述根据的是《明实录》的内容,而后者则保留了相关奏章和旨令的最完整版本。关于皇帝与礼部官员对拆毁全国佛道寺庙提议的进一步反对,可同时参考:《明孝宗实录》第52册,卷3,页0488,"弘治元年,十二月,丁酉"一条。

[74]尽管大臣们认为所见的信仰并无适当的根据,但是在他们的奏章中却很少提出极端的建议。这是因为他们意识到在一些明显的个案中,百姓会对废除那些成立已久的信仰之举作出抵抗。奏章引言的部分说明,若要进行一次彻底的废除之举将会十分困难,而且前朝帝王不明智的行为也造成了一部分问题。针对其中一个信仰,奏章当中明确提到了实行较少的措施,因为"今若以累朝创建之故难于废毁其祭告之礼"(《明孝宗实录》第五十一册,卷13,页0311)。朱熹本人也提过同样的观点:"人做州郡,须去淫祠。若系刺额者,则未可轻去。"(《朱子语类》卷3,页21a2)同参考韩明士、谢康伦著,*Ordering the World*, 17,中对于苏洵的讨论。历史证明了朝廷保持容忍态度的倾向,以及高官们愿意妥协的态度皆是明智之举。在清朝末年,康有为等人威逼朝廷打击民间宗教。艾尔曼认为,清朝廷为了讨好改革派文人而背弃了庶民的宗教信仰,遂带来了惨痛的代价。这些改革派文人并没有领会到朝廷对于这些大量存在于清朝的宗教信仰的屈尊程度,以及由这些现有宗教政策所进一步巩固的朝廷在地方社群中的合法性程度。详见:艾尔曼,*A Cultural History*, 593。

的活动或许和弘治帝的这道旨令有关。[75] 但是，与地方志中的建置志截然不同的是，关于毁淫祠的记录鲜少提到该旨令或常设法令。如上文所述，仅在颂扬杨子器的碑记中直接提及。而且，有一篇记文更是悲叹道多数常驻守令以执行困难为理由，完全或部分逃避了"毁淫祠"的任务（第八篇）。常驻守令的无所作为乃是因获得了该旨令本身所给予的许可。

---

[75] 1. 这道旨令或许使福建延平府的一名和尚与官府达成了一笔交易。1488 年，天宁光孝寺住持将寺院献出，作为该府官僚祭祀圣人的地方。由于该寺于前年被毁，能持遂建议官员们重建寺院作为一种回报。2. 1494 年版湖广《永州府志》宣传了一些于弘治二年进行改建的寺庙。方志的编修者是这些改革进行时在任的知府。他宣称根据编排原则，必须将任何"淫祀"排除掉，包括旧寺庙。列举出的寺庙包括了佛教和道教机构，仅有少数是近期被改建的寺庙。虽然一座在唐代由一位来自暹罗的妇女创建的太平寺，以及一座在明代重建并增立一尊佛像的高山寺皆避过了遭拆除的厄运，但一名道员却在 1489 年将法华寺改建为县学，将玄妙观改建为官署。另一方面，在府治别处，荒废已久的开元观则在同年由一名道士重修。在府志的编写中，对于此次重修工程的记述语调和关于重建一名前任官员的祠堂与乡贤祠的语调相同。该名知府貌似是只在形式上例行提及"淫祀"，因为他对这方面的事关注不深，而在改建这些寺庙时也并没有如他在改建乡贤祠时一样有所成功。3. 在弘治初，吴廷举，一名很有才干且做事认真的知县，被派往了顺德县。吴廷举十分博学（拥有万卷书），也是陈献章（即一篇较早的社学记的作者）的仰慕者。他一到任上便移除了大约 250 座淫祠，并重新使用剩下的建材来修筑河堤以及重修学校和书院（详见：1535 年版《广东通志初稿》卷 11，页 6；《明史》第十七册，卷 201，页 5309）。吴廷举在顺德县任上长达十年。当他以给事中身份到任湖广嘉鱼县时，便在当地创办社学（见 1866 年版湖广《嘉鱼县志》），随后 1506 年间回到广东任右布政使，于当地提倡拆毁淫祠。详见：《明史》第十七册，卷 201，页 5309；《明人传记资料索引》，以及本文第七章。4. 林俊（见下文），《明史》卷 194，页 5137。5. 在弘治初，淫祠以及数量不明的在定额之外的庵、堂、观皆被拆毁，改建为社学。详见：1512 年版南直隶《松江府志》卷 13，页 31b（重印版为页 736）。6. 在弘治年间，知县马正拆毁了淫祠并命令每户人家根据规章祭祀自家祖先。基于其政绩，马正之后被奉祀在名宦祠。详见：1683 年版江西《永宁县志》卷 2，页 8；卷 1，页 31。（由于该县志的原版已严重受损，故而根据现有交卷已无法得知更多详情。）7. 徐鹏事迹，详见：乾隆版南直隶东台《小海新志》卷 4，页 6b；本文第五章。8. 南直隶寿州知州刘柳拆毁了几乎所有的淫祠，而在三年内大行教化。根据他所进行的其他活动推测，这件事或许发生在弘治初。详见：《明史》第十六册，卷 180，页 4786。9. 在弘治时期，有一个县的郊区建有大约 50 所社学。这些社学很可能是从淫祠改建而成。详见：1527 年版福建《尤溪县志》。

虽然弘治帝的诏令远非一道明确的"毁淫祠"命令，但却是在所有明代帝王中所能得到的最明确的命令。[76] 而身为一名虔诚的道教徒，在许多方面改变了明朝的礼仪宪法，却并不因此感到愧疚的嘉靖帝，或许的确曾下令在京城以外对"淫祠"进行全面的扫毁，但现存的记录却是不明确的。[77] 按照对地方宗教机构所发动的攻击时序，记录这些活动的修辞方式，以及这些活动仅由一小部分官员执行的事实，皆表明中央朝廷并没发起或大幅度地激励毁淫祠的运动。相反地，明朝廷通过授予理学积极分子官职，促进了一场并非由皇帝或中央官僚所主导，也并没展现对法令的遵守的运动。弘治帝的旨令没有提到以社学替代寺庙（即该运动十年来的一部分）的事实，而是强调了该运动独立于中央朝廷之外的自主性。如柯丽德对同时期地方祠宇建立情况的研究所表明：

<hr>

[76] 关于遭到刚登基的正德帝拒绝的限制佛教与道教的要求，详见：《明武宗实录》第六十一册，卷4，页146，"弘治十八年，八月乙卯"一条。刘广京留意到，"尽管身为统治者，但明太祖朱元璋与其继承人皆迎合了民间信仰习俗，给一些官员们制造了疑虑"。详见：刘广京，*Orthodoxy*, 14。周绍明同样评论道，相较于属下官员，明代的皇帝与卑微的子民们有更多共同点。详见：周绍明，"Emperor, elites and commoners"，350。

[77] 在 *Dictionary of Ming Biography*（页321）中，嘉靖帝被描述成明代唯一限制佛教的帝王。在1521年，嘉靖帝确实下令将一些多余的、没列在"旧规"中的建筑物给拆毁、改正或变卖。这些建筑物中也包括了宗教场所。详见：《明世宗实录》第七十册，卷1，页0031—0032。若根据《明实录》的记载，这道旨令并没有指向淫祠或寺院。然而，在同一年，提学副使魏校在广东倡导一次大型的拆毁淫祠运动时，却提到方登基的嘉靖帝正在规范事物，暗指自己所进行的活动都得到了皇帝的支持。详见：魏校"岭南学政"，《庄渠遗书》卷9，页21b。在嘉靖元年（1522）七月，御史汪珊上奏表达出他对嘉靖帝的失望，因为嘉靖帝尚未贯彻先前进行的改革事业。嘉靖帝起初铲除了各种非属经典的淫祠，但这些淫祠在当时又浮出了水面。详见：《明史》第十八册，卷208，页5499。1527年，嘉靖帝准许对两京的佛教机构进行门户清理，但这却被一些人诠释为是在针对全国的佛教机构。（关于嘉靖帝分别在1527、1536及1537年准许桂萼、霍韬与方献夫攻击两京和宫里的佛教机构及僧侣的记载，详见：DMB, 757, 321, 681;《明史》第十七册，卷196，页5188。）另外，在1531年或许也颁布了一道关于拆毁淫祠的旨令（详见一封由国民党中央执行委员会秘书处于1930年4月30日发布给党支部的"神祠存废标准"公函。此函收录在《中华民国史档案资料汇编·第五辑·文化1》，页495—506）。

　　15世纪晚期的地方官与地方士绅虽非常活跃地在为当地男女们创办儒或"孔"庙，但他们并不是为了回应国家的指令方如此为之。相反地，地方人士主动利用了国家批准的辞令来抬高自己的地位。[78]

　　被派往各府县的激进主义官员按照自己的意愿做事。当中混合了一些人们能够推测出的动机，但这些动机在个别案例中十分难确定。例如本文接下来将会讨论到，那些激进派分子有时在文章中提出谴责，甚至把那些完全合法、受到帝王资助、由前任官员创建，以及有一定民间追随者的机构夷为平地。他们有效地利用了自己的职位，即朝廷正式任命的官员，来推动他们个人所笃信的理想。

偏狭之见与信仰融合

　　"毁淫祠"这一惯用语的概念是不明确的。首先，"毁"字可能指肖像被移除以及建筑物被改用，或肖像被毁坏以及建筑物被夷为平地。在其他案例中，祠祀仅在文章中受到谴责。其次，"淫祠"这一标签亦十分模糊，而被提及时往往也没附加解释或例子。那么"淫祠"实际上指向的是哪一种机构？在弘治时期，上奏的官员运用了各种各样的标准来谴责个别祠祀；同样地，当我们在分析个别激进主义分子究竟谴责或拆毁了什么时，各种各样的定义便浮现出来。

　　戴乐指出，官方祭祀体制让某些信仰得以遍布全国，并使一些其他的信仰在特定的地方被祭祀，因此从中央政府的角度而言其界限分明，但是从地方的角度而言情况却是复杂的。除了官员们依照法令进行祭祀的坛庙，当时也同时存在着以下场所：奉祀着同样神明（例如

---

[78] 柯丽德，"The Daughter, the Singing-Girl and the Seduction of Sucide"，*Nannu* 3.1（2001），25。

关羽）的世俗庙宇；奉祀仅在别处被视为非法祭祀的神明的庙宇；由官员在独立于法律之外的情况下，添加到当地现有阵容的庙宇；由官员与士绅以个人身份惠顾的庙宇；以及注册于自身组织内部的佛教和道教机构。其他还有得到默许的寺庙，以及最后被特定地指为"邪"或"淫"的庙宇。[79] 这一体制的复杂性未必总能被意识到。学者们通常把"淫"这一概念诠释成"过度"，即指不在当朝祀典中的祠宇，[80] 而这也正是明代毁淫祠者所援引的标准。他们攻击那些超出洪武时期所定数额的庙宇，以及那些应当在别处得到祭祀的神明祠宇。例如，广东提学副使魏校在任上时便命令拆毁真武庙和东岳庙。虽然这些祠祀在祀典中都有记录，且真武向来受到洪武帝与永乐帝的热情提倡，弘治帝更是明确地拒绝降低真武神级别的请求，但它们也仅在某些地方才是合法的。因此，在法律上，魏校对这些祠宇的攻击是合理的。尽管如此，合法性与否并非所有问题和考量的重点之所在。大约在 1520 年间，当上海知县郑洛书改建了 96 所超额的堂院（包括一座观音庙），并毁坏了真武堂中的肖像时，他把这些机构视为用以"祀非鬼"之处。这一特殊的庙宇也许并不合适，但作为明太祖及其儿子最崇拜的神明，真武神肯定不应被称之为"非鬼"。[81]

---

[79] 戴乐，"Official Altars, Temples and Shrines"，96—97。

[80] 关于学界对"淫祠"一词的各种诠释，详见：康豹，*Demon Hordes*, 29—30, 注 49。

[81] 1524 年版南直隶《上海县志》卷 3，页 3；卷 8，页 29。这是一个颇具争议的信仰。虽然黄傅将其列为一座淫祠（1520 年版南直隶《江阴县志》卷 11，页 19），且在嘉靖时期有数座地方上的真武庙受到攻击，但其他人却在同一时期兴建新的真武庙。详见：1539 年版南直隶《常熟县志》卷 5，页 32a；尽管获得了朝廷的赞助，但 1516 年版浙江《仙潭志》卷 2，页 27b 中的记载却表达出不赞同的语调。另外一个例子则如万志英评论，"尽管五通神信仰无疑能被视为一种使人肆意挥霍的信仰，但明朝廷最终并没有对它采取任何行动"。一些史料甚至将五显信仰的普遍存在现象归因于明太祖个人对此信仰的赞助。然而，五通和五显信仰却在广东当地受到了魏校的打击。详见：万志英，"The Enchantment of Wealth: The God Wutong in the Social History of Jiangnan", *Harvard Journal of Asiatic Studies* 51.2 (1991): 694；宋怡明，"The Illusion of Standardizing the Gods: The Cult of the Five Emperors in Late Imperial China", *Journal of Asian Studies* 56.1 (1997): 127。更多关于此信仰的资料可参考宋怡明文章中的参考书目。关于对五通和五显信仰（两者仍为不同的信仰对象）的打击，详见：1588 年版广东《肇庆府志》；施珊珊，"Competing Institutions"。

"非"字表明了一件事：该神明实际上并不灵验。如同合法性问题一样，神明的效验与否成为判别祠祀的重要条件之一。一部地方志提到，虽然无数的乡祠只不过是被毁坏的房子和腐烂的肖像，但仍不能够称其为淫祠，因为有些祈求曾得到应验。[82] 然而，这一标准的反例见于一部编修于 1503 年的《温州府志》。该府志提到了百姓仍继续信奉那些不在祀典中的神明。因为按照习俗，这些神明能够带来祝福并避免灾难。神明之所以成为神明乃是基于其智力和正义。但是，方志的编修者却反对神明会依据其是否得到祭祀来计算和给予特别的利益或降下灾祸这一概念。任何神明若真如此行事，便已失去了使其变成神圣的条件。同样地，一位毁淫祠者向百姓高谈阔论道：

> 此事何不思？聪明正直者为神，焉肯嗜汝酒与牲？祭者得生，不祭死。神道所好何偏私，且彼为神既尊贵，身居小庙嗟何？卑汝民愚昧诚可悯，悯汝徒费空家赀！[83]

对于知府张弼而言，那些要求过多的神灵会遭到猜疑。[84] 无论是自然或神圣的利益，这些利益的实际性才是决定某一祠祀是否是正当祠祀的条件之一。

有些"淫"祀指向了区域性神明。一位王莽篡汉（8—23 年）时期的地方统治者——公孙述，在四川得到祭祀。但是，在 1510 年，四

---

[82] 详见：1561 年版浙江《寿昌县志》卷 3，页 19。同样地，一名方志编修者虽反对许多座民间祠庙，但当中却免除了对某位"刘大王"的信仰。这是因为虽然该神生前不是当地人，但他协助了请愿者抗旱，除去疫病和盗匪。详见：1516 年版浙江《仙潭志》卷 2，页 27b。

[83] 吴宽"美曹太守毁淫祠"，《家藏集》（《影印文渊阁四库全书》第 1255 册。台北：台湾商务印书馆，1983），页 192。关于以祭祀作为一种偿还方式，以及与此争论相关的其他论点，可参考：祁泰履，"Licentious Cults"。

[84] 同见：鲍菊隐，"Not by the Seal of Office Alone"，244。鲍菊隐主张，宋代的淫祠指的是那些涉及活人祭祀或具有明显消费性质的信仰空间。在理论上，后者之所以被视为一种淫祠，除了因为该信仰给社群带来了重负，更是因为该信仰时常挑战国家，与国家争夺权威性与人们的敬畏。

川巡抚却强烈指责他为"盗"和"鬼"。[85] 有些"淫"祠则指向了奇异的地方神灵。例如，南康县县丞曾谴责管理一座祭祀蛇的淫祠的巫师并毁坏了庙中的肖像，由此消除了该淫祠。[86] 然而，法律和传统却认可了拥有地方司法权的神明，并在家乡或任上给予当地人表扬。即使是最急切的毁淫祠者也并未攻击所有的地方祠祀。例如，江阴知县黄傅认可了一些民间祠宇为"义"祠，而身为一名狂热者，黄傅对"淫祠"的谴责甚至超出了那些不在祀典中的祠祀、被判定为不灵验的神明，以及可疑的区域性或地方性神明的类别。[87]

向来被称作为人正直、对于正统性的维持也十分热忱的黄傅，在1513年刚成为一名进士之后，便于江阴县担负起清理淫祠的难差。《江阴县志》对黄傅在当地活动的记述并没有使用类似沃颎或郑洛书那样自鸣得意的语气。和其他理学激进分子一样，黄傅提倡了社学和正确的礼仪，抑制了地方强势，拒绝从官职中牟利。但是，他的主要关注点却是使宗教变得更纯净。黄傅编修的地方志把宗教机构划分成六个类别。他反对所有的尼院、淫祠及道观，当中包括了象征着忠义的军事英杰——关羽的祠宇，以及祭祀泰山或东岳的分庙。黄傅把两者归

---

[85] 1513年版四川《夔州府志》。

[86]《明史》卷281，页7188。当巫受到打击时，可能意味着地方神明也受到了打压。另一方面，方志中对巫的活动的描述通常具有模式化的形象。况且，既然巫术与佛教的不同之处在于前者是非法的（详见戴乐，"Official Religion"，888—889），这词或许被用来对拆毁那些没有包括在合并法令中的小佛堂之举作出解释。其他打击巫的案例有："民朴愿尚巫，公［指1526年到任的知县］悉厘无稽之祀为小学"（1552年版福建《安溪县志》卷四，页43—44）。在1521年，教谕颜阶"继毁淫祠，以立社学，禁师巫以崇正教"（1673年版广东《香山县志》）。颜阶和其他社学创办人不同的是他不仅活跃于一处，后来他在贵州任知县时也于当地创办了社学。1521年，知州林僖"无神奸物怪之惑"，全面清除了长期困扰着所辖地的巫觋（1550年版南直隶《寿州志》卷3，页9；卷五，页69）。其他模式化形象的用语：1835年版广东《南海县志》（卷8，页13b）评道："二家之里必有淫祠、庵观。每有所事辄求签祈签，以卜休咎，信之惟谨。寻常有病则以酒食置竹箕上，当门巷而祭，曰'设鬼'，亦曰'抛撒'。"虽然县志没有注明出处，但至少画线的部分源自清代一部关于广东地区的杂记集。而且，这部分内容也可能并未直接适用于该县或地方志中所涉及的时间点上（《汉语大辞典》卷11，页84）。

[87] 1520年版南直隶《江阴县志》。见下文。

入"淫祠"类别中。他对后二者的反对不是缘于超额或建立在不适当的地方，而是因为它们与道士之间有所联系。黄傅甚至也反对一些"坛祠"。江阴县的城隍庙原先是在明初由吴良——一位参与创建明朝的英杰、常驻守令的典范，以及第一位明代社学创办者——将佛教寺院改造而成。然而，黄傅却不把城隍庙视为道教机构。实际上，即使城隍庙的兴建源于朱元璋的命令，黄傅仍谴责了所有城隍庙。他甚至也反对所有的"僧寺"。根据他编修的地方志记载，即使法律允许百姓成为僧侣（只要他们登籍并且在额数限制内），黄傅仍让大量的和尚与尼姑还俗。[88]虽然利用文章、婚姻以及满腔激情进行攻击的黄傅显得非常积极，但是他并不是唯一一位如此行事的官员。

在明代，"淫祠"的通用意义已被一个假设蒙蔽，即"淫祠"这一概念有一个稳定的指称对象。但实际情况却是，人们使用这一概念来指向不同的对象。我们已经在上文的讨论中看到了一些变化的情况，后世的积极分子谴责并拆毁一座由他的前任（一名更能够容忍淫祠存在的官员）兴建的祠宇，这种情况也时有发生。[89]有些明人比理学之父——朱熹来得更严厉。朱熹曾为一座文昌阁写下碑记，尊崇一位明代狂热分子所抨击的神明。[90]虽然社学创办人陈琏限制了民间宗教活

---

[88] 过庭训《本朝分省人物考》卷13，页5（重印版为页4717—4718）。1520年版南直隶《江阴县志》。虽然这部精彩的地方志出版年份被定为1520年，但我认为基于黄傅的逝世年份，该方志的写作时间应当较早些。这部地方志收藏在上海图书馆，为大开手抄版，但章节与页数都相当混乱。关于这部地方志，仍值得进一步研究的内容包括卷七"习俗"一节。该章节涉及各种社会群体的风俗，各个群体又划分为阶级：士（上、中、下等）；农（上、中、下等）；工（金、木、土、石、皿、书）；商（富、贫）；女（居家、奴仆、尼姑、巫）；游民（各类别）；以及"异教"（僧、道、尼、巫）。关于泰山神和城隍神信仰，可参考戴乐，"Official and Popular Religion"，148—152。戴乐证实了黄傅将城隍神与道士群体相互关联的做法。

[89] 例如，高要县的恚碑祠是在1488年由一位同知创建，但却在隆庆时期被另一位同知拆毁，改建为粮仓。详见：1588年版广东《肇庆府志》卷14，页19—20。

[90] 关于朱熹所撰的铭文，详见：弘治版福建《八闽通志》（重印版页2347）。在魏校的复合体制的实行下，香山县的文昌庙于1523年被改建成"社学大馆"。方志编修者明确提到了淫祠和佛道寺庙皆被拆毁，以改建成为社学（1548年版《香山县志》卷4，页3）。

84 动，但在退休之后，陈琏却为一座陈旧而富裕的寺院及寺中的佛像修
复事宜写下了一篇记文。[91] 此外，陈琏或许曾批准重建一座寺庙，这
座寺庙奉祀的是一名在当地死后身体未曾腐烂，且应验了人们求子祈
求的妇女。然而，这座寺庙后来被魏校列为"淫祠"而被关闭。[92]

　　将佛教寺庙纳入受攻击的淫祠中的做法，不仅在学术上忽视了
"淫祠"这一概念的繁杂与变化，而且已被一种现象所遮蔽：对佛教的
反对往往停留在纸面上（就像沃頮编撰的地方志那样）。张弼为永平县
社学写的记文在结尾处也把佛教与道教徒视为天马行空、胡思乱想之
人。虽然该文隐晦地将佛教和道教徒与功成事立的知府和能保家卫国
的儒生作比较，但无论如何张弼并没有一味与佛教敌对。[93] 一部写于
1503 年的地方志，基于"张治道"的目的，把所有佛教寺院列为"淫
祠"并省略。[94] 僧寺和道观通常被置于一部地方志的尾处，或者该章
节被标上一个带有污蔑性的名称。[95]

　　然而，这些反对声浪不仅仅是修辞方面的装腔作势，它们还带
来了具体的成果——至少暂时影响了儒教机构、僧侣与其信众。魏校
没收了寺院资产，毁坏文物，还宣布许多宗教实践者为非法者或免去
他们的圣职。他把那些应被拆毁的宗教机构定义为"凡神祠佛宇，不

[91] 一名后来的方志修者评论道，当陈琏任宁波知府时，"俗多淫祀，琏谕戒之，民
　　稍知化"。一篇写于 1445 年的铭文纪念了一座是年在陈琏家乡建成的寺庙（天顺
　　版广东《东莞县志》卷 3）。

[92] 科大卫，"The Emperor in the Village: Representing the State in South China"，收录
　　于周绍明主编，*State and Court Ritual*, 285。然而，文中却有年份记载上的差异。

[93] 张弼写了许多关于佛道的诗，或许也在诗中发表指责。详见：1536 年版江西《南
　　安府志》卷 26，页 18；康熙版江西《上犹县志》。

[94] 这部地方志的其中一位作者是当地人陈瑛。根据《明儒学案》的记载，陈瑛不属
　　于任何思想学派，是一位因关注人民惑于鬼神之事而闻名的儒者。另一位作者黄
　　仲昭则在少年时期就已对正统性的问题有所关注。详见：1503 年版福建《兴化府
　　志》；《明史》第十六册，卷 179，页 4753。

[95] 关于寺庙如何被分类的讨论，详见：卜正民，*Praying for Power: Buddhism and the
　　Formation of Gentry Society in Late-Ming China* (Cambridge: Council on East Asian
　　Studies, 1993), 29, 注 61。

载于祀典，不关于风教及原无敕额者"。[96] 另外，一名知州因为"性不佞佛"，遂大力地拆毁淫祠、移风易俗。[97] 大约在 1500 年，开州知州李嘉祥在拆毁许多淫祠和佛教寺庙后，用所得建材来修理和兴建公共建筑。[98] 在 1514 年左右被改成社学的五座淫祠中，包括一座观音庙。[99]1488 年，云南参政林俊烧死了一名数千男女争相在其脸上贴金的"活佛"。林俊随后用这些金子偿还百姓的债务，并在拆毁 360 座淫祠后，同样利用所得建材来兴建学校。[100]

最后一个例子发生在 1522 年，周愚在云南中部的安普县任上之时。周愚自任的使命是"黜邪崇正、毁淫祠立社学"。在召集了地方领导之后，周愚告诫他们："家塾、党庠我朝法成周之制，何有于神堂、佛宇也？"周愚指责他们因谄事鬼神而不务民义，也训导他们立社学以教育孩童的重要性。他不顾地方耆老恳求，拆毁了一座特别灵验的寺庙，并利用所剩建材来兴建社学。周愚在"木密新建社学歌"提到国家虽"著辞豫禁（社学）未发……爰开乡学、撤淫祠，黜邪崇正两得之"。[101] 虽然明盛期毁淫祠的运动实际上没有秉持着任何来自中央朝廷的强行规定或普遍上的标准，但却常常针对佛教机构进行攻击。

虽然儒家对佛教的敌意数见不鲜，但其敌意的增减却呈波浪式发展。在这种情况下，积极分子们或许是在反对逐增的宗教活动。与之相对，明代那兴盛的宗教融合现象或许部分源自对这种颇为偏狭的态度的反对。按欧大年的说法，晚明是一段互持异议的教派"绽放"时

85

[96] 魏校"橄郡县立社学文"，收录于 1798 年版广东《东莞县志》卷 45，页 31a。
[97] 在正德或嘉靖初期，陈尧恩也创办了一所义学，这可能是让乡里没有能力上学的人就学的学校。他在广西永安知州的任上，或是在家乡吴江任上进行这一活动。陈尧恩后来惹恼了嘉靖帝。详见：1847 年南直隶吴江《分湖小识》卷 2，页 6。
[98] 1506 年版北直隶《大名府志》。李嘉祥也创办了 26 所社学。
[99] 1513 年版南直隶《崇明县志》。
[100]《明史》第十七册，卷 194，页 5137。
[101] 1576 年版《云南通志》卷 8，页 62a（概要）；1550 年版云南《寻甸府志》卷 2，页 29—31（全文）。

期。[102] 王安则评论道"16 世纪时期的中国似乎完成了一场多方面的宗教文艺复兴",[103] 而从 21 世纪初期的视角来看,各种宗教观点(其中部分观点相互对立)同时获得力量的现象并不稀奇。在明代,各种宗教信仰、宗教实践的彼此包容与融合能通过许多方面显现出来:佛教对于王阳明及其学派的影响;儒、释、道合一的主张;缙绅对佛教寺院的资助;(随着印刷量的提升而日渐增多的文献资料中)甚至被缙绅家族所秉承的宗教实践和信仰;以及民间善书。宗教融合已被视为明朝后期的显著趋势,继成为一种文化与道德衰微的符号之后,甚至也被责怪为导致明朝灭亡的原因之一。[104] 宗教融合与复兴,以及被许多淫祠毁灭者所针对的祠祀竟得以幸存的现象,则表明这些毁祠者试图儒化所有人的计划最终付之东流。

然而,理学家偏执的态度仍取得了些许成果。在诸多事件中,这些毁祠者也影响了后世的官员。罗威廉试图证明,当清朝积极分子陈宏谋回顾明朝时,能够摆脱时人对阳明哲学合一思想给予普遍指责的局限,而看到王阳明的著作与地方制度之间的关系。王阳明的贡献及陈宏谋的晚明模式,则依次受到了许多前任激进派官员行为的塑造。陈宏谋也十分重视清朝初期的官员与学者——汤斌。[105] 通过参与《明史》编纂工作(包括撰写彭韶——其中一位淫祠毁灭者及本章题词的作者——的传记),汤斌清楚地认识到明盛期存在着思想较为极端的理学家。在"毁淫祠"方面,汤斌本身也追随着这些理学家偏执的步

---

[102] 欧大年,*Folk Dissenting Sects in Late Imperial China* (Cambridge: Harvard University Press, 1976), 64, 199。例如,根据一份 1839 年的官方调查报告,河南省内的每个县都建有奉祀著名的无生老母的庙宇。这 39 座庙宇都建于明代。

[103] 王安,"T'an-yang-tzu and Wang Shih-chen: Visionary and Bureaucrat in the Late Ming",*Late Imperial China* 8.1 (1987): 105。

[104] 可同时参考:周启荣,*The Rise of Confucian Ritualism in Late Imperial China: Ethics, Classics, and Lineage Discourse* (Stanford: Stanford University Press, 1994) 21—31;包筠雅,*The Ledgers of Merit and Demerit: Social Change and Moral Order in Late Imperial China* (Princeton: Princeton University Press, 1991); 以及卜正民,*Praying or Power*。

[105] 罗威廉,*Saving the World*, 124—129。

伐。[106]罗威廉评论道，当陈宏谋使僧道还俗，掠夺了肖像和经文，改建庙堂和寺院为乡约堂、社仓和义学之时，他正"预示着20世纪中国的各种反迷信运动"。[107]陈宏谋是在更自觉地在回顾明代，而民国时期反迷信的积极分子也是如此。这些积极分子所列举的不能被接受的祠祀，就包括许多在明代已受到攻击的祠祀。他们也特别提及一道颁布于1531年，下令拆毁所有淫祠的诏令。[108]明代的旨令，以及在这些旨令颁布之前所进行的运动，并不比陈宏谋与民国积极分子消灭民间祠祀的行动更为有效。即使如此，明代毁淫祠的运动确实影响了未来，也被推行这一运动的人用来实现其他目的。

解释英雄主义

那些通过兴建社学、拆毁寺庙和其他类似计划来致力于拓展能源、金钱和地方信誉的知县、知州与知府仅占了少数。在许多专注于兴建防御措施或经济建设的常驻守令，又或者是那些少有作为、甚至毫无建树的常驻守令当中，每一部地方志仅仅记录了一名或几名这一类型的积极分子。社学记通常会控诉官员不去创办或不去维持社学运作。例如《娄溪小学记》便解释道，虽然国家命令建立学校，但是：

> 迩来有司不能奉宣德意，鄙兴学为末务，而徒取办于簿书、期会之间，以希积功而取奏焉（第二十二篇）。

另一位方志编修者则评论，知县仅负责征税，以及惩罚或关押百姓，或顶多在学术方法和文章写作方面予以关注，但却置社学于

---

[106] 吴建华《汤斌毁"淫祠"事件》，《清史研究》1996年第1期，页93—98。李晋华《明史纂修考》。

[107] 罗威廉，*Saving the World*, 422, 380。

[108] 国民党中央执行委员会秘书处《神祠存废标准》。

不顾，令其自谋生计。[109] 除了常驻守令与提学御使之外，各类官员创办学校的现象也强调了个人的承诺实际上优先于中央所指定的任务。[110] 甚至那些关注学校的常驻守令也更倾向于关注府、州、县学。这些学校同时还受到了高官和朝廷的关注，并服务于更有权势的地方家族。[111] 建立一所学校、授予学校土地、挑选教师，以及鼓励学生上课实际上是困难的事。况且，社学事宜并没有在官员评鉴中占据多少比重。那些仅对赚钱感兴趣或希望在官场中规避错误而更持久地生存下去的知县与知府，明智地把精力花费在税收、判决和维持地方秩序上。[112]

87 　　激进派常驻守令（多数在明盛期）的事迹多出现在记文和地方志中，他们被描述成抵制了早前常驻守令的疏忽、国家的失败、地方百姓的无知和贪污、地方缙绅的疏忽，以及淫祀的危害的英杰。虽然他们博得了一些地方人士的协助或喝彩，但是相关记录只显示出他们是根据道德和经典上的准则独自行动。那么，究竟是什么激励了这些英杰踏上一条艰辛的道路？关于个人动机和生平事迹的问题，有待对这些人传记的研究。他们的生平除了在地方志中略微被提及之外，大部

---

[109] 该评论发表的年份为 1589 年。详见 1685 年版湖广《醴陵县志》。

[110] 例如，学校创办者的身份包括：千户（1731 年版广东《罗定直隶州志》，1779 年版广东《揭阳县志》，1765 年版广东《澄海县志》卷 9，页 14）；兵备道道台（乾隆版陕西《长安县志》）；教谕（1548 年版广东《香山县志》，此职由提学副使魏校授权，1825 年版广东《恩平县志》，1509 年事）；按察副使（1547 年版陕西《泾阳县志》中一道颁布给地方官的命令）；右布政使（1543 年版四川《保宁府志》）；巡抚（1576 年版《云南通志》，弘治版《贵州图经新志》，1607 年版陕西《延绥镇志》）；道台（1683 年版江西《定南县志》。该名道台于 1581 年知县离任后接任）；两名参将（1688 年版广东《新安县志》）；指挥佥事（1830 年版广东《西宁县志》）；县丞（1733 年版江西《万载县志》，1528 年事）；以及各种没有明确署名的助理官员（1548 年版山东《武定州志》中记载了四所学校，1539 年版广东《钦州志》，1468 年事）。

[111] 1518 年版南直隶《淮安府志》在序中提到了府、州、县学比社学更为重要。

[112] 根据倪清茂的研究，每个知县在这三方面的表现对其评估最为重要。详见：倪清茂，"The County, the Magistrate, and the Yamen in Late Ming China"（1993 年普林斯顿大学博士学位论文），66. 1673 年版广东《香山县志》（卷 4，页 1）提到了赋税，劳役及"礼、乐、教化之倡"是知县的职责。

分没有在别处留下任何事迹记载，但与这些人相关的史料实际上大量存在着。我在此仅试探性地讨论一些可能的动机，并将其投置在 15 世纪晚期和 16 世纪初期的背景语境下。这些动机包括对声誉的欲望，对某一宗教的信奉，以及财务上的考量。

在大约 1470 年间，正当中国经济刚从约于 1430 年间起始的低潮中有所回升时，商业化已成为社会的主要推动力。外贸和东南沿海一带的贸易急剧上升，农业生产业已恢复，地方上呈报了繁荣的景象。银币也取代了实物支付。[113] 宗教机构在得到大笔金钱后，威胁到了现有等级森严的道德观和阶级隔阂，又或者推动了理学激进主义。商业化也意味着更多人有资源念书，且有更多人为了获得生员、举人和进士的身份而竞争。尽管明太祖并不信任科考制度（在他在位期间，朱元璋终止了科考制度数年），该制度最终基本上成为入仕的唯一途径。[114] 到了明盛期，生员的数量已经多到人们开始提议大规模地解除生员身份。这些生员或许仅有 1% 的机会能够成为举人，而成化年间（1465—1487）考中进士者则从天顺年间（1457—1464）的每年 87名，跃升到超过 100 名。而且，自此之后该数目在整个明代从未跌破100。[115]

更多考取功名之人在官场上的竞争使得升迁成为难事。这或许也

---

[113] 艾维四，"Time, Money, and the Weather: Ming China and the 'Great Depression' of the Mid-Fifteenth Century"，*Journal of Asian Studies* 61.1 (2002): 100—102。在成化初期，泰和县的地方精英家族将使用银子买来的米粮（而不是利用自家的田地耕种）捐赠给当地饥民。达第斯评论道，"这一改变必定反映出了银子在中国南方经济的流行。和这一现象同时发生的包括正新兴的借贷行业，以及增加银两的使用来建造宗祠的现象"。详见：达第斯，*A Ming Society*, 61。

[114] 关于这些改变的相关讨论，详见：达第斯，*A Ming Society*, 第五章；艾尔曼，*A Cultural History*, 217。到了 1457 年，通过荐举入仕的方式已经不再实行。自此以后，甚至从吏员的身份升迁谋得低级职位也是一件难事。科举考试制度也几乎不是纯粹的。自 15 世纪 50 年代以降，购买一个低品级的功名身份成为攀爬科举考试阶梯的第一步。贩卖生员身份成为中央政府筹集钱粮以及边关地区急需马匹的常见手段。详见：贺凯，"Ming Government"，收录于崔瑞德、牟复礼主编，*Cambridge History of China*, vol.8, 32—35。

[115] 达第斯，*A Ming Society*, 152, 157, 163—164；艾尔曼，*A Cultural History*, 650。

推动了他们致力于教化计划（例如创办社学）的志向，因为这一计划能纳入升职的考量。有些社学创办人确实因此得到升迁。何士麟并没考到功名，但却因为他的孝行而被授予官职。他身为知县时创办了70所社学，遂被任为刑部侍郎。[116] 汪宗伊在饶州的首个任上便拆毁了5座淫祠，把它们改建为社学。在任上，汪宗伊"有政声"，后升任为兵部主事。[117] 然而，许多社学创办人，甚至是那些考获进士者，除了在地方志中略被提及，在其他的史料中并没有留下痕迹。[118] 他们在知道升职的概率并不理想后，或许不愿适时作出妥协，转而专注其他事务所带来的利益，比如致力于地方机构，以及把自己所做之事记录到记文和地方志当中。[119]

88　　例如，嘉定县令李资坤就没有很好的仕途发展。尽管李资坤为政清廉，在学术上有所造诣，在学校、地方水利、重新从私人手中夺回官田、修筑楼墙、建闸门和筑堤，以及平定盗乱等方面都有所成就，但他最终被授予的最高官职仅是贵州铜仁府知府。[120] 李资坤并不擅长在仕途上拉关系，而在嘉定创办社学或许是因为他真正关注社学教育。[121] 然而，创办社学的确给他带来了人们的赞许。如该社学记记

[116] 1631 年版福建《闽书》卷 58，页 29a。

[117] 1684 年版江西《饶州府志》卷 10，页 16a；过庭训《本朝分省人物考》卷 76，页 37a。其他例子包括：上海知县郑洛书，尽管郑洛书与嘉靖帝有所争执，并且他在担任此职前就已逝世，但他仍被提升为南直隶提学御史（《明史》第十八册，卷 206，页 5446—5447；1631 年版福建《闽书》卷 110，页 8b-9a）；上高知县王以旂，在上高任上，王以旂创办了三所社学。他之后也担任工部和兵部尚书，并加赠太子太保衔（王兰荫《明代之社学》下，页 68；《明史》卷 11，页 3461）。一名在教谕任上的举人因创办了社学而先被提升为知县，再为知府（1548 年版广东《香山县志》）。一名知州因创办了社学而被派任到刑部（1502 年北直隶《易州志》）。

[118] 在我所查阅的大约 160 名曾创办过社学的常驻守令当中，有 64 名是进士，27 名是举人，还有 69 名身份未详但没有被列入进士名单之人。

[119] 虽然倪清茂并不同意我的观点，但我与他在 1998 年及以后的对话都让这段文字的写作获益良多。当然，我也从与韩明士的对话中有所获益。

[120] 过庭训《本朝分省人物考》卷 114，页 31b-32a。万历版贵州《黔记》。

[121] 尽管致仕云南家中，李资坤并没有到官署衙门（不适当地干涉地方事务），也在当地创办了义塾。详见：过庭训《本朝分省人物考》卷 114，页 31b-32a。

载道：

> ［李资坤］遍立小学于所属之乡，凡一十六所。督学御史
> 闻人公移文嘉赏，有着实举行，以为郡邑观法之襃。窃惟《诗》
> 称"菁莪"，乐育材也。君子能育人材，则人嘉乐之矣（第
> 二十二篇）。

况且，李资坤最终在两座祠宇中得到奉祀。当李资坤离开嘉定县
后，当地的士绅与百姓们给他立了"生祠"以表达对他付出的感激。
后来，李资坤也以"名宦"的身份得到奉祀。有许多积极分子在生前
或死后赢得了入祀专祠、府学和县学或名宦祠的荣耀。[122]昆山县知县
杨子器在回应 1488 年那道授权毁淫祠的旨令时，便声称他能够以此来
实现他的目标。杨子器遵奉一位早前的社学倡导者，马上把一座寺庙
改建成一座祠宇。这名倡导者便是杨子器崇拜已久的昆山县人叶盛。
社学创办人通常也撰文纪念其他的社学创办者，于是创造出了一系列
的传承。这一系列的传承建立起了一套鲜少提及国家朝廷的激进派
传统。

按照卜正民与贾晋珠的观点，另一导致激进派主义发展的因素，
或许是张扬自我成就的能力。人们之所以具备这一能力，主要是因为
商业化，特别是正统时期之后的商业化趋势，给出版业带来了拓展。
文人得以刊印并售卖其毕生的论著。至少从《大明一统志》（即为全明
帝国编纂的地方志）的销售成就来判断，当时人们也购买并阅读了地
方志。[123]县令对于自身及其前任官员的活动记述，类似于贺杰所言，

---

[122] 过庭训《本朝分省人物考》卷 114，页 31b-32a。这些生祠能够被视为日后魏忠
贤要求在每个地方上为他立祠的背景。

[123] 高彦颐，*Teachers of the Inner Chambers*, 34—53。贾晋珠，*"Mashaben*: Commercial
Publishing in Jianyang from the Song to the Ming"，收录于史乐民、万志英合编，
The Song-Yuan-Ming Transition in Chinese History (Cambridge: Harvard University
Asia Center, 2003), 284—328。贾晋珠证明了大约九成的明刊图书是在 1505 年
后出版。然而，出版事业已在成化年间起步。见卜正民，*The Confusions of
Pleasure*, 129, 170。

"把个人升官一事和后继的谱系汇编一事做出了常见性的配对"。知县通过"履行普遍上认为该社会阶层所特有的行为",声称自己也是同一社会阶层中的激进派常驻守令的其中一员。而且,相关的记文和地方志也"有助于证实这一声称"。[124]例如,李资坤《风教录》中的一部分,以及时人对他创办社学的记述,都被编入清代嘉定县及其所辖乡镇的地方志当中。

即使一个人的宦海生涯十分短暂,他所写的记文或人们以他为对象而写的记文,却使他的声誉能通过激进派行为而得以确保。在为他们的激进派前任官员立祠的同时,该地后世的常驻守令有时也把前任的成就保存到新版的地方志中。拥有儒家激进派分子的声誉,意味着他将被委托撰写碑记或为地方志的编纂作出贡献等。而且,曾担任常驻守令的经验或许有助于该名官员管理其家乡的建设计划。[125]明盛期的积极分子所选择的艰辛道路(即在一个仅有少许升迁机会以及仕途短暂的密集场域中),实际上回应了商业化、各类竞争和出版业所造成的焦虑及所带来的机会。

然而,激进主义不仅仅是一个用以升迁或成名的策略。它也同时是对理学信奉的一种表现,一种要求从口惠到敬拜各方面的宗教特征皆有所保证的教义和具体实践,其制度、礼仪和所关心之事和其他华人宗教是相似的。[126]在戴乐看来,明朝廷的官方宗教"并不是一种儒

[124] 贺杰,"Patrilines and the Development of Localized Lineages: the Wu of Hsiu-ning City, Hui-chou, to 1528",收录于伊佩霞、华琛主编,*Kinship Organization in Late Imperial China, 1000—1940* (Berkeley: University of California Press, 1986), 151。

[125] 在清代,相较于知县一年30000两银子、官员私人秘书一年250到1500两银子、书院教师一年350两银子、私人教师一年100两银子的收入,这一管理性质的工作或许能带来一年120两银子收入。详见:张仲礼,*The Income of the Chinese Gentry* (Seattle: University of Washington Press, 1962)。

[126] 彼得·格雷戈里与伊佩霞主张宋代的理学是一种教派。宋代理学要求追随者在日常生活方面进行基础性的改变。理学家以十分虔诚的态度奉祀祖先和儒家先贤,所使用的礼仪也和其他华人宗教一样。他们的"精神追求"既包括实践礼仪,也包含对宇宙最基本问题的探索。详见:彼得·格雷戈里、伊佩霞主编,*Religion and Society*, ix("Introduction"), 34("The Religious Historical Landscape")。

家的制度，而是一个复杂的、存在着内在矛盾以及包括了各种祠祀不稳定性的集合"。[127] 虽然皇族以下的多数明人在实践儒家教义的同时也信奉佛教、道教和民间宗教，但一些正统主义者却认为有必要和这些人竞争。在这群理学激进分子的控制下，由中央朝廷下令创办的社学、孔庙和国家坛祠，以及惠民药局和县医学，皆是在地方层面进行竞争的一部分。末者更是被用来抵制县学，对抗信仰治疗者所带来的影响。[128]

这是一场资金和教义的竞争。对于那些急需金钱的官员而言，属于佛教机构的地产实际上十分诱人（在唐朝之前亦是如此），有时拆毁这些寺庙的首要动机正是资金。永春州的一名官员便在拆毁淫祠之后，把土地转售给平民，以便支付那些没有注明的公共开销。[129] 在1522年，蓝田县的新县令通过从富户及佛道寺庙的建材与开销中抽出资金，来修复及增设公共建筑物。在这一过程中，该县令也拆毁了不少寺庙。[130] 相反地，弘治帝对于扩延至全帝国的毁淫祠运动之所以缺少热忱，也许是因为他（以太监作为中介）从朝圣场所中获得了一些收入。[131]

若要把理学英杰在思想或宗教方面的热忱，从他为获得荣誉和资源而与僧道竞争的行为中分隔开，实际上是非常困难的。激进派分子 90

---

[127] 戴乐，"Official and Popular Religion"，156。

[128] 万安玲，"Academies as Sacred Places"，收录于彼得·格雷戈里、伊佩霞主编，*Religion and Society*，349。宋代的书院和寺院都在为地产和获得社群的支持而竞争。

[129] 该充公事件大约发生在嘉靖朝之前。在1525年，为了建一座新的朱熹祠，该片土地又被购回。虽然最终的结果是以"淫祠"替代了正祠，但中间却多了一个环节。详见：1789年版福建《永春州志》卷12，页52中的一篇明代铭文。

[130] 知县王科考中进士就被派往当地。他衣着简朴，骑着马入县。王科首先提倡农业和蚕事，并提倡并创建学校。在王科的治理下，法令森严、移风易俗。城里和郊区的公共建筑，以及儒学、文庙皆被毁。王科将其恢复为旧时的状态，并添加了15或16座。建筑材料、木材以及费用皆扣减自佛道寺庙，或者强加在富裕和权势人家身上。工程不到一年便竣工。王科之后也升任工部给事中。1529、1571年版陕西《蓝田县志》卷1，页10，34—35。

[131] 蔡石山，*The Eunuchs in the Ming Dynasty* (Albany: SUNY Press, 1996)，172。

攻击寺庙并充公寺庙的地产，并不仅是为了获得资源来兴建社学及他们所支持的其他机构，更是为了削弱僧道的声望和生计。为了达到后者，他们迫使这些僧侣、尼姑和道士迁徙并解除了他们的僧职。在成化时期，温州的一位著名知府——萧鼎拆毁了超过一百座无法辨别的淫祠，并让年少的僧侣和尼姑还俗。[132] 上文提及的黄傅则拆毁了江阴县所有尼姑庵，让尼姑们出嫁。[133] 大约在 1520 年，尤溪县的新县令为当地盛行的其他一些宗教和佛教实践感到焦虑，便拆毁了许多淫祠，疏散佛教僧侣或辞去他们在寺院中的职务。[134] 值得注意的是，虽然和尚被遣散而尼姑被迫出嫁，但是除了一起例外，无论是僧尼或俗家信徒皆没有被判刑。

　　和建筑物所受到的待遇一样，以儒家师生替代僧道并不是偶然之举。激进派分子把自己视为僧道的竞争者。一位拆毁了祭祀民间神祇的淫祠的官员，在请求他的上司准许他改建更多社学时，便哀叹他管辖范围内的贫困山区百姓并不重视学习。虽然当地甚至没有足够的合格考生能够填补生员的额数，但是却有"无名僧道每至群然"的现象。[135] 拆毁淫祠者也为不正当的开业医生而感到担忧。[136]1530 年，

---

[132] 1547 年版广东《潮州府志》卷 7，页 13b。另有其他例子：在 1525 年，提学御史萧鸣凤将睢州一座由僧或尼居住的淫祠改建为奉祀二程兄弟的书院，让许多学士在内学习。虽然大约两年后萧鸣凤与魏校被弹劾，但至少该所书院仍持续运作到嘉靖十三年（详见：1693 年版河南《睢州志》卷 4，页 2a-4a）。在 1519 年，一所社学自县学隔壁一座"奉佛氏尼者"居住的建筑改建而成。该名知县因见到外族之神与文庙相邻，遂发表出了他的愤怒。但是，在学校隔壁仍建有许多寺庙（详见：1546 年版山东《淄川县志》卷 3，页 47）。

[133] 这些皆是道教和佛教的尼姑庵，共有约十座。之后也有"遣尼从良"之举。详见：1520 年版南直隶《江阴县志》卷 11，页 15—16。

[134] 在此僧侣被指称为"浮屠"。相关祠宇可能被改建成社学。详见：1637 年版福建《尤溪县志》。

[135] 详见关于黄泗的事迹。1711 年版江西兴国《潋水志林》卷 12，页 1—4。

[136] 吴宽在《美曹太守毁淫祠》诗中开篇便抱怨道，供有各色偶像的小庙宇普遍存在："吴下人家家有之。家人有病问卦师，师云汝病神所为。杀猪烹羊陈祭品，歌讴赞叹上酒卮，侑以吹竹仍弹丝。号以茶筵真酒席，宛如生人宴会时。有祭自丰病自危，吴人岂皆白须眉。如何至死犹不悟，恶俗信鬼不信医。"另一位拆毁淫祠者的传记则表达了淫祠仅是一系列综合问题的其中一部分，其他问题包括（转下页）

知县许仁把东岳庙改建成一座包括医学、阴阳学和惠民药局为一体的建筑物。虽然这些机构都是法律规定必备的建筑，但并没有长期地运作。[137]

使用佛教寺院的建材来重建孔庙是常见之事。提学副使魏校除了重建孔庙，也进一步征用了大量仪式物品，通过图示的方式尝试以一种宗教替代另一宗教。魏校授权给三个人，让他们"将佛寺铜像熔卖，赁工修塑，立先贤遗像，查取淫祠神位、座桉、炉瓶、钟鼓及其他物品"。魏校简单地把一种宗教所使用的仪式用具改变为另一种宗教用具之举，或许源自于一套商业思想，即所有物品的价值最终都能够被简化为其本身的价钱。此外，理学激进主义或许会随着明代经济的增长和商业化两者所带来的焦虑和时机而促成。

那些分别兴建和拆毁理学和佛学相关机构的激进派常驻守令，往往怀着各种动机（个人、政治和宗教方面）来进行这些运动。这类运动规模逐步缩减的态势，与亨利八世解散修道院之举同时发生。解散修道院的运动同时满足了以下诸多内容：都铎国王使其离婚合法化的迫切渴望；新的宗教信仰的发表及对旧的宗教信仰的残酷打压；为使国王和某些臣子更富有，而对僧道的牺牲；通过要求臣民表忠以及攻击王国内外的竞争者与所谓的叛徒，而得以巩固的新建立的君主专制；

91

（接上页）匪盗、讼事、溺杀女婴事件等（详见文林的传记，收录于张昶《吴中人物志》卷5，页16）。一部1540年版的地方志评论道，尽管在成化年间某位陈敬所先生尽力领导乡镇百姓铲除淫祠并兴建社稷坛，但当今的里甲却鲜少在社群中的祠宇中或按照正规的形式进行祭祀。百姓们也不再按照条规兴建厉坛。相反，当遇到家中成员生病时，百姓就在岔路口进行祭祀（1540年版浙江《太平县志》）。根据我与吴百益的私人交谈，他提到如果当地没有适当的祠宇，那么百姓就会在岔路口祭祀。另一部地方志则在"风俗"一节抱怨道，"病者事巫师不重药饵"（1547年版广东《潮州府志》卷8，页13）。

[137] 许仁也向提学副使请求允许废除每个村里的淫祠，将其改建为社学。同时，许仁也要求设置地产来支持学校的营运，而这些地产大概是由祠庙充公得来。在1547年之前，海阳县建有四所社学，其中三所设置在东岳庙及五显庙等废寺中。由于这些废寺都没有被列入该部地方志里的其他寺庙名单中，所以它们或许真的已经被销毁。然而，至少最后一所学校，也可能是这全部四所，皆已废置。详见1547年版《潮阳府志》。另见梁其姿，"Organized Medicine in Ming-Qing China: State and Private Medical Institutions in the Lower Yangtze Region", *Late Imperial China* 8.1 (1987): 154—166。

以及在建立一个合理的"近代"国家的过程中，对法律的歪曲与违背，和对许多生命的迫害。与此类似，明盛期的激进主义行为并不是"真正"的、发生在"本质上"的一些事情。对于参与者和受害者而言，这一行为实际上意味着很多东西。一旦明盛期的运动与其惯例被良好地确立，不可避免地会有一批趋炎附势者系统地组织起一套他们所坚信的行动方针，或者继续确保他们自己的名誉和不朽的声名。与任何一种社会运动一样，明盛期的这一运动显现出复杂的动机，也有自己的领导者与追随者、英杰与伪君子。

徐阶，于 1533 年：利用英雄主义

在 15 世纪晚期由县令与知府们创造出的模式，被后来更杰出的人所采用。在明代社学创办者中，最杰出的大概是大学士徐阶。身为一名无情的、有野心的，且最终颇有建树的官员，徐阶自称关心百姓。然而，虽然他对其他人的某些所行之事加以批评，但同时他自己也正从事着那些事情。在后来的人生道路上，跟随着榜样王阳明（徐阶的老师）的徐阶，创办了书院和提供给文人的社团（这些人后来多少成为他的党人），并在公共场合给上百人（甚至是上千人）讲学。[138] 在此之前，徐阶也资助了一所社学。他在一封书信中责骂了时人沉湎于撰写文章以赢得荣誉和财富的行为，以及伴随而来的对于古代强调道德品行的正确教育方法的忽略。徐阶写道：

> 吴（指苏州）处义塾其事甚善，诗不足以揄扬之，又区区之。意欲因一及教子弟之法，当为作记奉去耳。[139]

---

[138] 穆四基，"Academies and Politics in the Ming Dynasty"，收录于贺凯主编，*Chinese Government in Ming Times*, 162—163。

[139] 徐阶《世经堂集》（约 1585 年版）卷 22，页 3b。关于一封写给福建或四川提学御史姜宝的涉及书院道德和教育事宜的书信，详见《世经堂集》卷 24，页 25b-26a。徐阶在此将自己视为王阳明的门人。

　　徐阶被贬谪到福建担任一个卑微的官职时，正是利用了一篇纪念学校成立的文章来讨论整体的教育问题。他在一所应被列为"淫祠"的祠宇中创办了社学，并撰写了《南平县云盖里社学记》（第二十一篇）。这篇记文利用了社学记的标准格式。该社学的创办人是南平县人杨清。按徐阶的记述，杨清"赞（襄）"他拆毁了一座旧淫祠，并将其改建成一所学校。徐阶也因杨清在儒学方面的知识，以及能够谋于斯道而赞扬了他。然而，与其真心称赞杨清，徐阶反而利用这篇社学记来颂扬自己：他利用较长篇幅来记述自己针对该社学作的言论。原先杨清在该社学记中具有的创办人身份，到后来却转变为地方缙绅一贯的听众者身份。杨清告诉徐阶他担心学生们久而久之将忘却这番言辞，遂恳请徐阶将其刻于石碑上，并立于校门前。

　　徐阶在该文中把社学的学生们升格为"儒"。如此一来，他便能够论及儒家的使命，以及有多少学校、教师和学生因为重视文章写作的典雅，看重财富及注重声誉多过道德品行和世间善行，而违背了儒家使命。

　　　　夫业贾者必于市；业农者必于野；业儒者必于学。此屋之作固以别尔于市、拔诸野而登之儒也。然而谋利者贾之为也；谋食者农之为也；谋道者儒之为也。贾不能以谋利不可为贾；农不能以谋食不可为农；儒不能谋道其独可为儒乎？

　　　　自三代之衰，外诱深而正学隐。至于今日益靡然。富贵之为慕，师之教其弟子曰："吾将使之为文词取富贵焉。苟有工于其艺，虽甚不肖，世以为贤矣。"弟子之求其师曰："吾文词之未能，将就彼而学焉。苟有能传其艺，虽甚不肖，世亦以为贤矣。"

　　　　师弟子之所为，胥失其本业，而世又贤而助之。为业日勤，叛道日甚。其名曰儒，其实贾与农焉已耳。其居曰学，其实野与市焉已耳。

　　　　尔师尔弟子，苟所为若是，则此屋之作不亦虚乎。故吾有以责于尔，居其室必思修其业，享其名必思履其事。入而孝，出而弟，是弟子所以学也。率之孝，率之弟，是师所以教也。

正如魏校下令让淫祠当中的仪式用具变成儒家所能用的仪式用具一样，徐阶以学校和市集作比较，则显示出对当时商业繁荣的深刻意识和所感到的矛盾心态。徐阶对儒家的焦虑和矫饰加以利用，使得他所作出的哀叹能让他在寻求升迁的途径中，把自己定位成一名道德主义者而不是追求官位者。徐阶从流亡中返回，得以复职且获得了声誉，这主要归功于他在南平县的任职及其他事务，归功于他执行职务时的积极主动。徐阶创办社学之举广为流传。该举被记录到他在《明史》中的传记，而他更是成为《大明会要》中少数被记录下的社学创办人。[140] 换言之，这篇社学记或许促成了他的升迁。

徐阶所持的奉献儒业的崇高观点，并没有妨碍他通过熟练地书写道教符咒来得到皇帝的宠信，也没有防止他担任高官时积聚大笔的财富。徐阶对于 16 世纪 20 年代便相当普遍的市场性心态的批评，并没有阻止他拥有许多当铺，以及在家中收养妇女为市场编织布料。[141] 很少有创办社学者及对创办社学之举进行记述之人，能够像徐阶那样成功（或不择手段）。徐阶以及那些在下一章将涉及的人，都能够利用创办社学及对创办社学之举进行记述的方式，作出一种正义的声称。这是因为到了 16 世纪 30 年代，那些彼此关联的活动已经被用来比喻那正直且身为一名激进派常驻守令的理学英杰。

[140] DMB, 572;《明会要》卷 1，页 412。

[141] DMB, 572—573。周启荣，*The Rise of Confucian Ritualism*, 16。

第五章

社学课程中的哲学与政治主张

小学，学之本也。保自然之和，禁未萌之欲，日就月将，以驯致乎大学……然则社学之兴在今日，正淑人心、正风俗……何可少哉，何可少哉？

——陈献章，1485 年（第七篇）

社学与县学一样，有政治性和宗教性两方面的功能。在政治上，社学与县学的教育具有以下作用：培育出为国家效劳的官员；说服那些无法成功的学生，让他们认为自己有公平竞争的机会，以此使他们接受从属地位；以及向乡童灌输遵守法律和维持和平的意识。但是，社学并没有完美反映出国家的思想体系。国家认可的宗教包括佛教、道教及民间宗教。然而，无论社学是否建立在寺庙的废墟上，它都通过以下形式表达出该社学创办人的目标，而这些目标也受到了理学思想的主导：社学的命名及座右铭；依据经典而组建的课程；供奉着孔子与后世乡贤的校内建筑物；对于忠孝观的强调；以及教授朱熹制定的礼仪。虽然社学把更高等级官学的政治思维带到小学教育当中，但通常在整体上比国家更能够表达出一种纯粹的理学宗教观。

一旦社学贴上了理学的标志，对社学相关事宜的书写便成为一种发表哲学及政治声明的方式。在明朝鼎盛时期的尾声，三位备受关注的官员——王阳明、桂萼与魏校，都通过创造一种新体裁及利用这一体裁书写关于社学的事宜，来修订全明帝国的传统。这一新体裁即是任职时期所颁布命令的汇编。他们利用社学来对地方人士进行严密管

145

制的行为，引起了关于教育、读写能力及统治间联系的问题。

基础课程

多数社学的名字没被记录下来，或者仅仅按所在地来记录其名。但另有一些社学的名称经过了谨慎的挑选，或是持有一组名称——这些名称为居住在附近而无法阅读大量描述性文字的居民示意立学的目的。有一部地方志强调社学扮演着招聘未来官僚的角色（例如，文中提到了学童能"异日入国学，而为国之用"）。在该地方志中，读者能找到类似"侍御"及"会元"（指举人会试中试第一名者）的社学名称并不稀奇。[1] 智识学习及君子所习的艺能也出现在学校的名称中。例如，提学御史李梦阳便以君子所需学习的六艺——礼、乐、射、御、书、数，组合起来命名多个县中的社学。李梦阳所管辖的其中一个县更是进一步把县中的社学称为"立礼"、"成乐"、"如射"、"执御"、"通书"以及"象数"。[2] 其他社学的名称则关注道德学习方面："启善"、"同仁"[3]，以及"敦风"[4]。其中，最普遍的名称则是"养正

---

[1] 1552 年版福建《安溪县志》卷 4，页 43。"育才"也是其中一种名字。

[2] 根据 1517 年版江西《建昌府志》的记载，南城、南丰及广昌县的学校皆有同样的名称。新城县在学校起名方面比较精心，而南城县则建有八所额外的学校。关于建昌府的学校情况可见：1685 年版江西《南丰县志》（也有学校以"东"、"南"命名）；1544 年版江西《永丰县志》；1516 年版江西《新城县志》卷 6，页 10。关于江西其他县市的情况，详见 1683 年版江西《铅山县志》。在江西的其他县，或许创办于同一时期的学校都有不同的名称。例如收录了李梦阳记文的地方志所属的南昌府。李梦阳约于 1512—1516 年间活跃于当地。后来（在崇祯时期）也出现了相同的个案，但可能是仿照李梦阳而行，详见：1688 年版广东《新安县志》卷 5，页 7）。有两所在弘治时期创办的学校名为"礼社学"和"乐社学"（1872 年版江西《德化县志》卷 22，页 24a）。

[3] 1555 年版江西《南康县志》，重印版页 813（1554 年的学校）；1684 年版江西《饶州府志》卷 10，页 15—16（1595 年的学校）；1576 年版湖广《辰州志》。

[4] 1750 年版南直隶《如皋县志》卷 2，页 21b（一所建于 1523 年的学校）。同样在1451 年，有一所学校名曰"厚俗"。详见：1530 年版福建《惠安县志》卷 9，页 8b。

社学"[5]，而其变化形式则为"正蒙"[6]及"养蒙"[7]。

社学的名字通常成为学生的座右铭。万历时期，北直隶有一组社学命名为"居仁"、"由义"、"遵礼"、"养智"、"敦信"。创办这些社学的知县在碑文中解释道："盖取义虽各因其方，而参伍错综亦寓明伦之意。"[8]那些被刻在告示板上，悬挂在门上及建筑物内外的座右铭包括"养正"及"崇教导民"。[9]一座宁夏的武学则贴有一道榜文，指出即使军人也需要文化修养："文、行、忠、信"。[10]一座重建于1554年的社学则在两栋建筑物上题了"养正示始"和"愿学耳聪"的标语。[11]理想的小学课程则通过另一座社学的三间礼堂的命名得以反映："洒扫"、"应对"和"进退"。[12]为社学命名是对于该社学目标的有力声明，也是一种社学创办人向地方百姓、同辈与上司，以及后世宣告自己计划的方式。

另有一组社学名曰"秉智"、"居仁"、"由义"及"立礼"。[13]这组名称反映出社学教育的三个基础部分：阅读、书写及对其他关于识字、思想和文本方面知识的传授；道德原则及品行；以及礼仪和其他文艺方面的教育。无论乡童接下来是否进入儒学或继续留在村里，文本学习、道德及礼仪三者皆被视为一个整体。例如在15世纪80年代，一

96

---

[5] 康熙版及1895年版江西《崇义县志》卷2，页52；1525年版福建《延平府志》，顺昌县；1547年版广东《潮州府志》卷2，页19，潮阳县；1588年版广东《肇庆府志》卷13，页34，德庆县；1798年版广东《东莞县志》（外加所在乡村之后所列举出的名字），1890年版广东《高州府志》卷4，页21，石城县；1843年版广东《英德县志》。

[6] 1555年版江西《南康县志》，重印版页813（一所建于1554年的学校）；1750年版南直隶《如皋县志》卷2，页21b（一所建于1524年的学校）；1835年版广东《南海县志》卷11，页56a（引用黄佐于1561年编的地方志）。

[7] 1525年版福建《延平府志》，顺昌县；1835年版广东《南海县志》卷11，页56a（根据1561年版）。

[8] 1741年版北直隶《邢台县志》卷4，页7。

[9] 1496年版南直隶《句容县志》卷2，页6；1556年版河南《光山县志》卷2，页7—8。

[10] 1500年版陕西《宁夏新志》。

[11] 1820年版广东《增城县志》卷5，页39等。

[12] 1556年版河南《光山县志》卷2，页7—8。

[13] 1687年版广东《长乐县志》卷2，页27。该学校于1551年命名。

位作者提到：

> 凡子弟八岁以上者，悉令送入社学教之，诵读诗书，俾知孝、悌、忠、信、礼、义、廉、耻……果有成效者……转送儒学肄业。[14]

在同时教授礼仪的情况下，正确的文本学习将会促成良好的道德品行。虽然对于文本学习、道德及礼仪三者各自的强调有所变化，但是这三个部分几乎无所不在。在明中叶时期，国家强调的是文本学习和文化的部分，但在明初的时候，地方习俗的改造和道德品行两者受到了重视。

就整体教育而言，建立社学的主要目的在于传播道德，特别是儒家道德。若要"化民成俗"，就应当以正养蒙。[15] 根源于佛教的民间宗教实践，例如慈善、斋戒、抄经及善待动物等，并不是社学课程的一部分。社学教授的道德品行注重于人际关系。创建一座社学便是为了：

> 群邑人子弟而教之。按学校之设以张教化，以明人伦也……自正厥习端厥趋以明善诚身，学士之责也。[16]

一部地方志则声称："小学之设所以预养童蒙，使之知爱亲、敬长者。"[17]

在某种程度上，儒家道德观是通过亲身经历仪式来教授的。这类仪式若进行得正当，则能同时维持整体社会及个人的秩序。从问候同辈及敬爱父母，到神圣的冠礼、婚礼、丧礼和祭祀祖先的祭礼，都教导百姓何谓伦理关系和社会等级（即生者、死者之间的关系，以及不

---

[14] 欧阳旦作，转引自刘祥光，"Education and Society"，284。

[15] 例如，1537 年版北直隶《内黄新志》中所记载的一所建于 1536 年的学校。

[16] 1541 年版四川《云阳县志》卷 1，页 24。

[17] 1506 年版河南《新乡县志》卷 2，页 33（地方志引文）。同样地，魏校也提到了社学里的教育"务要教其爱亲、敬长、隆师、亲友"。详见：魏校"岭南学政"，《庄渠遗书》卷 9，页 17—18。

同年龄、身份、辈分及性别的人之间的关系）。把正宗的礼仪教授给百姓也能削弱佛教和道教在丧礼及婚礼方面所带来的影响。[18] 到了 1504 年，当弘治帝规定必须在社学里学习礼仪时，相关方面的教育已经成为社学教育中较常见的一部分。有些时候，例如在成立于 1497 年的 30 所社学当中，"教育乡县年幼者，使其学礼仪"乃是首要的。[19] 在其他个案中，为了将一名赤子改造成为一个有道德修养的人，仪式的进行通常配合着其他儒家教育方式：诗歌的学习及仪礼和射箭的练习。[20] 一部地方志把仪礼列在社学所必须教授的"四艺"当中。这四艺乃是对古代制度的模仿。该地方志解释道，所谓"礼"即是练习朱熹《家礼》中的仪式，例如冠礼和祭祖等；所谓"书"指的是师者端坐讲解而学生恭听的过程；所谓"诗"则是乡童吟诵《诗经》中的诗句，其间用钟鼓声来调节韵律；最后，所谓"乐"则是师者教授乡童弹奏八种乐器，使其心渐向学。[21] 无论乡童日后是否当官或务农，道德和礼仪方面的教育都是合适的。

同样，能让乡童识字的相关教育也是适当的。阅读和书写两者不可或缺。即使是在武学中，这两方面的知识也教授给了兵官的子嗣。[22] 虽然识字能力有助于道德教育，但这并非其唯一的功能。尽管在明初时期改善风俗之事更受重视，但当时那些不打算步入科举的庶民并没

---

[18] 伊佩霞，"The Liturgies for Sacrifices to Ancestors in Successive Versions of the Family Rituals"，收录于姜士彬主编，*Ritual and Scripture in Chinese Popular Religion* (Oakland: Chinese Popular Culture Project，1995)，106，109。

[19] 1502 年版北直隶《易州志》（学校由知州周宏所创办）。南直隶昆山《安亭志》中提到：大约在 1487 年，学生们被教授如何跪、叩头、鞠躬及退下。下文将提供更多的例子。

[20] 1687 年版广东《饶平县志》中提到：仪礼和射箭在进行考核之后需要每个月练习两次。1540 年版浙江《太平县志》中提到：学生被教授仪礼和诗歌。1572 年版南直隶《海州志》（卷 5，页 5）中提到：该地方志的作者评论社学应当教授诗歌、写作及仪礼。同样地，1555 年版《贵州通志》（卷 6，页 19）中提到：在弘治时期，武川县的学生学习诗歌、写作及仪礼，又或者是《诗经》、《书经》及礼仪。

[21] 1548 年版广东《香山县志》卷 4，页 4。关于这些条规的拟定者身份以及这些条规是否有被执行皆未阐明。这些或许和魏校有所关联。

[22] 详见：1607 年版陕西《延绥县志》卷 4，页 33。1673 年版北直隶《昌平州志》。

有其他的选择。他们面前只有一条较短的学习之路，即完成相关的启蒙读物和朱子《家礼》后或当该乡童辍学之时终止教育。提学副使魏校坚持把道德和礼仪教育作为社学课程中最重要的一环。魏校同时利用了社学教师作为纠察人员（见下文），并命令甄选有才能和品行良好的学生参加常年举办的考试，由此以生员的身份进入府、州、县学。[23] 杨子器，一位曾以社学替代地方上的佛教机构的知县，针对社学里的学生进行考核，并将那些"能通晓文义者"，而不是德行最佳者，送入县学。[24]

出人意料的是，我们并不能准确地知道当时学校里究竟使用了哪些文本。那些明代以后的作者关于社学中教授内容所作出的自信的声称，通常不过是根据其他学校及后来的学校惯例推测的。如第二章所述，18 世纪初期的史学家全祖望曾记载了明代社学的教程是以《百家姓》和《千字文》为先，之后方进入经、史、律、算等方面的文本阅读。虽然全祖望并没注明教程内容的出处，但他的记载却通常被后世学者视为"原始"资料之一。[25] 另外，虽然一篇发表在《青海师范大学学报》上的关于明代社学的文章在整体上注解清晰，但是当作者涉及社学的教材时，却仅仅列出了一长串启蒙读物和经典的名字，之后则引用了由晚明积极分子吕坤为社学拟定的日程。[26] 当学者引用明代史料时，这些史料通常出自晚明的作者（如吕坤和叶春及），而学者们却认为以此代表整体明代并不成问题。学者之所以会认为社学教授《三字经》和《百家姓》，并不仅是源于他们的常识及后来社学的具体实践，更是因为吕坤曾提过这两部书。[27] 同样，由于叶春及提议为最年幼的学童教授《孝经》和《三字经》，这两部经典便被认为是教程中的一部分。但是，学者往往没注意到的是，在社学教程应包括哪些文本的问题上，叶春及实际上并不同意吕坤等人的观点。例如，叶春及认为没有

[23] 魏校"岭南学政"，《庄渠遗书》卷 9，页 36。

[24] 1693 年版南直隶《常熟县志》卷 2，页 11（约于 1496 年）。

[25] 全祖望"明初学校贡举事宜记"，《鲒埼亭集·外编》卷 22，页 1（重印版为页 949—951）。

[26] 董倩《明代社学述论》，《青海师范大学学报》1998 年第 4 期，页 53—56。

[27] 池小芳《明代小学教学方式新探》，页 86。

必要在社学中教授《千字文》，这部在他看来仅是列举姓氏或童趣诗的文本。[28] 因此，当学者把整体史料诠释成指向一个在本质上不变的制度时，当中所存在的意见分歧和历史性变迁最终都会被忽略掉。[29]

　　虽然这种处理方法在合理的范围内能被接受（因为基础的教程本来就会从启蒙读物逐渐引到经史），但我们所持有的关于早期社学的一些证据表明，随着时间的推移，社学教程确实出现过变化。例如第二章所提到，明初社学的教程实际上（或仅在法律上）包括了基础识字教育，明代法律的学习，以及《御制大诰》的研读。在第三章的讨论中，我们知道明中叶时期所推行的一套在经典和传统方面的自由教育，实际上旨在培育全能者以及具有文化素养的良民和官吏。[30] 在当时相对较为思想开放和自信的时代，朱熹思想的支配性地位至少受到了一次挑战。例如，李龄与叶盛便提倡《养蒙大训》，一部元代的启蒙读物，认为《养蒙大训》比《小学》更适合作为启蒙读物。[31] 在明中叶时期，提学御史陈选或许是觉得《小学》的内容需要改善，所以便针对《小学》作出评论。之后，晚明时期的提学御史耿定向和黄佐也同样对《小学》作出了评论，或编成了《小学》的简化版。[32]

　　尽管有缺陷，但《小学》自明中叶时期（根据一份有记载明确年

---

[28] 叶春及《惠安政书》（福州：福建人民出版社，1987），页 358。

[29] 反映这一过程的另一例子：在考核的问题方面，董倩在《明代社学述论》一文中虽引用了在 1391 年关于背诵《御制大诰》的规定，但紧接着却提到了两个世纪后吕坤所制定的条文。

[30] 在 1439 年，一份提呈御前的教程中就包括了《御制大诰》，"四书五经"，史籍，以及《孝顺事实》（一部永乐时期的作品）。详见：1684 年版福建《宁化县志》卷 6，页 15。

[31] 魏校虽允许阅读《御制大诰》，但却"不许私读幼学诗"以及其他非标准的文本。魏校"岭南学政"，《庄渠遗书》卷 9，页 40—41。

[32]《明史》第八册，卷 96，页 2731—2734；以及戴彼得，"Huang Zuo and the Construction of Late Ming Nostalgia"，亚洲研究学会会议论文（2000 年 3 月 10 日加州圣地亚哥，作者允许引用）。池小芳将陈选所编的《小学集注》视为他对于社学的兴趣的另一例证（详见：池小芳《明代社学兴衰原因初探》，页 24）。该书的内容表明作者是为更进阶的学生编写，或许是期望他们会在社学中教书。详见：陈选《小学集注》，影印文渊阁四库全书版，卷 699（台北：台湾商务印书馆，1983），页 522—605。

份的史料，当为 1466 年）到万历时期，都被广泛地推荐在社学中使用。陈献章则将两者密切地联系起来：

> 以小学言之，朱子《小学》书，教之之具也；社学，教之之地也。其皆不可无也……（第七条）

在载于相关地方志的 31 条针对社学课程的评论中，有 9 条提到了《小学》，4 条提到了《孝经》。其他的文本，如"四书"、"五经"、朱熹《家礼》以及其中最有趣的《女论语》，仅被提及一两次。这些文本看似由全国的社学共同使用。刘祥光认为只有少数的明代教师编写了自己的一套启蒙读物，而元朝情况恰恰相反。[33] 这或许反映出明代整体教育更具统一性，而这种统一性则是强有力地始于永乐帝编撰和出版的《五经大全》、《四书大全》，以及宋代思想家的论著集成。然而，由于有关社学具体使用教材的史料并不多，所以我们并不能确定在多数社学中究竟使用了哪些教材。

但我们可以肯定的是，明代的官员除了意在让社学提倡道德教育，也同时进一步加强官方对教育及更普遍上的对地方百姓的管控。基本上，官员有时只要求汇报社学教师与学生姓名，或者报告学生数额及教师全名。[34] 一部地方志记载道，在两所社学于 1499 年创办之前，由于当时并没有管制的方式，因此地方上的教学分散到了百姓的家中，然而这并不是一种真正的教育制度。[35] 如果常驻守令有闲余的时间，他或许会在衙门里给学生上额外的课或监督特设的讲学或仪式实习。[36]

---

[33] 刘祥光，"Education and Society"，302。

[34] 1566 年版南直隶《徽州府志》卷 9，页 19 中提到：提学御史耿定向立下规定，要求将学生人数以及教师姓名呈报到他的官署。

[35] 弘治版《贵州图经新志》。一篇撰写于成化年间的社学记提到了当地知府之所以创办该社学，是因为"虽间有私塾，而官无典设幼学"。

[36] 嘉靖版南直隶《江阴县志》；1693 年版南直隶《常熟县志》卷 2，页 11（约于 1496 年，知县杨子器在政务闲暇之余，便会见社学里的学生）；1825 年版广东《恩平县志》（县学教谕教授经典给学童们）；附录中的第一、第十二篇记文（知府有空时便亲自在社学授课）；1503 年版南直隶《常熟县志》（在衙门里讲课以及进行仪礼实习；杨子器或许也会参与）。

官员访问学校的目的是进行视察，监督或裁退教师，[37]奖赏有前途的学生并执行考试。虽然按照法律，官员每年执行这些任务，但在一些个案中，官员规定按季度，甚至按月执行（如在县学中）。[38]在明中叶时期，一位社学的创办人则安排教师每月两次必须带领学生到县和府衙门，向官员行鞠躬礼。而且，既然这名知府也要求所有乡童必须上社学，可见这一鞠躬礼的规模定当不小。[39]社学的教育体制能够让一名乡童与政府有着最直接的接触，也让官员们能够直接管制学生与教师。这些都是创办社学计划中的一部分。

<hr/>

[37] 1566年版南直隶《徽州府志》中提到：提学御史耿定向颁布了标准规则，以便重印及分发到每所学校。耿定向的官署会进行非正式的和定期的审查，探讨这些指令是否已得到充分执行。他也警告学校当局不可敷衍屈从。万历版南直隶《绩溪县志》中提到：或许是为了替换不良的教师，肩负监督职责的官便按季进行检查。1559年版山西《蒲州志》卷2，页5b："宰社者以赏风延瑞，务学饰行，推之官辞，而典其教以观其所学，察其所习。则里俗有不厚者哉？"1552年版福建《安溪县志》卷4，页43中提到：为了控制教师的言语，当局必须对他们进行考核。

[38] 1566年版南直隶《徽州府志》卷9，页19（提学御史耿定向在规章中要求每年对学生进行考核，以便筛选出聪慧及有成者）；1548年版北直隶《隆庆志》（成化年间在任的知县亲自审视了全9所学校）；1559年版山西《蒲州志》（由地方官监督着教师）；1506年版河南《新乡县志》（知县在每月朔望巡视学校）；1732年版南直隶嘉定《南翔镇志》（在16世纪30年代，知县委派县学教师为代表，每个月进行巡视和考试）；1807年版南直隶嘉定《石岗广福合志》；1506—1521年版江西《新城县志》（提学御史下令县官定时巡视社学）；1741年版北直隶《邢台县志》（知县亲自巡访）；1616年版陕西甘肃《庄浪汇纪》卷7，页15a（道级官员每月或隔月一次考核学生，并按照成绩进行赏罚）；南直隶昆山《安亭志》（在大约1487年，知县听见了学童的朗读声）；同见王兰荫《明代之社学》下，页85；1503年版南直隶《常熟县志》（知县杨子器主考）；1687年版广东《饶平县志》以及1574年版广东《东里志》（根据魏校所定的条规，考查于每月朔望进行）；1556年版河南《光山县志》（日常巡视与每个月的考试）；1772年版南直隶嘉定《娄塘志》；1683年版江西《定南县志》（学童需进行考试，而按照他们的勤勉或怠惰的态度来进行赏罚）；第十二篇记文（教学条规注明了固定的考试时间）；1555年版《贵州通志》（一道在嘉靖年间颁布的指令要求在每个季节考核学童，并呈报学童的表现）；1529、1571年版陕西《蓝田县志》卷1，页8（在弘治初期，乡校里的学童每个月两次被带到县里进行考核，纠正他们的过错，并获得地方教育监督者的激励）；刘祥光，"Education and Society"，284。（欧阳旦"教民条约"。此文撰写于1481至1487年之间，要求按季考核学童。）

[39] 1535年版湖广《常德府志》（1466年在任的知府杨宣）。

在另一种文体中，对管控权的渴望尤为明显。相较于记文和地方志，这类文体也提供了关于社学课程的更加详细的资料。一位官员任职期间所颁布法令的记录，能够被单独保存或汇编成为"政书"，即一部同时作为档案记录、自我宣传及他人典范的刊物。在后来关于社学课程的记述中，叶春及与吕坤所撰写的社学文章产生了显著的影响。据称，他们的文章甚至记录了在任所颁布的实际法令和政策。然而，这并不是一种新的文本。在宋代，朱熹与真德秀已经发布了类似的资料集成。但是，这类文本是在一个特定的时段（迟至明盛期）进入社学的历史中，即理学英雄主义模式已被常驻守令制定出，并由管辖权更广的官员们所效仿之时。记载在政书中的社学计划在16世纪10年代末和20年代初，由三位对社学教育持有不同观点的人发表。这些观点反映出他们的哲学立场，他们之间的关系，对于该朝代的看法，以及对普通百姓的评价。在一个理论与实践合一的哲学思想受人欣赏的年代，这一文体非常适合用来保证声誉。

王阳明：道德发展

著名的哲学与政治家王阳明曾作过一个关于社学课程和管理的陈述。在《训蒙大意》，一篇涉及社学教师"教约"的文章中，王阳明在开篇便批评了社学原先对"人伦"的关注却被"记诵词章之习"所替代的现象。随后他超越了古今的比喻，指责当时多数教师通过顽固的纪律和机械的学习方式，驱使学童向恶。王阳明敦促教师必须顾及学童乐嬉游之性，同时引领学童进入学海中。真正的学习方式牵涉到自然喜悦的发掘；敬意并不是基于畏惧，而是由对自我与世界之间联系的深刻理解而生。和仪式及道德一样，学习应当强化而非摧毁人的自然倾向。

王阳明的教约规划出一个时间表和相应的教学方式。教师每日早晨必须做的第一件事，就是询问每位学生对待亲长的态度，在公共场合的行为举止，以及他们的心思。教师在任何时候一旦发现学童缺乏孝行或德行，就应当引导他们改正错误。接着，则是背书、诵书及讨论读物，或是抄写文章。但是，为了让学生喜欢学习，教师不应过度地给学生施加压力。最后，便是习礼和歌诗，因为这些活动都能轻易地存留在学童的心里，会使其喜悦并无暇接近邪僻之事。[40] 这一道德培育计划使文本学习成为必需。到了王阳明的时代，即使是在社学中，道德品行和文本之间的相互关联已被确立。王阳明和明中叶时期的李龄一样：认为乡童为了表达自己，就应当学习书写和写作；认为他们也应阅读经典和贤士的传记；认为仪式、音乐和诗歌皆是培育他们内在本性的方式。

　　然而，社学不仅只影响了学生。在后续的指令中，王阳明确表示教书也会改变教师。这是因为按照规矩，教师必须"尽心训导，视童蒙如己子，以启迪为家事"。相对于学生，王阳明授予了教师较少的自由空间。每个县必须提供两份教条给每位教师，让教师们张贴在其座位旁。每位教师每日都应遵照王阳明的教学方式。而为了确保此事，道级和府级的官员则需要定期检查。况且，社学教师"不但训饬其子弟，亦复化喻其父兄"。[41] 从这一规定可见，王阳明把社学看待成对社会的更广泛管控的一部分。在 1510 年，当王阳明任江西庐陵知县时，他便在亭子中（按洪武时期的法律规定必须兴建的建置）和乡里长老合作，也实行了一套名曰保甲（十家为一保）的互卫制度（mutual security system）。在 1518—1522 年，王阳明不仅在江西创办社学，且为了地方百姓相互的道德改善，也在赣南和福建订立乡约（这一制度

———————————

[40] 1555 年版的江西《南康县志》（重印版页 813 及之后各页），以及盛朗西"明清之社学"，页 51—52（引自《王阳明全书》）。王阳明的教育哲学已备受关注。例如，郝康笛，*Tranquility in Community: the Yangming Fellowship in Sixteenth-Century China* (manuscript，1997)，第三章中关于王门弟子对各种教育机构的推广，讲学活动的实践，以及其他的课题。

[41] 王阳明"颁行社学教条"（1520 年作），收录于高时良编《明代教育论著选》，页 306—307；以及盛朗西"明清之社学"，页 50—51（转引自《王阳明全书》）。

的制定和朱熹相关）。[42]

虽然王阳明在地方组织方面的成就得到了广泛的嘉许，但却鲜少有证据证明江西的社学是因王阳明的命令而兴建，又或是王阳明的教约被广泛地采用。只有一则记载提到 16 世纪 30 年代晚期，有一位社学创办人分发了王阳明的教约给每位社学教师。[43] 在作为他人榜样方面，王阳明或许拥有更大的影响力，因为他的多个门人都创办了社学。如第三章所提到，黄绾利用社学来协助平定大同的一场兵变。徐樾——王艮（王阳明门下一名反传统的追随者）最知名的门人，于 16 世纪 50 年代在贵州任上创办了社学。徐樾也把王阳明的哲学教育带给当地的少数民族儿童，因为他坚信他们同样有潜能得到全面的道德发展。[44] 何廷仁，嘉靖初期广东新安县的知县及王阳明与陈献章两人的门人，创办了社学并撰写了"社学训规"。"社学训规"引用了王阳明之语，强调了对孩童生来良好天性的发展。这些训规显然是供广泛的群众阅读，因为何廷仁不仅号召了社学教师，也号召了所有贤士来帮助学童培育道德天性，以便确保风俗的纯洁和正统。[45]

---

[42] 张煜全，*Wang Shou-jen as a Statesman* (Peking: The Chinese Social and Political Science Association，1940)，116，157—167。根据《王阳明年谱》，此乡约作于 1518 年，但《王阳明全集》却记载为 1520 年。据推断，该乡约堂兴建在一处空旷的寺庙场地。

[43] 在 1521 年，王阳明撰写了"行雩都县建立社学牌"。虽然赣州知州响应了王阳明早前一道要求创办社学的命令，但雩都县迟至 1521 年方创办社学。近年一部关于王阳明对于江西教育影响的著作仅仅提供了三条证据，证明他的社学计划确实被实行：1）南康县的地方志重刊了相关文档；2）相关教育文章收入一部非常全面的文编中；3）一位门徒创办了学校。参见吴宣德《江右王学与明中后期江西教育发展》（南昌：江西教育出版社，1996），页 333。"阳明先生小学教约"由尹才汉分发。详见：1540 年版浙江《太平县志》卷 4，页 19—20。王阳明所立的条规也收录于 1574 年版广东饶平《东里志》（1990 年再版），页 107—108。

[44] 1549 年版贵州《普安州志》；1555 年版《贵州通志》卷 9，页 10a。

[45] 1609 年版广东《新会县志》卷 3，页 12a—14a。何廷仁的传记收录于卷 4，页 23。何廷仁批评了当时的社学"则又不过记诵词章，钓取青紫而已……所谓孝悌忠信，礼义廉耻之教即乎无闻，而先王之遗意遂湮没而不传"。王阳明与何廷仁认为孩童性善，只需将他们引导向正确的方向，而小学教育当以道德为基础。两人的观点到了晚明时期，也由这部地方志的其中一位作者——黄淳在"社学说"一文提出（卷 3，页 15a—16a）。虽然《中国地方志联合目录》（页 697）省略了黄淳的姓氏，但他却是该地方志的两位编撰者之一。另一位编撰者，即知县本身，也创办了社学。

王阳明在正德时期创办社学和书写社学并不是另辟蹊径，而是继承了许多前人（无论是著名或无名）的做法。同样，这并不意味着只有王阳明的追随者在他的倡议之下才创办社学，因为有些后代积极分子的举动和王阳明有关，有些则没有。[46] 事实上，一份较有条理的社学计划是由知县桂萼继王阳明的文章之后方书写成。桂萼极度憎恨王阳明，以致他一旦掌握重权便隐瞒了王阳明逝世的消息，继续弹劾王阳明并禁止他的学说。[47] 社学及关于社学的文章相互之间能够表达出非常不一致的观点。

桂萼：四堂分习法

桂萼的"社学图说"很可能是针对王阳明的社学文论而作出的回应。桂萼的"分堂"体制更依赖实体布置、图案和文本，而非教师的能力。每所社学应当建有四座分堂，分别名曰：习礼堂、句读堂、书算堂和听乐堂。桂萼任知县期间确实建有一座包括这四座分堂的社学。每一名学生每天都必须按照日程安排在四座分堂学习。这份日程安排包括了专为学童设计的反复练习、朗朗上口的口号及图解。

首先，校门之后便是"习礼堂"。教师每天都需要解释一幅鲜明地印在丝绸上的礼仪图。每幅图阐述了一场礼仪或仪式的布置，也说

---

[46] 例如，除了上述提及的人物之外，嘉靖时期任推官的黄直，乃是因为考题有所诋毁王阳明学说而提出抗议，遂惹祸上身的王门子弟。黄直"以漳俗尚鬼，尽废境内淫祠，易其材以葺桥梁、公廨"（《明史》第十八册，卷207，页5472）。南大吉在知府任上，于1525年创办了社学。南大吉在1524年也编录了王阳明的一些对话，并且参与了讲学活动（万历版浙江《绍兴府志》；DMB，244，1412;《明人传记资料索引》）。

[47] DMB，1415；张煜全，*Wang Shou-jen as a Statesman*，68。关于桂萼的事迹，详见：DMB，756—758；盖杰民，"The Chia-ching reign"，收录于崔瑞德、牟复礼主编，*Cambridge History of China: The Ming Dynasty*，vol.7, pp.448, 453；1683年版江西《安仁县志》卷6，页20。该部地方志保存了许多桂萼的作品，并记载了桂萼的传记。关于桂萼的新清丈土地体制，详见何义壮，"Socio-Economic Development"，69—70。

明了使用的器皿和服饰。如此一来，学生便能够背诵和理解该礼仪。在列举的九种礼仪中包括了日常礼节和圣礼：接子礼、童子礼、冠礼（或许在明代已经没有实行）、士相见礼、婚礼、子事父母礼、妇事舅姑礼、祀先礼、乡射礼。"句读堂"则装饰满关于身为儿子当尽之责的图样，并存放了朱熹挑选出的用作小学教育的文章。学童逐步能够阅读和大致理解朱熹《小学》中的文章。在"书算堂"，教师每天教授学童一或两个字，以及四方、上下、数字和干支。在"听乐堂"，学童学习唱歌，学习演奏鼓、笛和其他乐器（这些都和射仪相关）。[48]

桂萼也在文章中重复了那些经典的陈词滥调，说明小学教育包括了"洒扫、应对、进退之节，礼乐、射御、书数之文"。他也规定社学之门应按照经典记载的那样，在早晨、傍晚及进餐时间由乡老长看守。如此一来，桂萼便把自己的体制关联到古代小学的体制。[49]与王阳明鼓励教师必须在学童学习时使他们快乐的方法不同，桂萼强调他的计划和其他的古代小学一样，"（不仅能）养其德性，（也能）养其血脉"，由此培育学童的感官和心性。桂萼所引用的经典，实行的管制，对朱熹的反复参照，以及关于学童心性的讨论之缺乏，皆表明他的规划是为了反对王阳明那些反映其哲学观点的社学文章。

由于桂萼在大礼议事件中支持嘉靖帝一方（即新皇帝无须认前任皇帝为父，而是能把亲父尊奉为先帝），遂晋职为礼部尚书。1527年，虽然桂萼把原先的计划内容扩充为一封奏章，但却将原先的"社学"一词改成"小学"。此外，当桂萼在成安任上编辑政事记时，他竟将追

---

[48] 桂萼"成安政事记"，收录于1676年版北直隶《广平府志》卷18，页8b-10b。桂萼"社学图说"，收录于1683年版江西《安仁县志》卷7，页36—37。宋代人物胡瑗分别设立了"经义斋"和"治事斋"。在宋代，使用独立学堂的做法普及到小学教育中，而元代也沿袭这一做法。在明代，义学和社学常设有独立学堂（池小芳《明代小学教学方式新探》，页83—84）。关于桂萼所设教程的简要讨论，详见王兰荫《明代之社学》下，页114—116。《周礼》中也提到了分堂法（作者不详，清代版本的《周礼》注，文海出版社重印，页184）。

[49] 关于这一体制在明初时期的情况，详见：解缙《文毅集》卷1，页11—12。

溯到的原先创办的学校的称谓改为小学。[50]这一措辞加强了他的主张，即自己的规划是对古代小学体制的效仿。但也有可能桂萼通过使用另一表达方式，进一步把他的计划和王阳明在江西引人注目地创办社学的做法区分开。这一新的"古代"表达方式也使他的计划在某种程度上与当朝现行法律及明太祖的遗产有所分离。这一表达方式使桂萼迎来了新的起点，他不再受到当朝法则和先例的限制，就如同给予他恩惠的嘉靖帝所做的那样。

桂萼的奏章获得了批准，而在皇帝的支持下，他的计划也得以颁行。1527年之后，小学和社学已成为允许常驻守令使用的称号。虽然两种称号都被使用，但那个新称号较少出现。池小芳认为，桂萼的计划具有相当的影响力，也被记录在多部地方志当中。有些地方志提到了分堂法的使用，其他的则简单地使用了小学一词。[51]一所于1531年创办的学校遵循了桂萼的四堂分习法，也根据他的计划来为四间课室命名。另一所建于1530年，位于九江府的社学甚至遵循着计划中提到的古时候的要求，在校门外必须建有两座供乡长老就座

---

[50] 池小芳《明代小学教学方式新探》，页89注10，转引自《古今治平略》中的评语。虽然池小芳没有注明年份，但1874年版的江西《湖口县志》（卷4，页16）却记载道："嘉靖六年，允礼部尚书桂萼奏建小学。"1679年版的江西《安福县志》（卷1，页22）则补充道该奏章颁行至全天下，而到了1531年朝廷又下令建学校。桂萼的奏章收于《桂文襄公奏议》卷3，页1—11。奏章中也涉及其他关于教育及社区中的事宜。引自桂萼早期所撰的"社学图说"，即包括了理想学校设置的一幅地图，是从该书卷3，页14b开始。桂萼"成安政事记"，收录于1676年版北直隶《广平府志》卷18，页8b-10b。

[51] 池小芳《明代小学教学方式新探》，页84—85，转引自浙江宁波、江西九江及山东汶上等地的地方志。除此之外，详见1576年版《云南通志》卷8，页4b；1527年版江西《九江府志》卷十，页23a-24a。根据1567年版北直隶隆庆《赵州志》（卷2，页13b）的记载，御史蔡云爱在16世纪30年代初创办了三所小学。约于1526年，黄怿以小学替代了那些无事实根据的祭祀空间（1552年版福建《安溪县志》）。另在兴宁县也有一所年份不详的小学（1576年版湖广《辰州志》）。一部地方志记载当地于1531年创办了一所小学，并提供了桂萼教程的概述，并记述了桂萼在1527年上奏创办小学（1874年版江西《湖口县志》）。

的"塾"。[52]1528 年，与桂萼同党的江西巡按御史储良才，下令创办小学。[53] 在 16 世纪 30 年代创办了 6 所学校的嘉定知县李资坤，也在某种程度上遵循着桂萼的模式。李资坤创办的学校名曰小学，而至少有一所建有三间（不同于桂萼计划中所规定的四间）分堂，分别名曰：养正堂、兴诗堂和立礼堂。[54] 况且，周坤为李资坤创办学校所撰的记录（第二十二条）显然也引用了桂萼的原文，即包括了对于里门左右两侧塾的描写。桂萼的四堂分习法也受到了其他写作者的扩充和改进。其中一位写作者就包括黄佐。虽然黄佐和大部分官员一样反对嘉靖帝的行为，但也保持着自己独立于王阳明思想的立场。[55] 桂萼的计划貌似比王阳明的更具影响力，但这或许纯粹是因为使用"小学"一词更容易让人溯本追源。更何况我们无从得知那些使用这个词的人，究竟是因为职责所需方回应那封奏章和圣旨，还是基于坚定的信念，又或者是一种奉承当时正掌握大权的桂萼的方式。

魏校：复合的体制

第三个社学计划是由王阳明的另一反对者所颁布，而他也同时是桂萼后来所赞扬的少数令人称许的提学之一。[56] 在 1521 年，当知县桂萼正在书写其"社学图说"时，提学副使魏校则在颁布一套明代最全面的关于社学的法令。若说王阳明的计划更依赖于人的情感，而桂

[52] 1576 年版《云南通志》卷 8，页 4b；1527 年版江西《九江府志》卷 10，页 23a-24a；1874 年版江西九江《湖口县志》卷 4，页 16。

[53] 有一所学校因此被创办。1684 年版江西《饶州府志》卷 10，页 15；《明史》第二十四册，卷 283，页 7283。

[54] 1772 年版南直隶嘉定《娄塘志》。

[55] DMB，668—670。身为嘉靖晚期的广西提学御史，黄佐也拆毁了淫祠，实行射箭礼，提倡贞洁和孝道观，并且创办了乡社，由此改善了当地风俗（1673 年版广东《香山县志》卷 7，页 8）。

[56] 根据达第斯，*A Ming Society* 中的论述，魏校反对了王阳明的做法。关于桂萼的表扬，详见《明世宗实录》第七十四册，卷 81，页 1805。

莩有赖于正规的礼仪训练，那魏校的计划便包含了前两者的目标。他力劝教师们按照学童各自的水平来进行教导，并通过富有道德性的轶事来拉近与学童之间的距离。但是，魏校并没有真正地尝试从学童的自然倾向着手。例如，他的计划除了要求学童长时间肃静地坐下与站立（这些举动的原因不明），也要求他们练习仪式。在告诫教师避免进行哲学方面的空谈之后，魏校提供了一份每个学日应当进行的详尽计划。当中就包括了按照个人能力来进行的礼仪、阅读、书写、朗诵、音乐诸课，而最聪明的学童还必须上书法课、数算课，教师也必须向他们解释古代的驾御之艺。魏校在每个步骤都强调了秩序和礼节。

他在对自己目的之声明中提到：

> 社学之教，不专于念书、对句，务要教其爱亲、敬长、隆师、亲友，习礼乐、养性情、守教法……[57]

每个学日的课程表包括学童赞礼时升堂、正揖、分班、正立等的详细指示（以下所引的概括皆省略了这部分的记载）。魏校在仔细地编排师生进入课堂之后，便吩咐教师开始早课。

> 命执事者击"云板"，命坐。年长在上，以次序坐。务使从容，严静良久。命击云板，命十人一班，依序出，就先生位前正立。量其少长，或以《童蒙训》，或以《大学》之道白直教之，恳切以开其志趣，援古以增其见闻，不须屑屑讲解文义，只要责之使行于身："如此是君子，汝所当学；如此是小人，汝所当戒彼！"古人已行之孝悌……告之曰："此是古人实做的事，汝能如此。"……凡所告者，皆以生徒职分所能知行。至于起居、出入、动静、食息皆当实教，不须告以性命高深之理，躐等无益之言，

105

---

[57] 魏校"岭南学政"，《庄渠遗书》卷9（影印文渊阁四库全书，第1267册。台北：台湾商务印书馆，1983），页17—18。

徒增口耳之末而无益于身心也。教毕，仍命复位。坐看记所教《蒙训》之类，年小未能看者，教之诵记。[58]

同样的程序（即利用文本来训诫学童的行为举止）也必须应用到那些较年长的正在阅读《孝经》和其他经典的学童身上。教师必须针对一个或两个要点进行训诫，并关联到学童自身的生活中。魏校评述道："此不是讲书，是借古人之嘉言善行，以教他做人。"当学童退食时，教师必须仔细地观察他们，并谴责那些不服从年长学童或傲慢地侮辱乡童的学童。

到了下午，教师则教授习字。学生们按照自己的程度独立进行抄写、略述或创作诗文。那些得性情之正的诗歌（即不涉及金钱或品级的相关内容）皆由不同人数的群组吟唱，而经过数次反复吟唱之后，人人都能够记诵这些诗歌。当一个班用钟鼓为老师歌唱之时，其余的学童则弹奏笙箫琴瑟之类的乐器。吃过晚餐之后，教师则观察学童行揖，并纠正任何不得体的行为。之后，教师在谨慎地维持秩序与和谐的情况下专注于个别小组，为年小者讲授嘉言善行，为聪慧者讲授音律，或为最聪明者讲授算数、驾御理论及书法（仅限正统的风格）。以上便是每个学日的课程表。另外，学童们每个月需练习射箭四次，每个月祭拜孔子两次，还必须抽签回答关于他们所学文章的问题。最后方得以放假。学童若遇高曾祖考忌日准许请假，而年长的学童则允许出席乡里的冠、婚、丧、祭之礼。如此一来，这些学童不仅能学习相关仪式，也能够教育乡里的其他人如何举行正当的礼仪，以及如何避

---

[58] 吕坤也同样提议道："每讲书，就教童子向自家身上体贴。这句话与你相干不相干？这章书，你能学不能学？仍将可法、可戒故事，说与两条，令之省惕。他日违犯，即以所讲之书责之，庶几有益身心。"吕坤"吕新吾社学要略"，收录于张承燮《儒先训要续集》卷1，页1—2。同见：狄百瑞、艾琳·布卢姆主编，*Sources of Chinese Tradition*, 2nd edition (New York: Columbia University Press, 1999), vol.1, 888—892。

免淫乐和佛事。[59]

　　魏校在教学法方面所作的最主要的革新便是其"复合"制度。在诸社学记和地方志的评语中，许多学校都被形容为窄小和破旧，乡村地区更是如此。然而狭窄的设施并不适合练习仪式。其他的社学创办人往往以临时的方式处理这一问题，即定期把学童送到县学或富裕人家的住宅中练习仪式。[60]办事有条不紊的魏校则担心县学里有二等的且对正式礼仪不熟悉的教师。因此，他在社区中建立了一套以小型学校为主的制度，而在城市中则以大馆为主。[61]乡里的学童轮流前往城里的学校，在正当教师的指导下练习礼仪。魏校也批准使用规模较大的学校来进行吟诵和阅读。尽管存有一些重叠的部分，但却能够让大所的学校监督县学。黄佐接受了魏校的复合体制，而叶春及则改动了其体制以适应大所的学校。叶春及使这些学校处于每个社区的中央位置，也确保这些学校并不是由所有的学童轮流使用，而是提供给那些之后要进入县学的学童使用。[62]如此便偏离了魏校原有的目的，成为

---

[59] 魏校"岭南学政"，《庄渠遗书》卷9，页29—34，40—41。根据广东省地方志"初稿"（在魏校离任十六年后方刊行）的记载，魏校是首位在广东大规模地创办社学之人。虽然该部地方志提到了魏校所撰写的与此课题相关的文章，但并没有涉及复合制，也未谈论任何关于魏校教学法的细节。该部地方志仅仅提到教师改正了学生的句读，习礼节，暇则教之射。然而，自魏校离任后，继承者"莫克修举"，且尽管地方志收录了学校的旧址，这些学校却仅存其名。详见：1555年版《广东通志初稿》卷16，页25b-26a；另见本文第七章。

[60] 1881年版江西《上犹县志》（在正德时期，学童们每月在某县里的缙绅家中习礼，而在另一个县则是在富裕人家习礼）。1503年版南直隶《常熟县志》（学童到县学听讲及习礼）。

[61] 黄佐在1548年版广东《香山县志》（卷4，页3）中提到该体制，并谈及魏校的指令。1687年版广东《吴川县志》（卷2，页5）列举出了17所明代（或可能是清代初期）创建的社学。这些学校按大小划分，在多数乡村里三所小学校归属于一所大的学校。

[62] 在黄佐与叶春及的计划中，较年少的学童需要学习上下四方位，从一到十的数目，以及天干地支。这一改变（或许是效仿桂萼的计划，或许是效法传统的实践）意味着尽管某位学童在一年左右的时间辍学，他也会学到有实用价值的知识。相反，若在魏校的体制下，该名学童将只学到一些陈词滥调。详见：池小芳《明代小学教学方式新探》，页85—86。黄佐非常仰慕魏校，他本身也参与了社学事宜。他为1562年版《东莞县志》写序，并在文中解释他对魏校的仰慕，提到魏校（转下页）

一种给予某些学童优惠待遇的、按能力划分的制度。我们将在第七章讨论到，在晚明的历史语境中，这一做法是合理的，因为一些社学仅为贵族而不是整体社群服务。

泽及万户

早在王阳明与魏校各自颁布法令之前，社学的场地有时已被借用来举办一些活动。这些活动旨在改造整体社群，并不仅仅是针对学童。沃频已命里老人在社学里举行乡祭酒仪式。在 1489 年，徐鹏，一名在泰州的官员也利用社学作为一处训诫各年龄段的人的场地。[63] 徐鹏是一名理学英杰。按照他自己的陈述，他曾把某一盐场另划分成十个区域，并遵照其他积极派守令一贯所为执行了多项改革。他在自己的地方行政范围内扫除贪污，抑制了强大和富裕的家族，并鼓励他们援助乡里邻居。他也使地方百姓的税赋更为均等，并为贫困男性配婚。徐鹏同时也攻击佛教、道教和民间宗教。他遵循朱元璋的命令，在每个区域中设木铎老人一名，每夜叫诵有教诲意义的文本。这些文本中就包含了《教民榜文》中的六项指示。[64] 除此之外，徐鹏在每个区域中创办社学，并聘请一位"贤良方正"者为教师，从《小学》开始，训

（接上页）秉持了古时周代的精神，以及深究《周礼》中的义理。黄佐精读了魏校的文章，非常钦佩他所颁布的关于创办社学以及实践乡约的声明。后者也有助于防止犯罪，移风易俗，给百姓带来安宁。黄佐尝试效仿魏校，也加盖了社仓以豫教于养，设保甲以重祀与戒。他希望以地方志来保存他的记忆。该序被收录在1798 年版广东《东莞县志》"旧序"，页 8。值得注意的是，在收录了该篇序的清中叶版的地方志中，列举出的 48 所社学的创办年代都能追溯到嘉靖时期，即魏校正活跃的时期。多数的社学则是创建于永乐、天顺及万历时期。黄佐也是 1548 年版广东《香山县志》的编者之一，以及 1561 年版《广东通志》的作者。

[63] 徐鹏是北直隶清苑县人，于 1489 年考获进士。他或许是在泰州任扬州通判。所有关于徐鹏的活动资料引自于乾隆版南直隶东台《小海新志》（一部关于泰州内的其中一个乡镇的地方志）。

[64] 徐鹏"经训"，收录于乾隆版南直隶东台《小海新志》卷 4，页 6。

练年轻的庶民阅读和练习礼仪。[65]

　　徐鹏也亲自编写了一篇"训"，给每户家庭分发一份，让其阅读和练习。一名清代作者在描述地方学校时，提到了当时这篇"训"必须在社学中大声诵读。"训"的内容包括：

> 吾民者，父慈而教，子孝而箴，兄爱而友，弟敬而顺，夫和而义，妻柔而正，姑慈而从，妇听而婉。为臣而忠，交友而信。男女有别，子弟有学。言必忠信，行必笃敬，心术必正。威仪顺则衣服遵制，饮食有节。德业相劝，过失相规。贫穷患难相救，婚姻死丧相助。毋听妇人言，毋急竞长短，毋酗饮酗酒，毋斗狠赌博。毋用僧道，毋惰农业。毋欠粮课，毋学私贩。毋尚奢侈，毋肆奸淫。毋作盗贼，毋好争讼。毋倚尊凌卑，毋以幼犯长，毋以恶凌善，毋以富吞贫。行者让路，耕者让畔，则礼义攸臻。刑宪不犯，身家常保，则帝王之治成矣。[66]

　　紧接着徐鹏等人自我宣传的典例，王阳明要求社学教师除了教授孩童以外，也必须教导成年人。[67] 魏校则更极端地命令在"立学之后，不论文武、贫富之家，皆一体遵依社学教条"。[68] 除此之外：

> 立学之后，汝四民（士、农、工、商）如有能从教化，朴实尚义，好诗好礼，善处彝伦，能和乡里，笃教子孙，足为一乡敬信者，许里中老而有德者，告于社学之师。[69]

---

[65]［清］苍岩"社学议"，乾隆版南直隶东台《小海场新志》卷4，页4a-b；徐鹏"经训"，《小海场新志》卷4，页6b。

[66] 徐鹏"经训"，《小海场新志》卷4，页7a-b。

[67] 关于原文，详见高时良《明代教育论著选》，页306—307。王阳明于1521年撰写的关于于都县社学的碑文（见上文），也将每户（而不仅限于个别学生）的顺从和学习之风的传播，与拥有一位正当、诚恳的社学教师联系上。

[68] 魏校"岭南学政"，《庄渠遗书》卷9，页18b。

[69] 同上。

在魏校的想象中，这位理想的乡里教师不仅要为进行相关礼仪而协调乡里互助，[70] 教导学童遵守学规，他也有必要记录所有村民的行为举止，并加以训斥或褒扬。教师需要保管两本登记簿，分别名曰"扬善簿"和"改过簿"。例如，抚养孤儿者的姓名将会出现在前者，而在治丧期间宴歌者将会引来谴责，姓名被登记于后者（即使他在簿中的记录之后能够加上"改"字）。

> 一里中如有能改过自新，变恶为善……里中老而有德者，告社学之师，访问的实，书于"改过簿"内，以待本职查赏。[71]

108

这是徐鹏所重提的明初里老人制度的另一描述。在该制度中，村民的善恶之举都会被张贴于乡里的亭子，而里老人也同时扮演了调停纷争的角色。然而，让社学教师作为乡村和提学使司之间的联系人，意味着一种国家影响力的干涉。这类干涉比朱元璋或其继承人所制定的任何制度来得更为完整和系统。魏校是主动地走向了这一极端，就和徐鹏认为他的"经训"是成帝王之治不可或缺的一部分一样。

对于积极派官员而言，社学是更大层面的地方社会改革的一部分。社学不仅是以儒家经典、礼仪和伦理来传授小学教育的场地，也是通过礼仪、讲学和档案记录来教育全体社群儒家价值观和品行的场所。虽然官员们引用了中央颁布的制度、仪式和文本，但实际上却超越了它们。徐鹏在自己的文章中改编了朱元璋的《教民榜文》，而沃頖则创造性地结合了各种元素，创造出一个新形式的乡祭酒仪式。魏校利用了明代对保管记录了善恶之举的登记册的偏好，将社学教师转变为与省政府有所联系的道德巡警（moral policeman）。社学不仅仅是为了教育孩童和创造出有高尚品德之人，也不单单为了与佛教和民间宗教竞争，还会直接加强官方的管控。

---

[70] 魏校"岭南学政"，《庄渠遗书》卷9，页36。

[71] 魏校"岭南学政"，《庄渠遗书》卷9，页24。关于这类簿在明代时期所受到的偏好，详见：周绍明，"Emperor，elites and commoners"，303。

知行合一

虽然在王阳明、桂萼与魏校的写作之间相隔数年，但他们皆通过自己的文章提倡了不同风格的小学教育，也同时表达出自己的哲学立场。创办学校和针对学校进行书写是王阳明与其门徒和反对者之间，把哲学上的差异和政治上的斗争带到国家层面，并使其具有制度化形式的一种途径。社学计划的内容（即对于礼仪和个体意识与道德本性之间关系的思考）及其形式（即那些很可能已被执行的命令），使其完全置身于一场争论的中心，争论双方则是王阳明的思想，以及在这一思想影响下的嘉靖帝为尽孝心以祭祀亲父之举所带来的恶果。既然这场争论涉及思想和行为间的联系，那么对于这些作者而言，重要的是他们必须看似在做与社学相关的事，而并非仅停留于对社学的讨论。所以，与其撰写理论性的专题讨论或是序文和诗词，他们也撰写指示。基于此，他们和从未实际兴建社学的朱元璋一样，也赢得了曾创办社学的美称。这一"事实"有力地加强了他们在理论上的主张。

如上所述，我们能够看到明中叶和明盛期模式的差异。第一，我们主要从御旨的记载得知明初学校的情况，而从御旨、奏章、私人书信和诗歌、序文以及记文得知明中叶时期学校的情况。至于明盛期，记文和地方志中对社学创办人的颂扬则由另一种文体，即在县级或省级颁布的命令中得到了增补。与其把焦点投注到中央政府，这一文体更强调地方官员本身拥有主动权的程度。第二，在明盛期政治性和哲学性党争的氛围下，矫枉过正替代了明中叶时期对自由式教育的容忍。这类自由式教育关注的中心是有关传统的丰富文本，这些文本能为学童做好升学的准备，充实他们的生活，以及使他们向善。明盛期的社学创办人推广的是范围更狭窄的文本。而且，对于道德伦理和礼仪方面的教育，他们则主张以简单化的课程和仪礼练习来训练庶民。

同时，如王阳明与魏校等积极派官员超越了当朝法律，利用学校从官方和思想两方面提升他们对整体社群的管控。科大卫，一位熟悉魏校各项活动的学者，在涉及20世纪初期的历史时，便提到了几乎所有的乡童能够上学。然而，与其提升人们的读写能力，学校仅仅提

109

倡了：

> 将一种读写传统合并到一个原始的读写文化当中。……当时
> 盛行的乡村教育……并没有培育出很多具有读写能力之人。在多
> 数的乡里，乡村教育的效果貌似主要是对一种识字理想的传播，
> 以及把某位具有高识字水平者派驻当地担任教师。[72]

在科大卫看来，乡校是政府由上至下的影响以及理学思想传播的
一部分。乡校使文人阶层所具有的支配权合法化，将这一阶层中的一
员派到乡里的一所机构中，让他代表着政府。相反，孟德则总结道，
依据撰写和签署档案文件的作者的背景：

> 百姓能够依靠自己或在传统官僚政府的适度协助下，达成掌
> 握读写能力的需求。有些时候，因为了解官僚的偏好，他们甚至
> 知道如何利用识字能力获得利益。[73]

实际上，关于教育是否给予百姓力量或对他们进行洗脑的争论，
仅仅停留在意识形态层面。不容忽视且往往不言而喻的是，这场争论
通过与西方理想化的想象进行比较来作为依据。

教育和专制政府

110　　社学能被视为"明清时期统治阶层对教化媒介异常彻底的管制"

---

[72] 科大卫，*The Structure of Chinese Rural Society: Lineage and Village in the Eastern New Territories* (Hong Kong/Oxford: Oxford University Press，1986)，47—48。

[73] 孟德，"Literacy in Traditional China: A Late Reflex on Evelyn Rawski" 收录于冯铁、高思曼主编，*Autumn Floods: Essays in Honour of Marian Galik* (New York: Peter Lang，1998)，60。

的一部分。[74] 以上虽然是姜士彬的措辞，但其观点却是普遍性的。科举制度训练出了中国的精英，训练出了所有有志于科举者，甚至是所有的读书人。这套训练以理学思想为主，并集中于忠孝的灌输。一篇文章批评了明代的教育方式，认为这种方式是一种桎梏，阻止创新并支持了帝王统治。[75] 但是，由于这类谴责性的说辞很常见，这个观点几乎没有任何突破。李弘祺曾将朱元璋对专制统治（即"明代政体最重要的特征"）的显著贡献，以及在另一方面，中国教育所扮演的角色（其中包括社学的创办这一"普遍"或至少是"著名"的事）两者之间作了直接联系。这一联系导致了"专制型人格"的创造。[76] 然而，如果我们把明代的小学教育和分裂的中古英国的小学教育进行比较，它们的相似点则尤为引人注目。所谓分裂的中古英国时期，指的是 16 世纪初至 30 年代，即促成"新学运动"的大剧变之前异教的写作者重新受到重视，以及在都铎尚未整合各君主国之前。

相比起明代的中国，中古不列颠时期的百姓要获得教育不仅未必更容易，或许甚至是更加困难。"在 1496 年，苏格兰国会有野心地颁布了一道政令，命令所有的男爵和土地终生保有者把已满八岁或九岁的儿子送到学校念书。"虽然自 14 世纪起，学校提供了一些免费名额，15 世纪和 16 世纪一些义学也开始创办，但是即使在宗教改革运动时期，多数的学生都必须付费。[77] 正当中国的男童奋力学习古文和官话，并花大量的时间背汉字时，英国的男童则在努力学习拉丁文和法文，并每日花上九个半小时的时间熟记变格、词形变化和字表。[78] 在英国，礼仪文本和语法必须全部背下。学童大声地向坐在高椅上、手握杖笞

[74] 姜士彬，"Communication，Class and Consciousness"，收录于姜士彬、黎安友与罗友枝主编，*Popular Culture*，48。

[75] 田晓红、高春平《明代的学校制度及其警示》，《史志学刊》2000 年第 5 期，页 27—31。

[76] 李弘祺，*Education in Traditional China*，345—348，98—99。

[77] Nicholas Orme，*English Schools in the Middle Ages* (London: Methuen and Co. Ltd.，1973)，117—118。

[78] 与新学问相关的讨论，详见 Nicholas Orme，*English Schools*，112—114，90—91，117，124。大约在 1345 年，英文才取代法文作为首先被使用的语言。

的老师诵读。教师很少受到教书方面的训练，他通常是在政府部门工作的礼仪专家。中国和英国都反复使用旧课本，而这些课本有时列入新的注解，或者被删节成各种不同的版本。[79] 即使是在英国，迟至1483 年方开始刊印的文法书，到大约 1500 年便成为畅销书。魏校推荐教授一些学童能有所体会的轶事，而在都铎王朝初期或之前的教师则推荐"使学生更有活力的课程"。这些课程的内容包括谚语、时事、起居和描述。就像在中国一样，书法在英国也享有重要地位，而书写韵文也是一个人教育生涯的最高成就。[80]

中古英式的教育大致上是仪式性的：男童被训练成牧师的助手，执行家中和社群中的礼仪。为了祷告，每日课程需暂停两次。就像明代男童所使用的启蒙读物一样，英国男童也必须学习以韵文形式书写的道德格言。一名英国作家写道："没有任何事情能比知晓人生准则和练习优雅的举止更有益于一个人的幸福。"他在书中首先以韵文形式描述了宗教义务，之后方提到了例如"尊敬父母，婚姻，自律，对待他人的礼貌及餐桌礼节"。虽然有些男童后来投身法律或商业，但他们掌握了全套教程之后则能够成为文书，在教堂或政府部门，甚至同时在两者中工作。和得到秀才身份一样，持着小品（minor orders）身份的人享有比教会法院通常所宣判的更轻的刑罚。[81] 学校也通常和教堂合并，如同社学可能坐落于寺庙中或替代这些寺庙，或者设有用来祭祀朱熹的祠一样。因此，小教堂和文法学校或许会合建为同一座宏伟建筑，或者如 1521 年，伊拉斯谟（Erasmus）对圣保罗学校的描述一样，在一间宽敞的房间中以窗帘分隔成四间课室和一座学校的附属教堂。另外，与桂萼所尝试重现的由里老人管理，坐落于乡门的古代学校相

---

[79] Nicholas Orme, *English Schools*, 88—89, 123—124。在这个一方式的学校上课的学生人数范围从几位到 153 位（即"撒网捕鱼的神迹"中的鱼数）。学童们学习拉丁诗，以及一本编写于 1200 年的语法书 *Doctrinale Puerorum*。这本书一直被使用到 16 世纪 20 年代。

[80] Nicholas Orme, *English Schools*, 127, 100。即使是"养育"（nourishing）的比喻也被共用：一部编写于 1496 年的基础语法书被命名为 *Lac Puerorum* 或 *Mylke for Children*，而一篇较早的文章则将这一比喻使用得像是一种陈词滥调（110）。

[81] Nicholas Orme, *English Schools*, 40, 48, 90—91, 102—103, 105, 120。

应，布里斯托尔（Bristol）的中古学校正是建立在城镇的门上。[82] 鉴于这些相同之处，我们很难论证教育方式是判断英、中政治制度和思想体系的历史轨迹截然不同的关键因素。

明代的文本，包括教派的经文，确实体现出了可观的文化融合程度：对孝道和忠君思想的提倡无所不在。[83] 然而，我们不应当对管制和一元化的程度估计过高。并不是所有识字的人都必定是贵族阶层中的一员：还有神职人员、占卜师及其他的礼生。另外，虽然在精英阶层中也有一部分有学问的人拥有巨大的影响力，但却被排除在政治活动之外：贵族们的妻子。当然，也有失意的秀才和虽有学问但无法得到良好进展之人。这些人或许传播了理学价值观，并使其通俗化。但是，如姜士彬认为，有些人"对于掌握支配权的精英及其价值观，却存在着矛盾，甚至是敌对的态度"。[84] 况且，从多数百姓到贵族和皇室，理学教育的普遍性从未铲除，甚至严重地牵制佛教、道教及民间宗教的信仰和实践。在明代，相异的道德伦理及礼仪习俗仍并存着。例如，陆容曾记载浙江温州当地的习惯是兄弟共娶一妻。若女子仅嫁给一人，即无兄弟者，新娘和女家便会不满。[85] 在明代，即使是在那些有阅读能力的人之间，也存在着与合乎规范的生活、工作、教育及祭祀方式有所分歧的行为。本文的下一章将考察对社群中各种各样的人而言，教育和读写能力如何能同时意味着机遇和剥削、自由和管制。

---

[82] Nicholas Orme，*English Schools*，图 8 与 9，页 123。

[83] 欧大年，"Attitudes Towards the Ruler and State in Chinese Popular Religious Literature: Sixteenth and Seventeenth Century Pao-chuan"，*Harvard Journal of Asiatic Studies* 44.2 (1984): 347—379。

[84] 姜士彬，"Communication，Class and Consciousness"，60—61。

[85] 陆容《菽园杂记》，页 141。

第六章

明代社会中的社学

112

　　当职所至，询问社学，每府、州、县各设数处，然皆卑陋湫隘，名存实亡。教读姑取备员而已。

——魏校《河南学政》卷10，页7

　　社学究竟是一种什么样的学校？御旨和奏章、诗文和记文、教程和命令等皆通过各种方式来讨论社学。这些文本帮助相关作者完成了目标，而实际的学校也影响了普通百姓的生活。为了弄清社学原来的样子，或者是地方百姓所认知的样子，读者就必须运用想象力，在一批既匮乏又不可靠的资料中进行解读。但是，即使是为了理解那些和社学相关的文本，想象力的运用也是必要的。那些通过书写社学日常运作来发表其哲学和政治观点的学士，为了让所作的声明更具影响力，就必须与地方上的真实情况相联系。社学创办人为了让他们的成就持续下去，就必须把围绕该社学进行的地方政治活动考虑在内。因此，本章将试图阐述明代社学的物质情况，以及地方臣民如何与社学进行互动。谁在社学中上课？为什么他们需要在社学上课？谁在社学授课？为什么他们需要在社学授课？社学如何得到资助？社学如何被安置在地方社会中？无论是否受到百姓的欢迎，社学是否成为一套由国家强制执行的贴近百姓的制度？社学给明代社会带来了怎样的影响？

　　我主要依靠社学记（已在第四章讨论），以及地方志来回答以上的问题。我将在第七章进一步论述，地方志是为了各种目的而编写。但是，我们是否能证明使用地方志作为历史事件、地方实践及制度的资料来源的做法是适当的呢？詹姆斯·唐（James Tong）便曾描述他如何在对明代暴力事件的研究中，将他主要关注的两个县的地方志所记载的事件，和该地方志中其他类目的记载，以及《明实录》和《明史》的记载进行核对。詹姆斯·唐的核对结果表明，两组资料完全对应得上。[1] 此外，虽然人们基于许多原因而书写社学相关事宜，但是对于与这些写作者同时代的人而言，他们对真正的学校并不陌生。我们提出的基本问题之所以无法得到清楚的解答，或许是对学校的熟悉度所导致的。但是，这一熟悉度也肯定限制住了那些关于学校的浮夸之词。若在完全不熟悉的情况下形容一个制度，那提出的论点也很难使人信服。虽然某部地方志所记载的内容并不一定完全值得相信，但使用很多部地方志来尝试描述真实情况却是合理的。

学　生

　　涉及社学出席率的政策时而更改、变化且互相矛盾。于 1375 年颁布的旨令表明任何一位男童都获准上社学。《御制大诰》则规定原先那些富有家庭中的男童必须上学，而贫穷人家的男童能够自行选择上学与否。至少是针对那些贫穷人家而言，社学出席率的自愿性质一再于这些语境中被强调：《教民榜文》和那道于 1465 年颁布的御旨；用作史学研究的《明史》；以及一本关于教育史的著作。[2] 另一方面，在 1504 年和 1633 年，明朝廷分别宣布及重申社学就学为强制性。这一命令有时是有效力的；一些过度热忱的官员便曾威胁将惩罚那些没有去上学的男童的父亲与兄长。但也正是这一政策的滥用，方导致朱元

---

[1] James Tong, *Disorder Under Heaven: Collective Violence in the Ming Dynasty* (Stanford: Stanford University Press, 1991), 206—210。

[2] 喻本伐《中国教育发展史》，页 396，转引《明史》。

璋于 1380 年废除社学。[3] 朱元璋并非意在仅仅让有才华的人上社学，也没有允许官员亲自挑选学生。然而，从学生的挑选、学校的数量、地点、规模、日程安排和费用来看，或许在实践中，能否获得求学的机会比被迫上学的问题来得更重要。况且，国家所提供的教育的本质，以及上学所带来的益处和缺点，影响了父母所作的选择。

用来描述学校出席率的政策所使用的语言表达，受到了朱熹为《大学》写的序的影响。朱熹提到在上古时期，"庶人之子弟，皆入小学"。作为对这一陈述的呼应，以及对法律的遵守，多数记载都提到了"庶人之子弟"或仅是"子弟"。但是，有些女童或许也曾上过社学。在甘肃阶州，唐代女作家宋若昭的《女论语》被重刊并分发给当地的十四所社学。这是当时正繁荣着的由女生为女生书写刊物的出版情况的一部分。另外，桂萼也要求在学校教授媳妇侍奉公婆的礼仪。但是，这也许旨在通过弟兄或丈夫，间接地把知识传达给女生。[4] 虽然多数女生在家中学习，但李弘祺却认为幼童们很可能是一起在这些季节性的

---

[3] 关于社学的规定就学率，详见:《明史》(第十四册，卷 159，页 4350) 记载，在成化初期，嘉兴知府杨继宗创办社学，并规定民间子弟 8 岁就学，倘若不就学者便罚其父兄;1535 年版湖广《常德府志》记载，在 1466 年，知府杨宣要求所有 8—15 岁的男童就学;万历版南直隶《绩溪县志》(卷 7，页 2b) 记载，所有贵族及民间子弟 8 岁以上者都必须上学;1540 年版浙江《太平县志》记载，根据嘉靖年间某县令的指令，8—15 岁的民间子弟都必须上学;1548 年版广东《香山县志》记载，有才华的男童的父母若是在官府挨家挨户搜查时被选中，但却拒绝将男童送到学校就学，那他们将会被罚。魏校明确要求将那些刻意违背指令而不将家中男童送到社学的父兄进行审问及处罚 (魏校 "岭南学政"，《庄渠遗书》卷 9，页 18)。同见:王兰荫《明代之社学》下，页 109。关于可能要求强制就学的案例，详见: 刘祥光，"Education and Society"，284 (引欧阳旦 "教民约令") 中提到，8 岁男童全应被送到社学就学;1559 年版山西《蒲州志》中记载到，8 岁幼童全须上学;1506—1521 年版江西《新城县志》中记载到，必须惠及所有男童。关于情况不明的案例，即强制性或义务性，详见:1540 年版北直隶湖广《醴陵县志》卷 6，页 25;1555 年版《河南通志》中关于徐州的资料;附录中的第八篇文;弘治版山西《潞州志》;1576 年版湖广《辰州志》;1579 年版四川《合州志》卷 2，页 15。

[4] 1616 年版陕西甘肃《阶州志》。1874 年版江西《湖口县志》。在河南鲁山县，当地保留着的一本书——《劝善书》很可能代表着一种迂回的指示。这本书由永乐帝的皇后徐氏所编，徐皇后也是明朝开国将领之一的女儿。详见 1552 年版河南《鲁山县志》卷 9，页 5。

学校上课。[5] 若果真如此，真实情况或许已被学校的创办人掩盖起来。这些创办人高度重视将自己和那些不成体统地允许男女杂居的佛教徒区别开来。

　　同样是根据朱熹在《大学》的序中对上古制度的描述，学童通常在8—15岁时上学。但是，关于上学的年龄段却存在着各种说法（例如，魏校便说是7—12岁）[6]，而对学生饮酒和赌博的警告则表明这些学生或许更年长。[7] 每所学校的学生额数大约介于30—130之间。[8] 有些学校则录取任何一位男童。陈献章的记载便明确提到，无论是贫富贵贱还是才与不才，程乡县的社学开放给所有的男童。不同的知县都特定针对着来自不同背景的学童：县里的男童；少数民族的男童；官员、土官，及军人的儿子；来自比较低层职业群体家境的男童，如盐

---

[5] 根据我与李弘祺于1999年4月2日的私人谈话。曼素恩主张"针对女性"进行道德说教的书籍皆由父亲阅读，以便他们能够指导自己的女儿（曼素恩，"The Education of Daughters in the Ming Period"，收录于艾尔曼、亚历山大·伍德赛德主编，*Education and Society*，22）。虽然《明史》中"小学类"所列出的书籍也包括一些针对女生的图书，但这些或许是让她们在家中自习，又或者代表当时会为女子另设学堂。在18世纪，浙江仁和县里一位名曰苏畹兰的女子便因为开办一所女子学堂而获得了教师的美名（高彦颐，*Teachers of the Inner Chambers*，126）。

[6] 1519年版陕西《武功县志》记载道，一些15岁的男童被选入书院就读；1559年版山西《蒲州志》记载为8岁；1535年版湖广《常德府志》记载为8—15岁；万历版的南直隶《绩溪县志》（卷7，页2b）记载为8岁以上；1540年版浙江《太平县志》记载为8—15岁的男童；1539年版广东《钦州志》记载为7岁以上的男童；1990年版南直隶《昆山县志》记载为5—6岁，以及12—13岁；1548年版广东《香山县志》记载为8—14岁；《明史》（第十四册，卷159，页4350）记载为8岁男童；魏校"岭南学政"（卷7，页17—18）记载为6或7岁至12岁。

[7] 例如，详见1616年版的陕西甘肃《庄浪汇纪》卷7，页15a。

[8] 1639年版南直隶《常熟县志》（卷2，页11）记载，一所建于1496年的学校录取了110名学生；1572年版江西《临江府志》记载，在清江县，当地每所学校都有一名教师与数十名学生；1555年版《贵州通志》（卷6，页19a）记载，在弘治年间，一名知县从庶民当中挑选出了60余名有才华的男童；1548年版北直隶《隆庆志》记载，在1467年之后，当地的知县从9所社学挑选出了300余名有才华的男童；附录中的第十二篇记文提到，当地的知府挑选出了130多名有才华的民间子弟。另外，1990年版南直隶《昆山县志》记载大约有4或5名至20名学童。然而，这部近代出版的地方志在涉及年龄问题上时，和我的数据资料有所出入。

工、掘墓人、屠夫、酒商、木匠及牧人；以及贫困的男童。[9]某些男童
或许会被特定地排除在外。魏校规定"倡、优、隶、卒之家子弟不许
妄送社学"。[10]在多数情况下，只有"俊秀"的男童会被挑选出，这或
许意味着社学实际上为贵族提供了便宜的教育。[11]

家里的财力状况影响着孩童是否具备上学的能力。有些时候，因
为社学妨碍农耕活动，所以父母反对社学体制。然而，用来鼓励学生
上社学的短期课程却十分罕见。[12]即使学校在冬天才上课，但明代的
农户通常也忙于非农业的、全年的活动，而在这些活动中，孩子们的

[9]崇祯版《吴县志》；1830 年版广东《西宁县志》；1519 年版陕西《武宁县志》；
  1502 年版北直隶《易州志》；1890 年版广东《高州府志》；1503 年版南直隶《梧
  州府志》（卷 14，页 25）；乾隆版南直隶《小海新志》；1685 年版湖广《醴陵县
  志》（卷 6，页 25）；1629 年版北直隶《隆平县志》；1567 年版南直隶《仪真县志》；
  1673 年版北直隶《昌平县志》；1555 年版《贵州通志》。

[10]魏校"岭南学政"，《庄渠遗书》卷 9，页 18—19。1536 年版北直隶《内黄县志》
  明确提到了那些有所进步的来自非奴役家庭的民间子弟。1548 年版广东《香山县
  志》明确提到残疾猥劣的男童不应强制上学。

[11]嘉靖版南直隶《江阴县志》中提到知县挑选了天生聪颖的子弟；崇祯版《吴县志》
  提到知府挑选出了聪慧俊秀的民间子弟；万历版《上海县志》提到知县挑选了有
  才华的子弟；1519 年版的陕西《武宁县志》记载知县在每个村中挑选出能受教的
  男童；1576 年版《云南通志》（卷 8，页 62a）提到在 1522 年，创办学校的官员
  广泛地挑选了那些必须就学的幼童；1743 年版南直隶《溧阳县志》记载，于 1472
  年，知县或教师细心挑选出了聪颖的民间子弟；1688 年版广东《新安县志》（卷
  5，页 7）提到在 1631 年，知县通过考试来挑选有才华的庶民；1555 年版《贵州
  通志》（卷 6，页 19a）提到，在弘治年间，一名知县从庶民中挑选出了有才华的
  男童；1548 年版北直隶《隆庆志》提到，在 1467 年之后，知县挑选出了有才华
  的男童。1536 年版的北直隶《内黄县志》记载，在 1536 年，知县挑选出那些有
  所进步的良家子弟；附录中的第一和第十二篇记文提到，知府挑选出有才华的民
  间子弟；1584 年版南直隶《六安州志》提到，在万历年间，某县的知县为四所城
  里的学校挑选学生；1548 年版的广东《香山县志》提到了在十一月，有关当局沿
  门选择 8 岁至 14 岁之间的俊秀子弟。如若这些男童不上学，那他们的父母将受到
  处罚。

[12]池小芳提供了一个提出抵抗原因的案例，详见池小芳《明代社学兴衰原因初探》，
  页 23—24。仅有两部地方志提到或声明学校只是在冬天开课：1591 年版陕西《咸
  阳县志》以及 1683 年版江西《定南县志》。除此之外，由于一名教师的部分薪资
  是通过耕种田地支付，这事实上表明他或许只在农业淡季授课。详见：1629 年版
  的北直隶《隆平县志》。

劳力也有所助益。在一些个案中，为了鼓励学生上学，贫困的学童也被赐予廪给。于 1466 年在乡里创办社学的一位缙绅规定，来自贫穷或富裕家庭背景的男童皆能上社学。该篇社学记也强调了这所社学是当地公益慈善的一部分。[13] 在 1489 年，一位创办社学的知县赐予学生廪给及书写工具。[14] 在晚明时期，另一位社学创办人在意识到吸引学生入学的困难之后，便在每个月提供了 2 石粮作为廪给，每日提供 8 分钱，以及用 2 钱 5 分作为购买书写工具的费用。[15] 虽然这些有限的用品供应和廪给未必就能使那些贫困男童得以上学，但也许确实辅助了一些男童。

学校的地点也影响了农耕男童是否前去上学的抉择。如果学校离家较远，家中就需要支付学生的伙食费，学校用品，以及可能附加的学费。明代的法律呼吁在每个乡镇建立一所学校，而有些学校创办人也强调了乡学的重要性。一位官员上奏道：

> 窃意近附城郭与衣冠文物之乡。彼其耳濡目染不待教而易善者。若深山穷谷声教之所不及，尤应破格鼓舞，加意作兴。[16]

115

或许很多县学并没有被记录到地方志中。但是，每个乡里不一定都建有一所运作中的社学。县里或府里的社学较为常见，而在资料当中，仅有大约 150 个府、州、县明确地提到每个乡里都建有一所社学。根据王兰荫的数据资料，一座县（龙溪县）所建社学的最高数量为

---

[13] 1820 年版广东《澄迈县志》卷 9，页 37—39。

[14] 1490 年版南直隶安徽《桐城县志》。1603/1846 年版山西《偏关志》（卷 1，页 32）记载，学校每月预算一两银子购买书写材料（大概是给学生使用）。几位知县给予那些有需要的学童纸笔。他们有时是自己出钱购买材料，有时则是向他人收集。详见：1741 年版北直隶《邢台县志》卷 4，页 7；1685 年版湖广《醴陵县志》卷 6，页 25；1549 年版北直隶《真定府志》。根据 1588 年版的浙江《景宁县志》的记载，在大约 1583 年，两所学校共用了 47 亩田地所得的资金来购买用料以及支付教师薪资。

[15] 1607 年版山西《延绥镇志》卷 4，页 33。这件事发生在 1604 年。

[16] 详见 1666 年版湖广《黄陂县志》（卷 14，页 18）收录的明代奏折。

206 所，而至少有 73% 的学校坐落于城外。[17] 但是，若将县里的学校所在处绘制成地图，则会显示出学校通常群集在县城附近。[18] 从中反映出的是一些地方志表现出对法律的错误理解，这些地方志声称法律根本没有规定乡里必须建有社学。[19] 整体而言，我的理解是：无论给予多少好处，由于大部分县在多数时候只有极少社学远离县城，因此给许多想要上学的男童带来了困难。

我们很难衡量就学的那些非物质的好处，例如：学习所带来的乐趣；进入那辉煌的书写传统所得到的自豪感与他人的钦佩；一种历史感；以及一个更广博的世界观等。但是我们不应该不将这些好处考虑在内。在明代社会中，学习礼仪的重要性，既不是为了正确地举办婚礼、丧礼，也不是为了举行适当的祭祖仪式以提升家族的社会地位。根据伊佩霞的论述，在晚明时期，除了中央政府颁布的标准版本，市场上也售卖了许多简化版的《家礼》，这无疑是专为较低教育水平的读者而编。[20] 这些家庭很可能派一个儿子到学校去学习正确的仪礼形式。虽然我们可以将教授"善俗"描述成一种"加强对劳动人民的精神专政"的方式，[21] 但这一方式同时也给予学童一种自我控制的意识，以及一份能得到他人尊敬的尊严。管志道，一位晚明时期的批评者，便抱

---

[17] 王兰荫《明代之社学》上，页 53，80。王兰荫也指出，几乎任何在郊区建有学校的县，在城内也会建一所学校（根据 96% 的可靠案例）。同见：李来福，*Subbureaucratic Government*, 171—172。

[18] 例如，1763 年版广东《博罗县志》。沃頬在内乡县的 12 个乡镇所建的社学中，有 7 所在县衙的 50 里内。除此之外，这些社学都建在旧时所设的"保"，并没有一所社学坐落在沃頬用来安顿移居者的新乡镇中。详见：1485 年版河南《内乡县志》卷 3，页 44a。

[19] 1503 年版江西《抚州府志》卷 14，页 25；1573 年版湖广《慈利县志》。

[20] 伊佩霞，"The Liturgies for Sacrifices"，129—130。明初时期，其中一户通过礼仪而体现出地位的家族便是泰和县的桃泉萧氏。桃泉萧氏族人因为能够同时学习经典，培养出令人敬仰的领导者，持续奉行礼仪，同时拥有园林及田产方面的财富，遂闻名泰和县的 6 个乡。毫无疑问，当地也有其他拥有田地及园林等巨大财富之人，但他们并没有奉行礼仪。详见：达第斯，*A Ming Society*, 57。

[21] 王越主编《中国古代教育史》（长春：吉林教育出版社，1988），页 251，259。

怨社学学生的社会权力，以及在礼仪方面的妄自尊大。[22] 另一种不同的教育传统中也有类似现象：

> 关于绅士，首要的假设便是对其外在行为能够强化内在信念的一种理念。这一假设貌似包含了一些真理：根据所有的指示……对于法定礼节的关注确实加强了个人的道德自尊……（以及）增加了人们的社会归属感……而且，当人们所遵从的是属于传统上等阶层人士的礼节（在此指贵族），那便对个人的自信带来了更多的益处。[23]

依据社学学生是否全来自贵族家庭，抑或来自各种各样的背景，礼仪方面的教育可能会巩固等级的优越性及身份，又或者是使庶民认识到上等阶层人士的仪态模式。

不管是何种情况，人们都认为家长会给予认可。然而，实际上当课程强调礼仪的时候，一些家长却提出了反对。一部地方志记载道：

> 东里社学，各家各社具有之，但训蒙句读而已，间亦有知礼社师，教习洒扫应对进退之节。凡于街巷遇尊长，则拱立作揖，俟尊长过乃行。童而习之，长而自知避矣。然父兄不知大义，或事姑息，以洒扫等仪为贱役，而不之习。[24]

或许家长更加偏好实用技能。1500 年左右，一户家庭为了让儿子继承家业，希望他辍学不应试，便告诉他"书是以记姓名而已，安用

[22] 魏家伦，"Confucians, the Shih Class, and the Ming Imperium"，122—124,127。1529 年版湖广《蕲州志》在最后一节以"社学生武仲贤"记录一位协助方志编撰之人的名称。

[23] Rupert Wilkinson, *Gentlemanly Power: British Leadership and the Publish School Tradition: A Comparative Study in the Making of Rulers* (New York: Oxford University Press, 1964), 9—10, 61。在这一非常有趣的著作当中，写作者清晰地比较了英国和中国在帝国时期的教育风格。

[24] 1574 年版广东饶平《东里志》（1990 年重印版），页 107。

苦学"。[25] 在明时期的中国，几乎对于任何从商或为官者而言，阅读《百家姓》和《三字经》这类启蒙读物，加上（若按照桂萼的教程）学习方位，熟悉用来标记时日的干支系统，以及掌握从一到十的数字等，都会派上用场。

若学生确实进一步升读而成为府、州、县学中的生员，那么生员的身份所带来的实际利益则十分可观：生员与两位家庭成员能免除某些劳役；生员享有以罚款替代肉刑的权利；家中可能获得粮食廪给（虽然每个县仅有 20 个学生能受益）；参与公共仪式的机会；以及穿着深蓝绣黑边长袍和戴着一顶特别的帽子的特权。[26] 实际上，许多生员对通过科举考试没有太多兴趣，而是通过贿赂、购买或运用各种策略来占此一席，如此一来，他们便能够逃税、免劳役及体刑，还有机会接近常驻守令。[27] 身为一名生员意味着他有机会从事教书和家教方面的工作，也因此有经济能力养活一个家庭，而当他被降职时也能从事文书工作。[28]

有些知县遵守法律，通过考试的形式挑选社学学生来填补县学中的空缺。[29] 在嘉定县的娄溪小学，其学生登记簿上便列举了"岁儒"，即学生们成为生员的年份。一些知县亲自教授学生，也让学生们出席在县城举行的仪式。这或许是为他们之后上县学而做准备。[30] 在某个县里，有为的社学学生在 15 岁那年就被挑选进入书院，"仿效朱子白鹿洞规教之"。[31] 16 世纪初期，有一整群社学学生成功升读。北直隶

117

---

[25] 刘祥光，"Education and Society"，70。

[26] 刘祥光，"Education and Society"，65—67; 何义壮，"Socio-Economic Development"，345; 艾尔曼，*A Cultural History*,137,143; 达第斯，*A Ming Society*, 151。

[27] 刘祥光，"Education and Society"，232，转引顾炎武原文。

[28] 关于家教以及生员降职到吏员等方面的讨论，详见达第斯，*A Ming Society*, 144—147。

[29] 1772 年版南直隶嘉定《娄塘志》卷 2，页 11。同参考：1519 年版陕西《武宁县志》；1548 年版北直隶《隆庆志》；1555 年版《贵州通志》。如我在第三章所指出，江西提学御史邵宝与李梦阳要求生员须先受教于社学。

[30] 仍有许多关于此的案例，如 1503 年版南直隶《常熟县志》以及 1535 年版的湖广《常德府志》。

[31] 1519 年版陕西《武功县志》卷 2，页 11。

提学御史顾潜颁布了以下关于"学校事宜"的条约：

> 近处各府所所属州、县社学童生，告愿进学。本院见其志向颇为笃，陈控再三，陆续批仰暂收本学，读书习礼，听候按临定夺。
>
> 去后，缘前项童生未经考试文理有无通晓，查勘身家有无违碍，中间或有贩夫俗子，衣食稍足，欲假此以夸乡邻，或有菟童牧竖，丁田数多，欲假此以蔽门户。诚恐经该官吏不行详审，便作附学。[32]

在此之前，顾潜利用社学的学生解决了一个他所关心的问题。由于当时专攻《春秋》和《礼记》的学生太少，所以顾潜提议指定有前途的学生学习这两部经典。[33]尽管顾潜担心这些学生会盗用学士服，支配他们的邻居，以及逃税和逃避劳役，但他还是批准了这些学生见习身份的提升。如此一来，学生们反而利用了顾潜。艾尔曼说明了清代基层精英分子如何操纵科举制度，[34]而这些明代的社学学生也体现出一种相似的操作体制的能力。另外一种策略便是要求降低学生身份的某些方面，而到了晚明时期，来自下层的压力似乎带动了这一变化。在1575年，一道旨令以社学教师与他们的学生皆获免除劳役为由，呼吁对社学教师进行考核。[35]

在理论上，批准社学学生填补生员空缺的那道法令增加了他们入

---

[32] 何出光《兰台法鉴录》（1597年版）卷13，页32a;《明史》第十八册，卷203，页5371。顾潜《静观堂集》卷8，页9a。

[33] 自1787年起，明清时期的学生获准专攻一部经典，而无须研读所有的经典。顾潜的判断是正确的：例如在1508年，25%的考生专攻《易经》，23%的考生专攻《尚书》，37%的考生专攻《诗经》，而仅有7%和8%的考生分别专攻《春秋》和《礼记》（艾尔曼，*A Cultural History*, 280—281, 654）。详见：顾潜《静观堂集》卷8，页6a。对学生而言，顾潜的提议或许是有道理的。这是因为尽管较少人专攻的文本难度较高，但在考试中学生有更高的机会通过这些有难度的文本。

[34] 例如，文考生能够获允进行较为简单的武举。艾尔曼，*A Cultural History*, 222。

[35]《大明会典》卷78，页455（提学御史一条）。虽然在1465年教师被豁免，但相关档案却没有提到一道直接豁免学生的旨令。

仕的机会。然而，实际上只有少数这类学生最终飞黄腾达，以至于名垂青史。在明代的名人中，承认自己曾上过社学的有两位进士与官员，一位是举人与翰林院学士（彭琏），一位是著名的僧人（憨山德清），以及一位出名的激进思想家与教师（王艮）。另外，一些不怎么出名的学生在墓志铭中被提及。[36] 社学学生能够在明代学校体制内获得良好的发展是一件十分罕见之事。在 16 世纪，当生员"无法合理地估计被任免任何官职"，当乡试的及格率仅有大约 3% 的时候，[37] 庶民只有极小的机会能够由社学而进入官场。

尽管如此，自明中叶以来，社学创办人通常把学校描述为一种招聘人才以及在道德方面为即将为官者做好准备的方式。从帝国时期至今，一个棘手的问题——科举制度事实上对于"热血青年"的接受程度究竟如何——在关于社学的讨论中占了重要位置。全祖望曾声称，通过明代的社学，任何用功读书的有才少年皆能够获得升迁并掌握政治权力。这一观点表达出了中国人的梦想，也即是艾尔曼所谓的"一种自上古时期以来，处于国家选才过程的中心，对于社会流动的错误认识"。[38] 虽然王兰荫认为有"颇多"学生实际上获得了升学的机会，但是他所列举出的 6 个案例中，有 5 个看似为原则声明而并非事实情况。艾尔曼把社学描述为"由朝廷建立，传达知识给那些值得帮助的庶民的准官方慈善机构"，并提到虽然来自贫困家庭的学生可从社学教育中得到基础的识字能力，但他们不可能进一步往科举考试的方向发

---

[36] 详见 1605 年版《嘉定县志》（卷 19，页 31a）所记载的一名进士。另一位则是在广东《南海县志》（卷 29，页 34b-35a）所提到的冼桂奇。彭琏，字汝器，曾上过数年的社学，一直到他告诉家父他意识到学文并无利益。尽管有此领会，但彭琏也被知县选中填补县学弟子一员，并以《易经》中江西乡试第三人，选授翰林庶吉士（李时勉"翰林修撰彭君汝器行状"，《古廉文集》卷 9，页 21）。关于憨山德清（1546—1623）的讨论，详见福徵《足本憨山大师年谱疏注》（苏州：弘化社，1934），页 9—10。我是因吴百益的提点方留意到憨山德清。关于王艮的讨论，《明史》（第二十四册，卷 283，页 7274）虽将相关学校称之为乡塾，但韩德玲却表明该学校是一所社学。

[37] 何义壮，"Socio-Economic Development"，329。艾尔曼，*A Cultural History*，143。

[38] 艾尔曼，*A Cultural History*，230。

展。因为科举制度的根本目的是把人们排除在体制外，而并非去接纳他们。[39] 虽然当代学者王云相信社学给明代的社会带来了重要的影响，但是他并没有提供直接的证据证明"有不少"毕业自社学的学生进入府、州、县学。另外，他提出的关于这些学生如何能成为官员的论点是相当扭曲的。[40]

似乎更能说得通的是王云的这一主张：社学给明代社会的草根阶层留下了深远的印象。他同时声称尽管社学在发展上遇到了曲折，但很多学生在社学里获得了一些知识，而这也给社会的生产能力带来了重要的影响。罗友枝证明学生一年能够学到大约两千个字，所以他们上一年或数个冬季的课就能拥有基础的识字能力。[41] 王云表明，社学的学生成为各个行业中天生的领导者。这些学生在乡镇里传播文化知识的过程中，鼓励了更多的孩童上学，遂有"半知识化"的新血液的输入，使整体群众的素质不断地提升。[42]

在缺少直接证据的情况下，王云的主张以识字率作为一种评估方式，但关于这一课题激烈的学术争论仍未得出任何可靠的结论。至于清代，姜士彬估计除了贵族男女之外，至少有 500 万的农耕之士，僧侣和其他的专业人士，以及教师们受到了经典方面的教育。这分别占据了 1700 年和 1800 年成年男士人口的 10% 和 5%。至于那些有一定阅读能力但却不会写字者，姜士彬则说"根本不知道实际有多少这类人士"。[43] 罗友枝指出，商贾、在城市工作者、奴仆、算命师以及宗派人士皆使用了各种类型的文本。另外，北方的农民和南方的宗族成员则保存了文档记录。基于这些观察，加上 20 世纪初期的识字率大约在 30%（姜士彬同样认为这一比例依地点而异，但都保持在 15%—45%

---

119

[39] 艾尔曼，*A Cultural History*，246—247，240。

[40] 王云《论明代的平民入仕》，《齐鲁学刊》，1998 年第 6 期，页 124—125。

[41] 罗友枝，*Education and Popular Literacy*，2。

[42] 王云《民间社学与明代基层教育》，页 1。关于一种较为谨慎的说法，即学校给民间男童女童的教育带来了一些影响，详见：吴宣德《中国教育史话》（合肥：黄山书社，1997），页 97—98。

[43] 姜士彬，"Communication, Class, and Consciousness"，38，59。

之间）的数据，以及高社会流动率必定意味着对识字能力的巨大需求的论点，罗友枝虽大胆地提出自 18 世纪晚期以后，或许有 30%—45% 的识字男性以及 2%—10% 的识字女性，但她同时表明"早在清代之前，就已经存在相当高的实用识字率"。[44] 关于明代的数据则更使人质疑。在总体研究了嘉靖时期印刷文化的"变革"之后（即当时书籍在种类和数量上的大大提升，价格的跌落，出版商和书商的倍增），高彦颐认为"诚然在一个多数人都识字的社会中，无论读者群体如何快速地增长，都不会超过 10% 的人口"。[45] 亚历山大·伍德赛德为这一数据提供了根据。他指出民间的自我监管计划（如保甲制），假定了有至少 10% 的住户都有一位能够记录文字档案的领头。[46]

整体而言，虽然受过社学教育的学生只有很少人成为生员或官员，但社学确实提供了基础的识字教育。这方面的教育也让男童具备了使用（渗透着中国人一生的）契约，或从事需要一些阅读能力的职业的能力。这类职业包括商业、医药、占卜、娱乐、家居木工工艺以及其他方面的行当。[47] 教育或许也让他们能够为个人目的而利用一些国家

---

[44] 罗友枝，*Education and Popular Literacy*, 23, 5。罗友枝也讨论了不同社会等级的识字程度。亚历山大·伍德赛德则评论了罗友枝以及姜士彬的分析，并证明华人对文化水平的概念如何在 20 世纪得到发展。详见伍德赛德，"Real and Imagined Communities in the Chinese Struggle for Literacy"，收录于许美德编，*Education and Modernization: The Chinese Experience* (Oxford: Pergamon Press, 1992)。

[45] 高彦颐，*Teachers of the Inner Chambers*, 37。

[46] 这些计划的提倡者只是仓促地意识到，具备读写能力的要求未必能在指定的群体中达到。亚历山大·伍德赛德，"Real and Imagined Communities"，25。

[47] 陆鸿基从民间文学中引证，以扩大罗友枝所描绘出的明代不同等级的识字程度的图景，并以此主张在僧侣、商人，以及衙门工作者等之间有着相对高的识字率。陆鸿基"明清时代平民识字概况"，《中国近世的教育发展 1800—1949》（香港：华风书局，1983），页 74—79。然而，明代社会中为数过多的专业人士（例如医生、教师、占卜师、代写信者、讼师、说唱者、相命者等等），或许反映出了一个相对低的识字率。许舒主张清代的印刷资料是被各种专业人士利用，而不是用来替代这些专业人士。许舒，"Specialists and Written Materials in the Village World"，收录于姜士彬、黎安友、罗友枝主编，*Popular Culture*, 108。关于《大明会典》中对于讼师的肯定及合法化，详见麦柯丽，*Social Power and Legal Culture: Litigation Masters in Late Imperial China* (Stanford: Stanford University Press, 1998), 18。

机构（例如法院）。[48]对于那些想要学习的孩童，时而兴、时而废的社学提供了另一种形式的学校。在某些地区，社学则补充或填补义学、庙学及族学的空缺。

然而，学校也使孩童接触到危险和不良影响，更何况是教化所具有的模糊的危险。一位地方志编撰者曾提到，那些来自权势家族的儿子甚难受到控制——这表明他们是与来自其他背景的男童一起上课。[49]在甘肃，一所社学制定的规章中就有两项针对那些惹是生非的学生：

> 一）二十六日许教官觉察一次。中有不守学规，凭依父兄之势，越礼纪法及倡率引诱他人子弟误入非礼者，指名申究父兄连坐。
>
> 二）博弈饮酒学者，大患社学中犯者，该学官不时查申尽法惩治。[50]

120

魏校已预料到社学的学生可能会懒惰、吵闹或十分傲慢，也可能穿戴超越自己身份的服饰、乘快马、饮酒及赌博。[51]到了晚明，当一些社学学生已成人时，积极派官员吕坤意识到禁止学生成群戏耍，彼此相骂，毁人笔、墨、书籍，搬唆倾害，以及恃势凌人的需要。他也警告学生禁止说谎、口馋、"村语"谣言、爱人财物、讲人长短、看人妇女、交结邪人、衣服华美、捏写是非，以及性暴气高。[52]这些欺负他人和饮酒赌博的学生并不利于学校。在县学，同样的问题导致一些父母把儿子留在家中。[53]父母亲都必须将这类危害，连同学费、各类

---

[48] 宋人沈括在评论一本关于诉讼形式的书——《邓思贤》时，提到了该书在"村校中往往授生徒"。韩森，*Negotiating Daily Life in Traditional China: How Ordinary People Used Contracts, 600—1400* (New Haven: Yale University Press,1995),97。同见本文前章所引，孟德，"Literacy in Traditional China"，60。

[49] 1506—1521年版江西《新城县志》。

[50] 1616年版陕西甘肃《庄浪江纪》卷7，页15a。

[51] 魏校"岭南学政"，《庄渠遗书》卷9，页36。

[52] 吕坤《吕新吾先生社学要略》卷1，页1—2。管志道也同样提到了"社学中的可畏后生"。魏家伦，"Confucians"，147。

[53] 刘祥光，"Education and Society"。

花费，以及所损失的家庭劳力，与教育所带来的利益及减税的可能性进行衡量。

教　师

> 教读不许罢闲吏员及吏员出身之官，或生员因行止有亏黜退者、丁忧者，及有文无行、教唆险恶之徒。下至道士、师巫、邪术人等，各宜先自退避。学规已行之日，如有隐情冒教，定行查究。[54]

由魏校颁布的这一禁令，展现了可能已成为教师的各色人等。若小学教育的焦点在于教授基础的识字和算数技能，或是一般的道德意识，那无须禁止这些人成为教师。但是，对于魏校这类改革派官员而言，小学教育真正的焦点在于对理学的信念。从魏校对教师品质的要求可见，个人品行（即节俭、正义、诚挚及笃信）比学术更为重要。

在多数社学创办人的眼中，而不仅仅是魏校个人看来，教师除了必须是博学之人外，本身也应是道德高尚者。如此一来，教师方能为学生树立榜样。[55]按一条资料的记载，"不问生儒耆宿，但志行端洁，文理通晓者，选充童蒙之师"。[56]另外一部地方志所列举的规章明确要求，对于那些想成为老师之人进行以下三方面的评估：道德品行，

---

[54] 魏校"岭南学政"，《庄渠遗书》卷9，页42b。1548年版广东《香山县志》则附和魏校，明确地提出："俱用儒士或致政学官，不许罢闲吏役或丁忧生员，及因行止有亏黜退者。其四方流寓，踪迹无常，恐无终始，梗化难治，尤当精择。"关于教师的讨论，详见王兰荫《明代之社学》下，页102—105。

[55] 最简洁的叙述方式当为"有文行者"。详见：1843年版广东《英德县志》卷5，页66；1506—1521年版江西《新城县志》。

[56] 万历版南直隶《绩溪县志》卷7，页2b。其他的描述包括："韵学五音之儒士"、"正其心术端其志行"之人、"志趋端正文理通达"之人、"端士"等。详见1876年版北直隶《蠡县志》；1552年版福建《安溪县志》卷4，页43；乾隆版南直隶《小海新志》；1835年版广东《南海县志》；1603／1846年版山西《偏关志》；1609年版广东《新会县志》；1826年版广东《电白县志》卷14，页25；1629年版北直隶《隆平县志》。

对于经典的理解、以及才华和能力。[57] 评估教师资格的条件偶尔也包括教书的能力。[58] 一位知县便挑选了一名懂得教书、能书且严厉正直者为教师。[59] 北直隶提学御史顾潜为挑选教师的考试颁布了一系列准则：

> 社学子弟择为师者，令以次授《孝经》、《小学》、"四书"，日逐背诵，及为讲解大义。既通，方令学作破讲。幼者教以洒扫、应对、进退之节，及四声、切字。令知平仄，庶他日作文上下互应，音节谐协。作字务令楷正。[60]

尽管顾潜、魏校与其他提学御史已在努力地确保教师的品质，但是直到 1575 年，当各种加强中央管制的措施（如地籍测量）已经实行后，朝廷才下一道旨令要求对所有社学教师进行考核，而对那些被察觉出缺乏仪态、文法、书法、句读或声韵方面知识的人处以罚金。[61]

虽然理想中的教师必须是博学和正当之人，但是许多愿意接受这份辛苦工作，在一座破旧的建筑物中教导一群脏兮兮的孩子的教师皆非理想中人。在社学管理方面，寻找合适的教师并付给他们薪水或许是最难的事。虽然部分学校有两位教师，或一位首席教师与几位从属

---

[57] 关于这些条规的持续时间、颁布者或对象等一概不明。1548 年版广东《香山县志》卷 4，页 4b。关于在武社学中执教的军人，详见 1501 年版陕西《宁夏县志》卷 1，页 34。

[58] 1537 年版北直隶《内黄县志》；1546 年版山东《淄川县志》；1549 年版北直隶《真定府志》。

[59] 根据 1549 年版北直隶《真定府志》，此事约发生于 1505 年。该名知县也将蓝袍分发给所有识字的居民，而这或许是为了让他们对于社学事业有着一份参与感。

[60] 顾潜《静观堂集》卷 8，页 9a。

[61]《大明会典》卷 78，页 455。吕坤提议为社学教师设定一系列的考试。详见：吕坤《吕新吾先生社学要略》卷 1，页 1—2。

导师，但多数学校只有一名教师。[62] 一位地方志编修者满怀希望地提到"选名儒"[63] 之举，但这种人不太可能会在社学中任教。到了 15 世纪中期，甚至是在府、州、县学任教的教师都普遍被看不起。[64] 例如一条史料明确提到，在 1375 年，教师通常都是生员，有时甚至是需要额外收入的贫困之人。[65] 其他的教师则是年迈或已经致仕的

---

[62] 只有一名教师的案例：1488 年版湖广《岳州府志》；1495 年版山西《潞州志》卷 2，页 4b；1519 年版陕西《武功县志》；1541 年版四川《云阳县志》；1572 年版江西《临江府志》；乾隆版南直隶《小海新志》；1673 年版北直隶《昌平州志》；1562 年版南直隶《高淳县志》；1537 年版南直隶《海门县志》；1584 年版南直隶《六安州志》卷 2，页 20；1567 年版南直隶《仪真县志》；以及 1625 年版陕西《同州志》。南直隶昆山《安亭志》则提到了两名教师，一名教授阅读，一名传授经典（或许分别针对刚启蒙及进阶的学生）。另外，1546 年版山东《淄川县志》以及 1503 年版南直隶《常熟县志》也提到了两名教师。1684 年版福建《宁化县志》（卷 6，页 15b）记载，在 1532—1533 年，福建提学御史下令城里的社学必须有两名教师。1732 年版南直隶嘉定《南翔镇志》提到了一所创办于 1535 年的学校聘有一名教师与两名教谕。1576 年版《云南通志》（卷 8，页 62a）记载，看门人与管理人的薪资是以不同形式支付；1789 年版江西《南昌府志》提到守门人被给予柴火及水，或者为其家人提供一间房；1488 年版的湖广《岳州府志》（页 278）提到社学的守门人被要求在巴陵县提供劳役；另见 1673 年版北直隶《昌平州志》卷 7，页 13。

[63] 1870 年版江西《武宁县志》卷 16，页 29a。

[64] 艾尔曼，*A Cultural History*，149。

[65] 根据洪武年间的条规，社学师应当是一位没有被判过罪的"有学行秀才"，或任何在经典方面受过训练的人（详见第二章）。尽管后来学校已不由官府所管，但关于聘请生员之事朱元璋仍亲力亲为（《明太祖实录》第六册，卷 147，页 2323）。关于生员担任教师的记载，详见：1576 年版《云南通志》卷 8，页 62a；1868 年版湖广《石门县志》卷 5，页 30；1603 年版山西《偏关志》；1616 年版陕西甘肃《阶州志》（提到"贫生"）；1684 年版福建《宁化县志》；1503 年版江西《抚州府志》；1673 年版北直隶《昌平县志》；1477、1521 年版浙江《新昌县志》；以及 1539 年版广东《钦州志》卷 5，页 8。在 1496 年，一名知县聘请了一位监生（详见 1535 年版河南《鄢陵县志》卷 8，页 480）。

学者。[66] 某部地方志则记载了一个变化的过程，即原先的教师都是年迈的学者，但后来的教师（或许在 1539 年之后）却只不过是那些已完成了课业的生员。[67] 除此以外，社学的毕业生，甚至是学校中学力程度较高的学生也执起教鞭。[68]

洪武时期之后，朝廷的旨令并没有清楚声明何人应当负责挑选教师。除了几位提学御史之外，多数时候主要是常驻守令，而有些时候则是地方上的强势家族自行挑选。[69] 一部地方志记载，只有某位积极主动的知县方能说服学者执教，因为这些学者都倾向于"离群索居，蔽其所习"。[70] 此外，同侪压力或许也有助于说服学者执教，但在多数的案例中薪资的提供无疑起到了重要的作用。1524 年，都昌县知县与县丞四处寻访合适的社学教师人选。地方缙绅皆推荐某位忠于职守之人。他不仅接受了这份工作，甚至还为了让学校多兴建一座房舍，而将自己的田地捐献出来。[71] 弘治时期，当白金（户部主事）兴建了两

122

---

[66] 1535 年版湖广《常德府志》提到老儒；1535 年版河南《鄢陵县志》提到致政学士；1685 年版湖广《醴陵县志》意指致仕官员与年迈缙绅；1743 年版南直隶《溧阳县志》提到了两名致政学士；附录中的第十二篇记文提到了致仕知县；1660 年版江西《吉安府志》（指向了洪武时期的教师）；1529、1571 年版陕西《蓝田县志》提到了致仕官员。另外，提到那些无法判断年龄或身份的学士的地方志包括：1876 年版的北直隶《蠡县志》；1540 年版浙江《太平县志》；1503 年版的南直隶《常熟县志》（提到当地的学士）；1684 年版福建《宁化县志》；1820 年版广东《澄迈县志》（提到一名约活动于 1466 年的童生）。

[67] 1607 年版陕西《延绥县志》卷 4，页 33。

[68] 1524、1588 年版南直隶《上海县志》。

[69] 王兰荫《明代之社学》下，页 84。

[70] 1807 年版南直隶嘉定《石岗广福合志》卷 4，页 27a（关于 16 世纪 30 年代，李资坤在当地的活动）。

[71] 1872 年版江西《都昌县志》卷 6，页 25b。该土地后来被强势人物接管。提到教师由知县、知府或知州挑选的相关地方志包括：1587 年版的云南《赵州志》；1588 年版南直隶《上海县志》；1519 年版陕西《武功县志》；1629 年版北直隶《隆平县志》；1540 年版浙江《太平县志》；1537 年版北直隶《内黄县志》；1584 年版南直隶《六安县志》；1529、1571 年版陕西《蓝田县志》；1576 年版《云南通志》卷 8，页 62a；1549 年版北直隶《真定府志》；1835 年版广东《南海县志》（明代的记文）。一些教师则由其他地方官或提学御史挑选。1868 年版湖广《石门县志》提到，该名清代写作者认为在明代挑选教师的任务由提学御史负责。（转下页）

所学校后，当地百姓推荐了一位品行正直的罗姓人士担任教师。因此，白金便有礼貌地聘请了他，也给他提供了土地作为薪资的保证。[72] 学校的创办人或许感兴趣于乡学，以至亲自为每所学校挑选教师。但是，除非后来的官员是将这一职位当成闲职而分派出去，不然他们不太可能也会如此。知县郑洛书允许居住在每所学校附近的居民自行挑选他们认为合适的师生。[73] 有些时候，教师是由学生的父亲与兄长挑选，而挑选的结果也未必都良好。一篇收录在地方志中关于社学的文章，便责怪了学生的父母亲挑选教师一事：

> 而蒙师视酒席为贤，至有字义未识，句读为谬者，亦延之，其为子弟害非浅鲜也。[74]

就像所有的小学教育一样，教师在社学中占据了重要的位置。然而，相较于给予优秀教师的赞扬，对恶劣教师的投诉则更为常见。在明初和明中叶时期，一些社学教师获得了表示赞赏的墓志铭，而且至少有一首诗纪念了社学师这一职务。[75] 一部地方志描述在成化年间，由海南岛的一名知府所聘请的几位勤奋而良好的社学教师。其中一位是来自四川的梁成。他是一位镇定、节俭及谦虚的人，在家人之间严格地执行礼节。梁成博通经史及各派思想，也能够写诗作文。他的学生皆有成就（尽管地方志没有提及详情）。梁成也遇到了一位赏识他的

（接上页）1609 年版的广东《新会县志》则证实了这一观点或许属实。这部地方志记载，在嘉靖时期，一名提学御史考核并挑选出了社学教师。乾隆版南直隶《小海新志》则记载了教师是由一名通判挑选的。1876 年版北直隶《蠡县志》提到教师是由兵备道台挑选。

[72] 记文由白金撰写，收录于 1527 年版江西《九江府志》卷 10，页 22。

[73] 1524 年版南直隶《上海县志》。

[74] 1574 年版广东饶平《东里志》（1990 重印版），页 107。同参考 1683 年版江西《定南县志》。其他由掌管学校的当地人挑选教师的案例，详见：1559 年版山西《蒲州志》卷 2，页 5b；弘治版山西《潞州志》卷 2，页 4；以及 1535 年版《广东通志初稿》。

[75] 相关的墓志铭，详见本文第二章。此诗收录于倪谦《倪文僖集》（1493 年初版，《四库全书》电子版重刊）卷 9，页 6。

知府，以及一位为他盖了一间书斋的千户。[76]

　　社学教师应该十分渴望得到此等肯定。王阳明命令赣州官员挑选那些在学术和仪态方面皆优秀的教师，并仔细记录他们的名字，支付薪资并有礼貌地对待他们，还要确保他们得到学生家人的尊敬并认真地对待教育。[77] 在一道后续的命令中，王阳明进一步指示那些负责聘请教师的官员：

> 通加礼貌优待，给薪米纸笔之资。各官仍要不时劝励敦勉……而凡教授于兹土者，亦永有光矣。[78]

　　王阳明承诺作为一种对教师努力的回报，他们将会获得名望。王阳明以身作则，在担任两广总督时，批准了颁赐地方人士"社学师"这一荣誉的请愿。[79] 管志道，一位晚明时期的社会批评家，也提到对学者而言在社学中授课是一份光荣的专业。[80]

123

　　尽管有观点与王阳明和管志道所提出的相似，但教师的形象在史料中并不引人注目。虽然他们被视为国家公务人员，但和县学教师不同的是，社学教师一职很少在地方志中被列出。[81] 仅有少数教师的名

---

[76] 1936 年版广东《儋县志》卷 16，页 4—5。刘祥光提到，1482 年之前，胡昭在少年时期曾在本籍的县衙里当过社学师。当地也为他撰写了一篇记文。详见：刘祥光，"Education and Society"，284。

[77] 王阳明 "兴举社学牌"，《王阳明全书》，转引自高时良编《明代教育论著选》，页 306—307；以及盛朗西 "明清之社学"，页 50。

[78] 王阳明 "颁行社学教条"，《王阳明全书》，转引自高时良编《明代教育论著选》，页 306—307；以及盛朗西 "明清之社学"，页 50—51。此文颁布于 1520 年。

[79]《王阳明全书》卷 3，页 22。我在此感谢吴百益提供此参考。

[80] 管志道《从先维俗议》。魏家伦，"Confucians"，262。

[81] 其中一个例外便是记载着包括了以下这些人员的列表：领取廪给的生员数，掌管僧录的和尚数，为乡里展示亭、里长及甲首而选的 33 名里老人，以及其他鲜少被记录下的类别。详见 1601 年版北直隶《任丘志》卷 2，页 34a。

字被记录下来。[82] 而且，一般百姓或许也不会尊敬他们。一名县学教师抱怨道，"家有塾师，固有父兄为之重而隆之以礼遇。若课金、壶餐之需。亡论已，乃社学之设也"。[83] 另一位地方志编修者则记载了15世纪中期，人们知道如何尊敬教师，也会让教师留任十年或二十年。但是，在他的时代（1629年），教师的人数多过学生。而且，如同在市场一样，教师从一个岗位迁往另一岗位，遂减弱了人们对于教师的尊敬。[84]

对那些不具生员身份故而不能得到免除徭役待遇的人而言，在社学中教书的最大好处就是能够得到薪资和免除徭役。[85] 来自11座县的

---

[82] 随着朝代的发展，社学师貌似愈发不受尊崇。相关墓志铭的年份主要作于明初及明中叶。1477/1521年版浙江《新昌县志》提到生员张琰于1474年担任社学师。在1477年，张琰乡试中举，但却没有考获进士或担任官职。约于1496年在常熟县社学授课的季鹤并没有考获功名。除了非正式的"里儒"这一名称，他并没有其他的头衔。详见1503年版南直隶《常熟县志》卷2，页11a。虽然一些其他的社学师被介绍为在致政后执教，但他们都没有在史上留名。详见：1529、1571年版陕西《蓝田县志》卷1，页8（刘与洁）；1535年版河南《鄢陵县志》卷2，页4（孙伸，1529年任）；1743年南直隶《重修溧阳县志》（唐鉴）。另关于被聘请为松江某一社学教师的钱润，除了其姓名之外便无其他相关资料。详见1512年版南直隶《松江府志》卷13，页31。1876年版的北直隶《蠡县志》虽提到了学士刘与洁在1639年被选为社学师，但却没有记录其传记。我也没有找到在1743年版南直隶《重修溧阳县志》中提到的两名教师的传记。另外，1603/1846年版山西《偏关志》（卷1，页32）虽提到了一名于1602年执教的生员贺大化，但却没有提供其传记。

[83] 1693年版江西《兴安县志》卷7，页23—24。刘祥光证实了在明代的徽州，塾师受到人们的崇敬且收入可观，以至于在某些宗族里，塾师成为世袭的职业。一些人之所以求学的目的也是在于即使在科举中失意，他们也能够成为塾师。详见刘祥光，"Education and Society"，291—292。

[84] 1619、1630年版福建《闽书》卷32，页42。刘祥光证实了晚明时期教师供给过多的现象。他也注意到，尽管国家正在尝试重新成立社学制度，但由于当时有很多教师，徽州的地方宗族组织倾向于创办并管理自己的学校。详见刘祥光，"Education and Society"，293。

[85]《大明会典》卷78，页454,455。1566年版南直隶《徽州府志》；万历版南直隶《绩溪县志》卷7，页2b；1721年版南直隶《安庆府志》卷7，页20；1548年版广东《香山县志》等等。另见附录中的第十三篇文。1555年版的《贵州通志》记载社学师获得了提携，方得以自生员提升为举人的身份。

资料显示，教师薪资通常以粮食、金钱或两者皆有的形式支付。薪资的数额差别相当大，少至 0.5 石粮食，多可达至少 8 两银子（见附录"表 A.1"）。相比之下，县学的教师每个月赚取 2 石至 2.5 石米，大致上与每个月赚取 2.5 石米的文员并列。[86] 一个成年人所能领取的由国家粮仓支出用来赈灾的粮食，通常为每个月 0.3 石。因此，社学教师所领取的粮食实际上还不到饥饿口粮的两倍。[87]

无论数额多么微不足道，有许多教师都需要这笔薪资。刘闵，一位唯一记录在《明史》中的社学教师，便是其中一例。虽然自幼失去双亲的刘闵打消了当官的念头，但他却学习和效仿古代圣贤修身及教育幼者的方式。刘闵适宜地为父与祖母守孝、断酒肉，在三年内每个月两次暂停训导的工作，从邻邑回乡号哭于殡所。为此，加上其他的孝行，所有地方百姓都非常敬重他。当提学副使罗璟在 1488 年至 1492 年间创办社学时，便特邀刘闵为教师。[88]

虽然刘闵是有才干且受尊重之人，但是以经济需求作为理由而将社学教职分派出去的做法却吸引了不适宜的教师人选。在嘉定县，社学的停办被归咎于教师乃是"一二衰朽老儒"，而之所以聘请他们则因为他们需要薪水。与之相似，在另一座县，贫困教师的无能甚至到了其差劲的文法被百姓嘲笑的程度。[89] 一部四川的地方志批评了那些愚昧和唯利是图的教师反复向学生的家人榨取"谢金"，以致社学破败不堪。学生也避开这些学校，更将这些教师视为"蛇虺"。[90] 即使提供给教师一份合法的薪资，地方百姓也为此感到担忧。李梦阳命令江西的

124

[86] 贺凯，"Ming Government"，收录于崔瑞德、牟复礼主编，*Cambridge History of China*, vol.8, 49—51，一石相等于 107 升。

[87] 此为清代的数据。详见王国斌，"Confucian Agendas for Material and Ideological Control in Modern China"，收录于胡志德、王国斌、余宝琳合编，*Culture and State*, 309n20。

[88]《明史》第二十五册，卷 298，页 7628。

[89] 1631 年版南直隶嘉定《外岗志》（1961 年重印版）卷 2，页 9；1530 年版福建《惠安县志》卷 9，页 8—9。同见 1616 年版陕西甘肃《阶州志》。该部地方志提到了教师为"贫生"。

[90] 1579 年版四川《合州志》卷 2，页 15。

官员：

> 勿令征课金、鸡米、酒食，而苦民之子。勿使民以是为役而潜脱之也。[91]

若对于教师并没"选之严，假之礼，给之以课金"，且如果那些责任在于"养蒙"的人却不能养其身，那么学校将不会持久。一位仅有肤浅知识的教师会向学生征课金；富裕的学生会阴贿衙门吏胥以便逃学，但贫困者如果将此事告知教师，那他们将会被笞挞。如此以往，"十而拜师，五而弃去"。[92]

薪资的问题复杂地影响了教师的素质、学生的出席率，以及学校的生存。在一方面，给予一份薪资或许会吸引来唯利是图的教师。知县和属于贵族阶层的资助人赋予了一些不称职的人一份闲职，且教师也要求额外的费用。另一方面，无法提供一份薪资则能够在多个方面摧毁一所学校：校方或许会请不到教师；教师素质也许十分恶劣，以致学生纷纷离开；教师也许需要把精力投注在能够赚钱的事业上；教师也许会征课金，以至于学生受到伤害或辍学，家长会因此而愤怒，而地方社会将撤销对学校的支持。因此，和各处的小学教育一样，拥有足够的经费与否是一个关键的问题。

经　费

拥有一个可靠的经费来源以便支付教师的薪资，是学校生存的关键因素。学校可以不给学生廪给，不建图书馆，甚至是不盖任何房舍，但不能没有教师。现存的关于社学的预算资料显示（见附录"表A.2"），一年的开销达23两，每年仅剩2.08两作为学校及相关祠宇的

---

[91] 1789年版江西《南昌府志》。
[92] 1683年版江西《兴安县志》卷7，页23—24。

保养维修费。大约 84% 的预算用作三位教师的薪资、燃料及杂费（水果、面食、油）。另外，教师们也得到了粮食津贴。[93] 以上或许是预算的典型划分比例。

王兰荫提到了社学收入的四个来源：从义仓支出的粮食（两个皆是万历时期的个案）、捐款、学费，以及来自官吏的善款。[94] 有些时候，虽然知县提供了薪资，但我们却无从得知款项的来源。[95] 教师时而不定期地向学生征收费用。在许多案例中某种公共基金或许被使用。中央政府允许知县保留一部分土地税收，以支付县里的业务，当中就包括了公共设施的维修。[96] 然而，在薪资和保修费的需求方面，相比于县衙、官祀坛宇及县学，社学获得的优先考虑远不及前者。根据一部地方志的记载，从"正役"赋税折纳体制所得的钱被用来支付社学教师的薪资，而在另一起个案中，教师的薪资则来自临近一所或多所社学市集的税收。[97] 直到 1513 年，一位社学创办人才首次像书中早已记录过的那样，向僧人执行税收。他将所得的钱用来支付学校的日常供给，例如纸张等。[98] 一些教师的薪资是以粮食的形式支给，而这些粮食来自官仓或和学校本身有关的粮仓。不过，这种方式实际上直到万

125

---

[93] 1772 年版南直隶《娄塘志》卷 2，页 10—11。1835 年版南直隶嘉定《黄渡镇志》在提到李梦阳创办的另一所学校时也记录了一个相同的预算，但却只有一名助理教师。只有甚少现存的关于其他学校的收入与开销的资料。一所 1522 年在云南的一个卫中成立的学校共获得 4 两银子和 70 石粮的收入。这些收入似乎都花费在教师的薪资、学生的廪给以及春秋两祭上。详见 1576 年版《云南通志》卷 8，页 62a。

[94] 王兰荫《明代之社学》下，页 101。

[95] 1741 年版北直隶《邢台县志》卷 4，页 7；1683 年版江西《兴安县志》卷 7，页 23—24。1539 年版广东《钦州志》虽提供了教师薪资的来源，但却没有提供数额。

[96] 倪清茂，"The County, the Magistrate and the Yamen"，128。当定期和非定期的赋役在 15 世纪 30 年代交换成以铜钱及银两缴交时，六成的收入被保存在地方上。详见何义壮，"Socio-Economic Development"，167，175—176。

[97] 1673 年版北直隶《昌平州志》；1858 年版广东《文昌县志》（卷 3，页 10）在转引一部旧方志时，提到这发生于 1474 年。何义壮注意到，通过经营市集而获得的收入几乎微不足道，所以薪资或许并不高。详见何义壮，"Socio-Economic Development"，235。

[98] 1550 年版南直隶《寿州志》卷 3，页 9。

历时期才执行。[99] 一些比较罕见的资金来源包括地方百姓的捐赠以及学费。有些时候，地方百姓是不情愿地捐赠。[100] 一些学校给出远门的人提供了住宿，但大概也收取了很少的费用或捐款。[101]

然而，首选的收入来源是农田形式或少量店铺形式的捐赠基金。[102] 虽然关于明代 12 座县的社学捐赠数据相差甚大，但一所学校平均拥有 83 亩田地（见附录"表 A.3"和"表 A.4"）。其中大约有一半的捐赠看似足以赡养一个佃户和一名教师。没有任何一所学校是富裕的。[103] 学校也需要有人来管理这些捐赠基金。在嘉定县，一所学校分别派任两名代理人来经营店铺和土地。[104] 大约于 1536 年，娄溪小

---

[99] 关于官仓，详见 1607 年版陕西《延绥镇志》卷 4，页 33。王兰荫《明代之社学》（下，页 101）也引用了另外两个案例。关于社仓，详见：1684 年版江西《德兴县志》卷 2，页 7a，20，以及"舆图"；1666 年版陕西《浦城志》。

[100] 王兰荫提到了有时候富裕子弟也会缴交家教费。详见王兰荫《明代之社学》下，页 101。刘祥光同意这一观点，并引用了叶春及的文章来证实。

[101] 1552 年版福建《安溪县志》；1530 年版福建《惠安县志》。

[102] 关于利用田地、店铺或房屋等捐赠基金来为（公众和私人）小学成立一个永久收入来源的讨论，详见罗友枝，*Education and Popular Literacy*, 66—79。王兰荫在《明代之社学》（下，页 99—101）中列出的校产数量表主要引自两个资料来源：《嘉定县志》所记载的李资坤创办的学校及其店铺和田地，以及 1505 年版河南《睢州志》。后者记载了 31 个县的社学共有介于 42.7 亩至 114.8 亩田地。一所学校仅有四间房作为学产。王兰荫也提供了其他三部地方志当中所记载的六所学校的校产。

[103] 相较于捐赠基金，资助县学和寺庙营运的私有财产仅占少许。例如，在 1445 年，东莞的一座寺庙拥有每年能收割 150.93 石粮食的 1980 亩私有田地。在延平府及所辖的县，有许多寺观皆有大规模的私有田地，每年能收割 30 至 100 石粮食（详见本文第七章，转引 1525 年版《延平府志》）。在延平府辖内的一个县，该县学及书院分别有 120 亩和 300 亩私有田地（1527 年版福建延平《尤溪县志》卷 3，页 39—40）。一所明初时期的府学有 1888 亩私有田地以供应教师的薪资和学生的廪给（刘祥光，"Education and Society"，45）。另一方面，小学通常仅作小型经营，而一所在江西的义学每年仅有 5 两银子（1683 年版江西《定南县志》）。

[104] 1808 年版昆山／嘉定《安亭志》卷 4，页 2。

学获赠 76 亩田地，而在扣除税收之后，每年能带来 25.08 两银。[105] 这一净收的银两大概不包括佃户的份额以及员工的工资。[106] 学校里的员工有两名，一名负责农田事务，另一名则负责登记事宜（可能是每季一次的工作）。学校的主簿署也主持了一场每两年一次的祭祀典礼。那些经每年和每三年一次会计核算所剩下的钱，需要呈交到知县的官署（据推测）以便进行审查。没有用完的资金，若无须用来支付修复工作，则必须由乡镇里的贤者分发给贫困的人（但这貌似不包括贫困学生）。因此，除了创办人与教师之外，许多当地人都和学校有关。而且，学校的资产也让社群中的贫困者直接受益。捐赠基金貌似是使学校获得财政保障的理想方式。所以，正如一条资料所记载，"上不费公帑，下不伤民财"。[107]

　　然而，这些捐赠基金必有其来源。其来源通常是利用百姓的财富而建造的宗教机构。庙宇的地产特意被充公以作为社学的基金。例如，为了资助一所社学，知县杨子器便征用了一块百姓们原先计划捐献给一座庙宇的土地。[108] 在 1522 年的 4 或 5 月份，魏校命令广东的知府与知县们：

> （将）凡神祠佛宇不载干祀典（的田地）……改为社学之田。是除生民无穷之害，而兴无穷之利也……通查废额寺观及淫祠之田，清出归官。召人佃种，分拨各社学，供给师生……社学有余，则量拨儒学。册内明白开注。仍总立碑学宫，存照以防侵占、绝

[105] 在晚明时期，嘉定县衙以北的娄塘镇有一万住户。当地自 13 世纪晚期或 14 世纪初便已有一个手工艺市场（邓尔麟，*Chia-ting Loyalists*，72、79）。该所学校有四座三间式的主楼，每间设有两个书斋与亭子，一个厨房和浴室，以及三间门。这一资料以及接下来所提内容，皆引自 1772 年版南直隶《娄塘志》卷 2，页 10—11（转引自李资坤《风教录》）。与李资坤所创办的四所学校不同的是，娄溪小学并无店铺作为捐赠基金。

[106] 1866 年版湖广《嘉鱼县志》所记载的关于一个在 1521—1522 年间达成的项目，便明确提到该名知县设立了有佃户的土地。

[107] 1808 年版昆山 / 嘉定《安亭志》卷 4，页 2。

[108] 1503 年版南直隶《常熟县志》。

奸欺。随田粮差各随土俗。议处明白呈夺，以为永久之利。其清
查完日，各造册缴报，具无违错抄案依准缴来。[109]

魏校随后命令个别迟缓误事的知府，指示他们充公和售卖田地，
重新使用建材来兴建社学，并烧毁或重用图像、经文和礼服。他也具
体说明，"凡可以便民者，从宜为之"，而且任何继续举行佛教和道教
仪式之人将遭严厉处罚。[110] 在景宁县，7 所学校各自的 200 亩土地是
由寺院的农田充公而得（即使一些寺庙是唐代所建，也仅有一座寺庙
豁免）。[111] 对于许多积极派分子而言，充公庙产是一种资助学校最具
吸引力的方式，因为这些激进派人士能以此实现其他的共同目的。正
如魏校对自己所发起的运动的评述，"斯实崇正黜邪，举一而两便
者也"。[112]

然而，事实上拥有捐赠基金并不能保证学校的生计。虽然嘉定知
县李资坤充公了庙宇的地产，但在大约 1605 年之前，嘉定县娄溪小
学的地产所带来的收入却落入县学的资金中。这不仅造成了社学经费
的损失，也意味着给予穷人的慈善基金的流失。[113] 嘉定县并不是唯
一见证到社学在面临资金分配问题时，让步于国家其他方面需求的地
方。除了"社学"两个字以外，那些记录了任何关于社学资料的地方
志，只提到这些社学是近期才创办，又或者是已"废"或较为常见的
"久废"。根据王兰荫的数据，有 13% 的学校被记录到地方志中时，就
已处于废置状态。[114] 况且，由于有些时候地方志是由学校创办人所编
修，这一数据所呈现的比实际失败率来得低。学校发展的最基础模式
是：首先由一名积极的常驻守令创办，但当他在几年后离职时，学校

127

---

[109] 魏校"岭南学政"，《庄渠遗书》卷 9，页 26。

[110] 魏校"岭南学政"，《庄渠遗书》卷 9，页 48 以及其他相关部分。

[111] 1583/1566 年版浙江处州《景宁县志》。

[112] 魏校"岭南学政"，《庄渠遗书》卷 9，页 6。

[113] 关于充公的案例，详见南直隶嘉定《疁东志》，页 41。关于捐赠基金的损失，详
见 1605 年版南直隶《嘉定县志》。关于资金与开销，同见王兰荫《明代之社学》
下，页 101。

[114] 王兰荫《明代之社学》下，页 117。

就在当下或不久后便处于废置的状态。

多数的常驻守令都忽略了社学。许多收录在地方志中的社学记和关于社学的评论，皆控诉了官员未能创办社学或维持社学的运作。[115]其他的记录则哀叹道：官员并没有把社学看作是自己责任范围内的一部分，而将相关事宜推卸给了地方上的家族；关于地方上需要社学的这类说辞，官员们仅停留在口惠的层面；如同从叶伯巨处传来的回响，官员的疏忽甚至已使社学沦为一种有名无实的机构。[116]既然对于大多数地方官而言，社学并不是他们最优先考虑的事，因此那些毁于水火或殴斗的社学鲜少被重建。这也是导致社学终止的常见原因。[117]正如池小芳主张，官员对学校的重视能带来多大的助益，相应地，他们对学校的忽视就能造成多大的伤害。[118]

实际上官员不仅仅忽略了学校，甚至特意将学校改建为适应其他用途的场所。在潮阳县，其中一所社学被改用为驿站。[119]其他学校则

---

[115] 1550 年版北直隶《广平府志》；1678 年版南直隶《虹县志》（内提到管事者并不关注那些已经腐朽的学校）；1556 年版河南《光山县志》（内提到一所早前创办的学校之所以没能成功，是因为官员长期敷衍行事）；1546 年版浙江《宣平县志》（内提到直至 1542 年，该名被纪念的创办人到达前，官府一直仅把与社学相关的法律视为过时的法令，遂没有执行）；一位清代的写作者认为官方对社学的忽视仅是他所处的时代的问题，但明朝却有一套体制来防止官员们忽视社学。详见 1673 年版北直隶《昌平州志》。

[116] 1743 年版南直隶《溧阳县志》（家族）；1683 年版江西《兴安县志》（口惠）；1547 年版陕西《泾阳县志》，页 25。同见 1549 年版北直隶《真定府志》（内提到大约在 1505 年，一名社学创办人与知县因前任知县们都忽略了教化事宜而给予了责备）。

[117] 1830 年版福建《长宁县志》卷 11，页 14（社学遭火烧）；1533 年版福建《建阳县志》（火烧）；1762 年版北直隶《束鹿县志》（先毁于战火，后于 1622 年遭洪水冲走）；1696 年版陕西《洋县志》（明朝末期的匪寇将该社学夷为平地，以致遍野荆棘）；江西《彭泽县志》（建于 1465 年的社学毁于火）；1823 年版江西《宜春县志》（四所学校毁于兵，后貌似被重建）；1872 年版江西《德化县志》（一所于 1519 年被叛兵所毁）；南直隶嘉山或华亭《重辑枫泾小志》卷 2，页 26（一所建于 1516 年的社学在 1554 年被倭寇所毁）；1673 年版山西《长治县志》（学校因械斗被烧毁）。

[118] 池小芳《明代社学兴衰原因初探》，页 22。

[119] 1572 年广东《潮阳县志》卷 9，页 7—8。

被改建成为祠宇、官署、医学、阴阳学、书院及其他机构。[120] 为了照应到其他方面的需求，例如给那些饥民提供膳食、支付军队所需或修筑城墙，知县与知府们便售卖了学校的场所或地产。[121] 虽然在多数案例中，这类售卖形式使学校永久停止运作，但学校的命运却会来回波动。例如，在 1525 年，知州蓝渠将一块土地卖给了一户许氏人家。这块土地上原先盖着的是一所创建于 1468 年的旧社学，但这所社学之

---

[120] 1556 年版广东《惠州府志》卷 8，页 10—11（河源县的两或三所社学被改建为书院）；1515 年版、嘉靖版山东《莘州志》（这所社学被一所书院替代。该书院是用来替换一座不合宜的寺庙）；1554 年版南直隶安徽《安庆府志》（三所于1513 年在怀宁县创办的社学到了 1554 年便被改建成两所书院，一座贞节庙。两所在潜山县的社学则被改建成名宦祠和乡贤祠。同见 1721 年版南直隶安徽《安庆府志》）；1503 年版南直隶《常熟县志》（于 1466 年创办的社学被改建成官邸）；1872 年版江西《都昌县志》（大约在 1585 年，知县从地方豪强的手中将社学夺回，并改建成步兵厅。社学因此需要迁移，而到了 1614 年便被废置）；1529 年版湖广《蕲州志》（虽然社学被改建成义学、阴阳学，但在此之前这些社学或许已经被废置）；1872 年版江西《德化县志》（一所小学被改建成为奉祀孔门曾子的祠宇）；1684 年版江西《饶州府志》卷 10，页 15（一所小学被改建成为衙门）；1734 年版福建《永安县志》卷 5，页 6a（在 1556 年，一所社学被一名府级官员改建为用来祭祀杨、罗、李、朱的书院）；1588 年版广东《肇庆府志》（社学改建成书院）；1827 年版广东《高州府志》（社学被改建成各种机构，当中包括书院）；1608 年版湖广《黄冈县志》（一所社学已被改建成道路，但学校是否因道路的修建而被废置，原因已不明）；1576 年版北直隶《灵寿县志》（社学改建成书院。关于学田的征用和损失的细节并不详）；1873 年版江西《崇仁县志》（社学改建成四贤祠）；1551 年版河南《夏邑县志》（时间的流逝成为该所社学被废置的原因。但是，当一名官将那已被卑微地改用成羊栏的社学原址赎回时，他并没有恢复社学，而是改建为医学、阴阳学）；1550 年版北直隶《广平府志》（一则关于官员如何荒废社学事业的抱怨提到了他们将社学改建成为粮仓和马房）；1535 年版河南《鄢陵县志》；1572 年版广东《潮阳县志》（社学被改建成邮亭和一座祠宇）。这一现象一直延续到清代。例如，根据 1856 年版的广东《顺德县志》，社学被改建成为寺庙和书院。

[121] 1657 年版陕西《麟游县志》（内提到学产被卖以为饥民提供粥食）；1779 年版广东《揭阳县志》（内提到在 1622 年，知县被命令变卖学校来筹钱以应边关军队所需）；1687 年版广东《长乐县志》卷 2，页 27b（内提到在 1639 年，学校所在的那片土地或许被变卖给子民作为府邸，以便应付军事费用）。有些时候，官员之所以将学校或土地变卖掉，原因并不明确，例如：1591 年版陕西《建阳县志》（内提到知县将社学田改用成为民田）；1733 年版江西《万载县志》卷 5，页 28（内提到一所建于 1528 年的学校被卖为民田。无论如何，这或许是该社学已被废置之后的事）。

后就被废置。蓝渠之后将废置的崇宁寺改建为一所新社学。在另一地区，虽然有 17 间店铺为社学提供了薪资和物资，但在数年后另一名知州却将这些店铺卖了，以筹资修补城墙。该社学遂又被废置。然而，在 1538 年，该社学又在故址重建，而店铺也被买回。[122] 就如同朱元璋既创办又废除社学一样，常驻守令也既创造又破坏社学。鉴于此，我们该如何准确地描述一个和"明朝廷"一样大的单位对社学的立场呢？

　　如葛林所言，个别学校的存在是"断断续续的"。学校的盛衰伴随着官员所承担的义务而变动。这是因为他们管辖内的土地构成了宝贵的资产，以低薪聘请符合条件的教师是一件难事，而社学教育所带来的益处未必就是明显的。社学在存续时足以教育一些乡童，而有些社学学生确实进一步到县学中升读。然而，在考虑到学校在社群中所扮演的角色时，我们必须意识到学校不仅影响了学生与教师及他们的家庭。作为一种占据空间的实体及财政机构，学校也和纳税人、徭役劳工、付费劳工、地主、店主、政府文员、信徒及僧侣等地方百姓有所互动。

建筑物

　　（在每个）委巷、小村、穷闾、退壤（创办社学）不须分外劳扰，或取附近庵观，或即其自立馆塾。顺其人情，固其土俗，便宜修举。

　　　　　　　　——南直隶提学御史耿定向，作于大约 1565 年 [123]

　　理想的情况下，学校是设置在干净、宽敞的建筑物当中，并坐落

---

[122] 1539 年版广东《钦州志》。

[123] 1566 年版南直隶《徽州府志》卷 9，页 19；1721 年版南直隶《安庆府志》卷 7，页 20。

于一处福地上。[124] 学校创办人认为建筑物本身的质量是重要的。一篇提议将社学迁入一座更好的建筑物的文章感叹道，"邑之社学靡陋荒秽，不足激诱后进"。[125] 桂萼所规划的课程依靠了实体布局（每门课都需要各自的课堂），而魏校的复合体制则是为了补救乡学本身简陋、污秽及狭窄的问题。魏校的做法是将学生轮流送入更大间的中央学校，让他们在一个庄严、宽敞的地点来练习礼仪以及接受教化。

实际上，学校的建筑本身在规模和质量上差距甚大。尤其是在陕西地区，社学并没有固定的地点，与其命令建造一座学楼，官方则下令在每个乡村"置"一名教师。[126] 王兰荫计算出一所社学平均占地 1.6 亩，平均拥有学楼 8 间。[127] 学生可能寄宿在设备齐全的较大型学校，而对于设立在寺庙或店铺里的较低等级的乡校，学生们则往往住在家中。虽然有些学校仅有一座学楼，但典型的学校则包括了前后厅堂，或者一间主要的厅堂加上两间较小的用来读书或住宿的厅堂。这些厅

---

[124] 1543 年版四川《保定府志》以及 1820 年版广东《澄迈县志》等都怀着好意或反对来评论社学的所在地址。

[125] 1546 年版山东《淄川县志》卷 3，页 47（该校创办于 1519 年）。

[126] 1765 年版陕西《潼关县志》卷 5，页 21；1541 年版陕西《高陵县志》卷 1，页 18—19；1591 陕西《咸阳县志》卷 1，页 13；1625 年版陕西《同州志》卷 3，页 6；北直隶《河间府志》。

[127] 王兰荫《明代之社学》，页 91—94。一些例子列出了学校围墙所包围着的田地，其他个案则会列出全部建筑物或主要大楼的规模。例如，邓州的社学规模便是 25 丈长、4 丈 8 尺宽，或 8 米乘以 15 米（1564 年版河南《邓州志》卷 12，页 5）。学校的规模更多时候是按照所拥有的"间"或梁计算。但是，由于大间的学校比简陋的学校有更宽的"间"，所以这些比较具有误导性。有些时候资料上只提供了学校的间数，但对于建筑物本身并未给予描述。例如：1536 年版贵州《思南府志》（卷 2，页 6—7）列出了三所各三间的学校，以及一所"一座"式的学校，但却没有提供任何关于其他学校的资料细节；弘治版《贵州图经新志》（卷 1，页 26b）列出了两所创办于 1499 年，各约十间的学校；1567 年版南直隶《仪真县志》列举出了两所分别为十间和五间的学校；1683 年版江西《安仁县志》列举出了一所三间式的学校；1552 年版福建《安溪县志》（卷 4，页 43）提到了一所于 1529 年创办的一间式学校，在 1535 年扩建成四间式。除了以上这些个案以外还有其他的例子。坐落于边关地区的学校的规模并不一定亚于内地的学校。例如，一些创办于 1499 年，坐落在贵州市区的学校各为十间式（弘治版《贵州图经新志》卷 1，页 2b）。

堂都被外围的墙壁包围着，仅留下一个正门。在格局方面，符合后者的众多学校之一便是在苏州的一所"总社学"。这所社学建于 1447 年，是现存资料中有所描述的最早的社学。位于该社学中央的是正学堂，东西两侧各有六间，分别建有书堂或图书室。和一些后来的学校一样，该社学内也建有朱熹祠。学校外立有两块分别提名为"升俊"及"育英"的坊。另一学校则扬言拥有一座正厅，以及：

> 书馆各三间，礼凤儒而主之东为号，舍凡六间，以栖诸生。西为厨房三间，以便炊爨。缭以周垣，垣之外杂植松竹，郁然成阴。大门左为宾馆，以接宾客之远至者。[128]

最宏伟的学校或许在 1531 年建于云南。这所社学按照桂萼的计划建有四间礼堂，另有两个门、二十间读书室、孔子祠、一座数层的藏书楼、配有"观德"亭的射圃、厨房、浴室、宿舍和仓库，并备有射箭和宴会的器具。[129]

更大间、设备更齐全的学校或许会提供更好的教育。这不仅是因为学生能够在良好的光线下阅读，有更多的空间练习礼仪和读书，拥有更多的书籍和用品，而且也能够吸引更好的教师。整体而言，在规模上，乡里的社学比城里的社学来得更小。[130] 学校的规模和品质不仅会影响学生学习的程度，也会影响学者的身份以及学校是否能持续运作。有钱人家也许更愿意把儿子送到设备齐全的学校，同时对这些学校予以资助。

那些没有实体房屋的学校所采用的管理方式，表明了与社群成员之间的不同关系。在华阳县城隍庙一例中，学校可能会共用官方的建

---

[128] 1866 年版湖广《嘉鱼县志》卷 9，页 20—21。一篇约作于 1500 年的社学记。
[129] 1576 年版《云南通志》卷 8，页 4b，62a。一所晚明时期在江西创办的学校甚至有半塘，即设在县学前用来举行仪式的壕，它同时也作为与京城里太学关联的象征。在嘉定县仍可看到半塘，而在北京也可看到一座圆塘。
[130] 王兰荫《明代之社学》下，页 93—94。

筑物。[131]在明初另一座县，当社学设在教师家中或其他私人住宅时，[132]主人可能获得了一些酬金。在黄陂县，知县租用了私宅，但其他县的情况则是直接购买。[133]国家或许以另一块土地来与私人土地进行交换。[134]被废弃的私人房屋也能被改建为学校。在这类个案中，我们并不清楚这些建筑是否来自于收购、捐赠或充公。例如，在1531年，贵州思南府知府便将一座废弃的宗祠改建为社学。[135]有些时候，常驻守令把建学校的功劳揽到自己身上，然而该校的场地或房舍是由地方上的富人所贡献。[136]有一名被挑选为社学教师者也同样捐献了土地。[137]当常驻守令借用、租用、购买或以私人产业交换社学时，我们并不清楚所支付的价钱是否合理、是否经过了折扣或被抬高，以及是否使用了强迫性的手段。费用或租金也许是人们乐于接受的收入，特别是到了晚明时期，一些地方百姓也积极地和官府合作，捐献建筑物（详见第七章）。[138]

另一方面，提供一座学楼也许会引来学校创办人与地方百姓之间的纷争。学校可能会新建在一块前社学的原址或在国家所拥有的其他

---

[131] 1614年版陕西《华阳县志》。另一所学校设在土地庙内（1548年版山东《武定州志》）。在肥乡县，五所学校的其中三所皆设立在宗教机构内。这三所学校在明代创建，但当地方志出版的时候就已经废置（1676年版北直隶《广平府志》）。

[132] 1535年版河南《鄢陵县志》卷8，页48。

[133] 1666年版湖广《黄陂县志》卷2，页24a。1495年版山西《潞州志》提到，知州从百姓手中购买三块地来建三所学校。弘治版《贵州图经新志》（卷1，页26b）提到，一名巡抚在1499年为学校购买房屋。1552年版陕西《略阳县志》提到，一所学校暂时设立在茶楼里，但当学校迁移到更好的地点后，该茶楼就被卖出作为店铺。因此，茶楼或许是为了设立学校而被买下。1779年版的陕西《眉县志》（卷4，页16）记载，在万历时期，一所学校暂设在店铺或客栈里。

[134] 1872年版江西南康《都昌县志》（卷6，页25—26）提到：当一所社学因搬迁到一个更好的地点（在寺庙里）而需要建一座半塘时，一位庶民便让出土地作为交换，搬出他原先的住址而迁往社学的旧址。

[135] 1536年版贵州《思南府志》卷4，页4。

[136] 1609年版广东《新会县志》。该土地由当地的一位士人贡献。

[137] 1872年版江西《都昌县志》卷6，页25b。该土地后来被强势者接管。

[138] 就如同知州蓝渠将一所旧社学的土地变卖给徐氏家族一样，售卖旧学校也能使子民们获益。1539年版广东《钦州志》。

空地上。学校也可设于被废弃的已属于国家拥有的建筑物当中，例如前阴阳学、医学、惠民药局或税课局。[139] 然而，国家需要从侵占了 这类土地或建筑物之人的手中，重新将其收回。[140] 有一名侵占了一块土地的男子，为了保留土地而顽强地抵抗官府，直到官府反复地进行调查且下达命令之后，方归还土地。[141] 另一位知县则因没能夺回原先建有一所社学的国家地产，而不许购买另一处场地。[142]

在当时，学校的房屋能被共用、借用、租用、购得，由旧的国家、私人或宗教建筑物改建，在国有的、购买的、捐赠的或被充公的土地上平地建起。但是，费用由谁来承担呢？虽然多篇记文声称百姓并没有因为兴建学校所需的钱财或劳力而烦恼，但是这一修辞方式却表明当时百姓通常被要求提供劳力和材料。[143] 或许是因为许多学校是自其他的建筑物改建而来，关于兴建一所全新的学校所需经费的资料并不多。仅有一份资料提到了柱材、窗花、支架，以及其他的开销一共需要 5 两银子。该校是由劳役所建，当局也供应了劳工的伙食。[144] 建筑工程通常安排在农业淡季进行，[145] 也只需要几个月的时间。社群中的

[139] 建于前学校或官田的案例，详见：1506 年版河南《新乡县志》；1685 年版湖广《醴陵县志》卷6，页25；1501 年版陕西《宁夏县志》卷1，页34（射圃）。设在义学或药房的案例，详见：1551 年版河南《夏邑县志》；1548 年版山东《武定县志》。设在前税局的案例，详见：隆庆版湖广《岳州府志》（石门县社学）；1591 年版南直隶《兴华县志》；嘉靖版湖广《湘阴县志》；1578 年版浙江《严州府志》。设在商税局的案例，详见：史鉴"同里社学记"，《西村集》（《四库全书》重刊版，1259—1846）。

[140] 例如，1495 年版山西《潞州志》所列举出的五所社学。1533 年版福建《建阳县志》卷5，页18 中提到：在知县发现旧的税局被焚毁，而土地却被强势者侵占之后，他便夺回土地改建社学。1552 年版山东《临朐县志》卷2，页35—36 中提道：知县重建了两所乡社学，其中一所建于 1530 年的社学刚刚被当地居民侵占及拆毁。

[141] 1551 年版河南《夏邑县志》卷8，页67—68。

[142] 1606 年版湖广《新宁县志》。该地方志由知县本人编写。

[143] 根据法律，被征用建筑府、州、县学的劳工都不应被虐待。《明会典》卷78，页454。

[144] 1616 年版陕西《庄浪汇纪》卷7，页14a。详见兴建该道内社学的指示。这份资料反映了究竟该由哪一级政府机构支付文武社学开销的纷争。

[145] 例如于 1451 年，知县孙震治下的情况。详见 1550 年版南直隶《寿州志》。

成员也许乐于接受这类工作所带来的工资，但我们并不清楚他们是否是无偿志愿者、有偿志愿者或无偿的非志愿者。官方的财政预算并没有给社学的建设工程拨款。但是，如上所述，常驻守令或许动用了他们获准保留在地方上的那些有限的税收。例如，一名知县于1468年在城东北处，从一位住在城里的庶民手中购得了4亩田。他买地是为了建一所学校，也同时是在执行提学御史陈选的命令，而且可能也获准使用公款来进行这项工程。[146] 在其他的案例中，这些积极分子为了体现出对兴建理学相关机构的义务，便自掏腰包。例如，在1451年，知县孙震捐献出了五千缗向一位庶民购买一座建筑物及其土地。[147]

另一用来设置学校的场地便是庙宇。两种机构之间可能存在着合作式的关系。少年们常在那些同时开办着小学的寺院中苦读应举。有些活跃的庙宇也长期租借场地给社学。例如，蓝田县知县石山在20个村庄中创办社学，而这些社学多数设置在店铺和庙宇内。[148] 在1474年，一名知府让浙江新昌县的一位（具生员身份的）社学教师与学生

---

[146] 1524年版南直隶《上海县志》。

[147] 1550年版南直隶《寿州志》卷3，页21中提到，孙震从尚智的手中购得土地。1576年版北直隶《灵寿县志》卷2，页5中提到，现任知县用薪俸买回了社学很久以前的原址（但是他却创办了书院，而不是恢复社学）。1576年版《云南通志》卷8，页62a中提到，在1522年，周愚本身捐赠足够的土地给安普社学，来偿还每半年的祭祀费用，以及资助教师和学生。1685年版湖广《醴陵县志》卷6，页25中提到，这位知县自己支付了部分田地的金额。附录中的第一篇记文提到，创办人知县刘彬兴建了这所学校，并用累积的100石薪俸来购买这片土地。同见1527年版江西《九江府志》卷10，页22。

[148] 1571年版陕西《蓝田县志》卷1，页8。有些时候我们并不清楚相关寺庙是否仍在经营。在此举出两例：1684年版福建《宁化县志》列举出六所设在寺庙内的社学，但是兴建日期并不明确（或许是清代才建成）且没有提到是否为改建之举。在1502—1507年间，知县马淳在四座寺庙内创办了四所社学。然而，我们并不清楚他是否以社学来替代寺庙的经营，或者是为寺庙添加了新的用途（详见1760年版福建《上杭县志》卷4，页20）。详见韩书瑞，*Peking*, 88。韩书瑞提到，官员与地方精英利用寺庙的楼屋和场地来进行公益以及有组织性的活动，因为政府机构的场地不愿意开放给成群的庶民进入。庙宇场地通常"成为国家与个人能够个别或联合进行活动的区域"。韩书瑞也在另篇文中表明，庙宇的这类用法通常使寺庙被废置。

们在一座石佛寺内上课。在山西潞州，乡里的社学均在寺庙内的空房上课。[149] 学校可替代那些已被废弃的寺庙。[150] 然而，寺庙和社学之间的关系也涉及了一些冲突。一名毁淫祠者通知了他的上司在县衙后方的一座寺庙已被流贼所毁。虽然庙里的僧侣与地方百姓正在募捐重建该座寺庙，但该守令却陈述道：

> 卑职恐兹非倡邪，已经遏阻，欲得此地截处其半。

该守令之后将这一场地改建为书院以及一座供奉二程兄弟的祠宇。[151] 这类举动实际上会受到阻碍。在万历时期，基于不明的原因，一名知县未能将社学迁移到一座寺庙的原址。[152] 即使已经迁往新的地点，但那块土地仍属于该宗教机构，因此僧侣能够阻止土地收购之举，或者某户富裕人家会那块土地感兴趣。

整体而言，在地方上建设社学更容易激怒（而非讨好）该社群中的成员，有些人可能觉得无所谓，甚至喜欢学生在家中、店里或寺庙内吟诗和习礼。虽然我们并不清楚价格是否合理，但是有些人或许能通过出租或出售地产给学校而获得利益。例如，尚智或许更加喜欢银

---

[149] 1495 年版山西《潞州志》记载乡学设立在寺庙的空房内。1477 / 1521 年版浙江《新昌县志》记载在 1474 年，知府告诉正担任社学师的一名生员以及学生们，让他们使用石佛寺上课。1529、1571 年版陕西《蓝田县志》记载在弘治初期，20 所乡学当中仅有两所拥有自己的楼舍，其余的则是设立在店铺或寺庙内。1760 年版的福建《上杭县志》记载大约 1502 年，一名知县在不同的寺庙庵观内设立四所学校。1540 年版浙江《太平县志》记载有两座祠庙被暂时用为社学。同样，1685 年版江西《南丰县志》（卷 2，页 10b）记载，虽然一所书院的偏室被改建成一所社学，但该社学并没有维持很久。

[150] 1539 年版广东《钦州志》提到，在 1525 年，被废置的崇宁寺被改建成一所新的社学。1873 年版江西《崇仁县志》列举出于 1462—1463 年间，在提学御史李龄的管理下自两座废置的寺庙改建而成的学校。康熙版江西《上犹县志》提到，一所学校兴建在五通庙的废址上，但却没有注明该座寺庙是否为了建学校而遭废置。1779 年版的广东《揭阳县志》记载了从旧寺庙改建而成的学校。

[151] 黄泗 "议易风俗申文"，收录于 1711 年版江西兴国《潋水志林》卷 12，页 1—4。

[152] 1779 年版陕西《眉县志》卷 4，页 16。

两而不是银票。改建一座建筑物通常意味着迫使人们从他们自己的房屋或商铺中迁移出去，且有时强制迁移。有些人或许乐意用建新学校的劳力来换取工资，特别是在农业淡季。但大多数情况下，劳工是被征用而来，或者得到的酬劳只不过是每日定量的口粮而已。然而，相比于"毁淫祠以兴社学"这一对信仰空间的攻击，这些令人恼火之事则显得微不足道。

就如第四章所述，在明盛期，常驻守令进行了一次攻击地方祠宇以及佛道寺庙的活动。他们充公庙产，将建筑物改建为和理学相关的祠宇，或者是城隍庙之类的国家祭祀制度。而且，在至少 40 个被记录的明代案例中，[153] 积极派官员追随着张弼，将寺庙改建为社学，或者利用被拆毁后的寺庙所剩下的木砖，来重建一所社学。

刘祥光与万安玲认为书院或县学和寺庙之间的"孤立"纷争，源自于争用福地的需要。[154] 例如，在 1377 年，一所社学被建在一处不

---

[153] 由于牵涉到的学校数量庞大，或许有更多自不明建筑物改建成学校的案例实际上涉及淫祠。例如，如皋县的在任知县于 1523 及 1587 年，分别改了 15 和 7 所社学。然而，包括在有关祠祀的章节当中，我们并没有发现更多关于这些改立工程的资料。这些学校在该部地方志进行编纂时已经久废（1560 年版南直隶《如皋县志》，重印版页 60；1841 年版南直隶如皋《白蒲镇志》卷 2，页 23）。虽然一些官员同时创办社学以及拆毁淫祠，但两者并非明确相关。例如，在正德晚期，提学御史林有孚拆毁了淫祠以及加建了 63 所社学（1730 年版南直隶《合肥县志》卷 10，页 8。根据《名人传记资料索引》的记载，林有孚于 1532 年被谪为庶民。）同样，嘉兴知府杨继宗在大建多所社学及强制执行就学率的同时，也拆毁了至少一座淫祠（1596 年版浙江《秀水县志》卷 9，页 66。引自一篇关于在大约五十年后为他建立的祠宇的记文）。

[154] 万安玲曾写道："书院与释道机构之间所产生的土地冲突，表明了两者被卷入圣地及经济资源的旷日持久的竞争当中。在获得地方百姓的支持以及对百姓们的影响两方面，理学家、僧侣及道士都在竞争。教化这一概念能被理解为儒家用来使人改变信仰的手段。"有些时候，书院及寺庙共用山岳或其他的风景区，而"偶尔提及的书院与寺庙之间的土地纠纷，则表明了这些冲突是因为两者都尝试占用同一圣地才发生"。万安玲，"Academies as Sacred Places"，349—350。刘祥光也提供了一些在 15 世纪晚期至 16 世纪中期，府、州、县学与寺庙之间为了得到风水宝地而进行竞争的例子。在其中一个案例中，一名庙主因为担心该庙宇将于 1517 年进行的一场运动中被定名为"淫祠"，遂同意搬迁到一处较不理想的场地以避免被完全封闭。刘祥光，"Education and Society"，28—29, 33。

理想的地点。到了 1538 年，该社学被迁移到一座建在高处的寺庙内，这也是一处完美的建校地点。该座寺庙被描述为"应毁淫祠"。[155] 然而，社学所涉及的竞争现象并非个案，反而在数量上足以成为一种常用的修辞。虽然有时会提及场地的质量，但以社学替代"淫祠"主要是一种竞争关系的直接表现，一种将淫祠斩草除根，以确保它们不再复兴的策略。具体措施包括占用淫祠的实体建筑物或场地，重新使用用来建造这些淫祠的木砖，夺取这些淫祠的土地捐赠，以及迫使祠内神明及负责人员迁移。

在诸多例子中有这样一例：河间任丘县的各个乡镇中，每个社群都按照当地情况，将寺庙或庵院改建成社学。[156] 另外，知县杨子器：

> 毁诸佛像，散遣缁黄之流，各归其宗。不易植、不改垣，因其宇而变其制。中貌夫子像，旁建社学。[157]

在 1531 年，根据一位新任巡抚的陈述，他在抵达云南之后，马上就过问社学之事。察觉当地尚未建有社学之后，遂言"不可缓也"。他听从知府的建议，得到上司的批准，将城南一座尼姑庵里的佛像移除，并将其改建为学校。[158] 在 1529 年，当福建提学御史巡视安溪县时，知县黄怿便上报他将城里一些规模很小的淫祠改建为一房式的社学。一

---

[155] 1576 年版浙江《新城县志》。

[156] 这些改建或许是在知县的领导下进行。这名知县也在 1522 至 1540 年间，在城里兴建了两所社学。虽然 1601 年版的县志重复了 1540 年版府志的用语，但这些被改建成的学校到了当时不太可能仍在运作中（1540 年版北直隶《河间府志》，1601 年版北直隶《任丘县志》）。大约在 1513 年，一名知县将五座淫祠改建成社学。其中包括一座城里的观音庙，以及两所城外的庙宇（1513 年版南直隶《崇明县志》）。在弘治初期，那些超出限额的淫祠、庵、堂及观都被拆毁而改建成社学（1512 年版南直隶《松江府志》卷 13，页 31b。重印版页 736）。在弘治时期，一个县的郊区建有约 50 所社学，而这些社学或许是自淫祠改建而成（1527 年版福建《尤溪县志》）。

[157] 附录中的第八篇记文。

[158] 虽然多数皆被拆毁并重建，但由于顾应祥欣赏该庵的古建筑风格，遂保留了其后一部分，将其改建成奉祀孔子的祠宇。1576 年版《云南通志》卷 8，页 4b。

块纪念黄怿的遗思碑评述道：

> 邑皆崇山窈壑，民朴愿尚巫，公悉厘无稽之祀为小学。[159]

即使是在南直隶的腹地，知县李资坤在嘉定县 16 个乡镇中的 13 个所创办的社学皆改建自寺庙庵院。当中就包括了能追溯到唐宋时期的古老寺庙，而有一个乡镇甚至是以一座著名的寺庙命名。[160] 继张弼在赣南任职的四十年后，16 世纪 20 年代，常驻守令已简单地认定社学得到学楼的方式便是改建或焚烧一些淫祠。这一做法已是既成惯例，具有正统性以及便利性。虽然这类做法在 1530 年后逐渐减少，但却并没终止。

就如第四章所讨论的，在 17 世纪，汤斌也毁淫祠以兴社学。到了晚清，在张之洞的同意下，效仿清初思想家黄宗羲的改革家康有为提呈出将"淫祠"（包括佛教和道教寺庙）改建为学堂的计划：

> 或曰，天下之学堂以万数，国家安得如此之财力以给之？曰：先以书院改为之，学堂所习，皆在诏书科目之内，是书院即学堂也，安用骈枝为？或曰，府县书院经费甚薄，屋宇甚狭，小县尤陋，甚者无之，岂足以养师生、购书器？曰：一县可以善堂之地，赛会演戏之款改为之，一族可以祠堂之费改为之。然数亦有限，奈何？曰：可以佛道寺观改为之，今天下寺观何止数万，都会白余区，大县数十，小县十余，皆有田产，其物业皆由布施

---

[159] 钱江庵、四圣宫及玄坛宫分别改建为汇征社学、侍御社学及会元社学。这些皆是小祠宇。虽然在 1535 年，前两所社学被扩建，但每所学校起初仅为一间式。到了 1552 年，这些学校已成为废墟，而且也没有资料表明这些学校有被恢复。这至少是该县第二次尝试创办社学，因为当黄知县到任时，原先城里的四所社学已经久废（1552 年版福建《安溪县志》卷 4，页 43—44）。

[160] 1772 年版南直隶嘉定《真如里志》卷 1，页 4b。一所学校兴建在真如庙（亦称大庙）的原址。盐溪镇也被称为纪王庙镇，而纪王庙则是李资坤所创办的学校的原址。寺观的名称皆记录于嘉定县的个别镇志，以及 1605 年版的南直隶《嘉定县志》卷 3，页 19a（详见参考书目）。

而来……

在张之洞看来，70% 的寺庙应被改建为学校。他将这一计划展现成一种能同时给寺庙和学校带来利益的方案。这是因为他意识到佛教、道教与儒学一同，在面临西学东渐时，出现了衰弱的现象。[161] 在明代，随处可见的祠宇和寺庙使其自身成为理学英杰们欲攻击的目标及劲敌。

利弊共存

州人欢欣，相率敦遣子弟入学。

——1567 年版北直隶《赵州志》

百家之中，立社学一所，令军民就学，民不乐从，甚苦之。

——李默（1556 年卒）《孤树裒谈》

社学记和地方志通过陈述社学良好的出席率，能有效地为学生做好升读的准备以及改善地方习俗，来歌颂官员们的成就。例如，有一篇社学记提到"庶民小子罔不翕然而就学"。[162] 教育不仅因学生"息邪反经"[163] 而改变他们，也同时改变了他们的家人和乡

---

[161] 张之洞《劝学篇》："方今西教日炽，二氏日微，其势不能久存。佛教已际末法中半之运，道家亦有其鬼不神之忧，若得儒风振起，中华乂安，则二氏固亦蒙其保护矣。大率每一县之寺观取什之七以改学堂，留什之三以处僧道，其改为学堂之田产，学堂用其七，僧道仍食其三。"值得注意的是，20 世纪最重要的社学研究者王兰荫也写了两篇关于张之洞的文章。

[162] 李龄"社学记"，收录于 1525 年版《江西通志》卷 12，页 29—31。

[163] 1535 年版广东《南海县志》。

村。[164]20 世纪晚期的学者们在探讨社学所带来的影响时，得出了各自的观点。艾尔曼几乎完全漠视社学的态度便属于一种极端。艾尔曼论述，"明清时期的中国缺乏任何'公共'学校"，导致学童只能依靠族学、义学、庙学以及家塾。[165] 处于另一个极端的是李弘祺的观点。他认为自朱元璋颁布那道社学旨令以来，接下来的五百年内：

> 基于社学扮演了国家儒学教育支柱的角色，我们需要给予社学全部的肯定。此外，社学主要担负起教授儒家礼仪和道德修养的责任，也因此成为明代社会中传播基础识字和书写技能的主要载体。[166]

抛开艾尔曼那彻底的漠视不谈，我们也并没有证据来支撑李弘祺的论点。我在本章的讨论中则是尝试避免提出笼统的主张，具体评估社学究竟如何帮助和伤害学童、家长、教师以及其他在社群中的成员。

对地方百姓而言，学校是一种利弊共存的机构。虽然学校给予贫困学生受教育的机会、有文化的工作、地位的提高以及税收的优惠，

134

---

[164] 这类记述的例子包括："人才其日盛乎"；"于是民间俊秀，之所激励，人材渐盛矣"（1546 年版浙江《宣平县志》卷 2，页 5）；"周官司徒修六体，明七教，齐八政，一道德，皆责之学校焉。司马辨论官材，以德诏爵，皆始诸学校焉"（1543 年版四川《保宁府志》卷 3，页 29）；风俗大大地改变（1825 年版广东《恩平县志》）；"可谓家诗书，户礼乐矣（1540 年版北直隶《河间府志》"；"诵声相接（1490 年版南直隶《桐城县志》"；"故当时童蒙之习咸知揖让，闾巷里间蔼然，弦歌礼教之风嗣是"（1535 年版《广东通志初稿》卷 16，页 26）；朗诵声遍及了乡里的边界，而在数年之后风俗甚善（1685 年版湖广《醴陵县志》卷 6，页 25）；风俗更为善良（1687 年版福建《德化县志》卷 4，页 8）；"由是民风丕变，俗尚弦歌焉"（1548 年版北直隶《隆庆志》卷 5，页 5）；"书声四彻，土风大振"（1537 年版北直隶《内黄县志》卷 4，页 28）；学童高兴地工作，而当中多位皆有成（1506 年版河南《新乡县志》卷 2，页 33）；"闾里文化勃然兴起"（弘治版《贵州图经新志》卷 1，页 26b）；许多学童有所成就（1503 年版南直隶《常熟县志》）；每个人都学习，而朗读声十分普遍（1743 年版《溧阳县志》）；"不旬月间，弦诵之声四达，士类欢然，以为成周之化复见于今日"（附录第八篇记文）；"是以境内遍弦诵之声，而揖让之俗蔼如矣"（1807 年版南直隶嘉定《石冈广福合志》卷 4·古迹）。

[165] 艾尔曼，*A Cultural History*，239。

[166] 李弘祺，*Education in Traditional China*，98—99，632。

212

但也使他们面临了来自教师和政府人员的剥削，以及其他学童的欺凌。学校创办人对理学的热忱，也意味着礼仪和简单化的道德教育显然比父母亲更青睐的实用技能来得更为重要。根据地方政策，那些来自难于负担劳役家庭的学生或许会被强迫上学，而那些没被知县挑选为"（优）秀"的男童则可能被拒绝入学。为了在城镇兴建学校，官府会向乡里征调徭役。但是，因为乡里离城镇太远，村民不会将儿子送到城里的学校读书。虽然教职人员的薪资少到不足以吸引杰出的老师，但却足够引来那些只需要少许收入的人，而这些人有时候却向学生索取更多钱。当教学职位被分派给贫困的学者时，教育素质有时就会变差。但是，当时的教育事业所具有的理学本质却禁止校方聘请其他有资格的教师，包括拥有其他财力资源，遂不需要一份薪资的识字和尚。学校也被用来对整体社群进行管制和思想灌输。学校利用了公共和私人的土地、建筑物及金钱。官府充公寺庙所获得的资源。这些资源来自捐赠者，但有些时候却迅速地流入富裕家族的手中。

难道社学真的是必需的吗？当社学的品质已不再符合标准时，家长们自身就能取代学校或转向其他形式的小学教育。刘祥光认为在明中叶和晚明时期的徽州，教师供大于求的现象意味着地方宗族组织能够容易地聘请私塾教师，或者创办自己的学校。如此一来，他们便能够自行管控，也无须付学费。[167] 正如我们接下来将探讨的，在广东和其他地区，地方百姓创办了自己的社学，而且许多地方也建有义学、族学及庙学。[168] 尽管如此，较为贫困的乡村地区并不一定总有选择权。一部陕西的地方志记载道，当建于 1550 年的 16 所社学成为废墟后，便"里无蒙养"。[169] 池小芳于其论著中便引用了一个某县基于贫困人口逐增，遂不能资助县里社学运作的例子。考虑到晚明时期，许多地方面临了不平等征税的可怕负担，再加上住户逃税的现象，该县的情

---

[167] 刘祥光，"Education and Society"，293—294。1535 年版湖广《常德府志》（卷 9，页 12）中提到，当社学倒闭的时候，私塾便顶替了其功能。

[168] 艾尔曼，*A Cultural History*，246。池小芳《中国古代小学教育研究》。

[169] 1625 年版陕西《同州志》卷 3，页 6。

况或许十分典型。[170] 在许多地方，仅有富裕人家方能担负私塾教育的费用。[171] 然而，即使当地建有免费的社学，贫困的乡童也并不一定能够上学。学校可能提供了笔墨，但廪给却是罕见的。即使学校只在农业淡季开课，但对于经营其他企业的家庭而言，他们在那三个月时间内所失去的劳动力，也会有损家庭经济状况。

作为一种地方机构，学校除了满足学生与其家人的需要，也给社区中的其他人士带来利益。虽然对教师而言该职衔并不能得到他人的尊重，但却能带来徭役的免除，一份薪资或某些形式的物质资助，以及一个能向学生榨取钱财的机会。地产管理人能获得声望，比佃户享有更多的权利，以及拥有捞取油水的机会。那些推荐了教师的人则掌控着一个人的生计。由校方所购买或租用的房地产的主人在经济上获利，或因得到知县的感激而获益。建筑物、资金、管理、教学或入学等因素，均会积极地促进人们与自身的文化遗产，与理学所欲实践的理想，又或者与全帝国或朝廷发生关联。此外，这些因素也使他们在地方上保有一定的自豪感。

虽然社学是为改造社会而建，但却反映出了各种各样的纷争、不平等政策、灾难以及伪善行为。这些都是明代社会的特征，而社学也因此被摧毁。一名由魏校委任来毁淫祠、建社学及扬善俗的教师，一到佛山任上便宣布，"如命，事事谕民意指"。[172] 然而，与这名教师不同，包括魏校本身在内的激进派官员却相当乐意做出有悖地方百姓希望的事。况且，尽管部分常驻守令提倡社学，但多数的守令忽略了社学。有时官员与地方百姓的确会合作兴建、资助及管理学校，但对学校的提倡或忽略能造成二者的纷争。在面对谁应当上学和谁又应当教学，学校里应当教授什么内容，以及应如何设置学校和如何为学校提供资金等问题上，常驻守令与百姓之间存在着分歧的意见。有些时候，官员、文员、教师、学生、学生的家人以及其他地方百姓皆在争吵，

---

[170] 池小芳《明代社学兴衰原因初探》，页23。
[171] 1488年版南直隶《吴江县志》中提到，除了一些地方跟随上古的模式，使25户富裕人家联合起来创立一所社学外，社学实际上已名存实亡。
[172] 1835年版广东《南海县志》卷29，页28b。

或是利用学校和学校资产为自己的目的服务。张之洞为了保护一个正处于困境中的传统，主张学堂和寺庙互助。但是在明盛期，许多社学却刻意从多个方面与佛道机构以及地方祭祀进行竞争。

　　第一，我们能观察到，社学的学生所受的教育是以儒家经典、礼仪及道德伦理为主。[173] 第二，在没有明确记录的情况下，一些社学确实建有奉祀孔子、朱熹或其他理学英杰的祠宇。[174] 和书院一样，社学内的祠宇可能是这些学校的核心。[175] 第三，学生参与了在社学或县学里的庙

[173] 读者能够将桂萼的分堂法诠释为一种对寺庙运行模式——根据寺庙区域的不同，其举办的活动也各不相同——的模仿。

[174] 崇祯版南直隶《吴县志》卷13，页53（内提到朱子祠）；1576年版《云南通志》（内提到一所由尼姑庵改建的社学有一座建筑风格令人赞赏的大楼。在1531年，该社学创办人将其改建为奉祀孔子的祠宇）；1547年版广东《潮州府志》（内提到四所学校中的其中两所建有奉祀朱熹的祠宇）；1573年版山东《兖州府志》卷29，页41（内提到金乡县社学立有一尊朱熹的泥像）；附录中的第一篇记文（内提到一座奉祀朱熹与一名当地人的祠宇）；附录中的第八篇记文（内提到在1488年，每所学校的中堂都有一尊孔子像）。1684年版江西《饶州府志》（内提到在1540年，小学的后厅有两座乡贤祠）。以下资料提到了设有圣贤祠的学校，而这些祠宇皆由李资坤于16世纪30年代创办：1772年版南直隶嘉定《娄塘志》；南直隶昆山《安亭志》；1853年版南直隶嘉定《黄渡镇志》；1732年版南直隶嘉定《南翔镇志》。一所1365年复兴的社学与其相关记文中，便提到了一所核心为校内祠宇的元代社学。陈县丞偶至一所荒废的社学，距其大约一里处有一座曾供奉孔子的祠宇，但如今却"愚民以异端土偶杂祠庙中"。陈县丞将偶像投入水中毁之，并将乡贤像摆在旧社学内。他之后重建社学，并让当地的学生与老师加以祭祀。这所学校的目的显然是具宗教性的：原先的淫祀（或许属于佛教）偶像，被正祀（孔子与乡贤）所替代。详见1524年版南直隶《上海县志》。

[175] 万安玲认为，书院之所以是一个神圣的空间，不仅是因为书院与寺院的组织有所类似，也是因为两者皆以奉祀学者与官员的祠宇为中心，且用来崇奉祭祀对象的礼仪使该书院的成员紧密地结合为一个群体。在一定程度上，书院的组织也模仿了寺院。详见万安玲，"Academies as Sacred Places"，335—338。根据穆四基的研究，这些祠宇或许是书院的主要功能。直到大约1435年，仅为了保存相关祠宇，旧书院方被修复。详见穆四基，*Academies in Ming China: A Historical Essay* (Tucson: University of Arizona Press, 1982), 21。关于一所书院的实际功能在于其内部祠宇的案例，详见1789年版福建《永春县志》。创办了多所社学的郑洛书也在一所书院内设立了一座奉祀乡贤与名宦的祠宇，并为之撰记。详见1588年版南直隶《上海县志》。在1543年，由于一所书院需要更好的空间来设立祠庙，一所社学因此被替换。详见1515年版山东《莘县志》。

宇建筑内举行的宗教仪式。[176] 娄溪小学的财政预算中就包括了春秋两祭的费用，而其他的学校创办人实际上也作了同样的安排。[177] 这些儒家仪式被用来替代其他的祭祀。第四，社学也干涉了寺庙的收入。魏校的禁令表明儒师或许一直在抢夺其他识字之人的工作。这些人就包括按传统惯例曾在学校教书的和尚。几乎所有上述学校的收入来源皆类似于，或直接比得上那些提供给佛教和道教宗教组织的收入。[178] 有些时候，其他的知县确实使用了公款来改善寺院，信徒捐赠金钱和资产，僧侣们举行丧事和进行其他服务时收费，而香客也在庙里留下资金作为香烛费。当公款、义捐及学费流入社学的资金库时，它们避开了寺庙。通过为出远门的人提供住宿来筹钱的学校，实际上效仿了长久以来具有这项功能的寺庙。一些社学创办人为了支付学校的开销，便直接向僧人征税。更引人注目的是，自张弼开启先例以来，学校的土地基金往往由寺庙充公得来。

最后，社学创办人自身通常也受后人奉祀。[179] 有些时候这些祠宇是由淫祠改建而成，例如张弼兴建的乡贤祠。[180] 自 15 世纪晚期到嘉靖时期，成对的名宦祠和乡贤祠皆由激进派官员兴建。这些官员通

---

[176] 这甚至在元代也是如此。一篇撰写于 1350 年的碑记提到了地方官每个月两次率领小官与社学里的教师、学生到孔庙进香。详见 1552 年版南直隶《鲁山县志》卷 4，页 13。

[177] 根据 1576 年版《云南通志》（卷 8，页 62a）的记载，某周姓先生捐赠给安普社学足够的田地来支付每年两次的祭祀，并资助教师与学生。

[178] 晚明时期的儒者也为富裕家族担任监督丧礼的仪式专人。在这一情况下，他们也与僧道竞争。

[179] 虽然被神化的人和神明之间在性质上有所不同，但两者皆受到祭祀，享有荣耀。而且，人们也难以反对这些社学创办人实际上是以自己来替换淫祠中所奉祀对象的观点。

[180] 大约在 1523 年，一座在封川县被定名为淫祠的庙宇被改建成名宦祠（1588 年版广东《肇庆府志》）。这类祠宇的开销费用并不高。在晚明时期，海瑞在淳安县知县任上时记录下了该县的预算。姚知县祠、乡贤祠、名宦祠各被分配 2 两银子。社稷坛和祭酒仪式分别被分配 8 两和 11 两银子。文庙获得 30 两银子，而朱熹祠获得的却少于 2 两。详见海瑞《海瑞集》（北京：中华书局，1981），页 80—89。

常也创办社学，而他们创办这些祠宇似乎并不是在奉命行事。[181]激进派官员不仅兴建了这些祠宇，以及其他供奉着他们所崇拜的儒者的祠宇，这些官员自身也被人奉祀于其中。另外，许多社学创办人在离职后皆获得了所谓的生祠，这些生祠或由地方百姓，或由后来的官员所建。[182]改革派官员通常被奉祀在这两种祠宇内，而一位社学创办人甚至受到了每户人家立牌供奉。[183]这些祠宇使创办人的理念鲜明地存留于地方风貌中，也提供了一套后世的常驻守令能够追随的传统。

对于那些致力于地方事业的人而言，这一传统与朱元璋的权威及明代的法律同样重要。在执行社学政策时所体现出的各式各样的变化形态，进一步证明我们不能以所谓的"遵照着中央朝廷的指示行事"来解释地方事业的命运。恰恰相反，社学、"淫祠"与其他机构一同，是在常驻守令、缙绅、一般子民及僧侣之间持续不断的争斗下被兴建和拆毁。刘祥光在探讨徽州当地的教育时，便将社学有限的成果归咎于国家的介入：

----

[181] 关于这些祠宇的讨论，详见柯丽德，"Shrines, Governing-Class Identity"。虽然戴乐认为"两种祠宇在 1531 年左右就成为标准"，但却在与我的私人对话中确认他并没有找到任何下令兴建这两种祠宇的旨令。详见戴乐，"Official Altars, Temples and Shrines"，101。1531 年也貌似是一道已遗失的下令创办社学同时给予佛教谴责的旨令的年份。

[182] 例如李龄的生祠，详见 1591 版《湖广通志》，1488 年版湖广《岳州府志》，以及过庭训《本朝分省人物考》。李资坤在嘉定也有生祠。属于这两种类型的其他奉祀社学创办人的祠宇，详见：1716 年版湖广《耒阳县志》（内提到继任的官员为彼此创办祠宇）；1866 年版湖广《嘉鱼县志》；1596 年版浙江《秀水县志》（内提到为杨继宗立的祠）；1890 年版《高州县志》；1560 年版南直隶《如皋县志》（内提到为创办人立的祠宇）；1748 年版江西《大余县志》（内提到除了张弼祠以外的另一祠宇）；1547 年版广东《潮州府志》卷 5，页 52（内提到一名在江西饶州任官并得到奉祀的潮州当地人立的祠宇）；1556 年版广东《惠州府志》；1557 年版广东《大埔县志》（两座）；1670 年版湖广《永州府志》；1552 年版山东《临朐县志》；1542 年版河南《固始县志》（内提到为薛良立的祠。薛良于 1459—1472 在当地服务，修复社学，并倡导了地方志的编撰。该部地方志收录了安置在其祠宇中的画像）；1885 年版陕西《屯留县志》；1673 年版南直隶《赣榆县志》（内提到了一名万历时期的创办人的祠）；1722 年版四川《西充县志》卷 7，页 22b-23a（社学创办人马金与其父马廷用都在家乡被奉祀）等等。

[183] 1873 年版江西《崇仁县志》。

> 韩书瑞与罗友枝指出……金钱和权利方面的束缚阻碍了清朝
> 廷由上而下地延伸对市镇和乡村的管治。如果社学制度够被视为国家
> 机关的一部分，那么同样的局限性在明代时就已十分明显。在明
> 代政府的设想中，社学本应扮演的角色却被私营机构所替代。[184]

137

在一定程度上，这一分析是对的。缺少资金是问题的一部分。即
使是在认真的常驻守令的治理下，学校所得到的预算仍不如地方防御
等刻不容缓之需。然而，无论如何，学校的成功或失败皆发生于某一
社会语境之中。皇帝与中央官员选择了应着重于哪些计划以及需要安
抚哪些支持者群体。常驻守令选择了是将资源花费在学校上，还是先
满足修筑城墙、赈灾或其他迫切的需求。子民们则选择了是否支付学
费给教师、维修建筑物及送儿子们到学校读书，或是霸占学校资产及
重新兴建寺庙。与其谈论"局限性"，我们反而更需要探讨这些复杂的
选项及多方人士间的竞争。况且，由谁来领导地方制度的塑造这一问
题不仅存在多种答案，且高度概括而言，它会随着朝代的推进而遵循
着某种发展的轨迹。至此，我们目睹了社学的主动权从皇帝的手中交
付给高官，然后从高官交到了常驻守令的手中。到了晚明时期，这一
主动权却被子民所把持。

---

[184] 刘祥光，"Education and Society"，309—310。

第七章

晚明：地方上的反击

　　淫祀，圣王所诛绝、儒者所厌恶也。然穷乡下里，人心隐溺， 138
往往庙非其神，祭非其鬼。进门瞻拜则曰恭，据礼非关则曰慢，
而毁庙投巫则惊骇。

　　　　　　　　　　　——1516 年（浙江）《仙潭志》，卷 2，页 27 上

　　正如我们无法把整个明朝廷描述为支持或忽略了社学一样，地方百姓的反应也是各不相同。而且，关于这方面的证据资料更少。在明初，基于民间反对学校强制出席率的规定，皇帝方将社学废除。在另一方面，虽然有一些边关地区之人与明帝国对抗，但同地区的其他人却要求兴建学校以便进一步并入明朝版图。那些创办了学校的守令也记录了地方上顽强的抵抗和热切的接受两种反应。迥然不同的反应体现出地方社群和社学（作为国家强制实行的制度）之间的复杂互动。地方百姓表达出对常驻守令的赞许和反对。他们有时积极地反对知县和知府们的计划，有时却支持他们。在晚明时期，他们甚至带头创办社学。

　　如果说这方面的互动在明代史上因循着一种总体轨迹，那么在明初，地方制度的主动权仍掌握在皇帝手中；在明中叶，主动权则由中央官员掌握；到了明盛期，这一主动权交给了常驻守令；最后，到了晚明，地方百姓则自己接过这一主动权。除了第二个阶段以外，周绍明证明乡约也遵循着这一轨迹。朱元璋首先短暂地倡导了乡约；随后，乡约以及能表达出对皇帝效忠的言辞和礼仪由激进派的守令所提倡；

最后，自 1544 年起，这些事项则由地方精英所接受，用来加强宗族组织的势力，以及对同阶层之人的管控。[1]宋怡明在描述明代福建宗祠的传播时，同样追溯祖祠的本质从原先由官员操控逐渐变为由贵族操控，最后由民间自行经营。[2]地方上对拥有社学主动权的声称实际上是更大层面的变迁的一部分。晚明时期，商业的繁荣不仅造成了思想上的动荡及社会的变迁，也影响了许多组织和制度。

在晚明时期，普通百姓创建教派、朝圣会及民间佛教书会。商人创建了会馆和家族企业。贵族资助了寺庙的兴建，创建了文社，兴办具有大量族产的宗族组织，以及后来成为党争和政治论战滋长地的书院。官员和子民们也各自发展出了关于乡村制度建设的全面计划。虽然这些制度并不如书院那么明显地关注国家政策，但这些制度却能体现出关于谁应当领导社会组织的辩论，以及国家与社会之间的关系应当如何制定的问题。

将地方志地方化

地方志便是进行这一辩论的场所之一。地方志，和之前数章所涉及的文类一样，不仅是历史资料的来源，并且其本身就是一种史实。这一文类根源自远古时代，在地方和国家两者所主导的诸多诱因的推动下形成。在宋代，地方志的编修出于许多原因：重视地方古迹的保存和修复；为了收复北方失地遂借此激起爱国热忱；教育即将当官者；

---

[1] 周绍明，"Emperor, elites and commoners"。

[2] 宋怡明论述道，虽然国家提倡对《朱子家礼》的遵循，但是与其简单地接纳朝廷的解决方案，地方社会群体选择在各个阶段挪用官方认可的准则，并且对其进行更改以适应于他们自身的目的。详见宋怡明，*Practicing Kinship*, 93, 97。宋怡明甚至主张，在 1536 年关于祠堂法律的改革并没有给福州当地带来明显的影响。他认为"帝国的法律或许进行了调整，以便适应于正改变着的社会现实情况。至少在祠堂的个案中，社会现实情况并不会为了帝国的法律作出调整"（页 136）。宋怡明也找到了关于一座寺院的记文，这座寺院曾是一个社坛和家庙，而且在清代，这座寺院也曾是区里的社学。详见宋怡明，*Practicing Kinship*, 180。

教导少年重新恢复古时候的良俗；让杰出之人得以修善其身；回应精英阶层对地方事务和制度的关注；夸耀当地的美德及优点；补充各个领域的知识生产。[3] 现有研究一般都强调了地方志的地方特性，地方志与地方自豪感的关系，以及地方志在地方贵族身份的建构和地方上的地位竞争中所扮演的角色。如高彦颐所述，"地方精英愿意去承担这项工作，担负在国家官员的监督下所需的开销，都是因一个深层的欲望而起。这一欲望便是通过颂扬他们的所在地，而使其群体身份得以具体化"。[4] 卜正民在针对某地的一名方志编修者所列出的当地物产（当中还包括如何欣赏每株植物）进行论述时认为："张岳虽是在分辨该县自然生态中的植物，但他同时也是在向读者表示，这些植物是县里贵族文化生产中的元素之一。"[5] 魏丕信则论述道，"一部地方志提高了一个地方在历史上的名望，也增添了居民的自尊和自豪感"。[6] 刘斐玟证明了地方百姓如何为使自己的传记，或家人的传记得以录入地方志中而互相竞争，有些甚至捏造谎言或收买编修者。[7]

地方志无疑是地方性的。但是，地方志同时也是国家制度之一。它被用来了解和管控该地，因为当人们理解了地方上的状况（例如在地理、财政、社会等方面）之后，就能够监管和纠正相关事宜。[8] 根据《隋书》的记载，朝廷为了获得能帮助他们控制和教养地方百姓的资

---

[3] 何瞻，"Song Dynasty Local Gazetteers and Their Place in the History of Difangzhi Writing"，*Harvard Journal of Asiatic Studies* 56.2 (1996), 418—419, 424—426, 428, 431。关于一部早期英国地方志的讨论，详见 John E. Wills, Jr., *1688: A Global History* (New York: W.W. Norton and Co., 2001), 233。

[4] 高彦颐，*Teachers of the Inner Chambers*, 123。

[5] 关于 1530 年版由张岳所编的福建《惠安县志》，详见：卜正民，*The Confusions of Pleasure*, 135—137。

[6] 魏丕信，"Local Gazetters as a Source of the Study of Long-term Economic Change in China: Opportunities and Problems"，《汉学研究》，1985 年第三期，页 707—738。转引自刘斐玟，"The Confrontation between Fidelity and Fertility: Nüshu, Nüge, and Peasant Women's Conception of Widowhood in Jianyong County, Hunan Province, China"，*Journal of Asian Studies* 60.4(2001): 1051—1084。

[7] 刘斐玟，"The Confrontation between Fidelity and Fertility"。

[8] 魏桥等著《浙江方志源流》（杭州：浙江人民出版社，1988），140。

料，便参考了地方志。[9]在明代，官员则认为能够通过查阅地方志获取其辖区内的基本资料。例如，魏校在判断广东府的哪些祠宇应当被封闭，而哪些又应被兴建或重建时，便参考了地方志。[10]国家不仅使用地方志，也强制执行地方志的修撰。在洪武初期，明朝廷号召各府县编制和提交地方志。之后，朝廷分别在1412年、1454年、1498年及1522年亦如此执行。按照现行的做法，永乐帝在旨令中具体指定出地方志应包括哪些类目。[11]虽然这些类目被许多明代的地方志采纳，但是诸如有关地方制度的法律类目则没有被严格遵守。而且，某些作者也针对永乐帝的准则提出了异议。[12]

我认为，在明代的发展史上，和对待其他国家制度一样，利用地方志的动机实际上有所变动。就如我在第四章所证明，明盛期的常驻守令利用了地方志来呈现他们的观点，并大力宣传他们改造自己辖区所获得的成绩。在论述过程中，他们通常加入了轻蔑地方百姓的评论，以及在这位英杰尚未到任之前，当地恶劣的条件。如此一来，这些记载很难被读者诠释成地方自豪感的表述。以一则个案为例，知县郑洛书于1524年为上海编修的地方志就囊括了许多关于他活动的记文。他后来被桂萼举荐为提学御史，所以其宣传似乎是成功的。[13]在整个明代，那些创办了社学的积极派常驻守令也亲自书写和赞助地方志的

---

[9]《隋书》卷33，页987。转引自刘斐玟，"The Confrontation between Fidelity and Fertility"。

[10] 魏校"岭南学政"，页49b。地方志的编撰者也加入了提供给一般读者的资料。1540年版北直隶《河间府志》的作者通过实验方式来验证事实，随后便提供了关于哪些植物能够用来充当书写毛笔以及用来治疗肺结核的资料。这是因为该作者希望这些知识能使人受益。详见卜正民，*The Confusions of Pleasure*，133。

[11] 魏桥等著《浙江方志源流》，页107—108。

[12] 例如，关于哪些人应当被收录在"人物"一章当中。魏桥等著《浙江方志源流》，页139—140。

[13]《明世宗实录》第七十四册，卷81，页1808。"嘉靖六年，十月"一条。

编修。[14]

然而，随着时间的推移，地方百姓变得更加擅长操纵这一国家制度。倪清茂主张，方志编修者之所以赞扬前任守令，主要是为了给新上任的守令展现他们对这一职位的要求和愿景。倪清茂也证明了一些方志是由地方人士书写，旨在把社区概况（以带有偏见的方式）呈现给新上任的守令。当积极分子所编修的地方志带有贬低之词时，这些地方志便会被迅速替换。[15]它们按照惯例把该知县列为总编纂，"即使他什么事也没做"。[16]此外，地方志不单单记录了常驻守令的成就，也留存了其败绩。根据地方志的记载，陈严之，一名充公了僧道的土地及改建寺庙为社仓的知县，常常尝试帮助百姓，也从未伤害到他们。"故今去任十五年而士民犹思慕之。"但是，那十五年时间也见证了他计划的失败，因为这些社仓就连一勺粮食都没有剩下。[17]我们接下来

---

[14] 关于一些由创办或修复学校的常驻守令所编写或监督的地方志，详见：弘治版山西《潞州志》；1551 年版河南《商城县志》；1516 年版江西《新城县志》；1501 年版陕西《宁夏县志》；1520 年版南直隶《江阴县志》；1499 年版南直隶《常熟县志》；1553 年版福建《建阳县志》；1527 年版福建《汀州府志》；1542 年河南《固始县志》的前一版；1524 年版南直隶《上海县志》；1552 年版山东《临朐县志》；1546 年版浙江《宣平县志》；1606 年版湖广《新宁县志》；1609 年版广东《新会县志》（该部县志是与当地人黄淳合纂。黄淳也写了一篇"社学说"）。1609 年版广东《新会县志》也列举出了资助出版该县志的参与者：王知县捐 15 两；另一官员捐 10 两；县学教谕与训导以及县丞各捐 5 两；典史捐 3 两；两名地方士绅各捐 5 两，而第三位士绅捐 1 两；无名氏以及两名生员各捐 1 两。由于无法确定典史是否为当地人，因此这意味着官员捐助了 40—43 两，而当地人则捐助了 14—17 两。

[15] 1609 年版《歙志》是在知县张涛的监督下，由一组当地人所编修。该部县志"在很大程度上是张涛的个人著作，以及一部他个人观点的记录"。文中的评语都标上了"张子曰"的字眼。然而，由于张涛的著作极度侮辱当地人，他们在十五年后就编纂了一部替代版的县志。详见卜正民，The Confusions of Pleasure, 5, 9—10。另一迅速替换县志的案例发生在常熟县。

[16] 卜正民，The Confusions of Pleasure, 5。

[17] 陈严之在后来的职位上因为上级官员的一些失策而被捕入狱并降职。详见：《明史》第二十册，卷 227，页 5957；以及 1583/1566 年版浙江处州《景宁县志》卷 2，页 15—16；卷 4，页 22。为该部地方志写序的现任知县貌似并没有尝试恢复社学和粮仓。作为对他在该县付出努力的肯定，当地老幼皆称其为"姜老佛"。

141　将看到更多记载在地方志当中，关于地方上反对官员计划的案例。

　　包弼德就注意到了这一转移：虽然婺州知府首修了该地方志，但到 16 世纪晚期，"地方志的编修工程由地方人士牢牢地掌控，也成为记录他们对事务判断的媒介"。[18] 虽然一些时候地方志的记载有些阿谀奉承，但晚明时期编修的地方志也记录了许多对政府政策相当直接的批判。于 1538 年编修的昆山县志便是一个例子。这部县志陈述了政府对于徭役的苛刻要求如何迫使了性别角色的转换：

> 乡村女妇最为勤苦。凡耕耨刈获，桔橰之事，与男子共其劳。官府有召，则男子避去，而使老妪当之。至于麻缕机织之事，则男子素习焉，妇人或不如也。[19]

　　这确实是一种对于政府的严厉谴责。在晚明时期，地方志作为一种地方文献这一共识或许是最准确的。在清代，与社学及义学皆被纳入国家话语中一样，因编修地方志所产生的一些紧张关系也被调和了。在黄六鸿于 1694 年为清代的知县编写一本手册时，对于某个地方的了解和管制，以及知县的自我宣传行为，毫无疑问地和地方自豪感结合起来。[20]

　　除了官员，地方志也能为那些没当官的地方人士提供一个平台。这一平台能用来阐述他们关于大明帝国及地方政策的观点。于 1525 年修成的《延平府志》记载了一个让地方政府广废淫祠的请求。这一请愿是由三名当地人提出，而他们三人并没有扬名至延平府以外。事实

----

[18] 包弼德，"The Rise of Local History: History, Geography, and Culture in Southern Song and Yuan Wuzhou"，*Harvard Journal of Asiatic Studies* 61.1 (2001): 74, 76。

[19] 1538 年版南直隶《昆山县志》卷 1，页 6。

[20] 黄六鸿首先提议研读地方志来学习该县的情况，之后便完美地衔接到对那些能给知县带来知名度，给县带来荣耀的建设和宣传活动的讨论。他似乎假定了知县将亲自主导下一版县志的出版。黄六鸿原著，章楚译，*A Complete Book Concerning Happiness and Benevolence* (Tucson: University of Arizona Press, 1984), 129—130。另有《福惠全书》的日文翻译版，详见卷 3，页 12—13。

上，当地已有许多寺庙被拆毁。[21] 三位作者列出了许多被拆毁的祠宇。在关于一座县的官员与子民所拥有的土地数量和种类的列表中，作者甚至在嘉靖元年（1522）加入了一个新的小类，列出了那些曾为废寺原址的国有土地。[22] 然而，这三人并未就此罢休。他们的长文（约560字）还包含让国家充公佛教和道教机构的建议，并提出了三项愈加激进的计划。

作者们首先抱怨延平当地的寺庙垄断了该府的财富。他们谨慎地指出，这一现象实际上并未招致地方百姓的不良评价，因为当地的僧道皆来自其他地方，之后就回乡结婚并享用他们从延平的寺庙所收集到的资产。这些僧道在身处延平期间，仅仅吃喝作乐，对于自己身为僧道所应尽的本分不予理会。三位作者在提倡改革的同时巧妙地避免批评到乡邻，同时进一步讨论了另外两个地方问题，并提出了可行的对策。首先，在延平当地，三位前朝显赫儒者的后代已经陷入了困境，被迫背负先祖所获的诰敕行乞于市。[23] 既然如此，为何官府不割寺观之田给予他们呢？其次，普通百姓十分贫困，粮仓无数年之积，百姓也拖欠着课税。若僧道皆被驱逐出境，而将寺庙的田地租给百姓，官府就能够将所得粮食（即田地的租金）存入粮仓，并用来为那些贫困

142

---

[21] 这或许是由欧阳铎所为。他后来也在广东延续了魏校的事业。《明史》第十八册，卷203，页5363记载，欧阳铎在延平知府任上拆毁了数十或数百所淫祠，并利用所剩建材来修复学校。1687年版广东《饶平县志》提到，自嘉靖三年，欧阳铎以广东提学副使的身份延续了魏校的事业。

[22] 此并非农田（"田"）而是用来建筑的土地（"地"）。在1441年，当地拥有36.2亩官田以及1453亩私田。接着在1552年，私田的数量（据推测）仍旧，但官田仅有1.2亩，外加3.6亩自废寺所得的列入官田的土地。由于该部地方志记载到"庵寺在成化前多毁于兵火，故不志"，所以这些寺庙在嘉靖朝之前或许已经废置。然而，这些寺庙不太可能是因为洪武时期所进行的合并活动而被废置（尽管这一活动确实在当地进行），要不然这一类别不会直到1441年进行土地测量时方设定。详见1527年版福建延平《尤溪县志》卷3，页7b；卷2，页19。

[23] 黄泗在一篇关于风俗的文章中表达出同样的顾虑（1711年江西兴国《潋水志林》卷12，页1—4）。唐宋时期以及当朝著名官员的后代生活拮据，而尽管有许多淫祠，但这些官员都没有自己的专属祠宇。关于精英阶层社会趋下流动的讨论，详见达第斯文，*A Ming Society*，96ff。

百姓缴还课税。倘若很难把寺庙除去，那么官府就应将剩余寺庙内的僧道缩减至两到三人，每人给予 20 石或 30 石的粮食作为收入。继地方政策之后，三位作者进一步指出在整体大明帝国内，由于官员向百姓征收边关防御措施所需，遂导致了百姓的破产。他们接着质问，为何就无人想到那明显的解决方案呢？只要废除天下寺观，将所得田地卖给百姓，当下便能够筹得现钱，巩固税基。他们认为这就是平天下的关键，因为如此一来不仅合乎财政方面的情理，资助了贫困者，也能够使天明正学排除异端邪说。[24]

这些作者将长期打击佛教视为己任，也利用了地方志来干涉关于国家政策的争论。他们也依据自己的方式来应对如何定义"淫祀"的问题。虽然三人援引了洪武时期制定的规章来主张佛道寺观应被减除的观点，但他们并不以这些规章也并非以弘治时期的那道旨令作为判定的标准。这些作者也并不一定都赞同国家代表们的做法。例如，即使知府继 1466 年的审查之后暂停了对瘟神的祭祀，但他们却认可这座瘟神庙。这是因为在水患、干旱、灾难或病疫时期，该庙的瘟神皆迅速回应了百姓的祈求。这些作者花了较长篇幅解释一个人的地位如何决定他应祭祀什么神祇。[25] 此外，他们也阐述了自己制定的关于礼节的准则。

三位作者将地方上的宗教机构划分成数个类别。首先，将中央朝廷下令兴建的祠庙、寺观及坛壝（数量因各县而异）与各种名目的释

---

[24] 我们甚难评定写作者所提出的断言。然而，这些作者或许在一件事情上说得对：即根据《尤溪县志》的记录，自明初的缓升或不景气之后，从官方及私有田地所征收的税在 1441 至 1522 年之间（期中的数据不明）有所暴跌。详见 1527 年版福建延平《尤溪县志》卷 3，页 14。在 1547 年之后，官有田地基本上都被注销。详见黄仁宇，"The Ming Fiscal Administration"，收录于崔瑞德、牟复礼主编，*Cambridge History of China*, vol.8, 130。根据酒井忠夫的研究，自建文朝以降（包括宣德朝的一个案例），限制寺庙附有的田地并将盈余移交给贫民的提议反复被提出。根据顾炎武《天下郡国利病书》（卷 91，福建府；卷 93，漳州府）的记载，在 1563 至 1564 年间，对庙产的税收确实变得更重。详见酒井忠夫《中国善书研究》（东京：国书刊行会，1960，1972），页 312—313。

[25] 1525 年版福建《延平府志》。

道之寺、庵、庙相区分。对于这些作者而言，这些佛教和道教机构本身属于"淫"的类别，所以他们只把这些机构划分为仍在运作中的以及被废置的。之后，府里及六个县里的非佛教和道教机构，则被重新划分为四个类别：府或县祀者、名正而从民祀者（即被认可的民间祭祀）、毁者以及应毁者。关于最后两个类别，作者仅列出了名字但没有给予任何细目。然而，作者却描述了那些被接受的民间祭祀，且通常使用"有功于民"或"有功德于民"之语。

在这些被认可的民间祭祀中，就包括了一些其被接受的原因很容易理解的例子：一名宋代的知州及一名溺死当地的隋代官员，均能被视为国家的代表；一名宋代的当地妇女，因为晨夕登舍后山以望出仕在外的丈夫归来，遂成为贞节的典范；另外，因为当地流传着关羽于1449年显圣击退匪寇的传说，所以当地存有关羽庙。[26] 然而，其他的祭祀对象则令人难以理解：一名溺死之人，由于尸首一直漂回到他生前所欣赏之地，遂被百姓立祠供奉；一名当地人的亡灵虽常有功于人，但却要求"血食"之祭——一种通常为"淫祀"所具备的典型标志；一位宋人因为宝剑化为一条龙，也得到当地百姓的供奉。[27] 大概是这些祭祀对象已有一段长时间的地方历史且得到了地方上的支持，所以得到了三位作者的认可。这些不具官方身份的当地人利用了地方志，以便自己决定哪些祭祀对象为正祀或淫祀，同时向中央政府提出了制定政策方面的建议。

和积极派的常驻守令一样，这些作者也使用了"淫"这个具谴责性的字。除了特定的祭祀对象以外，一些晚明时期的缙绅似乎也要求恢复"淫"这个字本身的正统性。彭慕兰在探讨对一位女神的信仰时，提到了自晚明以来：

143

[26] 上一年，安徽省的一座关帝庙被改建成一所社学。这或许是因为当地已有其他关帝庙，又或者基于其他的原因。详见1547年版南直隶《颍州志》。

[27] 该府治内的这座祠宇曾被侵占，也曾受到保卫，在15世纪40年代的战火中被焚毁，再被一个当地人重建，之后在1516年（即仅在几年前）又一次被知府夷为平地及重建。地方志的记载并没提到这一信仰的灵验性。这或许是因为方志编撰者认为他们不能对一个近期方获得知府支持的信仰进行攻击。

　　该信仰普遍上被标为"淫"（指放荡，也具有辅助、无谓和多余的意思）。这一标签远非"邪"（指异端）那样具毁灭性。这第三种类别的存在确实提供了一个重要的活动空间，允许一些不符合正祀标准的祭祀对象得以逃过被灭绝的厄难。缙绅能够维护那些比他们地位较低的乡邻对于淫祀的热忱。他们确实曾如此行事，而在此过程中也没有引起他们对国家和儒学效忠的严重怀疑……淫祀似乎往往被用来召唤额外的灵力，用来辅助那些由祭祖和其他"适当"的仪式过程所祈求到的力量。[28]

晚明时期的缙绅有能力要求恢复一个在明盛期用来谴责民间习俗的术语，来为自己的目的服务。虽然关于一些宗教机构为不正当的观点并不能被杜绝，但类别和术语却能够被改动。

即使后来的作者持有更友善的观点，或是身为那些坐落于他们原籍县内的寺庙的主要资助人，但编修于明盛期的地方志所定下的先例同样不能被简单地废弃。这些先例包括批评和排除佛教及道教，或把关于佛道的记载贬到该地方志靠后的章节。[29]这些作者也不能明显地反对那些早前毁淫祠的儒家英杰，但能对此省略不提。在某种程度上，缙绅的威望毕竟有赖于声称自己对儒家学说和仪式恪守不渝。但实际上，当地寺庙通常都是彰显地方自豪感之处，而地方上的作者们也十分想把寺庙相关事物纳入其作品中，包括寺庙的名字、历史、描述、碑铭及诗文。[30]因此，基于佛教在缙绅文化以及整体社会中盛行的现象，当地人在编修地方志时便采纳了卜正民所谓的"苦恼的姿态"。[31]

144

---

[28] 彭慕兰，"Power, Gender and Pluralism in the Cult of the Goddess of Taishan"，收录于胡志德、王国斌、余宝琳编，*Culture and the State*，184。

[29] 1547 年版福建《福清县志》是由一名僧人编撰。

[30] 学校也是地方上的骄傲之一。往昔的官员及文坛人物康海曾为其原籍编撰过地方志，他在该方志中列举了 15 所大约于 1493 年创办的城校及乡校的地点。康海评论道"人才其日盛乎"（1519 年版陕西《武功县志》卷 2，页 11）；柯丽德，"The Daughter, the Singing-Girl"，28。

[31] 卜正民，*Praying for Power*，64。

例如，编修于 1545 年的一部福建地区的方志，在"寺观"一节便评论道，自佛教传入中国以来，许多寺庙皆被兴建在名山美景之处。虽然作者反问道"异端之惑人也，不亦深乎？"但他接着却细心详尽地列出了许多寺庙。[32] 另一部地方志在介绍当地佛教和道教时论述道：

> 方外缁黄者流，乃异端也。夫人华宫观，崇而祀之者，亦非经典。至灾祥之说，近于惟诞，要皆君子所不道也。然有阳必有阴，有正必有邪，不可废也。姑存鉴戒耳，必杂而录之……[33]

这种修辞手段体现出地方志这一文类和理学礼节之间的关联。除此以外，这也表明由朝廷要求编修的以及通常以常驻守令的名义监督或颁布的地方志，能够为地方服务，表达地方民意。[34] 虽然明代的地方志由中央政府强制执行，但却未受中央政府严密管控，反而是以各种方式被官员和子民利用。虽然地方志的格式按照旨令和长期以来的惯例而被标准化，但却能表达多方的观点。

复兴寺庙

> 社学初（由知州姜连）建于明成化四年……岁久不能整理，悉为民居侵占。
>
> ——1864 年（浙江）《宁海州志》，卷 7，页 15

和《延平府志》里的那篇文章所表明的观点一样，我们不能假定地方百姓都一致地对激进派常驻守令所执行的计划，甚至是对最极端

---

[32] 1545 年版福建《清流县志》卷 3，页 13。

[33] 1579 年版浙江《新城县志》卷 13，页 1。

[34] 而且，相关信仰的历史也在那些由当地人所编撰的地方志中被摆布。这是为了维护这些信仰，避免受到官方的攻击。详见宋怡明，"The Illusion of Standardizing the Gods"。

的计划持敌对的态度。而对常驻守令本身，百姓们的敌视更弱，且诚信、有效率的常驻守令也受到了百姓的感激。[35] 在其传记中，百姓们的称颂通常伴随着皇帝封赠的谥号，或直接被这些谥号所取代。缙绅或许会采用如下赞美的方式：写诗来赞扬一名官员；为他建立一座生祠或将他入祀地方上已有的祠宇；把官员"深德之"、"神之"或视为父母；[36] 在官员逝世之后站立路旁哭泣，或者是要求某位官员留任。例如，福建百姓大规模集合，要求社学资助人许士达留任当地。[37] 虽然知县黄傅拆毁寺庙，命令尼姑还俗，但当他被派任到新的岗位时，江阴县人却成功向朝廷请愿，留黄傅在当地多任职三年。这是因为黄傅非常正直，为官时仅赚了很少的钱（他的家人对此深感厌恶）。[38] 当文林，一位在温州积极地毁淫祠的官员于任上逝世后，吏民捐出"千金"为他办丧事。由于文林的儿子固辞不受，吏民便建造了一座"却金亭"来纪念文林以及一名前任知府。[39] 因为刘彬在程乡县创办了四所社学，地方百姓便为他兴建了一座生祠。刘彬自雷州同知一职退休

---

[35] 在 15 世纪中期，王直论及他本籍的财富时写道："夫固系于为县者何如也。果得贤者而临之，其政之仁足以得民而致天泽，草木昆虫当益畅……"详见达第斯，*A Ming Society*，38。一个好的常驻守令也能让植物生出吉兆。就如同其他的传记写作惯例一样，对得到民间嘉许的记录仍值得进一步研究。

[36] 过庭训《本朝分省人物考》，重印版页 5514（关于也得到一座生祠的李镜）。有关创办了社学和社仓的该名知县，详见 1678 年版南直隶《虹县志》。

[37]《明史》第十五册，卷 164，页 4454—4455；卷 177，页 4720。

[38] 过庭训《本朝分省人物考》，卷 13，页 5（重印版页 4717—4718）。当王以旂逝世时，百姓哭号并罢市数日。详见崇祯版南直隶《吴县志》卷 40，页 70b；康熙版《陕西通志》，卷 18。

[39]《明史》第二十四册，卷 287，页 7361。文林的家族十分富裕，而他一生可能拥有160 亩田地，当中就包括一座秀美的园林居所，以及 8 亩土地。这一背景或许使他的儿子更容易谢绝礼金。文林是一名只当过县学教谕的举人的儿子，而他自己则在 1472 年考中进士。在担任太仆寺丞之前，文林在两个县担任过知县。他曾上奏提出为政的十四项要点，之后因病告休，而大约于 1489 年受任温州知府。除了打击淫祠，文林也处理了杀女婴的问题。在文集的命名方面，文林父子似乎皆以到任之处取名，表明了他们对常驻守令一职的身份认同。同样，文林的孙（文彭）与曾孙（文元发）皆担任了浙江浦江县知县。关于文林与其家族的讨论，详见柯律格，*Fruitful Sites*，23，129ff.，194。文林也培育出一种单茎的双头稻。

之后，当地民谣便唱道："知府似烂泥，通判似豆腐，去了刘同知，倒了雷州府。"[40] 当毁淫祠的郑洛书离任之后，上海当地数百缙绅与庶民陪同他离开。后来郑洛书病逝家中，又有数百上海人捐款办理他的丧事。根据福建（即郑洛书的祖籍地）的地方志和《明史》的记载，三十年后，由于家乡的一场灾难，郑洛书的儿子变得十分穷困。郑洛书之子来到上海，当地人与他一同哭泣，之后也买了数百亩田地来支持他，让他一年回上海一次领取收入，作为祭祀郑洛书的费用。[41]

　　然而，地方百姓对这些正直官员的感激并不意味着他们都全心致力于这些官员推行的计划。和池小芳对地方官的看法一样，我们也认为在社学的相关事宜方面，得到地方上的关注是必须的，而来自地方上的干涉则是有害的。当李资坤在嘉定创办社学时，尽管"高赀者不劝而助"，地方上有权势的家族后来却侵占了社学地产。[42] 虽然官方的疏忽或改建计划导致一些社学被拆毁，但地方百姓侵占社学地产的行为则成为另一危害到社学的因素。[43] 一所学校先被百姓用来为孩童举

---

[40] 广东《潮州府志》。同见明初社学创办人方克勤的传记。

[41]《明史》第十八册，卷206，页5446—5447；1619/1630年版福建《闽书》卷110，页8b—9a。这些由公众给予嘉许的现象和那些在提学御史邵宝监督下的学生们所表达出的个人关系有所不同。邵宝的学生绘制了一幅他的画像，并在他离任后八年送给他。详见达第斯，*A Ming Society*，278。

[42] 南直隶嘉定《畊东志》，页41。在嘉定外冈镇，"日久弊滋，豪门据为世业。奸胥窃以自润"。1631年版南直隶嘉定《外冈镇志》（1961年重印）卷2，页9，以及1853年版南直隶嘉定《黄渡镇志》卷1，页5a。1992年版的南直隶《嘉定县志》提到，到崇祯时期，世家大族已侵占了多所嘉定的学校。

[43] 一些学校在被侵占前或许已经久废。记载在地方志中关于侵占学校的案例，详见：1552年版山东《临朐县志》（在大约1550年，社学被地方居民侵占及拆毁）；1527年版福建《汀州府志》（当府志正在编写的时候，宁化县的一所社学已成为一座民宅）；1606年版湖广《新宁县志》；江西《彭泽县志》（建于1529年的社学成为民宅）；1872版江西《都昌县志》（一处社学楼被地方强势者侵占，该楼所处之地是由一名1524年被选任为社学师的人贡献的。虽然该土地后来被收复，但在万历时期，一位知县却将其改建作其他用途）；嘉靖版南直隶《江阴县志》卷7，页5；1823年版江西《宜春县志》（四所学校现被一名没有正式证件之人持有）；1555年版《贵州通志》（百姓对学校的侵占并不是导致其被废置的原因。（转下页）

行某种一年一次的比赛，之后才恢复为一所正式的学校。但是，官员后来将其改建以适应其他用途，最终被庶民接管并变成一间贼巢。[44]一旦学校被他人接管，建筑物本身通常会被改为住家，也有一些成为畜圈或菜园。[45]

　　对于贫困者而言，相比在社学中受教育，食物和住宿方是他们迫切所需。富者则可以聘请塾师或让孩子上族学。缙绅或许是为了讨好知县方资助社学的创办。况且，人们或许也已意识到一旦学校创办人离开，他的继承人可能就会忽略学校或把学校卖掉。如此一来，他们便不愿意投资学校，并急着夺取学校的资源。如前文所述，即使不是通过充公寺庙土地的方式，我们也并不清楚常驻守令一开始是以多么正当的方式获得地产。一些当地人或许曾哀悼过一所学校的消失。然而，现有资料并没有提及任何关于民间自发的用来打击地产侵占的行动。[46]

146

（接上页）学校的倒闭是后来发生的。其他官方及私人的机构也遭此厄运，例如：1849 年版广东《遂溪县志》（一所义学的楼房被占领为民宅）；1716 年版湖广《耒阳县志》（在清代，官田以及那些资助学校和书院的资产，皆暗地里被庶民侵占）；1500 年版湖广《黄州府志》（一所府学或县学被占领为民宅。后来一名知县需要购买六座民房来重建学校）；1572 年广东《潮阳县志》（土地落入私人手中）。

[44] 1820 年版广东《增城县志》。

[45] 1551 版河南《夏邑县志》（牛栏）；1555 年版江西南安《南康县志》（1530 年建在一处废寺遗址上的社学早于 1554 年前就已成为一个菜园）。

[46] 学校并不是唯一受到侵占的机构。除了关于侵占私田或墓地的诉讼案件外，百姓也毁坏及侵占寺庙资产。在 1472 年，平仁寺的佛像在不知因的情况下被乡民毁坏，和尚便采用了另一座寺庙的佛像（1760 年版福建《上杭县志》卷 2，页 14b）。常熟县的一座寺院几乎完全被当地人侵占来营建坟墓。寺里的和尚仅有大约一亩的田地用来建造他们栖息的房屋（1539 年版南直隶《常熟县志》卷 5，页 20）。明代中国也并不是唯一见证学校资产被侵占的帝国。一名 19 世纪的写作者在描述大马士革的宗教学校时，哀叹多数已经成为房屋或园林。学校所剩余的只有赞助人的坟墓。尽管如此，该坟墓也会被视为圣人坟，而人们能够到那儿寻求神疗。作者 'Abd al-Qadir Badran 以一种衰落式的叙述手法描绘大马士革学校过去的荣耀。然而，Stephen Tamari 却主张其变革是兴衰相乘的。这是因为学校重复地被创办、倒闭，以及重新得到新赞助人的资助。详见 Stephen Tamari, "Ottoman Madrasas: the Multiple Lives of Educational Institutions in 18th c. Syria", *Journal of Early Modern History* 5.2 (2001): 99—127。

社学的兴建通常伴随着"淫祠"的拆毁。有些时候地方志记载到淫祠的拆毁起到了作用。某部地方志仅列出官祀的坛祠和三座寺庙，并评论道："平凉淫祠夥矣。今正之余悉斥弗录。"[47]一部清代的地方志同样记载道，由于福建德化县刹祠无处无之，遂古称"佛国"。虽然一部宋代的地方志记载了60座寺庙，但经历了明朝三百年的统治后仅存不多，因为地方百姓和长民渐毁之，并将一些改建为书院或社学。[48]

然而，地方志也反映了百姓维护其宗教活动和相关机构的行为。于1538年修成的《昆山县志》阐述了县里的居民如何在四月份欢庆一个节日，该节日期间当地山脉主峰的山神令邑人如狂三日。虽然这一节日在弘治时期由激进派知县杨子器悉禁绝之，但在他离任之时当地人又恢复了该节日。[49]前文所提到的于1525年编修的《延平府志》中的一篇文章，在总结处恳求政府必须彻底拆毁寺庙，理由是不这么做的话，寺庙仍会复兴。针对他们所提出的充公寺庙地产的建议，三位作者总结道：

---

[47] 1560年陕西甘肃《平凉府志》卷1，页27。至少在短期内，替换是有效的。在1510年，新任四川巡抚为了"弥盗化民"，遂下令彻底拆毁淫祠。然而，夔州府的地方官反而与当地士绅合作，将崇祀七圣的祠庙改建为诸葛亮的祠庙。在五个月内，百姓有难事便会到祠庙里祈祷。当地士绅与一名官员立起了诸葛亮和另一人物的塑像来替代七圣之像，并添加了饰绘以及一块题曰"崇忠"的匾额。原先的建筑狭隘，虽然可应付一般民间祭祀，但却不适宜作为一座典范的庙宇。因此，计划人便征求金钱捐款，"劝"百姓赴役。在五个月内，该祠庙便增添了一座亭子以及东西廊庑各三间。详见王崇文"崇忠祠记"，收录于1513年版四川《夔州府志》卷12，页27b-30a。

[48] 1687年版福建《德化县志》卷15，页11。负责此事的知县是正德时期一名来自杭州的举人——许仁。他之前也担任过河南郾城县知县。在1530年，许仁要求提学副使准许废除每个村里的淫祠，将其改建为社学，以及设立资产来资助学校。学校所获得的资产大概源自充公寺庙所得。各种规模（没有记名）的寺庙被许仁改建成十所社学、两所书院以及一个有楼舍的射圃。这些寺庙中规模最大的享有五间式的厅堂、前后廊、一亩地的空园、一座前门，并有墙壁围绕着。较小规模的则没有围墙。许仁也重建了被废置的国家祀坛。1687年版福建《德化县志》卷4，页6—8；卷13，页14—15。

[49] 1538年版南直隶《昆山县志》卷2，页10。同见柯丽德，"Shrines, Governing-Class Identity"，626。

233

今之为政者夫谁而不知之，夫谁而不行之。知之而不明，行之而不力，斯与不知不行者等耳。近良有司有拨寺观田入学，以养士者，诚盛举也。而佛老之徒尚怒目抵掌，日讼于上，誓不尽复不已。而士之食业于学者，如抓风扑影，尤恐失之。呜呼！佛老之教与吾儒之道并行，欲天下平治不可得也。[50]

如韩书瑞所指出，给寺庙捐款同时是"在做慈善以及投资。捐款者所得到的心灵上的奖励，实际上与寺庙及其住户所得到的物质上的利益相似"。[51]寺庙的拆毁意味着捐款者的心灵资本（spiritual capital）的损失，他们甚至可能将这一资本转移到替代了寺庙的机构上。当官员拆毁或接管宗教机构的时候，僧道与信徒自然反对。然而，使人诧异的是，记载了这类抵抗之举的证据究竟有多少被保存下来。

147

在1522年，云南木密当地的乡老反对周愚焚烧一座非常灵验的圆通寺，并（徒劳无益地）恳求他保留下该寺庙。[52]其他地方的抵抗则更为有效。在高明县，来自地方上的抵抗使官府不得不拖延拆毁淫祠的计划。同样在1522年，魏校命令在当地淫祠内创办将近40所社学。但是，"后以艰去，事未竟"。[53]许多地方志都评论了宗教改革家所面临的阻碍。1521年，由于御史林有年大胆地批评了皇帝的一些行动，遂被贬为温州乐清县的知县。林有年之所以被贬，大概是因为他提议缉捕一名僧人。林有年在县里兴建了4所社学，在辖区内又将34

---

[50] 1525年版福建《延平府志》卷4。

[51] 韩书瑞，*Peking*, 62。韩书瑞叙述了一个上层社会的明人如何购买一座观音庙的一半资产，并将其改建为私人园林的故事。这一故事是为了"提醒读者寺庙是如何让一般人接触其风景区，并成为抵抗富裕精英和皇帝大量购买优选地产的阻力点"（页169）。鲍菊隐认为在宋代，那些官员与鬼神之间争夺权力的故事，"几乎总是蒙蔽了统治者与被统治者之间无尽的拉锯战"。详见鲍菊隐，"Not by the Seal of Office"，243。鲍菊隐也指出，新上任的知府需要与现有社群中的权势联合起来。

[52] 1550年版云南《寻甸府志》；1576年版《云南通志》卷8，页62a。

[53] 1588年版广东《肇庆府志》卷13，页28。

所淫祠改建为社学，并普遍禁止了佛教活动。然而，到了 1579 年，乡村的学校却已久废。方志编修者哀叹道，虽然林有年是一位严厉和可敬的知县，但除了皇帝以外，他人若要改变百姓已根深蒂固的习俗是一件极难之事。毕竟，即使是诸葛亮在治理四川时，也难以以其德行服人。这名作者提到了当时在村里传唱的叙述林有年失败的民谣，并评论"火烈而鲜死，水懦而溺人"。[54] 另一部地方志在列举出当地的寺庙之后，总结道：

> ［唐代著名的辟佛写作者］韩昌黎之于佛老也，欲庐其庐，而今志之者何也？盖其创置已久，况国家为之建学设官亦恶得而废之。[55]

此外，或许是在弘治初期知府文林的治理下，温州永嘉县县丞黎存信也彻底反对鬼神之说。根据府志的记载：

> 细民蹑讹袭诞，沿流徇俗，祀其不当祀。而原其积虑，惟以侥福蠲患而已。……近世良有司，怀狄仁杰、胡颖之志，间斥其淫祠而毁之。毁之诚是也，而民锢惑于祸福之说，且将为瞻拜游憩之所，伺其隙而复新焉。则又劳民而伤财矣。为政者，奈之何哉。[56]

一部嘉靖晚期的浙江地区地方志评论道：

> 寺为佛氏之居。观为老氏之居。寿昌为观者二，其毁已久。佛寺暨庵院为盛。虽历经废革，尚有存者。得非轮回之说，犹惑

148

---

[54] 1579 年版浙江《乐清县志》。关于一起发生在清代，寺庙自受到一名热忱官员的打击之后逐渐复兴的案例，详见宋怡明，"The Illusion of Standardizing the Gods"，127。

[55] 1546 年版《宣平县志》卷 2，页 10。

[56] 1503 年版《温州府志》。

人耶。志其存废，幸其废之多，而存焉者寡也。[57]

虽然这部地方志确实列举出许多已废的寺庙，但也叙述了大广安寺的沿革。大广安寺屡次被烧毁及重建。在正德初期，虽然提学御史赵公将其改建为县学，但庙方仍拥有东边的土地。在嘉靖时期，巡按御史周公规定所有僧人及居民较多的地区附近的寺庙，都必须迁移到山林中。提学御史陈公则将土地分配给了县学，并在原地建了一座祠宇。然而，一名僧人却欺瞒了官员，成功申请到开发一块土地的许可。这块土地曾建有一座洪武时期的社学，但僧人却将其描述成似乎是空的、无主的土地，并以此重建他自己的寺庙。后来，这名僧人也从一些平民手中买过土地，并在南门外建了一座寺庙。[58]

大广安寺并不是唯一一座拥有这类恢复能力的寺庙。一旦一名激进派常驻守令离职，僧侣与信徒便取回地产并重新开始活动。虽然叶春及拆毁了大约 550 座"淫祠"，并利用得来的空间兴建露天坛壝及社学，但他后来察觉到百姓只不过将塑像迁移到家中；他也听到汇报说他一踏出城门百姓就将塑像请回庙中。田海评论道，这一事件体现出"祠祀作为一种公共制度所具有的力量"。他表示，"社"的力量或许会随着明代的发展而渐增。[59]大约在 1525 年，景宁县的 7 所学校各获得了从寺庙充公得来的 200 亩田地作为资产。但是到了 1585 年，土地的租金又付给了寺庙，而且仅有 2 所学校有能力支付贫困学生的学费，让他们不定期地上学。[60]坐落于德化县的东岳庙自 1530 年被改建成医学、阴阳学及惠民药局的组合之后，不久又得到恢复。这和该县里曾

[57] 1561 年版浙江《寿昌县志》卷 3，页 32a。

[58] 在嘉靖时期，另一座城里的祠庙也被重建。1561 年版浙江《寿昌县志》卷 3，页 23b。

[59] 田海，"Local Society and the Organization of Cults in Early Modern China: A Preliminary Study", *Studies in Central and East Asian Religions* 8(1995): 15。

[60] 1588 年版浙江《景宁县志》。

被改建为社学的其他淫祠情况一样。[61]一座在正德年间被拆毁的寺庙后又得到重建，紧接着又被拆毁。[62]在上杭县，数座于 1523 年被拆毁的寺庙后来又被当地人重建。[63]

　　如前文所提，编修于 1525 年的《延平府志》列举出了那些已废的以及运作中的佛教和道教机构（见附录"表 A.5"）。虽然县与县之间的数量有所不同，但就延平府整体而言，有大约三分之一记录中的佛教及道教机构到了 1525 年就已被拆毁。通过比较延平府治内各县早期的以及后来再版的地方志，我们能够得到一些关于寺庙复兴的情况。[64]在 1637 年版《尤溪县志》中，我们能看出于 1525 年版《延平府志》所列出的该县 6 座"已毁"的祠庙当中，有两座已经被重建，且有一座更是有所扩建。当地的东岳庙已从 1 座发展到了 5 座。在 11 座被列为"应毁"的寺庙当中，许多并没有在地方志中被提及，所以它们大概最

149

---

[61] 清代的方志编撰者对于知县许仁所创办的学校被中途放弃一事作出了哀叹，特别是将一些学校改建回佛寺。然而，他却在其中区分出了东岳庙。该庙宇建于宋代，约于 1430 年由一名知县复兴。方志编撰者主张，既然每个府、县都有一座东岳庙，故而不能将其视为淫祠。该庙在许仁进行打击之后迅速地被恢复，而到了晚明时期，该神明也证实了其极高的灵验性。居住在庙宇附近的千户人家尊敬地侍奉着该神明，遂全都变得富裕而有文化，并育有许多子嗣。编撰者暗指若此信仰果为淫祀，那些事迹就不可能发生。再者，虽然编撰者赞同在村里打毁佛寺，也引用了唐代韩愈焚佛骨、狄仁杰毁淫祠的先例，但他并不介意"奇峰绝壑、人迹不到之处，方外闭而静修"。实际上，他们的庵观能够使到当地游览的人们更加方便（卷 15，页 11）。卜正民已针对佛教以及对景点内寺庙的文化赏析作了大量的讨论。这一 17 世纪晚期的写作者的态度实属当时的典型。然而，我却认为许仁曾发表出同样的情怀（1687 年版福建《德化县志》）。

[62] 1885 年版南直隶《潞州府志》。

[63] 1760 年版福建《上杭县志》卷 4，页 23。

[64] 这一活动所存在的许多问题表明了个人需要谨慎地使用地方志。首先，1525 年版的地方志并没有解释谁在什么时候拆毁了寺庙。这并不是由积极分子书写来为自己的活动增添荣耀，而是有当地人操笔。第二，由于县志所列举的寺庙数目和府志当中所列举的各县寺庙数并不相符，所以两者甚难比较。第三，有大量的重建以及一些重新拆毁的工程正在进行。1525 年版的地方志所提到的许多拆毁工程，源于洪武时期寺庙庵观在不同时间点上进行的合并。在南坪县和沙县便是如此。但是，在南坪县，约有 14 座佛寺自洪武时期至 1491 年获得了重建。在沙县，有大约 38 寺自 1491 年至 1525 年间曾出现过或重新出现。详见 1491 年版福建《八闽通志》卷 48，页 9 及之后各页。

终都被拆毁，又或者后来的地方志编修者皆认为这些寺庙不值得注意。然而，其中有一座寺庙被列明在嘉靖时期重建。此外，在万历和崇祯时期地方上兴建了许多新寺庙和祠宇，而在这一时期内也重建了那些被盗匪拆毁的寺庙，以及那些在元代兴建但却没有被记录到1525年版府志的寺庙。[65] 整体而言，有明一代，延平府的宗教机构有所增加而不是减少。激进派常驻守令所回应的大概正是这一现象。

广东提供了关于"淫祠"复兴最为显著的证据。提学副使魏校正是于1521年至1524年在广东拆毁及改建了数百座寺庙和祠宇。和那些较不出名的毁淫祠者一样，魏校打击了一些弘治帝1488年所不愿意做出改变的祠祀。这些祠祀包括封川、归善、增城县的真武庙，以及封川、海阳、揭阳、归善县的东岳庙。正如我在另一篇文章中所述，一则记载了一场梦的逸事表明，魏校拆毁遗迹和寺庙的举动受到了一些人的强烈愤恨。《明史》则记述道广东的地方百姓弹劾了魏校，但他们没有成功。[66] 一部地方志提到，地方百姓比较成功地在极短时间内，通过重建祠宇和寺庙来推翻魏校的政策。肇庆府，特别是封川县，为我们提供了一个典型案例。在1523年，数座寺庙被改建为社学以及其他机构。然而，1588年版的府志却记录这些寺庙已经"复如故"或"复为庙"（见附录"表A.6"）。[67] 寺庙的重建反映出地方百姓通常能够有效地抵抗理学家所推行的计划。

一名坦诚的官员——海瑞，便承认自己遭受了挫败。本书在第三章已经讨论了海瑞所呈的关于海南岛的奏章。他是一位反对高层贪污活动的著名改革者，也曾因为徐阶（同为一名社学创办人）拥有大量

---

[65] 到了1637年，除了一座我认为是被乡贤祠替代的庙宇，所有在府志中被列为由县有司进行祭祀的信仰仍存在着，扮演了同样的功能。详见1637年版福建延平《尤溪县志》。另一方面，1527年版《尤溪县志》所列举出的佛道寺庙却几乎没有资料价值，仅提到许多寺庙在成化时期之前就已经毁于兵火。1527年版《尤溪县志》卷2，页18—19。

[66] 施珊珊，"Competing Institutions"。

[67] 详见1588年版广东《肇庆府志》。其中一位作者是叶春及。叶春及创办了社学并书写关于社学的事宜。在这当中就包括了与黄佐合编的，修改自魏校复合学校体制的计划。这部地方志能被视为黄佐为东莞编撰的方志的姊妹篇。

土地而给予强烈指责。海瑞同时也是一名积极的知县，将百姓的赋税均等化，重建了官祠等。然而，海瑞自身于1560年左右记述道，他在创办社学这方面并不那么成功。他为1375年那道规定创办社学的旨令所作的概括，以及他对释道宗教机构的计数两者之间并没有出现过割裂。基于明盛期所实行的毁淫祠、兴社学的运动，海瑞假定了社学与淫祠两者处于直接竞争的状态。然而，即使是在这名兢兢业业且受人欢迎的知县的管制下，两者之间竞争的结果也不言而喻：

> 一、社学。洪武八年诏天下府州县各里立社学，[68]延师儒以教 150 民间子弟。淳安寺、观、院、庵计有二十三处，其余小神屋杂置于民间山麓者，不可计数。僧每寺院约有十余人，私居道士以数百计。询访社学，则一无有焉。虽各村乡间立家塾延师儒，然计通县社学生不及二百人。民之好尚，俗之厚薄，有可知矣。本职到仕以来，凡遇僧道，皆谕令还俗，禁斋醮以塞其得利之途。各图延教读教民间子弟。尝欲一如六年，令尽改寺院为社学，未果。[69]

海瑞在文章中探讨社学消亡的原因时，让僧道和他们在当地的支持者，与官员和他们在当地的拥戴者站在了对立的立场上。僧道有重新取回地产拥有权的能力，这似乎表明了当地人全心全意支持他们，甚至多过于支持常驻守令所兴建的理学机构。但在同时，这批常驻守令中的部分人又广受百姓爱戴，使得情况更为复杂。一部在魏校离开广东十年后编修的地方志记载，当他离职后，当地无人能保持学校的运作。学校里的宿舍已荒废和颓圮，学校场地也被具有影响力的"势

---

[68] 海瑞指的是由110户组成的里。然而，这一制度只有等到最初颁布社学旨令的五年后方得以落实。

[69] 海瑞"兴革条例"，《海瑞集》（北京：中华书局，1981），页96—98。海瑞所指的是嘉靖六年（1527）所颁布的旨令。该旨令主要在两京实行。以下为另一竞争的案例：一部地方志抱怨一些上层社会的家族并没有祠堂。若这些家族理解了关于礼仪的规矩，自会设立宗祠并禁止后世子孙胡乱参与"淫祠"。写作者进一步抱怨道："每一郡邑不知其有若干寺观也。吾儒或曰游咏其间。不云其非至于建一书院辟一小学，则曰此赘也。"见1550年版北直隶《广平府志》。

家"所夺取。[70] 正如我在另一篇文章所论及，魏校似乎监督着（或至少目睹了）将充公得来的给社学使用的寺庙土地，转交到他的友人——霍韬的手上（霍韬是广东人，曾因在朝中被卷入大礼议事件而一举成名）。[71] 因此，魏校本身也为他创办的学校的失败而负起了一定的责任。况且，即使社学并不一定受欢迎以至于永久地取代寺庙，地方百姓也确实创办了学校。

主持社学

单枪匹马的知县通常也只有有限的部下。和对其他事项的尝试一样，知县在兴建社学时也需要得到当地人的协助。但是，作为一种文类，社学记往往隐瞒了这一实情。[72] 店家、僧道以及其他人皆共享、借用或租用楼房和田地。劳工和工匠则烧毁、建造、修复以及装饰了楼房。佃户负责耕田，而管理人则监管资金。知县分别向缙绅请教或询问关于该县社学的计划和历史。[73] 他们也监督建筑工程，捐献土地和楼房，支付建筑及其他方面的费用，参与开幕典礼，以及为学校推荐或亲自担任教师。[74] 大部分这类贡献仅顺带被提及，有时甚至没提到。但是，有些时候记文和地方志提到了那些曾给予帮助的特定缙绅

---

[70] 1535 年版《广东通志初稿》卷 16，页 26a。

[71] 详见施珊珊，"Competing Institutions"。

[72] 有关官方依靠士绅的研究已有相当多，当中也包括清代的现象。详见张仲礼，*The Chinese Gentry: Studies on their Role in Nineteenth-Century Chinese Society* (Seattle: University of Washington Press, 1955, reprint 1967), 54—70。

[73] 1551 年版河南《夏邑县志》卷 8，页 67。1559 年版山西《蒲州志》卷 2，页 5—6。一名知府因为"鼓舞士类深有方略"并且使他们参与教育事业而受到了赞誉。

[74] 史鉴"同里社学记"，《西村集》，1259—1846。文中提到了在 1495 年，一个当地人监督了社学的建设工程。学士、学生，以及在职与致仕官员皆参与了开学时的祭孔仪式。关于另一关于这类礼仪的讨论，详见附录中的第十二篇记文。

的名字。[75] 除了获得"义民"的声誉之外，他们或许也得到了知县的青睐。在晚明时期，当知县陈所学和缙绅合作规划社学及进行其他计划时，为了报答一名退休知县所给予的帮助，陈所学便将他入祀乡贤祠中。这方面的利益或许可以招徕当地缙绅帮助常驻守令，因为缙绅们能由此得到和激进派守令同等的入祀的待遇。[76]

即使是明盛期的激进派常驻守令，也得依靠地方上的协助来创办社学。然而，到了晚明时期，地方所扮演的角色却更为显著。总体而言，我查找到大约 24 所社学被记录为由无官职的"义民"所创办。[77] 我们能从中发现，当地人创办社学的现象仅仅反映出一个不容置疑的事实，那便是小学的命名方法实际上十分混乱。地方志中所记录到的小学皆可被称为"社学"、"义学"或"义塾"、"小学"、"乡学"（也指负责登记生员的县学）、"家塾"、"义斋"以及"书院"（指私人学院，通常作为高等教育的机构）。[78] 在地方志中：相关章节或许能以其中一种小学的名称来命名，但是具体内容却包括了使用其他称谓的学校；

---

[75] 例如一篇建于 1478 年的社学的记文。这些贡献并不一定每次都是自愿性的。例如，光山县知县质问了当地的富裕者如何能够在没有学校的情况下指望援助朝廷，遂使他们在羞愧的情况下支付一所更大校舍的费用。详见 1556 年版河南《光山县志》卷 2，页 7—8。

[76] 1629 年版北直隶《隆平县志》；1764 年版北直隶《隆平县志》。后一建议由 Ellen McGill 所提出。

[77] 当时或许有其他这类没有被记录下的社学。一部地方志提到，一位知县在村里创办了十多所学校，"民间自建者不在此数"（1687 年版福建《德化县志》卷 4，页 8a）更多这类学校或许能在族谱（一种我没有查阅的资料）中找到。然而，当地人更倾向于创办义学或私塾。虽然我没有探究这些义学或私塾，但池小芳发现在数据上，地方志所记录的这类学校的数目远少于社学数。这是因为社学的创办通常是集体的。王兰荫只在三个县发现了由义民创办的社学，当中两个县各一所，而另一个则有四所。在他所掌握的资料，即 1438 所创办人身份明确的社学中，这些由义民创办的社学仅占了少于一成。晚明时期，一些创办了社学的当地人曾在其他地方当过官，或者至少考获了功名。例如，1563 年的进士张应福，在中央政府担任数职而致仕后，便创办了社学（1790 年版北直隶《大名县志》卷 33，页 19）。鄢陵县的一所社学也是由一名原籍官员所创办（1535 年版河南《鄢陵县志》）。

[78] 在指称明代的小学时，除了私塾、义学及社学，也有"里学"（康熙版江西《兴安县志》），"大诰学"（见本文第二章）以及"商学"（康熙版《陕西通志》）。

按某种归类方式定名的学校到了具体说明中也许能被解释为另一种学校；同一所学校在原先某一版本的方志中归为某类，或许会在再版方志中得到新的称谓。[79] 这些命名上的混乱现象实际上能追溯到宋元时期。[80] 阅读明代史料所产生的一部分困惑，主要是因为尽管当今许多学者把义学视为私人学校，[81] 但有时当时的官员确实创办了义学。[82]

---

[79] 在 1494 年，一座久废的标名为"社学"的机构被恢复，并命名为"善正书院"。详见 1513 年版南直隶《常州府志》卷 3，页 2b。同见 1853 年版南直隶嘉定《黄渡镇志》。在永乐时期，一所"义斋"被创办，虽然记录此事的地方志将该"义斋"评为社学，但却没有给予进一步解释。1525 年版福建《延平府志》。刘祥光提供了一所同时作为私塾的社学的例子。详见刘祥光，"Education and Society"，285。

[80] 例如，一篇元代的"义学记"便注明该学校是一所社学（1524 年版南直隶《上海县志》卷 8，页 11 或 21）。1521 年版的广东《琼台志》收录了许多宋、元、明时期的义学及社学记。这些文献有待进一步研究。

[81] 例如，张建仁的《明代教育管理制度研究》。张建仁将义学视为一种由个人或群体给予捐助的私学（页 41）。他所提出的三种社学分别为：私人学校，非儒的地方官校（独立在其他国家学校之外），以及进入府、州、县学的当地官方儒校（页 36）。1990 年版的南直隶安徽《宿松县志》在讨论 1677 年，一位知县创办了 46 所社学以及数所义学之举时，便将后者定义为通过私人捐款或是寺庙、同业公会或公堂土地获得资助的学校。

[82] 在明代的地方志当中关于明初和明中叶时期官员创办义学的情况：1506 年版北直隶《大名府志》（在大约 1455 年由一名知县创办）；1549 年版浙江《嘉兴府图志》（在宣德时期由知县创办）；1521 年版广东《琼台志》卷 17，页 1—7（将 6 所于天顺时期，由一位提学副使创办的学校归为义学）。在清代的地方志当中关于明中叶和明盛期的情况：1870 年版江西《武宁县志》（在 1465 年由知县创办了 9 所）；1849 年版广东《遂溪县志》（在 1478 年由一名提学御使创办）；嘉靖时期的情况：1872 年版江西《都昌县志》卷 6，页 26b（在 1565 年，由知县创办以教育可造男童）；1537 年版南直隶吴县《浒野关志》（在 1530 年由知县创办）。一些学校甚至是更后来才建成。例如，一个于 1633 年方设立的县直到当时方由知县（在其他机构当中）创办义学及社仓，但不包括社学。详见 1783 年版广东《镇平县志》。或许除了强调提供薪资和廪给（社学在一些时候也有分发），官办的义学和社学并没有很大的不同。某位万知县撰写了一篇他创办一所义学的记文。虽然后来建有 87 所学校，但当时县里尚未建有社学。根据万知县的描述，除了当中异常（但并非独有地）强调了提供教师和学生的资源，该义学和社学其实并没有显著不同。该篇记文写道："……绾乃度城南地为学以教之。教而非养，则为师者不往教，为弟子者又无以为礼而来。学与无学，何异耶？故赋官地之廛若干，以输于学。师则月支米一石，岁给银十两，使教有专心，弟子则贫富具许来学。而贫者给以堵墨，使学有定志。所以教而学者，《小学》一书……月考而岁视之。间有俊秀者，则升于庠……"见 1531 年版湖广《沔阳县志》。

　　然而，命名上的混淆本身并不能解释非官方社学的创办情况。这是因为这一"混乱"情况有其自身的发展历程。在永乐时期，按当朝法律，当时学校不在官员的管辖范围内，命名之事并不明确。同样在清代，当法律将小学指向义学和社学时，命名的情况亦是如此。[83] 例如，一部编修于 19 世纪的地方志在指称一所特定学校时，便用了"小学"、"义学"以及"社学"来命名。[84] 晚明和清代出现的混乱现象正是因为权利界线的模糊所造成。有时在官方的批准下，晚明时期的当地人主动创办了社学及其他地方机构。如此一来他们不仅满足了该村或宗族的需要，也能因此声称他们与占据崇高地位的国家朝廷有所联系。[85]

152

　　尽管地方百姓掌握了主动权，但实际上常驻守令仍对多数的社学负有责任。在 1465 年之后仍存有记录的 86% 的案例，以及人们普遍持有的社学事务归属守令职责的看法，皆表达出了这一观点。在广东澄迈县，一名举人于 1466 年在省亲途中，带领了另一些文人拜访县学

---

[83] 详见罗威廉，"Education and Empire"，426—428 当中的讨论。1879 年版北直隶《通州志》当中所收录的一篇撰写于康熙朝晚期的文章，表明了义学和社学皆相同。

[84] 一部清代的地方志提到，在明代，社学由乡先生经营着（1765 年版陕西《潼关县志》）。关于其他清代的资料以及对学校类型的讨论，详见：乾隆版北直隶《博野县志》（义学一节收录了一所建于雍正时期的社学）；1868 年版湖广《石门县志》（卷 5，页 30）当中的一篇"义学说"记载道"书院公建者也，以教一县。义学私建者也，或捐自官，或捐自民。总为子弟就学无资，故为之膏火师长……即古家属党庠之遗，亦谓之社学"；1872 年版江西《会昌县志》在所列举的义学中，附加了由张氏所建的罗宿家塾，并将其视为社学；1707 年版山西《重修平遥县志》；1819 年版广东《三水县志》；1765 年版广东《澄海县志》；1688 年版广东《新安县志》；1693 年版江西《靖安县志》，以及 1892 年版陕西《渭南县志》。《渭南县志》在提到族学时，注明了义学乃是社学。

[85] 如宋怡明在评论官方的祭祀信仰时提道，"虽然明代的官方体制并没有如期运作，但是对体制下规范的遵从（或仅是声称遵从），已成为一种能够在地方与国家之间的搏斗中被有效利用的文化资源"。详见宋怡明，*Practicing Kinship*，173。同样，萧凤霞也主张"假装表示对于中央的认同本身就已是维护最大的谋略空间的一种精明手段"。详见萧凤霞，"Cultural Identity and the Politics of Difference in South China"，*Daedalus* 122.2 (1993)，21—22。

的教谕。他们指出该县尚未创办一所社学，希望这位教谕去找上司商量，批准在当地兴建社学。该名教谕带领他们去见了同知，而同知也非常乐意地给予批准，并谈论这件事确实是他的职责。[86] 但是，在晚明时期，一些作者却提出了充分的理由说明为何创办社学是社群的责任。一名作者评论道：

> 按今之社学即古之小学也，古昔盛时，家塾遂序，莫非讲习之所。

虽然朱元璋命令兴建学校，但这名作者却接着提出：

> 今吾邑之社（学），废者未修，存者实亡。家塾遂序之意荒矣。则夫振举已坠之绪，以复隆古之盛者，不亦存乎其人也哉？[87]

基于许多政府创办社学的失败案例，这名作者便主张虽然社学是由中央政府命令兴建，但执行命令的责任却落到了子民身上。既然在上古时期，每个人都通过在村里创办学校而负起教书和学习的责任，那么子民们便不应等待官府采取行动。[88]

虽然这一对上古的诠释与明初的旨令及明中叶和明盛期的记文所作的诠释不同，但却是晚明时期的一种假设的典型特征。这一假设即为：不单单只有官员有资格参与国营事业。如同社会批评家管志道与其他同时代的人所抱怨的，官员、致仕官员、考获功名者、举人以及其他有文化修养者之间社会地位区别的界线已越来越模糊。庶民与文

---

[86] 这群人所关注的主要是贫困男童或许上学，以及给他们提供资助。他们希望人们都知道该社学乃是一所义学，并给予"义学"的标名。详见 1820 年版广东《澄迈县志》卷 9，页 37—39 的记文。

[87] 1572 年版广东《潮阳县志》卷 9，页 8。

[88] 究竟是子民顶替官员，或者是官员替代了那些疏忽己责的子民，仍有待辩论。另一部地方志提及："旧称里人向学自公始，今具失。所在惟东郭邻建法寺址耳。"详见 1779 年版陕西《眉县志》卷 4，页 16。

盲百姓甚至也能与致仕官员及其他地位崇高的人物有较多社会接触。群众示威及对广大民众意见的呼吁，皆是一种趋势——更广泛的群众讨论及政治参与——的其中一部分。[89]倘若那些在政府部门中发挥了一定作用的人，与那些没有发挥任何作用的人之间社会地位区别的界线渐已模糊，那么由当地人而不是官员负责资助和管理社学也就在意料之中了。管理社学或许成为管志道所抱怨的那些"新人"所从事的活动之一，而这些人也凭借"挟有一艺一能"来擢升自己。[90]

153

另一晚明年间的史料则假定当地人在社学的创办中扮演了重要角色。该史料记述道，"崇祯五年（1632），御史高钦舜令复立社学……因倡率无人，行之一年，其事遂寝"。[91]对于乡校，能够获得地方上的资助是格外重要之事。例如，一部福建地区的地方志列举出了六所社学，将四所创办于城内的社学和两所"民间诸塾之数"区分开。其中一所，或是这两所社学都是由两名"义民"创办。第一位义民在听到了关于学校的讲解之后，"欣然愿睹成"并捐地作为学校场地。第二位义民则因为相信"塾建而无师，师延而无资，犹之无塾也"，[92]遂筹募到 22 亩土地来支付教师的费用。另一部地方志在记载了府城里的社学已经创办之后，接着便评论道，"顾乡村未有社学，各家率九合比邻，请师以教子弟"，并取王阳明的教约作为教师的准则。[93]作为一种典范，曾以个人身份创办学校的范仲淹虽在那些撰写于明盛期的记文中

---

[89] 当王思在指责嘉靖帝的时候，他声称在表述"天下万民公正的意见"。详见达第斯，*A Ming Society*, 227—229。关于无数民间示威的案例，同见达第斯，*Blood and History*。甚至连普通百姓都认为他们有权言论皇帝的家族活动。一个小规模的教派尝试阻止嘉靖帝为南方为其母亲的坟墓寻找良好的地点。教派的成员并没有秘密行事，而是张贴黄色告示来宣布阻止计划的进展。详见费克光，"Center and Periphery"，21。管志道也记录下，甚至是证明人们集会商讨政事之举是正当的。详见魏家伦，"Confucians"，第六章。

[90] 魏家伦，"Confucians"，122—124, 127。

[91] 1820 年版广东《澄迈县志》卷 4，页 33b。

[92] 1684 年版福建《宁化县志》卷 6，页 15。该部地方志转引了崇祯版的地方志。这些学校可能追溯到晚明，但或许是清代方建成。

[93] 1540 年版浙江《太平县志》卷 4，页 20（重印版为页 350）。关于另一个例子，详见 1684 年版福建《宁化县志》卷 6，页 15。

被忽略，但在晚明时期却逐渐被提及。这一现象也反映出从官方行动到地方行动的转变。在万历时期，东莞县的一名当地人协同其他贵族创办了道山社学，据说是为了"仿效范仲淹法，倡建义田"。[94]

海瑞曾抱怨家族与社学之间的竞争关系。当宗族组织有所增长时，一些社学事实上是家族事业的现象并不出人意料。一部福建地区地方志中的"士行"一节记载了一位名曰黄铎的人，出于感激而兴建了一所社学给抚养他长大的母系亲属。[95] 有些时候，氏族通过资助社学作为对官府不善管理的反应。在福建惠安县，当知县张桓离任后，衙门只资助了一所社学。而且，人们也变得不愿意资助张桓为其他学校聘请来的贫困及无学识的学者。虽然地方志的作者将家长的道德沦丧归咎于他们的不情愿态度，但是他也承认教师的素质一直都在下跌。识字的奸巧之徒为得到教职而竞争，而且为了补充薪资，他们甚至将社学转变成市集或旅舍以满足游士的需要。社学因此变得"违、异、俚、亵，不足观"。地方志的作者接着记述道，在这种条件下，人们撤回对官办学校资助的举动几乎不使人惊讶。到了 1530 年，除了一所学校以外，其余的或被烧毁或被氏族接管：南门社学（在坊南门）陈氏吴氏主之，香山社学（在张坑）张氏主之，等等。这些家族每年都选择一名教读来教族人子弟。他们为教读安排住宿伙食，并将其视为贵宾礼待。地方志的作者给予了这些塾师好评，并将他们对礼仪的关切及对于知识和勤勉态度的尊重，与那些将乡村社学转变成牟利的经营企业之人作一对比。[96] 至少在某些地方，当地百姓已在社学中扮演了重要角色，与原先仅仅作为帝王、中央官僚或常驻守令进行改革时的支持

154

---

[94] 1798 年版广东《东莞县志》卷 7，页 5；卷 29，页 14。

[95] 1637 年版福建《尤溪县志》，重印版页 644。这类社学或许会在地方志中被提及。

[96] 1530 年版福建《惠安县志》卷 9，页 8—9。该部地方志由当地人张岳编撰。张岳后来总督两广军务。另一部地方志提到了 38 个镇里的社学原先归官员所管。然而至今许多已被废置，其他三所则被两支宗族管理。直到清朝初期，这一变化或许才得以落实（1684 年版江西《德兴县志》卷 3，页 20b）。相反的情况也可能发生。一名知县便利用了属于各个家族的学舍。虽然这一变化的本质并不明确，但据猜测，当时这些族学需要接收外人，并且也处在政府的监督之下（1506—1521 年版江西《新城县志》）。

者和被动目标已有所不同。

综合式的地方制度

除了与家族有所联系之外，社学也隶属于其他的地方制度。历史学家酒井忠夫辨认出一套在晚明时期进行乡村管治的方法。这套方法涉及一种综合地方制度的创造，当中就包括了社仓、乡约、社学以及保甲制。这些并不是新颖的制度，而是凭借宋代的制度理论及实践，再加上明代的法律而成，且各自亦经历过试验和改变。例如，在何义壮看来，保甲制乃是明初里甲制的更新，且早在 1436 年就以"总甲"的名称实行着。[97] 根据酒井忠夫的观点，自成化及正德时期以降，这四种制度皆同时实行，用来进行地方行政和乡村管制。到了嘉靖八年（1529），国家则为了实行大众化的教育而提倡这四种制度。酒井忠夫也提到，在明中叶以后，地方贵族便在这些用于地方行政的制度中扮演了领导的角色。[98]

等到这整个综合体受到晚明贵族的提倡时，组合制度的做法已历经了一段漫长的传统。沃頛曾创造性地将社学和里老人制度及乡祭酒制度进行结合。迟至正德时期，王阳明在江西同步执行了社学和保甲制。在 15 世纪 20 年代初，上海知县郑洛书将 96 座"淫祠"改建为社学。这些社学也同时被当作义仓，而这些义仓则受到了每月开一次会所制定的乡约的管制。虽然郑洛书可能受到了王阳明的影响，但他更有可能是基于类似的冲动而独立执行。[99]

酒井忠夫所提供的例子中整组制度同步执行的策略，皆来自万历

155

---

[97] 何义壮，"Socio-Economic Development"，188—190。

[98] 酒井忠夫《中国善书研究》（东京：国书刊行会，1960，1972 再版），页 62，94。

[99] 1524 年版南直隶《上海县志》卷 3，页 3；卷 8，页 29。关于其他含有社学与否的乡约，详见王兰荫《明代之社学》下，页 122；王兰荫《明代之乡约与民众教育》，《师大月刊》，1935 年第 21 期，页 102—122。

时期。[100] 但是，即使是在当时，这一综合体也并不一定完整。在万历时期，一些教师的薪资是以官仓提出的粮食来支付，而其他的学校则与当地粮仓有关，并从这些粮仓提取补给。当粮仓被官府忽略或被废置时，学校也可能因此倒闭。[101] 一道碑铭记述了一名知县如何通过使教育和饮食有所关联，而恢复了一所社学以及附属的义仓。"聚生徒以修学业，积粟米以备荒歉，正德厚生举在于斯。"[102] 教育和滋养两者间的联系似乎是自然的。当黄佐，一名魏校的仰慕者，在仿效魏校对社学和祠庙所作的声明时，却加入社仓以作教学和滋养之用。[103] 在郑洛书的计划中，一些学校也为乡约的聚会提供了场地。在另一个案中，里老人必须在每个早晨和傍晚时分向村民们宣读圣谕（大概是指朱元璋《教民榜文》中的六条指示）。[104] 一所建于崇祯年间的学校之所以名曰"讲约社学"，大概是因为除了提供小学教育，它也同时用来举行乡约聚

---

[100] 酒井忠夫《中国善书研究》，页 53—54。

[101] 关于官仓，详见：1607 年版陕西《延绥镇志》卷 4，页 33；王兰荫《明代之社学》下，页 101（引用了另外两个例子）。在 1596 年于德兴县，一所由一名知府与四位慈善家复兴的社学，便拥有了自己的粮仓。然而在明朝衰亡之前，该校就已被再度毁坏。详见 1684 年版江西《德兴县志》卷 3，页 20。该部地方志也展示了社仓的地图（卷 2，页 7a，20）。另一社仓的案例：1666 年版陕西《浦城志》。另一社学兼粮仓的案例：1603 年版贵州《黔记》。

[102] 1678 年版南直隶《虹县志》卷 2，页 88。

[103] 1798 年版广东《东莞县志》旧序，页 8。一部以民族主义为背景的论著也在历史上找到了希望的信息。这部论著对中国农村的教育事业发展进行了研究，证明了社学与粮仓之间的关系如何变得更强。在对历史发展的论述上，该论著以《周礼》开篇，但在间隔两句叙述之后便进入明代，提到了当时户籍、保甲、乡约以及社仓的相继成立。社仓的成立意味着教育能获得活跃的发展。然而，"社学"一词并没有在其论述中被提及，反而合并到"社仓"这一概念中。该文将这些制度描述为用来提防强盗和叛乱，促成相互之间的纪律，以及使村落更为融洽。但是，作者们并没有表明这套复杂的制度在任何时候曾被统一地实行。林金藻《中国农村教育之研究》（台北：正中书局，1953），第一部，第一节。

[104] 根据 1572 年版陕西《华州志》卷 4，页 11 的记录为：41 所学校，41 名教师，以及 41 位老人。这些老人需要在每天清晨和傍晚时分，向居住在村里的百姓们宣读圣旨。

会，而那些专为乡约而建的建筑物普遍名曰"乡约所"。[105]在这些个案中，官员与当地人只采纳了以四个制度合成的综合体的一部分。

在一定程度上，晚明时期用来组织地方社群的计划延续了明盛期积极派分子所推行的计划，并使其自成体系。但是，继酒井忠夫之后，梁其姿指出了另一重要的区别。在晚明时期，一些官员以新的方式来理解社学。社学不仅仅是一种用来改革令人不满的地方习俗的手段，且"已被认为是地方体制的一部分，并无可避免地让地方领导者负起了责任，并在本质上旨在巩固社群"。[106]一旦当地人接管社学，他们便会时而利用社学来达到新的目的。

晚明时期的社会批评家管志道小心谨慎地将在他看来合法的社学，与另一让人高度怀疑的地方制度——书院区分开。[107]书院已替代了那些知识水准欠缺的政府学校，成为提供高等教育的场所。书院通常由官员（其中包括王阳明、徐阶和其他的社学创办人）以及贵族共同协办。它同时也是文人讨论哲学和政治的地方，以及成立党派的场所。这些党派影响了中央朝廷在制定政策和人员调动方面的抉择。在晚明时期，书院非常成功地制造和引导了政治骚动，以至于引发了数次的镇压运动。[108]尽管管志道作出了区分，但一些晚明时期的"社学"则

156

[105] 例如：1578年版浙江《严州府志》卷3，页17（自书院改建而成。然而，这或许只是称谓上的改变，为了在书院被禁的时候能给予保护）；1547年版广东《潮州府志》；1567年版南直隶《仪真县志》（每个镇里各一所）；1572年版浙江温州《乐清县志》；1849年版南直隶吴县《元和唯亭志》（在1526年利用了当地寺庙的阔堂。文中也解释了落伍的仪式）。在其他案例中，这些建筑物被称之为"乡约亭"（1892年版广东《临高县志》卷5，页6）；"乡约堂"（1500年版湖广《黄州府志》舆图）；"约所"和"约亭"（1696年版陕西《洋县志》，明建筑）；以及"乡约讲所"（1687年版福建《德化县志》，但是这可能是清代的建筑物）。一所"社学"仅被用为乡约所，而并没有为孩童开课（1606年版湖广《新宁县志》）。

[106] 梁其姿，"Elementary Education"，383。关于机构复杂性的进一步讨论，详见李来福，Subbureaucratic Government，第六章，以及韩德玲，Action in Late Ming Thought。

[107] 魏家伦，"Confucians"，262ff。

[108] 虽然在1537至1538年之间有其他的书院持续开放，但许多地方的私人书院遭关闭。在1579年，首辅张居正实行了反书院运动。到了1625年，太监专制者魏忠贤关闭了那些和他的敌手（当中就包括东林党）有明确关系的书院。

更像是书院而不是小学。

晚明时期的"社学"通常更像纯粹的"社",即文社。精英分子聚集在这些文社中练习撰写应举的文章或交换诗文。有一些文社则提供给那些支持应举之人的群体一处居住的场所,又或者是用作准备科举考试而设的读书会场地。[109] 在大约1634年,由于有了一个聚会的场地,即社学,岳州府的一个文学团体便得以成立。[110] 地方耆老请求一直忙于处理其他社学事务的知府,希望他重新创办一所"北游社学"以及一个文社,旨在帮助来自各种家庭背景的为科举考试做准备的学子。该名知府记述道:"余稍捐助,好义者争输。"[111] 著名的杨继盛曾在里塾中短暂求学,但到了十八岁他已成为生员时才上"社学"。[112] 由是观之,很可能当书院被禁止时,一些书院也许采用"社学"的称谓作为一种掩饰。[113] 在至少一个案例中潜藏着颠覆性的活动——讲学,这种和王阳明的追随者有关联的、聚集讲课和小组学习的活动,已经陆续迁入社学中进行。在一所用来教育乡里少年的社学,庶民中的耆者

---

[109] 1849年版广东《遂溪县志》当中也有关于为考生饯行宾兴仪式的描述。1693年版河南《睢州志》。

[110] 例如"文会园"和"会心堂"的学校名称皆表明了文艺社团的存在。详见乾隆湖广《平江县志》卷8,页25。

[111] 附录中第三十篇记文(关于广东)。1553年版福建《建阳县志》记载到该书院为"贤士大夫留意斯文"之处。1688年版广东《新安县志》卷5,页7记载了一个于1566年创办的文艺社团。该社团的聚会是在社学里举行。

[112] 杨继盛仍十分贫困,居住在一座三间式无门、无栅的家中。因此,他欣然接收了得以在任何机构中就读的机会。详见杨继盛"杨忠愍年谱",《杨忠愍集》(《四库全书》版)卷3,页26。

[113] 上海社会科学院的钱杭教授告诉我,在他看来,自万历时期以降存在着两种社学体制。第一种是向官方注册或获得官方资助的社学。第二种则是非官方的。非官方的社学与知识分子的社团以及书院有关。这些社学作为对抗中央政府的基地,招致了中央(包括皇帝本身)的批评。虽然在这些机构和活动中的主要参与者是数目逐增的受过教育的无官者,但是官员们通常趁着回家守丧而秘密地参与当中的活动。因此,非官方的社学较之官方的社学更具影响力。这一情况使政府对任何含有"社"的字眼的东西都感到极度焦虑。因此,晚明时期的学校有些时候便以其他名称命名。以上为钱杭与我于1994年11月19日的私人对话。关于社学与复社之间关联的个案,详见1868年版湖广《石门县志》卷5,页30。

及贵族会于每个月聚集两次进行讲学，在此过程中乡民们则会围拢旁听。[114]

如第三章所提到，在 1623 年，当崇祯帝命令吏部和礼部大臣监督社学时，他心里所想象的制度是用于改善文人的习俗及招聘人才。这一想象根据的是晚明时期的具体实践而不是明初的法律。作为对这道旨令的回应，知府姚继舜与知县、下层官僚及贵族创办或重建了数所社学。当中，有一所主要奉祀欧阳修的祠宇，而另一所之所以获得了赞誉，是因其建有高楼及位处偏僻地区，故而能让学生远离尘世。第三所社学则在地方耆老的要求下，旨在增加科举考试的参与度。[115] 在这一时期，甚至是设立在社学内的祠宇所奉祀的对象也有所改变。明盛期的学校更多时候奉祀朱熹。在大约 1634 年，潮州当地的一所社学则奉祀欧阳修。欧阳修更偏于一名文人而不是一位德行方面的代表人物，也没有在早期社学中受到奉祀。该所社学也奉祀了文昌神。文昌神在科举考试方面帮助了那些祈愿者，同时也受到了积极派分子（例如在广东的魏校）的攻击。[116]

在潮阳县，一所社学与城隍庙相邻。当盗寇在县里制造军事骚乱时，虽然贵族与百姓皆希望能向"东山双忠之神"祈祷，但该座庙宇 157

---

[114] 1851 年版的南直隶华亭《寒圩小志》（卷 11）在"古迹"一节中记录了"乡学"（在此实指社学）一词的使用。同见刘祥光，"Education and Society"。

[115] 1890 年版广东《高州府志》卷 14，页 8。

[116] 1890 年版广东《高州府志》。文昌神的祠宇在元代已遍布全国。详见祁泰履，*A God's Own Tale: The Book of Transformations of Wenchang, the Divine Lord of Zitong* (Albany: SUNY Press, 1994) 以及韩书瑞，*Peking*, 328—329。1523 年在广东香山县，文昌祠、五岳庙以及太保庙被改建成社学。在魏校的复合体制的实行下，文昌祠成为"社学大馆"。这部县志将寺观的记载排除到"杂志"一卷，并明确地提到淫祠和佛道庙宇皆被拆毁而改建成社学（当地有一所先前存在的约创办于 1479 年的社学）。详见 1548 年版《香山县志》卷 4，页 3。另一部晚明时期的地方志记载道，当时各个乡村里的大户人家皆在水道交流处建有一座奉祀文昌神的文阁祠。文昌诞当日设有精彩绝伦的竞技。这些亭阁皆为两层或三层楼高，高者可达十丈，以至于远眺者犹如在漂浮着。在那些建有这些亭阁的地方当中，有许多书香门户皆培养出了举人和进士。这些地方的人们都相信风水之说。详见：1588 年版广东《肇庆府志》卷 13，页 28。

却离城数里之外。由于骚乱持续，严密的防护措施被强制执行，往返
该庙宇成为一件危险的事。因此，双忠神的神像便被移祀到社学里。
官府和祭祀城隍神一样，每个月两次前往社学祭拜双忠神。[117] 在国家
的支持下，社群基于仪礼所需，遂挽救了该社学。在 1478 年，这一案
例的一个翻版则始于张弼"毁淫祠为社学"的行为。晚明时期，虽然
社学仍和国家有关联，但最终以真正嵌入社群中的一种制度而被记录
到历史文献中。如此一来，在社学那可复原的历史中，地方史便具有
了重大的意义。

地方史与明代的国家制度

> 在珠江三角洲，当受教育的精英分子进行祭祖仪式和家礼，
> 兴建乡贤祠和庙宇，以及创办社学和组织乡约时，他们所感
> 兴趣的是通过擅用国家的文化符号来使自己在地方上的权力
> 合法化。
>
> ——杜荣佳 [118]

由地方资助的社学主要出现在晚明时期，同时集中在中国东南
一带，例如在福建，特别是在广东。[119] 在东莞县的 23 个案例中，
有 11 个个案反映出庶民因只身或与官员们合作创办社学而获得赞

---

[117] 1572 年版广东《潮阳县志》卷 9，页 7—8。

[118] 杜荣佳，"Local Shrines, Family Rituals, and the Cult of Loyalty in Mid-Ming
Guangdong"（会议论文，发表于 2000 年在圣地亚哥举行的亚洲研究学会会议），
作者同意引用。

[119] 此为一个例外的个案：约于 1475 年之前，山西清源县人董玉在当地创办了三或
四所学校。详见王兰荫《明之社学》下，页 76，转引自 1475 年版《山西通志》
以及万历山西《太原府志》卷 7。1564 年版的《山西通志》记载了三所由董玉
创办的学校，而一所则由另一家族创办。

扬。[120]虽然他们在明初、明中叶以及晚明时期均这么做，但是在明盛期，以及在嘉靖时期各地知县及提学副使魏校正活跃的时候，情况却并非如此。到了清代，东莞县的当地人仍继续创办社学。[121]在东莞县，创办社学的传统十分强盛，以至于该县曾夸耀有一对父子在任上和回乡时都创办了社学。[122]此外，广东的其他地区也热衷于与社学相关的事宜。

这份热衷的其中一种表现，便是广东和福建地区不太标准的社学名称。在福建和广东（分别根据 14 和 20 部地方志的记载），非地理

---

[120] 以下是广东的学校的相关情况：大约在 1450 至 1455 年间，当地人王恪创办了鳌台书院（以鳌字取名亦象征翰林院），而该书院后来则被称之为社学。王恪于 1456 年考获乡试，随后担任知府并以良好的政绩闻名（1798 年版广东《东莞县志》卷 7，页 5）。王恪后来担任广西庆远府同知，以及湖广宝庆府（临近广西边界）知府。他因宝庆府的政绩所得到的美誉，足以让他的传记被收录在《明史》中，附加在其更出名的儿子之后（《明史》第十七册，卷 201，页 5307）。然而，我们并没有证据证明他是以任官者身份来创办社学。在永乐、天顺及万历时期，东莞县的当地人至少创办了十多所社学。其中有六所在 1464 年版的县志中被列为书院，但 1798 年版的县志却称之为社学。根据 1464 年版县志的记录，这些学校"建于乡以教子弟"。高要县的黄桐社学是一所嘉靖中期当地人创办的学校。这所社学的设立或许是为了补偿城里两所社学的消失。那两所社学由魏校创办，但至少到 1588 年就已经被废置。详见 1588 年版广东《肇庆府志》卷 3，页 13。在长乐县，有三名当地人（其中两位分别为前任知县和一名监生）创办了三所社学。同样地，此举或许是发生在学田被卖掉以供应军需之后。详见 1687 年版广东《长乐县志》卷 2，页 27；卷四，页 11；卷 4，页 45。在广东的其他地方，一位当地人于 1532 年创办了一所社学。此举发生在一名知县于 1541 年，在县里创办了多数的其他学校之前（1811 年版广东《海康县志》卷 2，页 17。一所由当地人李孟创办）。另一个由当地人（于 1600 年）创办社学的县便是广东琼山。

[121] 在清初，在一所建于嘉靖时期的社学已经失修的情况下，当地人确实使其复原（1798 年版广东《东莞县志》卷七，页 5）。虽然这部地方志列举出 48 所社学的名字，但多数都没有日期。

[122] 关于其父林烈的事迹，详见 1798 年版广东《东莞县志》卷 27，页 20—21。关于林培的事迹，详见《大明会要》以及《明史》第二十册，卷 234，页 6106。《明史》提到了林培在新化县知县任上时，广泛地创办社学。王兰荫则提到林培在古田县知县任上时创办了一所学校（王兰荫，《明代之社学》下，页 69）。1798 年版广东《东莞县志》卷 7，页 5 记载了林培在东莞当地联合创办了龙头社学。林培的传记收录于 1798 年版广东《东莞县志》卷 27，页 21—22。到了万历时期，林培升任御使之职。

化的学校名称最为普遍。[123] 与其以"养蒙"这类直接指向理学主张的字眼命名,有一些学校则取名为"朱明"和"朝阳"。[124] 这类名称也许指向明朝统治者的恩泽,又或是指普遍的精神启迪和教育。在潮阳县,两所学校名为"西阳"和"源泉"。该地方志解释道,"源泉"指代了"渠通源泉",即学童的教育。[125] 虽然一所于崇祯时期创办的社学被正式命名为"城内社学",但也同时被称为"有声社学"。这是因为该社学的记文描述了创办此社学的知县在学校里所能听到的各种声音。[126] 或许是秉持着为社学取有意思的名字这一盛行于中国东南一带的传统,一名来自广东的知县为 13 所学校取了以下名称:"小治"(出自《周礼》),"回澜","培英","兴贤","新民 / 亲民"(出自《大学》),"清源"(指从根本上加以整顿),"乐贤"(出自《诗经》),"明善","存性"(表达了孟子所谓的人性向善的观点),"时雨"(出自《尚书》,指重大的幸事),"时雍"(亦出自《尚书》,指天下太平),以及"春阳"(能指统治者的恩泽)。[127] 广东当地的社学反常地拥有各式各样的名称,这或许反映出了一种更高程度的社群参与传统。

---

[123] 多数省份在不超过四部地方志中记载了有趣的名字。有些省份甚至没有任何记载。南直隶则在八部地方志中加以记载。在其他省份的学校则有成套的名字以及各种有趣的名字。例如,1548 年版的北直隶《隆庆志》便提到了三所原先创办于 1465 年,之后在 1523 年被恢复的学校,这三所学校分别以"天"、"地"、"人"命名。

[124] 1835 年版广东《南海县志》卷 11,页 56a,根据黄佐于 1561 年所编的县志。1825 年版广东《恩平县志》卷 8,页 11,根据一部旧方志。在恩平县的另一所学校名曰"城内"。

[125] 1547 年版广东《潮州府志》卷 2,页 19(潮阳县)。1572 年版广东《潮阳县志》卷 9,页 7—8。据称"源泉社学"建于洪武时期。1572 年版广东《文昌县志》也记录了一所"源泉社学"。

[126] 1828 年版广东《万州志》卷 4,页 21;卷 9,页 11。

[127] 该知县乃是顺德人梁乔升(1521 年进士)。梁乔升于 1522 至 1523 年间创办了社学。其中两所在县里的学校名字普普通通,分别为"正蒙"和"育才"。1750 年版南直隶《如皋县志》卷 2,页 21b;1841 年版南直隶如皋《白蒲镇志》卷 2,页 23(内提到了在该镇里的"新民"学校);1684 年版江西《饶州府志》卷 10,页 15—16(建于 1595 年)以及 1763 年版广东《博罗县志》卷 4,页 16(约建于 1522 年)。这两处各有"兴贤社学"。

此外，在广东当地，小学的分类最为复杂。例如，一部地方志在每个县的"废书院"一节的记载中，囊括了名曰社学、义学（一所由知县创办）以及书院的机构。此外，它还记载了一所由一位明代知县兴建的"社"，以及一所家塾。[128] 在东莞县，许多在 1798 年版县志中被称为"社学"的机构实际上一开始原为"书院"。根据天顺年间的县志记载，同样名称和地点的学校都被称为"有名者"，"咸建书院于乡以教子弟"，当中一些由官员创办，一些则由当地人创办。此外，人们在更广泛的层面上参与创办学校和为学校命名之举，或许正是造成这一混乱局面的原因。"社学"这一术语之所以获得了人们的偏好，或许是基于广东文人与王阳明之间的紧密联系，又或者是魏校与黄佐（即方志编修者以及魏校的仰慕者）的文人尊严，也可能仅仅基于广东为了努力改变人们心中的落后印象，而与朝廷建立联系[129]。

在晚明时期及清代，广东当地人不仅创办社学并为之命名，也通过把社学的创办追溯到宋代而使社学的内在谱系更有活力。[130] 于清代编修的几部广东地方志将特定学校的创建年份追溯到宋代。[131] 他们甚至将社学的创办归功于朱熹。虽然朱熹也许曾讨论过社学，但是对那些倡议社学制度的明代帝王，或者是对任何在这一时代之前讨论过社学的作者而言，此事实貌似并不重要。[132] 虽然将社学的历史上延的做法并不仅限于广东，但这一做法在广东却最为显著。在山西高平县，

159

---

[128] 1890 年版广东《高州府志》。

[129] 例如，1798 年版广东《东莞县志》便录有许多所谓的社学。周绍明向我提议，广东当地对证明自身和明帝国更老旧地区一样有文化而做的尝试，或许在社学的动态中扮演了一定的角色。

[130] 1856 年版广东《顺德县志》（卷 16，页 6—7）在讨论明初创办社学的旨令时，提到了社学在宋元时期就已经存在。

[131] 1890 年版广东《高州府志》卷 4，页 21 记载到河头肆西社学建于宋代而一直延续到元代。1892 年版广东《石城县志》卷 3，页 42；以及 1857 年广东《琼山县志》卷 4，页 41（海南岛）都记载了一所宋代的社学。

[132] 1692 年版的广东《临高县志》（卷 7，页 1）将学校向下层社会延伸（通过社学的形式）的现象，归功于"文公"（可能指朱熹）。

当地声称程颐（即在朱熹之前的理学先辈）于此建了 70 所社学。[133]

考虑到这些特征都集中在中国东南一带，我们需要将那些由地方上倡议创办的社学，放置到地方的语境中讨论。我尝试证明了理解明代国家制度最好的方式，就是将其视为一种具韧性的实体。这些制度之所以能够留存下来，正是因为能够适应各种目的和各种操控者。若果真如此，那么这些制度能够通过一种辩证的，使地方和全国性历史事件和趋势有所整合的过程来加以理解。虽然我的分析或许没有给予地方这一方公平的对待，但是有数篇讨论社学和淫祠（特别是在广东当地）的论著，也十分清楚地说明了整合的需要。

首先，科大卫在将魏校的活动连同嘉靖时期的大礼议事件一并探讨之后表明道：

> 魏校在广东尝试辟佛的作为，似乎是即将在国内其他地方实行的辟佛政策的初期阶段。在更广泛的语境中，嘉靖帝的人格和原则或许是在幕后支持 16 世纪 20 和 30 年代辟佛运动的因素。在珠江三角洲当地，明显与这一辟佛政策有所联系的一个行动，便是于 1519 年对白云山（广州北部）的一个佛教聚会的制止。这类联系长远地自广东延伸到中央朝廷。[134]

如本书在第四章所指出，魏校所推行的运动并不是辟佛之举的开始，而是对一种行为模式所进行的格外井井有条及有野心的变动。这一行为模式实际上由常驻守令所制定，且由来已久。另外，嘉靖帝也不是辟佛运动的幕后支持者。到 1521 年，嘉靖帝已在位而魏校已入仕，对"淫祠"（包括佛教寺院）的攻击已进行了四十余年。较之他人

---

[133] 根据 1892 年版《山西通志》（卷 36，页 12b）的记载，到了元代，被认为是程颐创办的学校由另一位知县复兴。据称程颢任晋城知县时，将当地的家庭编组成 5 和 25 的单位，每个单位也建一所让孩童就读的学校。详见陈荣捷译，*Reflections on Things at Hand, The Neo-Confucian Anthology Compiled by Chu Hsi and Lü Tsu-ch'ien* (New York: Columbia University Press, 1967), 225。

[134] 科大卫，"The emperor in the village"，283—284。

先前的尝试，魏校当时在广东以及后来在河南的活动显得更有系统。之所以如此，是因为他谨慎地收集了他所颁布的公告。然而，在性质上，这些公告并不新颖。若魏校在将充公的寺庙资产转让给他的朋友霍韬作为社学基金的过程中扮演了一定的角色，那么这一转让之所以如此隐蔽，则正是基于该转变自身的传统本质。[135] 因此，为了理解魏校所进行的活动，我们需要把视野投向全明帝国的历史。

在另一方面，科大卫证明了特定的地方和个人动力如何能牵涉到全国。科大卫主张霍韬的声望和他所受的来自帝王的恩惠，使他能在家族无合法资格且属于非贵族阶层的情况下，兴建一座大祠堂。由于魏校将所有充公得来的寺庙土地转让给了较弱的社学，霍韬方能为本族夺得土地，以此资助这座宏伟的祠堂。霍韬所建的宗祠及所得的资产为当地其他富裕家族树立了榜样，也成为促使明代珠江三角洲地方社会形成的最终推动力。这类地方社会将望族组织为由文人领导的宗族，而这些宗族则专注于在愈发宏伟的祠堂里进行祭祖仪式。继霍韬所缔造的突破之后，一道于 1536 年颁布的旨令准许了庶民兴建祠堂，祭祀肇基祖而不仅仅是近几代的先人。[136]

杜荣佳在第二项关于广东当地的研究中，将魏校与其他和广东有关联之人一并进行探讨。杜荣佳指出，充满"理学文化"的社区机构以及对祭祀的规定，自 15 世纪以来以引人注目的方式出现在广东，延续了宋代理学家对释道行为倾向的反驳。类似陈献章与湛若水等学者，魏校、霍韬与海瑞等显赫的官员，丁积、吴廷举与叶春及等常驻守令，以及如黄佐等著名的地方缙绅，无论他们是否来自广东或在广东任职，皆对提倡家礼、打击淫祀十分感兴趣。他们也关注乡约、社学、社仓、里老人和里甲制、用于互相监督的保甲制，以及在社区里的各种祠宇。

[135] 施珊珊，"Competing Institutions"。

[136] 科大卫，"The emperor in the village"，296。同见杜荣佳，"The Construction of Orthodoxy: Handbooks of Village Community Rituals in Late Ming Guangdong"，收录于 *Tradition and Metamorphosis in Modern Chinese History: Essays in Honor of Professor Kwang-Ching Liu's Seventy-fifth Birthday* (Taipei: Institute of Modern History, Academia Sinica, 1998), vol II, 753。见注解 2。

如我的数据所表明，常驻守令最先关注到这些制度。杜荣佳指出，在15世纪80年代初，新会县知县丁积便让陈献章，一名当地的哲学家，参与了这类计划。在晚明时期，常驻守令与缙绅，包括黄佐与叶春及，书写了关于"保、约、仓、塾"的制度性复合体。[137]

虽然在广东当地，兴趣相似者之间的关联网络或许一直颇为重要，但杜荣佳也指出这一运动不仅限于广东。事实上，这一运动并非源自广东。丁积所进行的活动和陈献章所撰写的社学记，皆迟于张弼在南安的任期。而且，无论是在偏僻的边界地区或在商业及文化的中心区域，这一运动皆影响了任何一个积极派分子被派驻的省份。虽然广东人热情地支持这一运动，但是他们所使用的关于礼仪和相关机构的体系并非产生自当地。这也许是因为他们很在意自己在文化方面较之江南地区的落后。相反，他们利用及贡献了遍及全国的、明代风格的理学英雄主义。

再者，一旦涉及宗教机构，这些人的观点便呈现出显著的差异。对于这一点，我们将在第三个例子，即将地方史联系到帝国史的迫切需要中清楚地看出。刘志伟在讨论真武信仰的传播时便解释道，由于此信仰和永乐帝有所关联，因而真武成为珠江三角洲村落里的普遍信仰对象。村民也以独特的方式祭祀真武：

161
真武信仰象征了坐落于北方的国家政府，对南方以河为生活中心的边缘社会的管制。祭祀真武使对正统国家文化的象征性接受成为必需。

最有趣的是，刘志伟证明了虽然芦苞县的真武庙很可能建于16世纪初，但是该庙所享有的重要地位实际上经过1527年的毁淫祠运动方被确立。和真武庙相互竞争的华山寺（陈献章与湛若水也曾为该寺的藏经阁撰写记文）却因毁淫祠运动而失去了土地，建筑物也被改建为

---

[137] 同见杜荣佳，"The Construction of Orthodoxy"。

社学。如此一来，便加强了芦苞真武庙的地位。[138] 具有讽刺意味的是，真武信仰一直是魏校所执行的运动中的攻击目标之一。因此，根据刘志伟所提供的佐证，嘉靖年间推行的运动使一座由积极派文人惠顾的寺院，成为一座由省官特别指定要拆毁的庙宇的替代。然而，对于当地人而言，这一举措象征了该地方已并入国家的管控范围，而这一合并形式也是由当地人选定。

最后，广东的个案能让人们简略地将清代社学视为晚明时期发展的延续。作为晚明时期在命名方面所出现的混乱情况的反映，清朝时期所颁布的旨令在不同时期要求创办义学和社学两者。在明代，乡约在学校内举行，而到了清代的广东地区，社学则和圣谕及旌善亭联系上。[139] 如前文所述，由家族管理社学的惯例到了 18 世纪时越来越常见。[140] 我在上文说明了一些晚明时期的学校事实上是精英的聚会场所，而到了清代，特别是在广东地区，这或许已经成为许多名曰"社学"机构的主要功能。[141] 一部地方志记述道：

> 粤中，文会极盛。乡村具有社学。文会即集社学中，大小具至。[142]

和明代书院的乔装方式一样，"社学"的标名仍是一种具有说服力的，声称自己所进行的活动不具颠覆性的方式。魏斐德证明了基于这

[138] 刘志伟，"Lineage on the Sands: The Case of Shawan"，收录于科大卫、萧凤霞主编，*Down to Earth: the Territorial Bond in South China* (Stanford: Stanford University Press, 1995), 40—41, 47—48。同见该书中：萧凤霞、科大卫合撰，"Conclusion: History and Anthropology"，213。

[139] 1856 年版广东《顺德县志》。

[140] 魏斐德，*Strangers at the Gate: Social Disorder in South China, 1839—1861* (Berkeley: University of California Press, 1966), 184—185。

[141] 1890 年版广东《高州府志》内记载了一所同文社。然而这一组织并不局限在广东。以"文会园"及"会心堂"为学校命名，也表示着一种文艺社的存在（乾隆版湖广《平江县志》卷 8，页 25）。

[142] 1835 年版广东《南海县志》卷 8，页 11b。

一原因，在鸦片战争的时候，村际民兵组织及其他活动皆在社学内进行规划。[143] 罗一星也说明了一所于 1783 年创办的社学被用来进行集体祭祀以及纠纷调解。[144] 萧凤霞与科大卫则评论道：

> （清代的）学校乃是地方领导者使用文人用语经营着的机构……他们唯一不从事的活动似乎就是教育。学校通常都开办在与当地寺庙毗邻的建筑物内。学校拥有土地，举行聚会，而在动荡不安的时候则组织起地方民兵……这并不意味学校身为一种教育机构，就应该为其他同样重要的社区事宜提供任何设施，而是因为在众社区组织当中，学校乃是最为国家接受的组织。[145]

社学之所以被国家接受，主要是基于其自身的历史。虽然到了清代，社学可能已成为一种"社区组织"，但这也是社学长时期权力下放的终点。

在看待广东人如何对中央朝廷强制兴建的地方机构进行配置时，我们也发现我关于社学（作为一种遍及全国的现象）的研究必须以详细的地方研究予以补充及平衡。这些地方研究或许能通过族谱及知县的手册取得资料。如我所表明，明人对学校进行了改变以适应其他用途。正是明代制度本身的可塑性促成了其长久性。因为子民和官员们都乐意提倡这些制度来达到自己的目的。

制度上的可塑性意味着自明代以降，人们通过很多方式来诠释社学。作为一个最终的对比案例，一篇发表于 1953 年，针对"自由中国"乡村教育的长篇人论认为，我之前所讨论的复合式制度（当中也

---

[143] 魏斐德，*Strangers at the Gate*, 39—40, 62—65。魏斐德主张：既然社学为半官方的机构，也显然具有儒家的基调和功能，社学便能为社群或士绅的活动提供一个掩护。最重要的是，社学在团练的发展过程中扮演了重要角色，成了用于招募的军需库、财库、会堂、派驻处以及操演场地。在多疑的地方政府的监视下，相比起其他任何东西，社学有助于使这些活动合法化。

[144] 罗一星，"Territorial Community at the Town of Lubao, Sanshui County, from the Ming Dynasty"，收录于科大卫、萧凤霞主编，*Down to Earth*, 59—60。

[145] 萧凤霞、科大卫，"Introduction"，收录于科大卫、萧凤霞主编，*Down to Earth*, 9。

包括了社学）"已经表现出一种自治的状态"。[146] 在另一方面，于1972年在中国出版的王阳明传记却将社学及王阳明实施的其他地方制度称为"违背了人民意愿的反动措施"。[147] 这两种描述皆有益于政治，也可能都是正确的。

---

[146] 林金藻《中国农村教育之研究》（台北：正中书局，1953），第一部第一章。

[147] 杜维明，"Review of Yang T'ien-shih, Wangyang-ming (Peking: Chung-hua Book Co., 1972)", *Ming Studies* 3 (1976), 49—52。

第八章

结　语

社学与明代的政治

163

> 要查找某一中国文学典故常被引证的章句，总是比勘查出该
> 典故在横跨一个长时间段内所可能被使用的方式容易得多。
>
> ——柯律格，*Fruitful Sites*，页 52。

任职于中国各教师学院的人员所写的大量关于社学的文章，皆表明了明代的社学至今仍具重要性。对于清代及 20 世纪 30、40 年代的改革派人士而言，社学同样具有重要性。[1]社学所面对的困难实际上与许多国家的当代小学教育面临的困难一样。明代的社学应当获得理解。而且，基于社学所具有的许多形式及功能，对社学的理解并不能专注于它们的由来或辨认出它们的基本性质。然而，由于在明人的思维中，能够维系住一个地方社会单位的"社坛"代表着"（促使）地方往来

---

[1] 除了王兰荫与盛朗西的文章以外，社学也出现在一份元明时期的学校图表当中。这份略图由朱炳煦所编，出版在 20 世纪 30 年代的一部期刊——《中华教育界》15 卷 6 期，页 47—51。在学校的图像两侧印有了穿着泳衣、泳帽的现代女学生的图像。本书在第二章引用了数个 20 世纪 40 年代具现代思想的图书和文章，以及一般学校出版物中对学校的讨论。

及中央一统"[2]的一个焦点，因而"社学"就成为一个适当的名称，一个使满足地方需要的学校得以与中央或文明的声望联系上的适当名称。为了达成这一联系，社学在不同的时期由不同的人遵照皇帝的命令创办：努力挽救王朝的高官；虽担任中央政府的代表，却按照自己对国家的想法来进行管理的常驻守令；以及希望在服务于当地学校与中央或整个文明的威望与荣誉间缔结联系的当地居民。李弘祺曾告诫过，勿将"地方利益的导向"与"对于皇权的抵抗"两者混为一谈。这是因为和谐及整合的状态往往受到高度重视，也被视为由国家甚至是帝王所造成。[3]然而，在另一方面，朝廷命令创办相关地方机构以及这些机构确实已被创办的事实，并不意味着朝廷或政府控制着它们，或是利用它们来控制百姓。关于朱元璋与其继承人塑造明代国家及社会力量的研究成果，我可以用以下六个重点来作总结。[4]

第一，为了回应最初那道命令官员在每个村里创办学校的旨令，全国最多只有一半的县建有了一所学校。根据现有的证据，数量甚至比一半更少。而且，这些学校在历史文献中鲜少留下踪迹。县学，一种与受过教育的家族有直接利益关系的学校，则存有较多史料记载。同样地，即使朱元璋尝试限制其数量，佛教寺院的史料记载也多于社学。明代的子民们自行选择了他们所要资助的机构。事实上，如我在另一篇文章中以更多的篇幅所论述的，这些机构的顽强态度实际上迫使明太祖反复改变他的政策。[5]在社学个案中，由于富裕子民拒绝让儿

[2] 魏斐德，"Localism and Loyalism during the Ch'ing Conquest"，收录于魏斐德、Carolyn Grant 主编，*Conflict and Control in Late Imperial China* (Berkeley: University of California Press, 1975)，71—72。关于以"社"作为地方社会的焦点，以及作为宗教性分类的相关讨论，详见：宋怡明，*Practicing Kinship* 和他在书中第六章所引用的原始资料；以及田海，"Local Society"。

[3] 李弘祺，"Academies: Official Sponsorship and Suppression"，收录于 Frederick P. Brandauer、黄俊杰主编，*Imperial Rulership and Cultural Change in Traditional China* (Seattle: University of Washington Press, 1994)，127—128。

[4] 人们或许能斗胆提出一个关于"权力"的定义：作为一种总括性的解释，在明确且通常需要调解的交易中，说服了他人（无论通过任何方式又或者是完全为了自己独立的目的）以与个人意愿一致的方式行动和发言。

[5] 施珊珊，"Visions and Revisions"。

子上社学，导致社学制度仅在五年后就被废止。朱元璋利用小学把新奠定的法律灌输给他新征服的子民的尝试最终都遭到了挫败（详见第二章）。

第二，朱元璋的继承人在官员们的建议下，更改了关于学校的规章。在朱元璋驾崩之后，朝廷基本上无视学校。这一局面直到一位著名官员意识到学校具有使边关骚动平静下的潜能后方有所改变。至此，虽然学校又恢复为中央政策的一部分，但这一曾由朱元璋明确地从官员手中夺走的权力，又再一次被置于官员们的掌控中。而且，朱元璋原本打算让学校传授基础的读写能力以及当朝法律给那些日后将从事父业的男童，但他的继承人却接受了那些提议改变课程的奏章，也使社学成为国家学校体制下的最初级阶段。在理论上，这也是一种入仕的途径。明代社学这第二种典型表现，便是旨在通过（相比明初时期）不那么强制的方式，来支持国家的运作。社学挑选了全国最聪明的男童们，让他们跟着国家的教程，在礼仪和道德品行上给予训练，为他们做好了日后报效国家的准备。社学也因给予后者的训练，而调和了府、州、县学里的混乱局面，削减了人们唯利是图地尝试在这些学校谋得学额的现象。与此同时，在社学里接触经典读物、儒家礼仪以及身为模范的教师，是为了改造那些绝不会进入县学的学童，让他们成为有道德的、守法的子民。况且，给学童提供一种身处令人崇敬的古典及后古典传统脉络中的教育，可能旨在提升民间对于国家的支持（详见第三章）。

第三，尽管社学的管理是常驻守令公职的一部分，但多数守令都忽视了社学及其他与赋税及罪案无直接关系的机构。然而，在一股突来的从15世纪晚期延续到16世纪中期的热忱下，多过一百名被记载的官员坚定地改造着地方社会。我认为，这些官员的活动不能解释为遵守中央政府的指示。与其遵照法律条文，这些官员选择从朱元璋所实行的多变的地方政策，以及其他的来源中挑选并使这些制度适用于当时。在这些官员的塑造下，社学使人们变得"信仰"理学而不是法律。积极派官员也与富裕的当地人合作，维持着县学的运作和县级的祭酒仪式。这或许是出于阶级连带关系，又或是为了在其他事务方面能够征求到这些当地人的协助。即使中央政府制定的条例未作要求，积极派官员基于同样的原因也广泛地兴建一对祠宇——名宦祠及乡贤祠。另一方面，即使在朱元璋针对地方行政所颁布的命令中占有显著的地位，里老人制度及乡祭酒仪式也皆被忽略。而且，尽管佛教和道教在很大程度上具有合法性，且朝廷对民间信仰持相当宽容的态度，明盛期的积极派官员却以"淫祠"的概念打击祭祀神明的寺庙、庵院及道观。在这场斗争中，社学成为他们的武器。通过向年幼的男童灌输儒家道德规范及礼仪，社学的目的在于防止他们成为佛教及道教的礼生。社学动用了地方资源，以避免这些资源被佛教及道教机构所用。[6] 社学或兴建在被拆毁的寺庙的遗址，或由拆毁寺庙所得的砖瓦建成，遂在社区里的制度化生活中，从实体上替代了寺庙（详见第四章）。

第四，社学通过与道德改良毫无关系的方式来满足当地人的需要。在明初，或许还包括接下来的时代，吏员实际上通过操纵社学出席率的政策来获得贿赂，借此赚钱。在学童与其乡邻之间的竞争关系中，学童所获得的教育能够从多方面加强他们的优势。学童可能会学习阅读，书写契约，甚至通过进行适当的礼仪而慑服住他人。他们也可能舍弃农耕，转而当老师来谋生，又或者升迁以获得生员的身份。在学校中受教育者能够阅读到书本。这些读物不仅关于如何进行家礼，也包括教导学童如何模仿缙绅，如何赢得官司，如何通过考试，如何经商，以及如何表达对于他人的爱。富裕的家族通过将孩童送到这些公共学校而不是在家中受教育来节省开销。地方人士通过担任教师来赚取或要求薪资及其他费用。其他的当地人则是学校的赞助人。他们授予那些合适之人教师的职位，并支配着这些教师。他们也能贿赂知县以博得青睐。知县需要这些赞助人来创办或管理学校，或者协助书写记录他们成就的文章等等。当地人可通过出租或出售空间给学校而获利。他们也时常接手学校的资产，而这些资产可能是之前由知县充

---

[6] 另一方面，宋怡明提出，寺庙能宣称其最初获得了明代国家社坛的身份，以此坚持它们的合法性。详见宋怡明，*Practicing Kinship*, 182。

公寺庙所得。在晚明时期，社学也同时成为社仓及精英们聚会的场所（详见第六章及第七章）。

第五，明代的子民自身塑造或阻碍了政策的实行。从皇帝到知县，政府人员皆无法一贯地确立政治议题并确定社会应有的形态。他们的命令仅被当作是提议。这些"提议"确实具有一种分量，一种因和当朝高层组织、中华文明、儒学等有关联而具备的分量。尽管如此，这些"提议"或被接受，或被忽视。当百姓的信仰空间被拆毁时，他们便进行反击。社学学生提出升读县学的请愿并获得准许，而边关地区的首领所提出的为当地兴建学校的要求也获得了批准。另外，学生和教师皆获得了赋税减免的待遇。当地人利用地方志作为一种政治平台，让他们发表对国家政策的观点。这就如同他们利用书院作为一种政治性的组织一样（详见第三章、第六章及第七章）。随着时间的推移，朱元璋对自愿参与的社学的展望（即一种用来教育农民孩童道德品性及法律的学校），却被其他身处明代国家与社会中的人的想象所取代。虽然他们创造出的机构和朱元璋所预期的相当不同，但他们却能够声称他们的行为是根据圣人的指示。这是因为他们都凭借着"立社学"这一短语而受到包庇。

第六，明人利用了一些资料来提升自己的事业，他们攻击竞争对手，声称自己对历史（书写）所拥有的权力。社学便是这些真实的、辞藻华丽的资料中的一部分。尽管朱元璋针对学校所发布的声明在他的时代不起作用，但到了我们的时代，这些在明代史上最具影响力的公告也塑造了他的形象，并强化了对于帝王和国家所发挥的核心作用的叙述（详见第二章）。后来继位的帝王从这些规定创办社学的旨令中获得了合法性。他们依据这些旨令声称自己遵循着明太祖或上古时期的作为。高官们通过管制社学来增加自己的官僚权力，也利用有关学校的文章来表达他们对朝廷的信心及朝堂的重要性。其他上奏者则通过书写关于学校的事宜引起人们对他的注意力以及对地方情况的关注。他们或许也建议以学校作为一种局部的替代来减轻军事力量（详见第三章）。积极派分子所撰写的记文及编修的地方志向时人和后世宣传了他们的成就。这些记文表面上记录了学校的地点及资产，而地方志则

似乎记录了地方上的历史（详见第四章）。在稳步建立起理学英雄主义
（Neo-Confucian heroism）的模式后，一些创办学校及书写学校事宜的
省官开始采用这一模式。这些省官利用这一模式来改善声誉，遵循他
们的信念，为他们的政治及哲学立场提出主张（详见第五章）。无论是
在文字上还是在实际运作上，社学曾为这几对众所周知的竞争对手效
力：徐阶与海瑞、王阳明与桂萼。当地人编修的地方志所作出的该县
"各乡村皆立社学"的声称，加强了本县的声望。晚明时期的著作有时
也认可了当地人创办社学或经营社学的功劳（详见第七章）。这些卑微
的国家机构，连同与这些机构相关的国家档案，满足了许多著名及较
不著名的明人的需要。虽然明初所颁布的关于地方机构的中央指令确
实给社会带来了影响，但这些指令是通过创造性的回应及操纵来间接地
影响社会，而不是直接利用权威来造成影响。而且，这些影响的方
式通常并非和预期的一样。[7]

明代的国家

在仪式方面，乡村总是较少响应法律条文，反而是利用仪式
表达出自己的目的。

—— 科大卫[8]

167

明朝十六帝分别是凶残的、不切实际的、浮夸的、体弱多病的、
荒淫的、自负的、目光短浅的、愚蠢的、惧内的、嗜酒的、任性的、
挥霍无度的、完全不负责任的、道德败坏的、轻浮的，以及无用的。

---

[7] 近来宋怡明证明了在明初，军户的登记以及里甲制度实行之后，两者皆因各种目的
（当中包括产权的维护）被子民滥用、避开，以及保持（详见宋怡明，*Practicing
Kinship*, 8, 61，第三章）。何义壮煞费苦心的研究证明了虽然税法和户籍制度并没有
被彻底执行，但这些制度也没有被放弃。这些制度仅是明代的社会经济变迁这一复
杂过程中的其中一个要素（详见何义壮，"Socio-Economic Development"，379）。

[8] 科大卫，"The Emperor in the Village"，278。

然而，这些帝王却博得了众多子民的效忠，终身的服役，甚至是成为忠烈。为何情况会如此呢？牟复礼解释道：

> 中华文明需要（帝王及王朝的）存在，作为一种使文明得以实现的社会秩序的运作核心。中国人并非无视帝王的缺陷，而是相较于那些造反且自命不凡的敌军，人们仍选择了正统王朝。与此同时，人们简直无法想象任何能替代帝国制的制度。[9]

许多当朝的批评者无疑依据了一套以君主制为基础的假设。虽然刘魁与他人因徒劳无益地尝试教导一位明代统治者明辨是非对错而被囚禁，但他进行策划时，仍以帝王的利益为优先考量。刘魁也力劝同僚们不要进行绝食抗议，因为"皇帝的意思是要保活他们，而并非想要杀害他们"。[10] 行为异于常人的晚明人物——李贽，在一封信笺中写道：

> 天下之财皆其［指皇帝］财，多用些亦不妨；天下民皆其民，多虐用些亦则得忍受……（公）只可调停于下，断不可拂逆于上。[11]

然而，一些明人确实选择了服务其他统治者，确实投靠宗教或民间领导者进行反叛，也确实拒绝服役、还税及接受对他们不利的评价。对皇帝及王朝的效忠并没有排除掉提出质问的可能性。这类效忠行为仍需要一套解释方式。

明朝廷拥有军队、威望、法律和制度，得到了传统的认可，以及

---

[9] 牟复礼，*Imperial China, 900—1800*, 742。我对诸帝王的特性描述也引自牟复礼的论述。

[10] 尽管另一位写作者支持刘魁批评皇帝的权力，但他仍主张皇帝并不是因为失误而将他囚禁，而是为了考验他的真诚。详见达第斯，*A Ming Society*, 232—233。

[11] 姜进，"Heresy and Persecution in Late Ming Society: Reinterpreting the Case of Li Zhi"，*Late Imperial China* 22.2 (2001): 20，转引自李贽"复晋川翁书"，《焚书》卷 2，页 73。

大量的物质资源。然而，国家并未独占武力、荣誉、组织、思想或财富。明代的无数匪寇及造反者表明了在暴力事件方面，国家远非占据垄断地位。在国家武力忙于扫除匪患（即在多数人眼中被视为非法的行为），以及社会型土匪（即在社群看来是合法的行为）时，宗族甚至也能运用合法的暴行。[12]明代社会的许多方面表明国家拥有大量的威望。但是，我们现有的多数资料，皆由那些部分身份地位需倚仗国家威望之人所撰写。而且，这些资料甚至反映出人们并没有因为敬奉地方神的行为是违法的而停止崇奉，同时证明官员需依靠地方居民的声望来提倡国营事业。此外，国家职责并没有给予所有官员合法的地位。在官署工作的吏员和信使皆普遍被认为是营私舞弊之人。倘若国家果真备受人们的敬重，那么为何向那些把辛苦赚来的钱粮捐献给各种各样地方寺宇的人们，以及出于自愿资助僧道之人征收赋税时如此困难呢？

尽管国家的组织机构分布最为广泛，但是从文人到商人到乞丐，社会中的其他群体皆能跨时空地进行组织。明朝廷也并没享有思想方面的垄断地位。朝廷所发表的声明皆通过对经、史，对人人都能够阅读和诠释的经文的引用而被正当化。这些著作认可了个人的抵抗及家族的团结，也质疑了无能政府的合法性。况且，在思想方面，国家实际上处于分裂状态。皇族及帝王所聘用的官员提倡三种或更多的宗教，而这些宗教也提供了一系列价值观。当中的一些价值观挑战了国家对于为家庭服务以及寻求拯救等行为的超乎寻常的支持。王国斌认为在中国帝国晚期，国家依赖于对涉及意识形态的机构的严密管制。[13]虽然如王国斌所述，清朝廷可能严密地管制着宗教机构、学校、保甲、"乡约"讲学体制，以及其他进行意识形态控制的地方手段，但是在明

---

[12] 鲁大维，*Bandits, Eunuchs and the Son of Heaven*。此书在我的底稿进行最后阶段的修订时出版。鲁大维也认为"至少在明帝国的一些地方，国家是地方社会中的一个决定性因素"，而且假定国家乃"单一的以及团结的"则是一件危险的事（页166）。僧人也习武，而且有些时候也为了国家的利益而被雇用（贺凯，"Ming Government"，收录于崔瑞德、牟复礼主编，*Cambridge History of China*, vol.8, 69）。

[13] 王国斌，*China Transformed*, 90, 117。王国斌主要关注清代，特别是18世纪。

代，这些机构并没有受到中央政府的严密管制。相反，这些机构由不同的参与者在不同的时候，以各式各样的形式获得了提倡。相较于改革后的都铎王朝所要求的个人对帝王及教会的宣誓效忠，明朝廷自第一任皇帝之后进行的思想管制则貌似比较无害。甚至是科举制度，这一世界史上最经久不衰的用于政治教化的途径，近来也被描述为"各式各样的政治及社会利益相互竞争并得到协调的一个文化舞台"。[14]

王国斌进一步主张在中国帝国晚期，国家放弃声称拥有国民生产的一大部分，转而选择了税收。相较于集权化的欧洲民族国家，中国当时的税收乃是"例行的、少量的及合法的"。[15]一种经社会决策而实行的低收入、低开销国家运作确实产生自宋代，并在之后的朝代得以落实。然而，正如来自明朝不同阶层，怀着不同目的的人所做的各样选择下，社学或成功或失败一样，对轻赋税的理解大体上需要将其放置在一个彼此竞争的语境下讨论。相比欧洲的教会、国会及贵族所做出的声称，这类竞争可能被掩饰或是零散的。尽管如此，这些竞争却值得注意。朝廷、官僚与僧道、缙绅及庶民相互竞争。在财富方面，只要他人拥有财富，国家就欠缺对此的控制权。倘若相比欧洲国家，中国的税收较低，那么租金及利息则相对较高。事实上，国家之外的其他群体对百姓的财富持有更高的要求。

然而，以上的这些并不意味着明朝廷不断与其子民起冲突，或是与地方社会毫不相关。为了回答以上问题，我宁可相信若要部分解释明朝廷的力量及长久性，解释许多明代子民的忠诚态度和为国家效劳的行为，关键在于朱元璋所努力压制之事：操纵国家制度来满足私人利益。朱元璋通过重复修订国家制度，以及针对"贪"官与贪官们的密友进行大屠杀来尝试达到压制效果。本节题词所引的科大卫的深刻见解，实际上适用于以下方面：制度性及仪式性的范围；个

---

[14] 艾尔曼，*A Cultural History*, xxiv。艾尔曼也论述道，科举制度"仍然是使人焦虑的官僚竞技场。在这当中，朝廷顽强地尝试维持着对精英的控制，而精英们则肆无忌惮地利用政府来提高他们的社会地位以及经济资产"（页119）。然而，为何分别给朝廷和精英贴上顽强及肆无忌惮的标签呢？

[15] 王国斌，*China Transformed*, 134。

人、家族以及乡村；与人们所认为的恰当统治有关的意图；以及个人的目的。在明代，国家成为私人利益得以相互竞争的场域。

　　嘉靖帝利用国家祀典来提升父亲的地位，并开启了一个新的皇族世系。广东当地的精英利用仪式来建立宗族组织。这些仪式依据皇家礼仪，并集中在皇帝的神主牌上。一般的老百姓则通过向国家要求封赠家族中的孝顺、贞节者而在地方上获得身份地位。皇帝利用对赋税的管控及其他方面的国家收入来充实自己，并兴建宫殿和寺庙。官员们利用薪俸及贿赂来购买田地、兴建宅院，以供世代子孙居住。普通老百姓通过侵占国家坛宇及学校来获得土地或房屋。国家聘用那些受过教育之人、财富资优者，以及狂暴之徒，并给予他们促进自我及家庭利益的能力。国家提供了途径让各哲学学派的拥护者所组成的网络得以传播他们的学说及发挥影响力。也许最突出的问题是，国家被勉强地卷入涉及资产和礼节方面的纷争当中。这些纷争是因子民们在县衙中，甚至到更高等的官署中相互起诉而起。柯丽德表明，"（明代的）法律制度给予竞争各方一种自我行动意识"，因为他们能够提交诉状和反诉诉状，诉讼和反讼。[16] 在明代，国家的其他组成部分和社学一样，都是由下层，由明朝的百姓所建立，用来满足社会、政治、个人及宗教方面的需要及利益。若清朝廷有能力实行更严密的管制，那么这可能代表着朝廷从社会领域中收复了在明代被私营化的国家机构。

---

[16] 柯丽德，"The Manipulation in a Ming Dynasty Capital Case"，7（论文发表于1999年华盛顿哥伦比亚特区的美国历史学会会议、作者同意引用）。此论文呈现了一起具争议性的谋杀案是如何通过法律以及一个地方机构而获得和解。罪犯最终被惩罚，而被谋杀的妇人则获赠了一所贞烈祠。柯丽德实际上借鉴了黄彰健的资料汇编。详见黄彰建《明代律例汇编》（台北："中研院"历史语言研究所，1979），页7。麦柯丽、白德瑞以及苏成捷皆通过各种方式表现出了在清代的这类动态。至于晚明时期，姜永琳的研究则证明尽管有些时候知县严密地遵守了《大明律》，但在其他的案例中他们却忽视了应绳之以法的非法行为（例如卖妻），甚至在没有提及《大明律》的情况下结案。

附　录

熊大年编入《养蒙大训》的书籍

1. ［宋］陈淳的三部著作：《经学启蒙》，《初学经训》，《小学礼诗》。

2. 王金华《伊洛精义》。

3. ［宋］程若庸（号勿斋）《性理字训》。

4. ［宋］程端蒙（号蒙斋）《蒙明训》。

5. 胡致堂《叙古千文》。

6. 饶双峰《训蒙礼诗》。

第四章中所分析的社学记

1.（1448 年）徐有贞"苏州府社学记"。为社学创办人知府朱胜作。见钱谷《吴都文粹续集》，《影印文渊阁四库全书》卷 1385，页 183—184。

2.（1451 年）祭酒陈敬宗所撰的"记略"。为创办人知县孙震作。见 1550 年版南直隶《寿州志》，卷 3，页 21。

3.（1466 年）教谕朱复"倘驿秀峰义学记"。见 1820 年版，广东《澄迈县志》，卷 9，页 37—39。

4.（1469 年）教谕江震"社学记"。为创办人提学御史陈选作。见 1524 年版南直隶《上海县志》，卷 8，页 25。

5.（1472 年）大学士商辂"新建溧阳社学记"。为刑部尚书白昂作。

见 1743 年版南直隶《重修溧阳县志》，卷 11，页 43—45。

6.（1478 年）光山县人给事中胡智，为创办人知县田益作。见 1556 年版湖南《光山县志》，卷 2，页 7—8。

7.（1485 年）陈献章"程乡县社学记"。为创办人知县刘彬作。见高时良《明代教育论著选》，页 152—153；以及 1547 年版广东《潮州府志》，卷 2，页 24。

8.（1491 年）同年进士王鉴之"昆山县虞浦社学记"。为创办人知县杨子器作。见钱谷《吴都文粹续集》，《影印文渊阁四库全书》卷 1385，页 185—186。

9.（1496 年）进士魏璋"创建社学记"。为创办人王知县作。见 1535 年版河南《鄢陵县志》，卷 8，页 47—49。

10.（1496 年）常熟人钱仁夫，为重建由知县杨子器所完成的社学而作。见 1503 年版南直隶《常熟县志》，卷 2，页 10。

11.（1505 年）同年进士翰林院检讨穆孔晖，为创办人无极县知县郭允礼作。见 1549 年版北直隶《真定府志》，卷 15，页 72。

12.（1506 年）郑纪"漳州府社学记"。为创办人南海罗知府作。见郑纪《东园文集》，《影印文渊阁四库全书》卷 1249，页 768—769。

13.（1513 年）提学御史李梦阳"南新二县在城社学记"。为纪念自己创办了十六所学校而作。见高时良《明代教育论著选》，页 323—324；以及 1789 年版江西《南昌府志》。

14.（1519 年）淄川人王纳言，为创办人知县顾兰作。见 1546 年版山东《淄川县志》，卷 3，页 47—48。

15.（1520 年）创办人知县郑洛书"社学记"。见郑洛书，1524 年版南直隶《上海县志》，卷 8，页 29—30。

16.（1522 年）赵迁"咸嘉社学记"。为创办人御史吴廷举作。见 1866 年版湖广《嘉鱼县志》，卷 9，页 20—22。

17.（1522 年）给事中傅良弼"木密所社学碑记"。为创办人周愚作。见 1550 年版云南《寻甸府志》，页 29—31。

18.（1526 年）兴安县人教谕姜宪卿"社学记"。为创办人知县刘之家作。见 1683 年版江西《兴安县志》，卷 8，页 25—27。

19.（1531 年）张楠所撰的"记略"。为创办人马知府作。见 1527 年版江西《九江府志》，卷 10，页 35—36。

20.（1531 年）右副都御史顾应祥所撰的"记略"。为纪念自己创办一所社学而作。见 1576 年版《云南通志》，卷 8，页 4。

21.（1533 年）创办人推官徐阶"南平县云盖里社学记"。见徐阶《世经堂集》，卷 14，页 20—22；以及黄宗羲编《明文海》，1987 年重印版，卷 364，页 17—18，另见《四库全书》版，卷 1457，页 22—23。

22.（1535 年）周坤"娄溪小学记"。为创办人知县李资坤作。见 1772 年版南直隶嘉定《娄塘志》，卷 2，页 11—12。

23.（1535 年）上海进士顾名儒，为杨溪小学创办人知县李资坤作。见 1807 年版南直隶嘉定《石岗广福合志》，卷 4，页 26—27。

24.（1539 年）知州林希元为纪念自己兴建一所坐落于城里的社学，以及为鼓励在乡里建社学而作。见林希元，1539 年版广东《钦州志》（钦州今属广西），卷 5，页 8—9。

25.（1541 年）南海人冼桂奇"四社学记"。为巡按御史洪垣（号觉山）所恢复的社学而作。见广东《南海县志》，卷 29，页 34b-35a。

26.（1550 年）商城县人监察御史彭危行"新建社学记"。为创办人知县万烔。见 1551 年版河南《商城县志》（天一阁重刊版，1990），页 1065—1068。

27.（1592 年）庄天台"增修社学碑文记"。为创办人知县鸿埜晏。见 1685 年版湖广《新修醴陵县志》，卷 6，页 35b-37a。

28.（1597 年）知府曹于汴"修社学记"。为（在卢守恭的力劝下）修理社学竣工而作。见曹于汴《仰节堂集》，卷 4，页 15—16（重印版，卷 1293，页 726—727）。

29.（1629 年）创办人知县陈所学"建社学记"。见陈所学，1629 年版北直隶《隆平县志》，卷 9，页 14b。

30.（1635 年）创办人知府姚继舞为六所学校所撰的"记略"。见 1890 年版广东《高州府志》，卷 14，页 8。

31.（约 1560 年）知府章蔼"重修太平府义正社学记"。为纪念自己在当地所进行的活动。见 1733 年《广西通志》，卷 568，页 176。

社学记原文

甲。第四篇。（1588 年版）万历《上海县志》，卷 5，页 28ab。

（地方志中写于社学记前的文字）

洪武八年，奉部符开设每五十家为一所。寻革去。正统天顺间复。申明之举设于县东北各乡，凡四十九所。正德末，知县郑洛书以无敕额庵院为之，凡九十六所。讲行乡约，又随社学为社仓，积谷赈饥。有约长正司其出入。

（姜震"社学记"）

皇上嗣登大宝，注意学校，作兴培养，为将来之用。又虑蒙养弗端，复有社学。设时监察御史天台陈公选提学南畿。去年夏，上海视学之余，询及社学，未有其所。及委县令东原李侯文为之，买县东北市民地四亩，屋若干。集材鸠工，悉撤而新辟门通道，折槛以入。构讲堂三间，后堂如之。中为屋，以属前挟两齐。次列庖湢，周筑墙垣，外树方表。经始成化戊子秋八月落成，于巳丑春三月，选童蒙颖秀充牣，其中择可为师以司训迪。予感斯举有朝廷作兴之盛，使君将顺之，诚令尹应训之，速为文记之。

乙。第五篇。大学士商辂作。

古者人生八岁入小学，十五入大学。小学教以洒扫、进退、应对之节，礼、乐、射、御、书、数之文。大学教以穷理、正心、修己、治人之道；教以小学所以立大学之基本；教以大学所以收小学之成功。此其人才之盛，治道之隆，有由然已。我国家崇儒右文，学校之设偏于天下。乡社之学即小学也，郡州县学，即大学也。然郡州县学著在令典，有司奉行也易；乡社之学，家自为教，有司往往视为外务，有能以作兴为己责者，几何人哉？成化壬辰，岁刑科都给事中白君昂，奉命往丞应天，下车首询学政，时溧阳令靳璋提调激劝之余，有志兴建社学，白君力赞其决。未几堂构有成斋序秩然，乃相与延致儒士周南、唐鉴，分领教事，慎择民间子弟之秀，俾从游其中。朝夕讲求古人立教之意，与夫嘉言善行以收其放心，养其德性。庶几将来小子有造进可以备大学之选，退亦不失为子弟之良。由市而乡，岁增月益，殆见百里之内无地非学，无人不学，人才何患于无成，风俗何患于不厚。此靳令之功，实白君之功也。已而府尹鲁君崇志继至益加督励，人皆知所感奋，乐于造就。弦诵之声洋溢闾里，属邑之间将视此为准，益有不言而喻者。白君惧其久而易弛也，属令其事状征予为记。窃惟小学教人之法，朱子辑为成书，节目详具，纲纪不紊，惜乎为师者不知所以教，为弟子者不知所以学。于是记诵辞章之习胜，而致知力行之功泯，何怪乎？乡无善俗，世乏良材……洪惟圣天子在上，躬行仁义以敦化本而贤……使为师为弟子者果能仰体圣明，下副有司……

丙。第七篇。陈献章作。

[此篇成为后来的铭文的模范。这可能也是明盛期常驻守令独立行事的风格的宣言。在过程中，常驻守令将自己视为理学英杰的代表。]

国朝开设学校，自胄监至于府、州、县备矣。惟乡之社学不列于官，待有司而后兴。吉之永丰刘侯彬，由戊戌进士来令程乡，首以教化风俗为事，相地邑中，得东西员城，得水南村，北距城五里，得大枯树，南距城八十里。各就其地之便，建学宫一所，为社学者四。学宫之制，正北为正蒙堂，东西两斋相向者无不同也。其在东者，堂后考亭之祠，前有春浣池、咏归桥，皆揭之于亭。其在西者，堂南考亭之祠，其后退省有轩，燕休有所。在南北者咸无焉。此小子之学也。是学也，贫富贵贱，才不才共之，无所择于其人。学宫既成，侯以谕诸父兄，诸父兄咸喜。退，各以其子弟来受学。则为延师以教之，买田租米一百石以供束脩之需。品量所给，视所领子弟多寡，东西各四十石，水南之受二十石，大枯成于诸学之后，未有受焉。县东五六里，有地曰周溪。山势自北而来，迤逦南下，峰四绕如城。远望不知溪发处，但见自出山东北隅流入。溶溶洋洋，横于坡陀之麓。上有曲池，状如半月。侯顾而乐之，又爱溪之名，寻即其地构堂于曲池之上最高处。图太极图于北壁，前作讲堂，左右为楼。居楼外凿二石井，泉甘而洌，谓之天泉井。榜其门曰周溪书院。周溪之门少东，过云步桥，北折数百步，山曰云洞，与太极堂东西相望。因辟地作亭，寓之云谷之号。侯政暇辄往游焉，瞻眺徘徊，如有求而弗得。侯安取于山水若是勤哉？已上诸役及买田之费，侯悉以其在官所当得者，积岁成之，一不以扰民。教谕李君钦、训导陈君禄具图与事，遣生员锺宏走白沙，属予记之。

古者，王畿置小学于辟雍之侧，其在侯服邦国，则列于庠序之右。今之郡县学，古之大学也；今之社学，犹古之小学也。天下风俗美恶存乎人，人之贤否存乎教。观今之风俗，则今之人才可知矣。予尝终夜思之，其不及古者，有司非与庠序之设。六经之训固在也。以小学言之，朱子《小学》书，教之之具也；社学，教之之地也，其皆不可无也。天下之事，无本不立。小学，学之本也。保自然之和，禁未萌之欲，日就月将，以驯致乎大学，教之序也。然则社学之兴在今日，正淑人心、正风俗、扶世教之第一义也，何可少哉？何可少哉？……

正文中所提及的额外列表

表 A.1：社学教师的薪资 [1]（同见娄溪社学的收支状况）

地点	教师	年份	学校总数	银（两.钱）	粮（石.斗）
广东程乡县		1485	2		0.4（分发次数不明）
广东程乡县		1485	1		0.2（分发次数不明）
南直隶崇明县		1516	1		
湖广嘉鱼县		1522	1		0.5（包括给贫穷的学生的廪给）
北直隶昌平州	生员	1528	2	7.2	

---

[1] 1 两银＝10 钱。1 石粮＝10 斗粮。

续表

地点	教师	年份	学校总数	银（两.钱）	粮（石.斗）
陕西延绥镇	生员	1539			每月 4.5，总 54？
北直隶昌平州	生员	1569	3	3.6	
北直隶昌平州	生员	1569	2	7.2	
北直隶昌平州	生员	1569	1	8.2	
北直隶昌平州	生员	1569	1	6	
北直隶昌平州	生员	1569		8.4	
浙江景宁县	贫穷的生员	1583	2		0.47
山西偏头关	生员	1602	1	每月 15，总 18？	
陕西甘肃阶州	贫穷的生员	1616	14		0.5（外加用于耕作的田地）
北直隶隆平县	儒	1626	4		每月 12？

资料来源："程乡县社学记"；1513 年版南直隶《崇明县志》；1866 年版湖广《嘉鱼县志》；1607 年版陕西《延绥镇志》，卷 4，页 33；1588 年版浙江《景宁县志》；1603 / 1846 年版山西《偏关志》，卷 1，页 32；1616 年版陕西甘肃《阶州志》；1629 年版北直隶《隆平县志》；1673 年版北直隶《昌平州志》，卷 7，页 13。

表 A.2：娄溪社学收支状况

（引自 1772 年版，南直隶《嘉定娄塘志》，卷 2，页 10—11）

类目	数额（以两计算）	每	年度总额	含闰月的年度总额
生儒薪资	0.5	（12 个）月	6	6.5
生儒粮食	（1 石）	月		
生儒柴炭	0.1666	月	1.9992	2.1658
首名教读薪资	0.4	月	4.8	5.2
首名教读粮食	（8 斗）	月		
首名教读柴炭	0.1	月	1.2	1.3

类目	数额（以两计算）	每	年度总额	含闰月的年度总额
第二名教读薪资	0.4	月	4.8	5.2
第二名教读粮食	（8斗）	月		
第二名教读柴炭	0.1	月	1.2	1.3
卯簿一扇	0.015	每季，教读各一	0.18	0.18
赏励纸笔	0.82	年（共12）	0.82	0.82
圣贤、里社二祠祭仪	（1头羊，7斤猪肉，2只鸡，2条鱼，1段帛）	春秋二季		
时果、面、食、汤、粉、酒、米、油、盐、酱、醋、薪、水	1	年	1	1
维持学校与祠宇的运作的费用小计	2.08	年	21.9992（学校）2.08（祠宇）	23.6658（学校）2.08（祠宇）
总数			24.0792	25.7458

表 A.3：社学田 [2]

地点	年份	学校总数	田地数量（亩）	每所学校的平均土地数量（亩）	备注
北直隶隆平县	1626	4	987	246.8	可能是由知县所支付

---

[2] 一亩大约相等于六分之一英亩（何义壮，1994：60）。一顷相等于一百亩。但凡原文数据按顷计算，我便将此转换为亩。

地点	年份	学校总数	田地数量（亩）	每所学校的平均土地数量（亩）	备注
北直隶赵州（宁晋县）	1530？	3	600	200	虽是三所小学，但或许也包括了一所社学
北直隶广平县		1	13.6	13.6	
南直隶常熟县	1496	1	57	57	被充公（原本打算作为一种来自民间的给予寺庙的捐款）
南直隶嘉定县	16世纪30年代	17	601	35.4	自寺庙充公得来
浙江景宁县	1525	7	各200，总1400	200	自寺庙充公得来
江西德化县	弘治年间	2	20	10	由创办人所赠。可收割50多斗粮食
湖广嘉鱼县	1522	1	170	170	净收50斗粮
山东掖县		3	900+	300+	
河南睢州		31	2243.1	72.4	
广东钦州	1538	18	360	20	声称每个拥有20亩
云南木密卫	1522	1	50，+5（园林）	50	年收70石粮，4两银子
总数		89	7401.7	83.2	

资料来源：1629年版北直隶《隆平县志》；1567年版北直隶隆庆《赵州志》，卷2，页13b；王兰荫《明代之社学》下，页99，转引自万历《广平县志》卷1；1605年版南直隶《嘉定县志》；1588年版浙江《景宁县志》；1527年版江西《九江府志》，卷10，页35—36，另见1872年版江西《德化县志》，卷22，页24a；1866年版湖广《嘉鱼县志》；王兰荫《明代之社学》下，页100，转引自1604年版，山东《莱州府志》，卷8；王兰荫《明代之社学》下，页100—101，转引自1505年版湖南《睢州志》，卷4；1539年版，广东《钦州志》；1576年版，《云南通志》，卷8，页62a。我省略了那些肯定并非来自明代的数据。例如，那些收录在1676年版北直隶《广平府志》的资料，以及那些貌似用来资助府、县和社学的学田。

表 A.4：社学廛 [3]

地点	年份	学校总数	廛	备注
南直隶嘉定县	16 世纪 30 年代	7	172	四所学校也各有学田
广东钦州	1525	1	17	以卖出旧社学场地所得的收益购买
广东英德县		1	1	貌似是一座有四间店房的廛

资料来源：1605 年版南直隶《嘉定县志》；1539 年版广东《钦州志》；王兰荫《明代之社学》下，页 101，转引自嘉靖广东《韶州府志》，卷 4。

表 A.5：1525 年在延平被废置的寺庙

类别 ＼ 县	南平	将乐	沙	尤溪	顺昌	永安	总数
寺	19	6	42	7	4	0	78
废寺	13	0	1	2	1	0	17
院	3	21	21	56	9	30	140
废院	6	17	0	0	71	0	94
庵	4	19	12	9	1	21	66
废庵	19	9	1	0	22	0	51
堂	2	0	15	13	0	9	39
废堂	5	0	3	0	10	0	18
观	1	1					2
现存总数	29	47	90	85	14	60	312
已废总数	43	26	5	2	104	0	180
总数	72	73	95	87	118	60	505

---

[3] 相比 1605 年版的地方志所记载，在李资坤所创办的十七所学校中，可能有更多所也拥有学廛。1808 年版昆山／嘉定《安亭志》（卷 4，页 2）收录了一篇当代的社学记。虽然记文中提到了李资坤为学校安排了学田和学廛，但却没有提到各自的数量。学廛貌似建设在学校场地内，而每年则将 1% 的收入用来支付两名教读的薪资。

表 A.6：肇庆府辖内被改建及复兴的寺庙
（根据 1588 年版，广东《肇庆府志》）

县	寺庙	改建成	后来的遭际
高要	五显庙（始建于宋代的寺庙）	书院。嘉靖年间改为东隅社学	废置。社学改在别处重新创办，但到了 1588 年便停办
高要	文昌宫	西隅社学	停办。场地归还为民田（学校在别处重新创办，然后改成孚德祠）
恩平	二王庙	社学。该庙在嘉靖朝之前可能就已被废置	到了 1588 年就已经被废置
德庆州	五显庙	东隅社学	到了 1588 年就已经被废置
德庆州	忠勇庙	西隅社学。由提学御史欧阳铎改建	到了 1588 年就已经被废置
高要（府衙）	天宁寺/习礼堂	魏校拆毁佛像及礼堂	在 1550 年又由知府重建为礼堂
封川	（小）五通庙	西厢社学。庙于 1523 年被拆毁，后由知县于 1525 年创办社学	学校到了 1588 年就已经停办。寺庙也已经复兴
封川	昭灵庙	江口社学。于 1523 年创办	学校到了 1588 年就已经停办。寺庙也已经复兴
封川	关王庙	申明亭。于 1523 年建	到了 1588 年仍为申明亭
封川	五显庙	旌善亭。于 1523 年建	到了 1588 年仍为旌善亭
封川	真武庙	曹觐祠。由知县潘海于 1523 年建	当寺庙被迁移到五通庙后，原先的庙在短时间内就复兴
封川	五通庙	庙于 1523 年被拆毁。后来由知县该建为曹觐祠	复如故
封川	天妃庙	于 1523 年拆毁	1564 年复兴
封川	东岳庙	于 1523 年拆毁	
封川	孝通庙	由知县潘海于 1523 年改建为射圃	复为庙
封川	英济庙	于 1523 年改建为名宦祠	复为庙

参考方志

同见王兰荫论著中的参考书目。虽然我使用了王兰荫提供的数据来计算社学数，但我仅在此列出我所参考的地方志。整体而言，各地方志的年份根据朱士嘉的《中国地方志联合目录》而定。唯有某地方志中添加了新的资料时，我方列出重刊年份。在这一情况下，两个年份之间可能由一个加号或斜杠间隔开。前者表明我肯定方志中添加了新的资料，后者则代表我不清楚是否有添加新资料。在单一年份之后加上一个加号（＋）意味着该地方志收录了朱士嘉所提供的年份以后的资料。关于年份不明的地方志，我可能使用斜杠或加入一个问号。倘若该地方志仅能够被追溯到某年号（明代以及清代），那我仅以两个字代表。（例如，出版于洪武时期的地方志便标为"洪武"。）

北直隶

1593 年版《顺天府志》

  1779 年版《永清县志》

  1879 年版《通州志》

  1745 年版《宝坻县志》

  1548 年版《霸州志》

  1673 年版《大城县志》

  1673 年版《昌平县志》

  乾隆版《怀柔县志》

  乾隆版《房山县志》

1501 年版《永平府志》

1607 年版《宝定府志》

        1672 年版《唐县志》

        1876 年版《蠡县志》

        1537 年版《雄县志》

        1762 年版《束鹿县志》

        1502 年版《易州志》

1540 年版《河间府志》

        1601 年版《重修任丘县志》

1549 年版《真定府志》

        1758 年版《元氏县志》

        1576 年版《灵寿县志》

        1698+1720 年版《藁城县志》

        1673 年版《平山县志》

        1749 年版《无极县志》

        1925 年版定州《翟城村志》

        1535 年版《南宫县志》

        1675/1860 年版《晋州志》

1567 年版《赵州志》

1567 年版《隆平县志》

1629 年版《隆平县志》（1960 年重刊）

1764 年版《隆平县志》

顺德府：

        1741 年版《邢台县志》

        1756 年版《沙河县志》

        1893 年版《南和县志》

        1868 年版《平乡县志》

        1680 年版《唐山县志》

        隆庆版《任县志》

1506 年版《大名府志》

1790 年版《大名县志》

1537 年版《内黄县志》

1534 年版《开州志》

1515 ／ 1541 年版《长垣县志》

1550 年版《广平府志》

1676 年版《广平府志》

1548 年版《隆庆志》（延庆州）

1576 年版《四镇三关志》

南直隶

1534 年《南畿志》

应天府：

1593 年版《上元县志》

1598 年版《江宁县志》

1496 年版《句容县志》

1743 年版《重修溧阳县志》

1562 年版《高淳县志》

1554 年版《安庆府志》

1721 年版《安庆府志》

1490 年版《桐城县志》

1675 年版《安庆府潜山县志》

1685 年版《宿松县志》

1990 年版《宿松县志》

1594 年版《望江县志》

1379 年版《苏州府志》

1506 年版《姑苏志》

《吴中人物志》

《吴中金石新编》

1991 年版《苏州教育志》

1642 年版《吴县志》

1537 年版《浒墅关志》

1629 年版《横溪录》

1765 年版《吴郡甫里志》

1844 年版《光福志》

1849 年版《元和唯亭志》

1882 年版《周庄镇志》

1921 年版《木渎小志》

1930 年版《相城小志》

1504 年版《昆山县志》

1538 年版《昆山县志》

1990 年版《昆山县志》

《昆山见存石刻录》

《昆山古迹宝卷》

1774 年版《菉溪志》

1772+1749+1814 年版《淞南志》

1808 年版《安亭志》

1911 年版《信义镇志》

1935 年版《巴溪志》

1499 年版《常熟县志》

1503 年版《常熟县志》

1539 年版《常熟县志》

1639 年版《常熟县志》

《圣明常熟事略》

1605 年版《常熟文献志》（管一德编）

清代版《里睦小志》

光绪版《四镇略》

1488 年版《吴江县志》

1558 年版《吴江县志》

1747 年版《吴江县志》

1812 年版《同里志》

1847 年版《分湖小识》

1567 年版《嘉定县志》

1605 年版《嘉定县志》

1933 年版《嘉定乡土志》

1992 年版《嘉定县志》

1631 年版《外冈志》（1961 年重刊）

1772 年版《娄塘志》

1772 年版《真如里志》

1732 年版《南翔镇志》（1923 年重刊）

1807 年版《石岗广福合志》

1853 年版《黄渡镇志》

1888 年版《月浦志》（1962 年重刊）

20 世纪版《畼东志》

1548 年版《太仓州志》

1991 年版《太仓县志》

1513 ＋年版《崇明县志》

1512 年版《松江府志》

华亭县：

清代版《重辑枫泾小志》（浙江华亭县和嘉兴县）

1851 年版《寒圩小志》（1962 年重刊）

1804 年版《朱泾志》（1916 年版）

1524 年版《上海县志》

1588 年版《上海县志》

1678 年版《紫隄村志》（1961 年重刊）

1834 年版《塘湾乡九十一图里志》（1961 年重刊）

青浦县：

道光《蒲溪小志》（七宝镇）

1831 年版《金泽小志》（1962 年重刊）

1883 年版《蒸里志略》

1890 年版《章练小志》

1377 年版《常州府志》

1513 年版《常州府志》

1992 年版《无锡县志》

1737 年版《瞻桥小志》

1520 年版《江阴县志》

1547 年版《江阴县志》

1991 年版《江阴市志》

1797 年版《重刊宜兴县久志》

1596 年版《重修镇江府志》

嘉靖版《庐州府志》

1885 年版《续修庐州府志》

1730 年版《合肥县志》

1731 年版《舒城县志》

1584 年版《六安州志》

凤阳府：

1673 年版《临淮县志》

嘉靖版《怀远县志》

1724 年版《怀远县志》

1815 年版《定远续县志》

1803 年版《五河县志》

1678 年版《虹县志》

1550 年版《寿州志》

1518 年版《盱眙县志》

1499 年版《宿州志》

1511 年版《颖州志》

1547 年版《颖州志》

1564 年版《亳州志》

1518 年版《淮安府志》

1626 年版《淮安府志》

1933 年版《王家营志》

1572 年版《海州志》

1673 年版《赣榆县志》

1567 年版《仪真县志》

1591 年版《兴华县志》

1538 年版《宝应县志》

泰州：

1793 年版《小海场新志》（清代属东台县）

1560 年版《如皋县志》

1750 年版《如皋县志》

1841 年版《白蒲镇志》

同治版《金沙场志稿》

1537 年版《海门县志》

1502 年版《徽州府志》

1566 年版《徽州府志》

1695 年版《婺源县志》

1871 年版《黟县志》

1581 年版《绩溪县志》

1536 年版《宁国府志》

1449 年版《池州府志》

1438 年版《彭城志》（徐州）

1494 年版《徐州志》

隆庆版《丰县志》

浙江

1549 年版《仁和县志》

1890 年版《唐楼志》

1576 年版《新城县志》

1578 年版《严州府志》

1524 年版《淳安县志》

1561 年版《寿昌县志》

1549 年版《嘉兴府图记》

1596 年版《秀水县志》

1923 年版《新胜镇志》

1475 年版《湖州府志》

德清县：

1576？年版《仙潭志》（新市镇志）

成化版《宁波府简要志》

1587 年版《绍兴府志》

1477+1521 年版《新昌县志》

1579 年版《新昌县志》

台州府：

1540 年版《太平县志》

金华府：

1987 年版《义乌县志》

1503 年版《衢州府志》

1612 年版《龙游县志》

1503 年版《温州府志》

1537 年版《温州府志》

1566 年版《永嘉县志》

1572 年版《乐清县志》

1685 年版《乐清县志》

1482/86 年版《处州府志》

1546 年版《宣平县志》

1583/1588 年版《景宁县志》

江西

1525 年版《江西通志》

1789 年版《南昌府志》

　　1849 年版《新建县志》

　　1750 年版《奉新县志》

　　1693 年版《靖安县志》

　　1870 年版《武宁县志》

　　1737 年版《宁州县志》

瑞州府：

　　1871 年版《高安县志》

　　1870 年版《上高县志》

广信府：

　　1784 年版《玉山县志》

　　1683 年版《铅山县志》

　　1554 年版《永丰县志》

　　1683 年版《兴安县志》

　　1823 年版《兴安县志》

　　1871 年版《兴安县志》

1503 年版《抚州府志》

1554 年版《抚州府志》

　　1740 年版《临川县志》

　　1873 年版《崇仁县志》

　　1527 年版《金溪县志》

　　1524 年版《东乡县志》

1517 年版《建昌府志》

　　1516 年版《新城县志》

　　1685 年版《南丰县志》

1585 年版《吉安府志》

1660 年版《吉安府志》

1876 年版《吉安府志》

　　1544 年版《永丰县志》

　　1679 年版《安福县志》

1683 年版《永宁县志》

1572 年版《临江府志》

1780 年版《清江县志》

1514 年版《袁州府志》

1683 年版《宜春县志》

1823 年版《宜春县志》

1871 年版《分宜县志》

1733 年版《万载县志》

1527 年版《九江府志》

1827 年版《德化县志》

1570 年版《瑞昌县志》

1874？年版《湖口县志》

1683 年版《彭泽县志》

1684 年版《饶州府志》

1684 年版《德兴县志》

1683 年版《安仁县志》

1515 年版《南康府志》

1872 年版《都昌县志》

1536 年版《赣州府志》

1546 年版《雩都县志》

1664 年版《信丰县志》

1711 年版《潋水志林》(兴国县)

1675 年版《新修会昌县志》

1872 年版《会昌县志》

1543 年版《瑞金县志》(1961 年重刊)

1660 年版《赣石城县志》

1652 年版《定南县志》

1683 年版《定南县志》

1536 年版《南安府志》

1555 年版《南康县志》

1748 年版《大庾县志》

1874 年版《大庾县志》

1919 年版《大庾县志》

1683 年版《上犹县志》

1881 年版《上犹县志》

1553 年版《崇义县志》

1683 年版《崇义县志》

1895 年版《崇义县志》

湖广

1591 年版《湖广总志》

1684 年版《湖广通志》

1763 年版《武昌县志》

1449 年版《嘉鱼县志》

1866 年版《嘉鱼县志》

1500 年版《黄州府志》

1608 年版《黄冈县志》

1547 年版《蕲水县志》

1556 年版《黄陂县志》

1666 年版《黄陂县志》

1588+1665 年版《黄安初乘》

1529 年版《蕲州志》

1531 年版《沔阳州志》

1540 年版《应山县志》

1673 年版《应山县志》

1916 年版《沙市志略》

1480+1543 年版《重刻公安县志》

1609 年版《归州志》

1488+ 年版（大约为 1531 年）《岳州府志》

隆庆版《岳州府志》

        1680 年版《平江县志》

        1743+1755 年版《平江县志》

        1868 年版《石门县志》

        1573 年版《慈利县志》

1459 年版《重刊襄阳郡志》

1517 年版《襄阳府志》

        1514 年版《宜 t 城县志》

        1515 年版《光化县志》

        1673 年版《均州志》

1535 年版《常德府志》

1709 年版《辰州府志》

洪武（初）《靖州志》

1879 年版《靖州直隶州志》

1763 年版《衡州府志》

        1488+1499 年版《衡山县志》

        1716 年版《耒阳县志》

1381 年版《永州府志》

1494 年版《永州府志》

1571 年版《永州府志》

1670 年版《永州府志》

        1684 年版《零陵县志》

1576 年版《郴州志》

1533 年版《长沙府志》

        1554+1565 年版《湘阴县志》

        1685 年版《醴陵县志》

        1525 年版《茶陵州志》

宝庆府：

        1606 年版《新宁县志》

福建

1491 年版《八闽通志》

1619/1630 年版《闽书》

福州府：

　　　　　　道光版《洪塘小志》（侯官县抑或闽县；1927 年版）

　　　1547 年版《福清县志续略》

1503 年版《兴化府志》

　　　1491 年版《仙溪志》（仙游县）

　　　1538 年版《仙游县志》

泉州：

1530 年版《惠安县志》

1687 年版《德化县志》

1552 年版《安溪县志》

1886 年版《同安县志》

正德版《永春县志》

1526 年版《永春县志》

1789 年版《永春州志》

1525 年版《延平府志》

　　　1502 年版《将乐县志》

　　　1585 年版《将乐县志》

　　　1527—1530 年版《尤溪县志》

　　　1636 年版《尤溪县志》

　　　1734 年版《永安县志》

建宁：

　　　1553 年版《建阳县志》

1497 年版《汀州府志》

1527 年版《汀州府志》

　　　1830 年版《长宁县志》

　　　1684 年版《宁化县志》

1760 年版《上杭县志》

1864 年版《上杭县志》

1545 年版《清流县志》

漳州：

1633 年版《海澄县志》

山东

1692 年版《济南府志》

1546 年版《淄川县志》

1693 年版《新城县志》

1538 年版《莱芜县志》

1548 年版《武定州志》

1552 年版《临朐县志》

1579 年版《即墨县志》

1573 年版《兖州府志》

1608 年版《沂州志》

1600 年版《东昌府志》

1515+ 嘉靖年版《莘州志》

1538 年版《夏津县志》

1549 年版《武城县志》

山西

1475 年版《山西通志》

1564 年版《山西通志》

1892 年版《山西通志》

1612 年版《太原府志》

1551 年版《太原县志》

1882 年版《祁县志》

1712 年版《徐沟县志》

1709 年版《交城县志》

1551 年版《盂县志》

1882 年版《平定州志》

1548 年版《乐平县志》

1672 年版《岢岚州志》

1545 年版《三关志》

1603+1846《偏关志》

1615 年版《平阳府志》

1708 年版《平阳府志》

康熙版《曲沃县志》

1559 年版《蒲州志》

1830 年版《大同县志》

1629 年版《山阴县志》

1735 年版《朔州志》

1660 年版《灵丘县志》

1495+ 年版《潞州志》（潞安府）

1673 年版《长治县志》

1885 年版《屯留县志》

1771 年版《汾州府志》

1772 年版《汾阳县志》

1707 年版《平遥县志》

1819 年版《介休县志》

1743 年版《榆社县志》

1768 年版《重修和顺县志》

1774 年版《高平县志》

河南

1486 年版《河南通志》

1555 年版《河南通志》

1670 年版《河南通志》

1585 年版《开封府志》

  1548 年版《尉氏县志》

  1535 年版《鄢陵县志》

  1545 年版《兰阳县志》

  嘉靖版《仪封县志》

  1404 年版《颍川郡志》（许州府）

  1540 年版《许州志》

  1658 年版《许州志》

  1551 年版《襄城县志》

  1554 年版《郾城县志》

  1551 年版《夏邑县志》

  1693 年版《睢州志》

  1504 年版《偃师县志》

  1555 年版《巩县志》

1437 年版《南阳府志》

  1564 年版《邓州志》

  1485 年版《内乡县志》

  1693 年版《内乡县志》

  1712 年版《内乡县志》

  1556 年版《光山县志》

  1542+ 年版《固始县志》

  1551 年版《商城县志》

  1506 年版《汝州志》

  1552 年版《鲁山县志》

1552 年版《彰德府志》

  1555 年版《磁州志》

  1703 年版《磁州志》

  1506 年版《新乡县志》

陕西

1542 年版《陕西通志》

1667 年版《陕西通志》

　　　　1607 年版《延绥镇志》

　　　　乾隆版《长安县志》

　　　　1591 年版《咸阳县志》

　　　　乾隆版《临潼县志》

　　　　1541 年版《高陵县志》

　　　　1529+1571 年版《蓝田县志》

　　　　1547 年版《泾阳县志》

　　　　1547 年版《三原县志》

　　　　1541 年版《渭南县志》

　　　　1892 年版《渭南县志》

　　　　1625 年版《同州志》

　　　　1519 年版《朝邑县志》

　　　　1712 年版《朝邑县志》

　　　　1541 年版《合阳县志》

　　　　1549 年版《澄城县志》

　　　　1607 年版《韩城县志》

　　　　1572 年版《华州志》

　　　　1614 年版《华阴县志》

　　　　1666 年版《蒲城县志》

　　　　1765 年版《同官县志》

　　　　1584 年版《富平县志》

　　　　嘉靖版《乾州志》

　　　　1727 年版《重修陕西乾州志》(《乾州新志》)

　　　　1751 年版《醴泉县志》

　　　　1519 年版《武功县志》

1766 年版《凤翔府志》

1779 年版《眉县志》

1657 年版《麟游县志》

1713 年版《陇州志》

1560 年版《平凉府志》

1616 年版《庄浪汇纪》

1696 年版《洋县志》

1552 年版《略阳县志》

1504 年版《延安府志》

1732 年版《宜君县志》

1681 年版《米脂县志》

1783 年版《府谷县志》

1687 年版《巩昌府志》

1990 年版《陇西县志》

1680 年版《安定县志》

1990 年版《通渭县志》

1775 年版《伏羌县志》

1741 年版《成县志》

1535 年版《秦安县志》

1795 年版《清水县志》

1890 年版《礼县志》

1616 年版《阶州志》

1565 年版《徽州志》

1687 年版《临洮府志》

1501 年版《宁夏新志》

1603/1846 年版《偏关志》

四川

1619 年版《四川总志》

1816 年版《四川通志》

1621 年版《成都府志》

1686 年版《成都府志》

      1814 年版《双流县志》

      1814 年版《新繁县志》

      1844 年版《新都县志》

      1811 年版《金堂县志》

      1870 年版《郫县志》

      1786 年版《灌县志》

      1933 年版《灌县乡土志》

      1816 年版《崇宁县志》

      1831 年版《重庆州志》

      1829+1839 年版《新津县志》

      1869 年版《续汉州志》

      1812 年版《什邡县志》

1542 年版《保宁府志》

      1757 年版《广元县志》

      1922 年版《南江县志》

      1722 年版《西充县志》

      1518 年版《蓬州志》

      1576 年版《营山县志》

      1712 年版《射洪县志》

      1990 年版《射洪县志》

      1787 年版《绥宁县志》

1843 年版《重庆府志》

      1579 年版《合州志》

      1714 年版《涪州志》

1513 年版《夔州府志》

      1541 年版《云阳县志》

1555 年版《马湖府志》

嘉定州：

1562 年版《洪雅县志》

洪武（初）《滤州志》

广东

1535 年版《广东通志初稿》

广州府：

1835 年版《南海县志》（包括番禺县、顺德县及高明县）

1856 年版《顺德县志》

1464 年版《东莞县志》

1798 年版《东莞县志》

1839 年版《新宁县志》

1820 年版《增城县志》

1548 年版《香山县志》

1673 年版《香山县志》

1609 年版《新会县志》

1819 年版《三水县志》

连州：

1688 年版《新安县志》

韶州府：

1875 年版《曲江县志》

1557 年版《翁源县志》

1843 年版《英德县志》

南翔府：

1536 年版《始兴县志》

1588 年版《肇庆府志》

1826 年版《高要县志》

1812 ＋年版《阳江县志》

1821 年版《阳春县志》

1889 年版《高明县志》

1825 年版《恩平县志》

1824 年版《广宁县志》

1673 年版《德庆州志》

1827 年版《高州府志》

1890 年版《高州府志》

1687 年版《茂名县志》

1826 年版《电白县志》

1687 年版《吴川县志》

1892 年版《石城县志》

1556 年版《惠州府志》

1763 年版《博罗县志》

1586 年版《永安县志》

1745 年版《陆丰县志》（海丰县）

1750 年版《海丰县志》

1687 年版《长乐县志》

1515 年版《兴宁县志》

1547 年版《潮州府志》

1572 年版《潮阳县志》

1779 年版《揭阳县志》

1574 年版《东里志》（饶平县）

1687 年版《饶平县志》

1732 年版《惠来县志》

1557 年版《大埔县志》

1765 年版《澄海县志》

1992 年版《澄海县志》

1745 年版《普宁县志》

雷州府：

1811 年版《海康县志》

1849 年版《遂溪县志》

廉州：

　　　　1539 年版《钦州志》

琼州府：1521 年版《琼台志》

　　　　1857 年版《琼山县志》

　　　　1871 ? 年版《琼山县志》

　　　　1820 年版《澄迈县志》

　　　　1892 年版《临高县志》

　　　　1878 年版《定安县志》

　　　　1858 年版《文昌县志》

　　　　1687 年版《乐会县志》（1958 年版）

　　　　1925 年版《琼东县志》（会同县）

　　　　1958 年版《会同县志》

　　　　1936 年版《儋县志》（明代儋州）

　　　　1828 年版《万州志》

　　　　1688 年版《陵水县志》

　　　　1931 年版《感恩县志》

　　　　1731 年版《罗定州志》（明代泷水县）

　　　　1740 年版《东安县志》

　　　　1830 年版《西宁县志》

　　　　1783 年版《镇平县志》

广西

1599 年版《广西通志》

1733 年版《广西通志》（1983 年重刊，《影印文渊阁四库全书》卷 568）

1801 年版《广西通志》（重刊）

　　　　1673 年版《阳朔县志》

　　　　1757 年版《富川县志》

　　　　1759 年版《昭平县志》

1538 年版《南宁府志》

1751 年版《太平府志》

1829 年版《庆远府志》

    1826 年版《天河县志》

云南

1553 年版《云南志》

1576 年版《云南通志》

    1696 年版《云南府志》

1550 年版《寻甸府志》

1568 年版《楚雄府志》

1563 年版《大理府志》

1694 年版《重修大理府志》

    1587 年版《赵州志》

    1646 年版《邓川州志》

贵州

弘治版《贵州图经新志》

1555 年版《贵州通志》

1603 年版《黔记》

1563 年版《思南府志》

万历版《铜仁府志》

    1549 年版《普安州志》

1525 年版《全辽志》

1537 年版《辽东志》（以上两部皆收录于《辽海丛书》）

参考书目

英文书目

Atwell, William S. "Time, Money, and the Weather: Ming China and the 'Great Depression' of the Mid-Fifteenth Century." *Journal of Asian Studies* 61.1 (February 2002): 83—118.

Bol, Peter. "The Rise of Local History: History, Geography, and Culture in Southern Song and Yuan Wuzhou." *Harvard Journal of Asiatic Studies* 61.1 (2001): 37—76.

Boltz, Judith Magee. "Not by he Seal of Office Alone: New Weapons in Battles with the Supernatural." In Ebrey and Gregory, eds., *Religion and Society*.

Borthwick, Sally. *Education and Social change in China: the Beginnings of the Modern Era*. Stanford: Hoover Institution Press, 1983.

Brokaw, Cynthia. *The Ledgers of Merit and Demerit: Social Change and Moral Order in Late Imperial China*. Princeton: Princeton University Press, 1991.

Brook, Timothy. *Praying for Power: Buddhism and the Formation of Gentry Sociey in Late-Ming China*. Cambridge: Council on East Asian Studies, 1993.

Brook, Timothy. "At the Margin of Public Authority: The Ming State and Buddhism." In Huters, Wong, and Yu, eds., *Culture and State in Chinese History*.

Brook, Timothy. *The Confusions of Pleasure: Commerce and Culture in Ming China*. Berkeley: University of California Press, 1998.

Brook, Timothy. "Edifying Knowledge: The Building of School Libraries in Ming China." *Late Imperial China* 17.1 (1996): 93—119.

Burton, Antoinette, ed. *Politics and Empire in Victorial Britain*. New York: Palgrave, 2001.

Carlitz, Katherine. "The Daughter, the Singing-Girl and the Seduction of Suicide." *Nannü* 3.1 (2001): 22—46.

Carlitz, Katherine. "Shrines, Governing-Class Identity, and the Cult of Widow Fidelity in Mid-Ming Jiangnan." *Journal of Asian Studies* 56.3 (1997): 612—640.

Carlitz, Katherine. " The Manipulation in a Ming Dynasty Capital Case." Paper presented at the American Historical Association conference, Washington, D.C., 1999.

Chan, Albert. *The Glory and Fall of the Ming Dynasty*. Norman: University of Oklahoma Press, 1982.

Chan, Wing-tsit, translator. *Reflections on Things at Hand, The Neo-Confucian Anthology Compiled by Chu His and Lü Tsu-ch'ien*. New York: Columbia University Press, 1967.

Chang, Chung-li. *The Chines Gentry: Studies on their Role in Nineteenth-Century Chinese Society*. Seattle: University of Washington Press, 1955, reprint 1967.

Chang, Chung-li. *The Income of the Chinese Gentry*. Seattle: University of Washington Press, 1962.

Chang, George Jer-lang. "The Village Elder System of the Early Ming Dynasty." *Ming Studies* 7 (1978): 53—62.

Chang, George Jer-lang. "Local Control in the Early Ming (1368—1398)." Ph.D. dissertation, University of Minnesota, 1979.

Chang Yu-ch'uan. *Wang Shou-jen as a Statesman*. Peking: The Chinese Social and Political Science Association, 1940.

Chavannes, Edouard. *Le T'ai Chan: essai de monographie d'un culte chinois*. Paris: Ernest Lerous, 1910.

Chia, Lucille. "Mashaben: Commercial Publishing in Jianyang from the Song to the Ming." In Paul Jakov Smith and Ricard von Glahn, eds., *The Song-Yuan-Ming*

Transition in Chinese History. Cambridge: Harvard University Asia Center, 2003.

Ching, Julia, translator. *The Philosophical Letters of Wang Yang-ming*. Canberra: Australian National University Press, 1972.

Chow, Kai-wing. *The Rise of Confucian Ritualism in Late Imperial China: Ethics, Classics, and Lineage Discourse*. Stsanford: Stanford University Press, 1994.

Clunas, Craig. *Fruitful Sites: Garden Culture in Ming Dynasty China*. Durham, NC: Duke University Press, 1996.

Dardess, John W. *Confucianism and Autocracy: Professional Elites in the Founding of the Ming Dynasty*. Berkeley: University of California Press, 1983.

Dardess, John W. *A Ming Society*. Berkeley: University of California Press, 1996.

de Bary, Wm. Theodore and John Chaffee, eds. *Neo-Confucian Education: the Formative Stage*. Berkeley: University of California Press, 1989.

de Bary, Wm. Theodore and Irene Bloom, eds. *Sources of Chinese Tradition*, vol.1. Second edition, New York: Columbia University Press, 1999.

De Heer, Philip. *The Care-Taker Emperor: Aspects of the Imperial Institution in Fifteenth-Century China as Reflected in the Poitical History of the Reign of Chu Ch'i-yu*. Leiden: E.J. Brill, 1986.

Dennerline, Jerry. *The Chia-ting Loyalists: Confucian Leadership and Social Change in Seventeenth Century China*. New Haven: Yale University Press, 1981.

Diamond, Jared. *Guns, Germs and Steel: The Fates of Human Societies*. New York: W.W. Norton, 1997.

Ditmanson, Peter. "Huang Zuo and the Construction of Late Ming Nostalgia." Paper Presented at the Association for Asian Studies conference in San Diego, 2000.

Dreyer, Edward L. *Early Ming China: A Political History, 1355—1435*. Stanford: Stanford University Press, 1982.

Dunstan, Helen. *Conflicting Counsels to Confuse the Age: A Documentary Study of Political Economy in Qing China, 1644—1840*. Ann Arbor: Center for Chinese Studies, University of Michigan, 1996.

Eberhard, Wolfram. *A History of China*. Berkeley: University of California Press, 1969.

Eberhard, Wolfram. *Social Mobility in Traditional China*. Leiden: E.J. Brill, 1962.

Ebrey, Patricia, translator. *Chu Hsi's Family Rituals: A Twelfth-Century Chinese Manual for the Performance of Cappings, Weddings, Funerals, and Ancestral Rites*. Princeton: Princeton University Press, 1991.

Ebrey, Patricia. *Confucianism and Family Rituals in Imperial China: A Social History of Writing About Rites*. Princeton: Princeton University Press, 1991.

Ebrey, Patricia. "The Liturgies for Sacrifices to Ancestors in Successive Versions of the Family Rituals." In David Johnson, ed., *Ritual and Scripture in Chinese Popular Religion*. Oakland: Chinese Popular Religion Project, 1995.

Ebrey, Patricia and Peter N. Gergory, eds. *Religion and Society in T'ang and Sung China*. Honolulu: University of Hawaii Press, 1993.

Elman, Benjamin. *A Cultural History of Civil Examinations in Late Imperial China*. Berkeley: University of California Press, 2000.

Elman, Benjamin and Alexander Woodside, eds. *Education and Society in Late Imperial China, 1600—1900*. Berkeley: University of California Press, 1994.

Farmer, Edward. *Early Ming Government: The Evolution of Dual Capitals*. Cambridge: East Asian Research Center, Harvard University, 1976.

Farmer, Edward. "Social Order in Early Ming China: Some Norms Codified in the Hung-wu Period." In Brian McKnight, ed., *Law and State in Traditional East Asia: Six Studies on the Sources of East Asian Law*. Honolulu: University of Hawaii Press, 1987.

Farmer, Edward. "Social Regulations of the First Ming Emperor: Orthodoxy and the Transmission of Orthodox Values." In K. C. Liu, ed., *Orthodoxy in Late Imperial China*.

Farmer, Edward. *Zhu Yuanzhang and Early Ming Legislation: The Reordering of Chinese Society Following the Era of Mongol Rule*. Leiden: E.J. Brill, 1995.

Faure, David and Helen Siu, eds. *Down to Earth: the Territorial Bond in South China*. Stanford: Stanford University Press, 1995.

Faure, David. "The emperor in the village: representing the state in South China." In McDermott, ed., *State and Court Ritual in China*.

Faure, David. *The Structure of Chinese Rural Society: Lineage and Village in the*

Eastern New Territories, Hong Kong. Hong Kong/Oxford: Oxford University Press, 1986.

Feuchtwang, Stephan. *The Imperial Metaphor: Popular Religion in China.* London: Routledge, 1992.

Fisher, Carney. *The Chosen One.* Sydney: Allen & Unwin, 1990.

Fitzgerald, John. *Awakening China: Politics, Culture, and Class in the Nationalist Revolution.* Stanford: Stanford University Press, 1996.

Franke, Wolfgang. *An Introduction to the Sources of Ming History.* Kuala Lumpur and Singapore: University of Malaya Press, 1968.

Galt, Howard S. *A History of Chinese Educational Institutions.* London: Arthur Probsthain, 1951.

Goodrich, L. Carrington and Chaoying Fang, eds. *Dictionary of Ming Biography.* New York: Columbia University Press, 1976. Cited as DMB.

Grimm, Tilemann. "Academies and Urban Systems in Kwangtung." In G. William Skinner, ed., *The City in Late Imperial China.* Stanford: Stanford University Press, 1977.

Grimm, Tilemann. "Ming Education Intendants." In Hucker, ed., *Chinese Government in Ming Times.*

Guy, R. Kent. *The Emperor's Four Treasuries: Scholars and The State in the Late Ch'ien-lung Era.* Cambridge: Council on East Asian studies, Harvard University, 1987.

Handlin, Joanna. *Action in Late Ming Thought.* Berkeley: University of California Press, 1983.

Hansen, Valerie. *Changing Gods in Medieval China, 1127—1276.* Princeton: Princeton University Press, 1990.

Hansen, Valerie. *Negotiating Daily Life in Traditional China: How Ordinary People Used Contracts, 600—1400.* New Haven: Yale University Press, 1995.

Hargett, James M. "Song Dynasty Local Gazetteers and Their Place in History of Difangzhi Writing." *Harvard Journal of Asiatic Studies* 56.2 (1996): 405—442.

Harrell, Stevan. *Cultural Encounters on China's Ethinic Frontiers.* Seattle: University of Washington Press, 1995.

Hayes, James. "Specialists and Written Materials in the Village World." In Johnson, Nathan and Rawski, eds., *Popular Culture*.

Hazelton, Keith. "Patrilines and the Development of Localized Lineages: the Wu of Hsiu-ning City, Hui-chou, to 1528." In Patricia Ebrey and James Watsonm, eds., *Kinship Organization in Late Imperial China, 1000—1940*. Berkeley: University of California Press, 1986.

Heijdra, Martin. "The Socio-Economic Development of Ming Rural China (1368—1644)." Ph.D. dissertation, Princeton University, 1994.

Huang, Pei. *Autocracy at Work: A Study of the Yung-cheng Period, 1723—1735*. Bloomington: Indiania University Press, 1974.

Huang, Ray. "The Ming Fiscal Administration." In Twitchett and Mote, eds., *Cambridge History of China*, vol.8.

Hucker, Charles O. *Chinese Government in Ming Times: Seven Studies*. New York: Columbia University Press, 1969.

Hucker, Charles O. *A Dictionary of Official Titles in Imperial China*. Stanford: Stanford University Press, 1985.

Hucker, Charles O. "Ming Government." In Twitchett and Mote, eds., *Cambridge History of China*, vol.8.

Huters, Theodore, R. Bin Wong, and Pauline Yu, eds. *Culture and State in Chinese History: Conventions, Accommodations, and Critiques*. Stanford: Stanford University Press, 1997.

Hymes, Robert P. and Conrad Schirokauer, eds. *Ordering the World*. Berkeley: University of California Press, 1993.

Jiang, Yonglin. "Commercialization and Law Enforcement in a Late Ming Northern Community." Paper presented at the Association for Asian Studies conference, 1999.

Jin Jiang. "Heresy and Persecution in Late Ming Society: Reinterpreting the Case of Li Zhi." *Late Imperial China* 22.2 (2001): 1—34.

Johnson, David. "Communication, Class, and Consciousness in Late Imperial China."

In Johnson, Nathan, and Rawski, eds., *Popular Culture*.

Johnson, David, Andrew Nathan, and Evelyn Rawski, eds. *Popular Culture in Late Imperial China*. Berkeley: University of California Press, 1985.

Johnston, Alastair Iain. *Cultural Realism: Strategic Culture and Grand Strategy in Chinese History*. Princeton: Princeton University Press, 1995.

Katz, Paul R. *Demon Hordes and Burning Boats*. Albany: State University of New York Press, 1995.

Keenan, Barry C. *Imperial China's Last Classical Academies: Social Change in the Lower Yangtze, 1864—1911*. Berkeley: Institute of East Asian studies, 1994.

Kellecher, M. Theresa. "Back to Basics: Chu His's Elementary Learning (Hsiao-hsüeh)." In de Bary and Chaffee, eds. *Neo-Confucian Education*.

Kleeman, Terry F. *A God's Own Tale: The Book of Transformation of Wenchang, the Divine Lord of Zitong*. Albany: SUNY Press, 1994.

Kleeman, Terry F. "Licentious Cults and Bloody Victuals: Sacrifice, Reciprocity and Violence in Traditional China." *Asia Major* 8.1 (1994): 184—211.

Ko, Dorothy. *Teachers of the Inner Chambers: Women and Culture in Seventeenth Centruy China*. Stanford: Stanford University Press, 1994.

Kuhn, Philip. *Soulstealers*. Cambridge: Harvard University Press, 1990.

Lagerwey, John. "The Pilgrimage to Wu-tang Shan." In Susan Naquin and Chun-fang Yü, eds., *Pilgrims and Sacred Sites in China*. Berkeley: University of California Press, 1992.

Langlois, John D., Jr., "The Hung-wu Reign." In Mote and Twitchett, eds., *The Cambridge History of China*, vol.7.

Lee, Thomas H.C. *Education in Traditional China, A History*. Leiden: E.J. Brill, 2000.

Lee, Thomas H.C. "Academies: Official Sponsorship and Suppression." In Frederick P. Brandauer and Chun-chieh Huang, eds., *Imperial Rulership and Cultural Change in Traditional China*. Seattle: University of Washington Press, 1994.

Legge, James, translator. *Li Ji (Book of Rites)*. 1895; reprint Delhi: Motilal Banarsidass, 1966.

Leung, Angela Ki Che. "Organized Medicine in Ming-Qing China: State and Private

Medical Institutions in the Lower Yangtze Region." *Late Imperial China* 8.1 (1987): 135—166.

Leung, Angela Ki Che. "Elementary Education in the Lower Yangtze Region in the Seventeenth and Eighteenth Centuries." In Elman and Woodside, eds., *Education and Society*.

Littrup, Lief. *Subbureaucratic Government in Ming Times: A Study of Shandong Province in the Sixteenth Century*. Oslo: Universitetsforlaget, 1981.

Liu, Fei-wen, "The Confrontation between Fidelity and Fertility: Nushu, Buge, and Peasant Women's Conception of Widowhood in Jiangyong County, Hunan Province, China." *Journal of Asian Studies* 60.4 (2001): 1051—1084.

Liu, Hsiang-kwang. "Education and Society: The Development of Public and Private Institutions in Hui-chou, 960—1800." Ph.D. dissertation, Columbia University, 1996.

Liu, Kwang-ching, ed., *Orthodoxy in Late Imperial China.* Berkeley: University of California Press, 1990.

Liu Zhiwei, "Lineage on the Sands: The Case of Shawan." In Faure and Siu, eds., *Down to Earth*.

Lopez, Donald S. *Religions of China in Practice*. Princeton: Princeton University Press, 1996.

Luo Yixing, "Territorial Community at the Town of Lubao, Sanshui County, from the Ming Dynasty." In Faure and Siu, eds., *Down to Earth*.

Macauley, Melissa. *Social Power and Legal Culture: Litigation Masters in Late Imperial China*. Stanford: Stanford University Press, 1998.

McMullen, David. "The Real Judge Dee: Ti Jen-chieh and the T'ang Resotration of 705." *Asia Major*, 3rd series, 6.1 (1993): 1—81.

Madsen, Richard. *Morality and Power in a Chinese Village*. Berkeley: University of California Press, 1984.

Marks, Robert B. *Tigers, Rice, Silk and Silt: Environment and Economy in Late Imperial South China*. Cambridge: Cambridge University Press, 1998.

McDermott, Joseph P. "Emperor, élites and commoners: the community pact ritual of the late Ming." In McDermott, ed., *Stsate and Court Ritual in China.*

McDermott, Joseph P., ed. *State and Court Ritual in China.* Cambridge: Cambridge University Press, 1999.

Meskill, John. "Academies and Politics in the Ming Dynasty." In Hucker, ed., *Chinese Government in Ming Times.*

Meskill, John. *Academies in Ming China: A Historical Essay.* Tuscon: University of Arizona Press, 1982.

Mote, F.W. *Imperial China, 900—1800.* Cambridge: Harvard University Press, 1999.

Mote, Frederick W. and Denis Twitchett, eds. *The Cambridge History of China,* vol. 7, *The Ming Dynasty, 1368—1644, Part One.* New York: Cambridge University Press, 1988.

Munzel, Frank. "Some Remarks on Ming T'ai-tsu." *Archiv Orientalni* 37 (1969).

Nagel, Jack. "Some Questions about the Concept of Power." *Behavorial Science* 13 (1968): 129—137.

Naquin, Susan. *Peking: Temples and City Life, 1400—1900.* Berkeley: University of California Press, 2000.

Nimick, Thomas. "The County, the Magistrate, and the Yamen in Late Ming China." Ph.D. dissertation, Princeton University, 1993.

Nimick, Thomas. "The Placement of Local Magistrates in Ming China." *Late Imperial China* 20.2 (December 1999): 35—60.

Oh Keum-sung. "The Rise of Ming Gentry and Their Socio-Economic Role," English abstract to *Chungguk kunse saheo kyongjesa yongu – Myong-dae sinsach'ung ui hyongsong kwa sahoe kyongjejok yokhal.* Seoul: National University East Asian History Monograph Series, No.3, 1986.

Oi, Jean C. *State and Peasant in Contemporary China: the Political Economy of Village Government.* Berkeley: University of California Press, 1989.

Orme, Nicholas. *English Schools in the Middle Ages.* London: Methuen and Co., Ltd., 1973.

Overmyer, Daniel L. *Folk Buddhist Religion: Dissenting Sects in Late Imperial China.* Cambridge: Harvard University Press, 1976.

Overmyer, Daniel L. "Attitudes toward Popular Religion in Ritual Texts of the Chinese State: The Colelcted Statutes of the Great Ming." *Cahiers d'Extreme-Asie* 5 (1989—1990): 191—221.

Overmyer, Daniel L. "Attitudes Toward the Ruler and State in Chinese Popular Religious Literature: Sixteenth and Seventeenth Century Pao-chuan." *Harvard Journal of Asiatic Studies* 44.2 (1984): 347—379.

Pomeranz, Kenneth. "Power, Gender and Pluralism in the Cult of the Goddess of Taishan." In Huters, Wong, and Yu, eds., *Culture and State in Chinese History*.

Rawski, Evelyn Sakakida. *Education and Popular Literacy in Ch'ing China*. Ann Arbor: Center for Chinese Studies, 1979.

Rawski, Evelyn S. "Economic and Social Foundations of Late Imperial Culture." In Johnson, Nathan and Rawski, eds., *Popular Culture*.

Robinson, David. *Bandits, Eunuchs and the Son of Heaven: Rebellion and the Economy of Violence in Mid-Ming China*. Honolulu: University of Hawaii Press, 2001.

Roty, Richard. "We Anti-Represntationalists." *Radical Philosophy* 60 (Spring 1992): 40—42.

Roddy, Stephen J. *Literati Identity and its Fictional Representations in Late Imperial China*. Stanford: Stanford University Press, 1998.

Rowe, William T. "Education and Empire in Southwest China: Ch'en Hung-mou in Yunnan, 1733—1738." In Elman and Woodside, eds., *Education and Society*.

Rowe, William T. "The Public Sphere in Modern China." *Modern China* 16.3 (July 1990): 302—329.

Rowe, William T. *Saving the World: Chen Hongmou and Elite Consciousness in Eighteenth Century China*. Stanford: Stanford University Press, 2001.

Sakai Tadao. "Confucianism and Popular Educational Works." In Wm. Theodore de Bary, ed., *Self and Society in Ming Thought*. New York: Columbia University Press, 1970.

Schneewind, Sarah. "Community Schools and Improper Shrines: Local Institutions and the Chinese State in the Ming Period (1368—1644)." Ph.D. dissertation, Columbia University, 1999.

Schneewind, Sarah. "Competing Institutions: Community Schools and 'Improper Shrines' in Sixteenth Century China." *Late Imperial China* 20.1 (June 1999): 85—106.

Schneewind, Sarah. "Visions and Revisions: Village Policies of the Ming Founder in Seven Phases." *T'oung Pao* 87 (2002): 1—43.

Schorr, Adam Wilder. "The Trap of Words: Political Power, Cultural Authority, and Language Debates in Ming Dynasty China." Ph.D dissertation, University of California at Los Angeles, 1994.

Siu, Helen. "Cultural Identity and the Politics of Difference in South China," *Daedalus* 122.2 (Spring 1993): 19—44.

Siu, Helen and David Faure. "Conclusion: History and Anthropology." In Faure and Siu, eds., *Down to Earth*.

Szonyi, Michael. "The Illusion of Standardizing the Gods: the Cult of the Five Emperors in Late Imperial China." *Journal of Asian Studies* 56.1 (1997): 113—135.

Szonyi, Michael. *Practicing Kinship: Lineage and Descent in Late Imperial China.* Stanford: Stanford University Press, 2002.

Tamari, Steven. "Ottoman Madrasas: the Multiple Lives of Educational Institutions in 18th c. Syria." *Journal of Early Modern History* 5.2 (2001): 99—127.

Taylor, Romeyn, trans. *The Basic Annals of Ming T'a-tsu.* San Franscisco: Chinese Materials Center, 1975.

Taylor, Romeyn. "Official and Popular Religion and the Political Organization of Chinese Society in the Ming." In Liu, ed., *Orthodoxy in Late Imperial China*.

Taylor, Romeyn. "Official Religion in the Ming." In Twitchett and Mote, *Cambridge History of China*, vol.8.

Taylor, Romeyn. "Official Altars, Temples and Shrines Mandated for All Counties in Ming and Qing." *T'oung Pao* 83 (1997): 93—125.

Ter Haar, Barend J. "Local Society and the Organization of Cults in Early Modern China: A Preliminary Study." *Studies in Central and East Asian Religions* 8 (1995) L 1—43.

Thorne, Susan. "The conversion of Englishmen and the conversion of the world inseparable: Missionary Imperialism and the Language of Class in Early Industrial Britain," in Frederic Cooper and Ann Laura Stoler, ed., *Tensions of Empire: Colonial Cultures in a Bourgeois World*. Berkeley: University of California Press, 1997.

To, Wing-kai. "The Construction of Orthodoxy: Handbooks of Village Community Rituals in Late Ming Guangdong." In *Tradition and Metamorphosis in Modern Chinese History: Essays in Honor of Professor Kwang-Ching Liu's Seventy-fifth Birthday*. Taipei: Institute of Modern History, Academica Sinica, 1998.

To, Wing-kai. "Local Shrines, Family Rituals, and the Cult of Loyalty in Mid-Ming Guangdong." Paper presented at the Association for Asian Studies conference, San Diego, 2000.

Tong, James. *Disorder Unver Heaven: Collective Violence in the Ming Dynasty*. Stanford: Stanford University Press, 1991.

Tsai, Shih-shan Henry. *The Eunuchs in the Ming Dynasty*. Albany: SUNY Press, 1996.

Tsurumi Naohiro. "Rural Control in the Ming Dynasty." In Linda Grove and Christian Daniels, ed., *State and Society in China: Japanese Perspectives on Ming-Qing Social and Economic History*. Tokyo: University of Tokyo Press, 1984

Tu Wei-ming. *Neo-Confucian Thought in Action: Wang Yang-ming's Youth (1472—1509)*. Berkeley: University of California Press, 1976.

Tu Wei-ming, "Review of Yang T'ien-shih, Wang Yang-ming (Peking: Chung-hua Book Co., 1972)." *Ming Studies* 3 (1976): 49—52.

Twitchett, Denis and Frederick W. Mote, eds. *The Cambridge History of China*, vol. 8, *The Ming Dynasty, 1368—1644, Part Two*. New York: Cambridge University Press, 1998.

Twitchett, Denis. *The Writing of Official History Under the Tang*. Cambridge: Cambridge University Press, 1992.

von Glahn, Richard. *The Country of Streams and Grottoes*. Cambridge: Council on East Asian Studies, 1987.

von Glahn, Richard. "The Enchantment of Wealth: The God Wutong in the Social

History of Jiangnan." *Harvard Journal of Asiatic Studies* 51.2 (1991): 651—714.

Wakeman, Frederic, Jr., *History and Will: Philosophical Perspectives of Mao Tse-tung's Thought*. Berkeley: University of California Press, 1973.

Wakeman, Frederic, Jr. "Localism and Loyalism during the Ch'ing Conquest of Kiangnan: The Tragedy of Chiang-yin." In Frederic Wakeman and Carolyn Grant, eds. *Conflict and Control in Late Imperial China*. Berkeley: University of California Press, 1975.

Wakeman, Frederic, Jr. *Strangers at the Gate: Social Disorder in South China, 1839— 1861*. Berkeley: University of California Press, 1966.

Waltner, Ann. "T'an-yang-tzu and Wang Shih-chen: Visionary and Bureaucrat in the Late Ming." *Late Imperial China* 8.1 (June 1987): 105—133.

Walton, Linda. "Academies as Sacred Places." In Ebrey and Gregory, eds., *Religion and Society*.

Weisfogel, Jaret. "Confucians, the Shih Class, and the Ming Imperium: Uses of Canonical and Dynastic Authority in Kuan Chih-tao's (1536—1608) Proposals for Following the Men of Former Times to Safeguard Customs (Ts'ung-hsien wei-su i)." Ph.D. dissertation, Columbia University, 2002.

Whitmore, John K. "Chiao-chih and Neo-Confucianism: The Ming Attempt to Transform Vietnam." *Ming Studies* 4 (1977): 51—92.

Wilkinson, Rupert. *Gentlemanly Power: British Leadership and the Public School Tradition: A Comparative Study in the Making of Rulers*. New York: Oxford University Press, 1964.

Wills, John E., Jr., *1688: A Global History*. New York: W.W. Norton and Co., 2001.

Wong, R. Bin. *China Transformed*. Ithaca: Cornell University Press, 1997.

Wong, R. Bin. "Confucian Agendas for Material and Ideological Control in Modern China." In Huters, Wong, and Yu, eds., *Culture and State in Chinese History*.

Woodside, Alexander. "The Divorce between the Political Center and Educational Creativity in Late Imperial China." In Elman and Woodside, eds., *Education and Society*.

Woodside, Alexander. "Emperors and the Chinese Political System." In Kenneth

Lieberthal, et al., eds., *Perspectives on Modern China: Four Anniversaries*. N.p.: East Gate, 1991.

Woodside, Alexander. "Real and Imagined Communities in the Chinese Struggle for Literacy." In Ruth Hayhoe, ed., *Education and Modernization: The Chinese Experience*. Oxford: Pergamon Press, 1992.

Woodside, Alexander. "Some Mid-Qing Theorists on Popular Schools: Their Innovations, Inhibitions, and Attitudes toward the Poor." *Modern China* 9.1 (1983): 3—35.

Wu, Pei-yi. "Education of Children in the Song." In de Bary and Chaffee, eds., *Neo-Confucian Education*.

Yü, Chun-fang. "Ming Buddhism." In Twitchett and More, eds., *Cambridge History of China*, vol. 8.

Zhengyuan Fu, *Autocratic Tradition and Chinese Politics*. New York: Cambridge University Press, 1993.

Zürcher, Erik. "Buddhism and Education in Tang Times." In de Bary and Chafee, eds. *Neo-Confucian Education*.

Zurndorfer, Harriet. *Change and Continuity in Chinese Local History: the Development of Hui chou Prefecture 800—1800*. Leiden: E. J. Brill, 1989. Sinica Leidensica, vol. 20.

中文书目

卜世昌：《皇明通记述遗》，1605 年版重印。台北：台湾学生书局，1986。

曹于汴（1558—1634）：《仰节文集》，《影印文渊阁四库全书》重刊版卷 1293。台北：台湾商务印书馆，1983。

岑练英：《明太祖教育政策研究》。现代教育研究社，1993。

陈建等编：《皇明资治通纪》（全 30 卷）。1573—1644 年版。

陈建：《皇明纪要》（全 8 卷），1633 年版重刊。台北：台湾商务印书馆，1973。

陈仁锡（1581—1636）：《皇明世法录》，1628 年版。

陈梧桐：《洪武皇帝大传》。郑州：河南人民出版社，1993。

陈子龙：《皇明经世文编》，1638 年版重刊。北京：中华书局，1962。

陈选：《小学集注》，《影印文渊阁四库全书》重刊版卷 699。台北：台湾商务印书馆，1983。

程敏政（约 1445—1500）：《皇明文衡》，《影印文渊阁四库全书》重刊版。台北：台湾商务印书馆，1983。

池小芳：《明代社学兴衰原因初探》，《中国文化研究学报》。1993 年第二期，页 19—28。

池小芳：《明代小学教学方式新探》，《上海教育学院学报》。1995 年第 4 期，页 83—89。

池小芳：《中国古代小学教育研究》。上海：上海教育出版社，1998。

《大明会典》（见申时行）

《大明律集解附例》，1908 年版重刊。扬州：扬州古籍书店，1989。

登球等编：《皇明咏化类编》，1568—1570 年版胶卷影印。台北：国风出版社，1965。

董纪：《西郊笑端集》，洪武年间版。《影印文渊阁四库全书》电子版重刊。

董倩："明代社学述论"，《青海师范大学学报》。1998 年第四期，页 53—56。

董其生：《学校人物志》，1717 年版。

傅凤翔编：《皇明诏令》，1539 年后版。台北：成文出版社，1967。

傅维鳞（1667 年卒）：《明书》。扬州：江苏广陵古籍刻印社，1988。

福征（1624—165 年在世）：《足本憨山大师年谱流注》。苏州：弘化社，1934。

高时良编：《明代教育论著选》。北京：人民出版社，1990。

顾鼎臣等编：《明状元图考》，1607 年版，1644—1722 年间重刊增补。

顾潜（孔昭）（1471—1534）：《静观堂集》。

管志道：《从先维俗议》，收录于《太昆先哲遗书》卷 11—15。

国民党中央执行委员会："神祠存废标准条例"（1930 年 4 月 30 日），收录于《中华民国史档案资料汇编》第五辑·第一篇·文化，页 495—506。

顾树森：《中国历代教育制度》。南京：江苏人民出版社，1981。

桂萼：《文襄公奏议》，1638 年版。

郭朋：《明清佛教》。福州：福建人民出版社，1982。

郭齐家:《中国古代学校》。台北:台湾商务印书馆,1994。

过庭训:《本朝分省人物考》,1622年版影印。台北:成文出版社,1971。

海瑞(1514—1587):《海忠介公全集》。台北:海忠介公全集辑印委员会,1973。

海瑞:《海瑞集》。北京:中华书局,1981。

何出光:《兰台法鉴录》(1597年序),1612年增补。

何良俊:《四友斋丛说》,1569年版重印。北京:中华书局,1983。

黄明光:《明代南方五省少数民族地区教育状况述论》,《学术论坛》。2000年第5期,
　　页94—97。

黄明光:《明代湘桂川滇黔诸省少数民族地区科举状况探议》,《民族研究》。1994
　　年第5期,页94—100。

黄漳健:《明代律例汇编》。台北:"中研院"历史语言研究所,1979。

黄仲昭:《未轩公文集》,《影印文渊阁四库全书》卷1254。台北:台湾商务印书馆,
　　1983。

黄宗羲著、李心庄重编:《明儒学案》,1667年版。南京:原国立编译馆,1944。

黄宗羲编(1610—1695):《明文海》,影印版。台北:台湾商务印书馆,1977。(另
　　见北京:中华书局,1987年版。)

纪昀等编:《钦定四库全书总目》,1782年版重刊两卷。中华书局。

柯劭忞:《新元史》,1920。

李国祥等编:《明实录类纂:四川》。武汉:武汉出版社,1993。

黎杰:《明史》。香港:海侨出版社,1962。

李晋华:《明代勅撰书考附引得》,《哈佛燕京引得特刊》之三。台北:Distributed
　　by Chinese Materials and Research Aids Service Center, 1966。

李晋华:《明史纂修考》。北京:哈佛燕京学社,1933。

李龄(1429—1467年在世):《李宫詹文集》。

梁潜:《泊菴集》,《四库全书电子版》。

梁启超:《饮冰室合集》,1919年版。台北:台湾中华书局,1960。

林吉玲:《明代的府州县学与乡村社学》,《河南师范大学学报》。2001年第5期,
　　页120—121。

林金藻:《中国农村教育之研究》。台北:正中书局,1953。

龙文彬:《明会要》,1887年版。北京:中华书局,1956。

陆鸿基："明清时代平民识字概况",《中国近世的教育发展》。香港：华风书局，1983。

吕坤："吕新吾先生社学要略"，张承燮《儒先训要续辑》。听雨堂丛刻。

陆容：《菽园杂记》，1494 年版重印。北京：中华书局，1985。

孟森：《明代史》，1957 年版重刊。台北：中华丛书委员会，1967。

《庙学典礼》（元代初刊，清代重编），《影印文渊阁四库全书》卷 648。台北：台湾商务印书馆，1983。

《明会典》（见申时行）。

钟惺（1574—1624）：《明记编年》（全 12 卷），1660 年版。

《明人传记资料索引》。台北："中图馆"，1965。

《明实录》，1418 年至 17 世纪中期初版，《影印国立北平图书馆藏红格抄本》133 卷。台北："中研院"历史语言研究所，1961—1966。

倪谦：《倪文僖集》，1493 年版，《四库全书电子版》重刊。

倪岳（1444—1501）：《青溪漫稿》，《四库全书珍本》重刊。

彭韶：《彭惠安公文集》，1610 年版。

钱伯城等编：《全明文》。上海：上海古籍出版社，1992。

钱谷（约 1508—1578）：《吴郡文粹续记》，《影印文渊阁四库全书》卷 1385。台北：台湾商务印书馆，1983。

全祖望（1705—1755）：《鲒埼亭集外编》，1805 年版重印。台北：台湾商务印书馆，1983。

沈德符：《万历野获编》，1619 年版重印。北京：中华书局，1959、1997。

盛朗西：《明清之社学》，《江苏教育》。1936 年第五期，页 48—54。

申时行等编：《大明会典》，1587 年版重印。北京：中华书局，1989。

史鉴：《西村集》，《影印文渊阁四库全书》卷 1259。台北：台湾商务印书馆，1983。

宋濂：《洪武圣政记》，1376 年版，《中国野史集成》卷 22。成都：巴蜀书社，1993。

宋濂等编：《元史》，1369—1370 年版重印。北京：中华书局，1976。

孙琰："明太祖洪武皇帝秘史"，李治亭、林乾编《明代皇帝秘史》。太原：山西人民出版社，1998。

孙旬:《皇明疏抄》,1584 年版重印。台北:台湾学生书局,1986。

谈迁:《国榷》,约 1635 年版。北京:古籍出版社,1958。

田晓红、高春平:《明代的学校制度及其警示》,《史志学刊》。2000 年第 5 期,页 27—31。

王德毅等编:《元人传记资料索引》。北京:中华书局,1987。

王鸿绪等编:《明史稿》,1723 年版重印。台北:文海出版社,1962。

汪汲:《事物原会》,1796 年版重印。扬州:江苏广陵古籍刻印社,1989。

王兰荫:《明代之社学》上下篇,《师大月刊》。1935 年第 21 期,页 42—102; 1936 年第 25 期,页 62—129。

王圻编:《续文献通考》,1586 年版重印。新兴书局(出版地、出版年份不明)。

王越等编:《中国古代教育史》。长春:吉林教育出版社,1988。

王云:《论明代的平民入仕》,《齐鲁学刊》。1998 年第六期,页 124—128。

王云:《民间社学与明代基层教育》。《聊城师院学报》,1993。

王阳明:《王阳明全书》(1572 年),《影印文渊阁四库全书》。台北:台湾商务印书馆,1983。

王原采(叔英):《静学文集》(约 1402 年),《影印文渊阁四库全书》卷 1235。台北:台湾商务印书馆,1982。

王直(1379—1462):《抑庵文集》,《四库全书电子版》。

汪钟霖(1902 年在世):《九通分类总纂》,杨家骆编《十通分类总纂》。台北:鼎文书局,1975。

汪宗伊:《皇明奏疏类钞》,1588 年版。

《万历起居注》。北京:北京大学出版社,1988。

魏校(1483—1543):《庄渠遗书》,《影印文渊阁四库全书》重刊卷 1267。台北:台湾商务印书馆,1983。

魏桥等著:《浙江方志源流》。杭州:浙江人民出版社,1988。

吴晗:"明初的学校",《读史杂记》。北京:生活·读书·新知三联书店,1956。

吴建华:《汤斌毁"淫祠"事件》,《清史研究》。1996 年第 1 期,页 93—98。

吴宽:《家藏集》,《影印文渊阁四库全书》重刊卷 1255。台北:台湾商务印书馆,1983。

吴霓:《中国古代私学发展诸问题研究》。北京:中国社会科学出版社,1996。

吴宣德:《江右王学与明中后期江西教育发展》。南昌：江西教育出版社，1996。

吴宣德:《中国教育史话》。合肥：黄山书社，1997。

席裕福、沈师徐编:《皇朝政典类纂》。上海：图书集成局，1903。

解缙:《文毅集》，1457 年版，《四库全书珍本》重刊。台北：台湾商务印书馆，1973。

徐阶:《世经堂集》，约 1585 年版。

徐世昌（1858—1939）:《清儒学案小传》，徐世昌、周骏富《清代传记丛刊》。台北：明文书局，1985。

徐学聚（1583 年进士）等编:《国朝典汇》，1624、1634 年版重刊。台北：学生书局，1965。

杨士奇（1365—1444）:《东里集》，《四库全书电子版》。

杨一凡:《明大诰研究》。南京：江苏人民出版社，1988。

叶春及（1531—1595）:《惠安政书》。福州：福建人民出版社，1987。

叶盛（1420—1474）:《菉竹堂稿》，1471 年版。

叶盛:《叶文庄公全集》。

尹选波:《中国明代教育史》。北京：人民出版社，1994。

尹德新等编:《历代教育笔记资料》。北京：中国劳动出版社，1990。

喻本伐、熊贤君:《中国教育发展史》。武汉：华中师范大学出版社，1991。

张弼（1425—1487）:《万里志》。

张弼:《东海集》，约 1515 年版。

张昶（1438 年卒）:《吴中人物志》。

张朝瑞（1536—1603）:《皇明贡举考》，万历版。

张间仁:《明代教育管理制度研究》。台北：台湾文津出版社，1993。

张廷玉等编:《明史》，1736 年版重刊。北京：中华书局，1976。

张之洞:《劝学篇》。

赵所生、薛正兴:《中国历代书院志》。南京：江苏教育出版社，1995。

郑纪（1439—1508）:《东园文集》，《影印文渊阁四库全书》卷 1249。台北：台湾商务印书馆，1983。

《周礼集注》（编者不明）。台北：文海出版社。

朱炳煦:"元明学制表略"，《中华教育界》。第 15 卷 6 期，页 47—51。

朱大韶（1517—1577）:《皇明名臣墓铭》。台北：台湾学生书局，1969。

朱士嘉等编:《中国地方志联合目录》。北京：中华书局，1985。

朱元璋等编:《皇明宝训》(1418 年序，吕本等汇集)，1602 年版重印。台北：学
　　生书局，1986。

朱元璋御撰，吴相湘编:《明朝开国文献》。台北：台湾学生书局，1965。

朱元璋御撰:《教民榜文》(1398 年著)，张卤编《皇明制书》卷 9 (1579 年版)。
　　台北：成文出版社，1969。

朱元璋御撰:《明太祖御制文集》(约 1400 年刊)。台北：台湾学生书局，1965。

朱元璋:《御制大诰》(三部，1385—1387 年间刊)，收录于《明朝开国文献》第
　　一卷，以及杨一凡《明大诰研究》。

朱淛:《天马山房遗稿》,《影印文渊阁四库全书》卷 1273。台北：台湾商务印书馆，
　　1983。

日文书目

酒井忠夫:《中国善书研究》。东京：国书刊行会，1960、1972。

松本善海:《中国村落制度的史的研究》。东京：岩波书店，1977。

五十岚正一:《中国近世教育史研究》。东京：国书刊行会，1979。

索 引

(条目后的数字为原书页码，即本书边码)

索 引

333